# LH
# 한국토지
# 주택공사

## 업무직(무기계약직)

NCS + 최종점검 모의고사 6회

# 2025 최신판 시대에듀 LH 한국토지주택공사 업무직(무기계약직) NCS + 최종점검 모의고사 6회 + 무료NCS특강

## Always with you

사람의 인연은 길에서 우연하게 만나거나 함께 살아가는 것만을 의미하지는 않습니다.
책을 펴내는 출판사와 그 책을 읽는 독자의 만남도 소중한 인연입니다.
**시대에듀**는 항상 독자의 마음을 헤아리기 위해 노력하고 있습니다. 늘 독자와 함께하겠습니다.

# 머리말 PREFACE

국민주거안정을 실현하고자 노력하는 LH 한국토지주택공사는 2025년에 업무직(무기계약직) 신입사원을 채용할 예정이다. 채용절차는 「지원서 접수 ➡ 서류전형 ➡ 필기전형 ➡ 사전 온라인 검사(AI면접) ➡ 면접전형 ➡ 최종합격자 선정」 순서로 진행되며, 서류전형은 자기소개서 적부를 심사하며, 필기전형은 직무능력검사 점수에 가산점을 합산한 총점의 고득점자 순으로 모집분야별 선발예정인원의 최소 2배수에서 최대 10배수에게 사전 온라인 검사 및 면접전형 응시 기회를 부여한다. 필기전형은 NCS 기반의 직무능력검사를 실시하며 의사소통능력, 문제해결능력을 평가한다(일부 직무의 경우 실기전형 추가). 이때 가산점을 제외한 필기전형 평가점수가 만점의 40% 미만일 경우 불합격 처리되므로 합격을 위해서는 필기전형에서의 고득점이 중요하다.

LH 한국토지주택공사 업무직(무기계약직) 필기전형 합격을 위해 시대에듀에서는 기업별 NCS 시리즈 누적 판매량 1위의 출간경험을 토대로 다음과 같은 특징을 가진 도서를 출간하였다.

## 도서의 특징

**❶ 기출복원문제를 통한 출제 유형 확인!**
- 2024년 하반기 주요 공기업 NCS 기출복원문제를 수록하여 공기업별 NCS 필기전형의 출제경향을 파악할 수 있도록 하였다.

**❷ LH 한국토지주택공사 업무직 필기전형 출제 영역 맞춤 문제를 통한 실력 상승!**
- NCS 직업기초능력평가 대표기출유형&기출응용문제를 수록하여 NCS 필기전형에 완벽히 대비할 수 있도록 하였다.

**❸ 최종점검 모의고사를 통한 완벽한 실전 대비!**
- 철저한 분석을 통해 실제 유형과 유사한 최종점검 모의고사를 수록하여 자신의 실력을 점검할 수 있도록 하였다.

**❹ 다양한 콘텐츠로 최종 합격까지!**
- LH 한국토지주택공사 업무직 채용 가이드와 면접 기출질문을 수록하여 채용을 준비하는 데 부족함이 없도록 하였다.
- 온라인 모의고사를 무료로 제공하여 필기전형에 대비할 수 있도록 하였다.

끝으로 본 도서를 통해 LH 한국토지주택공사 업무직(무기계약직) 채용을 준비하는 모든 수험생 여러분이 합격의 기쁨을 누리기를 진심으로 기원한다.

SDC(Sidae Data Center) 씀

◇ **미션**

> 국민주거안정의 실현과 국토의 효율적 이용으로
> 삶의 질 향상과 국민경제 발전을 선도

◇ **비전**

> 살고 싶은 집과 도시로 국민의 희망을 가꾸는 기업

◇ **핵심가치**

| T | R | U | S | T |
|---|---|---|---|---|
| Together | Revolution | Unification | Safety & Quality | Transparency |
| 국민중심 | 미래혁신 | 소통화합 | 안전품질 | 청렴공정 |

◇ **인재상**

> LH C.O.R.E. Leadership
> 소통 · 성과 · 도전 · 공익으로 미래가치를 창출하는 핵심인재

◇ **전사적 경영목표**

| | |
|---|---|
| 주택공급 100만 호 | 주거복지 200만 호 |
| 도시조성 250km$^2$ | 산업거점 50km$^2$ |
| 품질목표 100% 달성 | 중대재해 ZERO |
| 부채비율 232% 이하 | 고객만족 BEST |

◇ **중기(2025~2029) 경영목표 및 전략과제**

**1 국민 주거생활 향상**
- 1-1 국민 주거안정을 위한 주택 공급 확대
- 1-2 저출생 · 고령화 등 대응을 위한 맞춤형 주거지원 강화
- 1-3 국민 삶의 질을 높이는 주거복지 구현

**2 효율과 균형의 국토 · 도시 조성**
- 2-1 지역 성장거점 조성으로 국토경쟁력 향상
- 2-2 도시 · 주택 재정비 등 도시관리 기능 강화
- 2-3 편리하고 쾌적한 친환경 도시 조성

**3 건설산업 미래변화 선도**
- 3-1 국민이 체감하는 고품질 주택건설 기술 선도
- 3-2 품질과 안전 중심의 건설관리 강화
- 3-3 공정한 건설환경 조성 및 민간성장 지원

**4 지속가능경영 기반 확립**
- 4-1 국민중심 경영체계 및 소통강화로 기관 신뢰 회복
- 4-2 디지털 기반 대국민서비스 질 제고
- 4-3 조직역량 제고 및 재무개선으로 경영효율성 강화

# 신입 채용 안내 INFORMATION

## ◇ 지원자격(공통)

❶ 성별 · 신체조건 · 학력 · 어학 등 : 제한 없음

❷ 자격증 등 : 지원직무별 지원자격에 해당하는 자격증 등 보유자

※ 보훈 · 장애인 전형 지원자의 경우에도 본인이 선택한 모집직무의 지원자격을 보유해야 함

❸ 병역 : 남자의 경우 병역필 또는 면제자

※ 단, 임용일 전까지 전역예정자로서 모든 전형 절차에 응시 가능하고 임용일 출근이 가능한 자는 지원 가능

❹ 기타

■ 공사 직원채용 결격사유에 해당되지 않는 자

■ 임용일부터 전일근무가 가능하고 기간 중 2주 내외의 합숙교육이 가능한 자

## ◇ 필기전형

| 구분 | 직렬 | 평가항목 |
|---|---|---|
| NCS 직업기초능력평가 | 전 직렬 공통 | 의사소통능력, 문제해결능력 |

## ◇ 사전 온라인 검사

| 구분 | 대상 | 평가항목 |
|---|---|---|
| AI면접, 온라인 인성검사 | 필기전형 합격자 | 태도, 직업윤리 등 인성 전반 |

## ◇ 면접전형

| 구분 | 면접방식 | 평가항목 |
|---|---|---|
| 종합 심층면접 | 대면면접(다대다 방식) 자기소개서, 사전 온라인 검사 결과지 등 활용 | 직무수행에 필요한 기초역량 및 인성(인터뷰 형식) |

❖ 위 채용 안내는 2024년 채용공고를 기준으로 작성하였으므로 세부사항은 확정된 채용공고를 확인하기 바랍니다.

# 2024년 기출분석 ANALYSIS

**총평**

2024년 LH 한국토지주택공사(업무직)의 필기전형은 전형적인 PSAT형으로서, 난이도가 평이했다는 후기가 대다수였다. 시험시간을 50분에서 60분으로 늘린 것도 체감 난이도에 영향을 끼친 것으로 보인다. 의사소통능력은 제시문의 길이가 길고, 공사가 펼치는 사업이나 관련 법령을 다루는 지문이 많았다. 또한 복잡한 추리 과정보다는 제시문의 내용과의 일치 또는 불일치를 묻는 수준의 문항이 많았다. 문제해결능력은 복잡한 계산 문제보다는 제시된 도표의 정보를 해석해 일치 여부를 판단하는 문제가 다수 출제되었으며, 이외에도 프린트 소요 시간, 조직도 해석, 성과금, 연차수당, 주문할 물품 개수 문제 등이 출제되었다. 따라서 먼저 문제부터 차분하게 읽고 시간 안배를 잘하는 게 합격의 당락을 갈랐을 것이다.

## ◇ 영역별 출제 비중

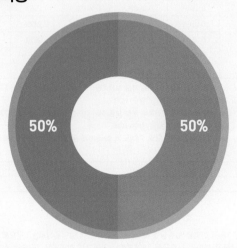

- ■ 의사소통능력
- ■ 문제해결능력

| 구분 | 출제 특징 | 출제 키워드 |
|---|---|---|
| 의사소통능력 | • 지문이 길었고, 토지 · 주택 등 공사 관련 지문이 다수였음<br>• 지문 1개당 2~3문제를 푸는 세트 문제가 다수였음<br>• 제목 찾기, 문단 순서, 내용 일치 문제가 출제됨<br>• 결제받아야 할 상사를 고르는 문제가 출제됨<br>• 내용 흐름과 어울리지 않아 삭제할 내용의 선택지 고르는 문제가 출제됨 | • 청년 · 신혼부부 임대주택<br>• 스마트시티<br>• 도시재생사업<br>• 집단에너지사업<br>• 주택임대차보호법<br>• 도시정비법 |
| 문제해결능력 | • 지문의 길이가 길었고, 자원관리능력과 결합한 듯한 자료해석 문제가 다수 출제됨<br>• 점수표에 따라 업체를 선정하는 문제가 출제됨<br>• A~D프린터로 출력에 소요되는 시간을 계산하는 문제가 출제됨 | • 잔여 연차 개수 및 연차수당<br>• 물품(소모품) 주문 개수<br>• 프린터 출력 시간 |

| 수리능력

**04** 다음은 신용등급에 따른 아파트 보증률에 대한 사항이다. 자료와 상황에 근거할 때, 갑(甲)과 을(乙)의 보증료의 차이는 얼마인가?(단, 두 명 모두 대지비 보증금액은 5억 원, 건축비 보증금액은 3억 원이며, 보증서 발급일로부터 입주자 모집공고 안에 기재된 입주 예정 월의 다음 달 말일까지의 해당 일수는 365일이다)

- (신용등급별 보증료)=(대지비 부분 보증료)+(건축비 부분 보증료)
- 신용평가 등급별 보증료율

| 구분 | 대지비 부분 | 건축비 부분 | | | | |
|---|---|---|---|---|---|---|
| | | 1등급 | 2등급 | 3등급 | 4등급 | 5등급 |
| AAA, AA | 0.138% | 0.178% | 0.185% | 0.192% | 0.203% | 0.221% |
| A⁺ | | 0.194% | 0.208% | 0.215% | 0.226% | 0.236% |
| A⁻, BBB⁺ | | 0.216% | 0.225% | 0.231% | 0.242% | 0.261% |
| BBB⁻ | | 0.232% | 0.247% | 0.255% | 0.267% | 0.301% |
| BB⁺ ~ CC | | 0.254% | 0.276% | 0.296% | 0.314% | 0.335% |
| C, D | | 0.404% | 0.427% | 0.461% | 0.495% | 0.531% |

※ (대지비 부분 보증료)=(대지비 부분 보증금액)×(대지비 부분 보증료율)×(보증서 발급일로부터 입주자 모집공고 안에 기재된 입주 예정 월의 다음 달 말일까지의 해당 일수)÷365

※ (건축비 부분 보증료)=(건축비 부분 보증금액)×(건축비 부분 보증료율)×(보증서 발급일로부터 입주자 모집공고 안에 기재된 입주 예정 월의 다음 달 말일까지의 해당 일수)÷365

- 기여고객 할인율 : 보증료, 거래기간 등을 기준으로 기여도에 따라 6개 군으로 분류하며, 건축비 부분 요율에서 할인 가능

| 구분 | 1군 | 2군 | 3군 | 4군 | 5군 | 6군 |
|---|---|---|---|---|---|---|
| 차감률 | 0.058% | 0.050% | 0.042% | 0.033% | 0.025% | 0.017% |

〈상황〉

- 갑 : 신용등급은 A⁺이며, 3등급 아파트 보증금을 내야 한다. 기여고객 할인율에서는 2군으로 선정되었다.
- 을 : 신용등급은 C이며, 1등급 아파트 보증금을 내야 한다. 기여고객 할인율은 3군으로 선정되었다.

① 554,000원
② 566,000원
③ 582,000원
④ 591,000원
⑤ 623,000원

**특징** ▸ 대부분 의사소통능력, 수리능력, 문제해결능력을 중심으로 출제(일부 기업의 경우 자원관리능력, 조직이해능력을 출제)
▸ 자료에 대한 추론 및 해석 능력을 요구

**대행사** ▸ 엑스퍼트컨설팅, 커리어넷, 태드솔루션, 한국행동과학연구소(행과연), 휴노 등

## 모듈형

| 문제해결능력

**41** 문제해결절차의 문제 도출 단계는 (가)와 (나)의 절차를 거쳐 수행된다. 다음 중 (가)에 대한 설명으로 적절하지 않은 것은?

| (가) | → | (나) |
|---|---|---|
| 전체 문제를 개별화된 이슈들로 세분화 | | 문제에 영향력이 큰 핵심이슈를 선정 |

① 문제의 내용 및 영향 등을 파악하여 문제의 구조를 도출한다.
② 본래 문제가 발생한 배경이나 문제를 일으키는 메커니즘을 분명히 해야 한다.
③ 현상에 얽매이지 말고 문제의 본질과 실제를 봐야 한다.
④ 눈앞의 결과를 중심으로 문제를 바라봐야 한다.
⑤ 문제 구조 파악을 위해서 Logic Tree 방법이 주로 사용된다.

**특징**
▸ 이론 및 개념을 활용하여 푸는 유형
▸ 채용 기업 및 직무에 따라 NCS 직업기초능력평가 10개 영역 중 선발하여 출제
▸ 기업의 특성을 고려한 직무 관련 문제를 출제
▸ 주어진 상황에 대한 판단 및 이론 적용을 요구

**대행사**
▸ 인트로맨, 휴스테이션, ORP연구소 등

## 피둘형(PSAT형 + 모듈형)

| 자원관리능력

**07** 다음 자료를 근거로 판단할 때, 연구모임 A ~ E 중 세 번째로 많은 지원금을 받는 모임은?

〈지원계획〉

• 지원을 받기 위해서는 한 모임당 5명 이상 9명 미만으로 구성되어야 한다.
• 기본지원금은 모임당 1,500천 원을 기본으로 지원한다. 단, 상품개발을 위한 모임의 경우는 2,000천 원을 지원한다.
• 추가지원금

| 등급 | 상 | 중 | 하 |
|---|---|---|---|
| 추가지원금(천 원/명) | 120 | 100 | 70 |

※ 추가지원금은 연구 계획 사전평가결과에 따라 달라진다.
• 협업 장려를 위해 협업이 인정되는 모임에는 위의 두 지원금을 합한 금액의 30%를 별도로 지원한다.

〈연구모임 현황 및 평가결과〉

**특징**
▸ 기초 및 응용 모듈을 구분하여 푸는 유형
▸ 기초인지모듈과 응용업무모듈로 구분하여 출제
▸ PSAT형보다 난도가 낮은 편
▸ 유형이 정형화되어 있고, 유사한 유형의 문제를 세트로 출제

**대행사**
▸ 사람인, 스카우트, 인크루트, 커리어케어, 트리피, 한국사회능력개발원 등

## LH 한국토지주택공사(업무직)

### 신혼부부 임대주택 ▶ 키워드

※ A사원은 신혼부부 전세임대주택 입주자 모집공고에 자주 묻는 질문을 정리하여 함께 올리고자 한다. 다음 글을 읽고 이어지는 질문에 답하시오. [45~46]

Q1. 전세임대 신청 시 현재 거주하고 있는 지역에서만 신청 가능한가요?
 – 입주신청은 입주자모집 공고일 현재 신청자의 주민등록이 등재되어 있는 주소지를 기준으로 신청 가능합니다. 다만, 입주자 선정 후 전세주택 물색은 해당 특별시, 광역시 또는 도(道) 및 이와 연접한 시·군에서 가능합니다.

Q2. 전세임대 신청 시 청약통장은 반드시 있어야 하나요?
 – 전세임대 신청 시 청약통장이 반드시 필요한 것은 아니나, 동일순위 입주희망자 간 경합이 있는 경우 청약저축 등 납입횟수에 따라 가점을 부여하고 있어 통장 보유 시 유리할 수 있습니다. 단, 청약통장은 신청자 명의의 통장만 인정합니다.

Q3. 신혼부부 전세임대로 입주하게 되면 20년간 거주가 보장되는 건가요?
 – 신혼부부 전세임대는 최초 임대기간이 2년으로 재계약은 9회까지 가능합니다. 따라서 전세기간 2년을 전부 채운 경우 최장 20년까지 거주가 가능하지만 반드시 거주기간 20년을 보장하는 것은 아닙니다.

Q4. 입주대상자의 자격 검색은 어떻게 하나요?
 – 전세임대 입주대상자 선정 시 생계·의료급여 수급자 여부 및 해당 세대의 소득 등은 한국토지주택공사가 보건복지부의 '사회보장정보시스템'을 이용하여 파악하므로, 입주대상자가 직접 서류를 준비할 필요가 없어 임대주택 신청이 간편합니다.

Q5. 모집공고일 현재 혼인신고하지 않은 예비신혼부부는 어떻게 신청하나요?
 – 입주일 전까지 혼인신고 예정인 예비신혼부부에 한하여 입주신청이 가능하며, 신청지역은 예비신혼부부 일방(성별 무관)의 주민등록등본 주소지를 기준으로 신청해주시면 됩니다.

Q6. 친척 소유의 주택을 전세임대주택으로 지원받을 수 있나요?
 – 본인과 배우자의 직계 존·비속 소유의 주택은 전세임대주택으로 지원받을 수 없으며, 가족관계증명서로 주택소유자를 확인합니다.

Q7. 소득 산정 시 어떤 소득이 포함되나요?
 – 소득 산정 대상은 기존의 2종(상시근로소득, 기타사업소득)에서 12종으로 확대되었으며, 해당 세대의 소득은 소득항목별 소득 자료 제공기관에 별도 문의하여 확인할 수 있습니다.

### 업체 선정 ▶ 유형

**44** L공사는 다음 선정방식에 따라 다리 건설 업체를 선정하고자 한다. 다음 중 최종 선정될 업체는?

• 입찰가격이 12억 원 미만인 업체 중에서 선정한다.
• 입찰점수가 가장 높은 3개 업체를 중간 선정한다.
• 중간 선정된 업체들 중 안전점수와 디자인 점수의 합이 가장 높은 곳을 최종 선정한다.

① A          ② B
③ D          ④ E
⑤ F

## 코레일 한국철도공사

농도 ▶ 유형

**02** 농도가 10%인 소금물 200g에 농도가 15%인 소금물을 섞어서 13%인 소금물을 만들려고 한다. 이때, 농도가 15%인 소금물은 몇 g이 필요한가?

① 150g   ② 200g

③ 250g   ④ 300g

⑤ 350g

SWOT 분석 ▶ 유형

**01** 다음은 K섬유회사에 대한 SWOT 분석 자료이다. 분석에 따른 대응 전략으로 적절한 것을 〈보기〉에서 모두 고르면?

| • 첨단 신소재 관련 특허 다수 보유 | • 신규 생산 설비 투자 미흡<br>• 브랜드의 인지도 부족 |
|---|---|
| S 강점 | W 약점 |
| O 기회 | T 위협 |
| • 고기능성 제품에 대한 수요 증가<br>• 정부 주도의 문화 콘텐츠 사업 지원 | • 중저가 의류용 제품의 공급 과잉<br>• 저임금의 개발도상국과 경쟁 심화 |

**보기**

ㄱ. SO전략으로 첨단 신소재를 적용한 고기능성 제품을 개발한다.
ㄴ. ST전략으로 첨단 신소재 관련 특허를 개발도상국의 경쟁업체에 무상 이전한다.
ㄷ. WO전략으로 문화 콘텐츠와 디자인을 접목한 신규 브랜드 개발을 통해 적극적으로 마케팅 한다.
ㄹ. WT전략으로 기존 설비에 대한 재투자를 통해 대량생산 체제로 전환한다.

① ㄱ, ㄷ   ② ㄱ, ㄹ

③ ㄴ, ㄷ   ④ ㄴ, ㄹ

⑤ ㄷ, ㄹ

# 주요 공기업 적중 문제 TEST CHECK

## 속력 ▶ 유형

**03** 유속 10m/s로 흐르는 강물에서 유진이는 일정한 속력으로 움직이는 배를 타고 있다. 배가 내려올 때의 속력이 반대로 올라갈 때의 1.5배라면, 유속을 제외한 배 자체의 속력은 몇 m/s인가?

① 45m/s    ② 50m/s
③ 55m/s    ④ 60m/s

## 직접비 / 간접비 ▶ 키워드

**32** 다음은 직접비와 간접비에 대한 설명이다. 이를 참고할 때 〈보기〉의 인건비와 성격이 가장 유사한 것은?

어떤 활동이나 사업의 비용을 추정하거나 예산을 잡을 때에는 추정해야 할 많은 유형의 비용이 존재한다. 그중 대표적인 것이 직접비와 간접비이다. 직접비란 간접비용에 상대되는 용어로서, 제품 생산 또는 서비스를 창출하기 위해 직접 소비된 것으로 여겨지는 비용을 말한다. 이와 반대로 간접비란 제품을 생산하거나 서비스를 창출하기 위해 소비된 비용 중에서 직접비용을 제외한 비용으로, 제품 생산에 직접 관련되지 않은 비용을 말하는데, 이는 매우 다양하기 때문에 많은 사람이 간접비용을 정확하게 예측하지 못해 어려움을 겪는 경우가 많다.

> **보기**
>
> 인건비란 제품 생산 또는 서비스 창출을 위한 업무를 수행하는 사람들에게 지급되는 비용으로, 계약에 의해 고용된 외부 인력에 대한 비용도 인건비에 포함된다. 이러한 인건비는 일반적으로 전체 비용 중 가장 큰 비중을 차지하게 된다.

① 통신비    ② 출장비
③ 광고비    ④ 보험료

**한국도로공사**

### 참거짓 ▶ 유형

**06** A ~ D는 한 판의 가위바위보를 한 후 그 결과에 대해 각각 두 가지의 진술을 하였다. 두 가지의 진술 중 하나는 반드시 참이고, 하나는 반드시 거짓이라고 할 때, 다음 중 항상 참인 것은?

> A : C는 B를 이길 수 있는 것을 냈고, B는 가위를 냈다.
> B : A는 C와 같은 것을 냈지만, A가 편 손가락의 수는 나보다 적었다.
> C : B는 바위를 냈고, 그 누구도 같은 것을 내지 않았다.
> D : A, B, C 모두 참 또는 거짓을 말한 순서가 동일하다. 이 판은 승자가 나온 판이었다.

① B와 같은 것을 낸 사람이 있다.
② 보를 낸 사람은 1명이다.
③ D는 혼자 가위를 냈다.
④ B가 기권했다면 가위를 낸 사람이 지는 판이다.

### 매출액 ▶ 키워드

**18** 다음 표는 D회사 구내식당의 월별 이용자 수 및 매출액에 대한 자료이고, 보고서는 D회사 구내식당 가격인상에 대한 내부검토 자료이다. 이를 토대로 '2024년 1월의 이용자 수 예측'에 대한 그래프로 옳은 것은?

**〈2023년 D회사 구내식당의 월별 이용자 수 및 매출액〉**

(단위 : 명, 천 원)

| 구분 | 특선식 | | 일반식 | | 총매출액 |
|---|---|---|---|---|---|
| | 이용자 수 | 매출액 | 이용자 수 | 매출액 | |
| 7월 | 901 | 5,406 | 1,292 | 5,168 | 10,574 |
| 8월 | 885 | 5,310 | 1,324 | 5,296 | 10,606 |
| 9월 | 914 | 5,484 | 1,284 | 5,136 | 10,620 |
| 10월 | 979 | 5,874 | 1,244 | 4,976 | 10,850 |
| 11월 | 974 | 5,844 | 1,196 | 4,784 | 10,628 |
| 12월 | 952 | 5,712 | 1,210 | 4,840 | 10,552 |

※ 총매출액은 특선식 매출액과 일반식 매출액의 합이다.

**〈보고서〉**

2023년 12월 D회사 구내식당은 특선식(6,000원)과 일반식(4,000원)의 두 가지 메뉴를 판매하고 있다. 2023년 11월부터 구내식당 총매출액이 감소하고 있어 지난 2년 동안 동결되었던 특선식과 일반식 중 한 가지 메뉴의 가격을 2024년 1월부터 1,000원 인상할지를 검토하였다.

메뉴 가격에 변동이 없을 경우, 일반식 이용자와 특선식 이용자의 수가 모두 2023년 12월에 비해 감소하여 2024년 1월의 총매출액은 2023년 12월보다 감소할 것으로 예측된다.

특선식 가격만을 1,000원 인상하여 7,000원으로 할 경우, 특선식 이용자 수는 2023년 7월 이후 최저치 이하로 감소하지만, 가격 인상의 영향 등으로 총매출액은 2023년 10월 이상으로 증가할 것으로 예측된다.

일반식 가격만을 1,000원 인상하여 5,000원으로 할 경우, 일반식 이용자 수는 2023년 12월 대비 10% 이상 감소하며, 특선식 이용자 수는 2023년 10월보다 증가하지는 않으리라 예측된다.

# 도서 200% 활용하기 STRUCTURES

## 1 기출복원문제로 출제경향 파악

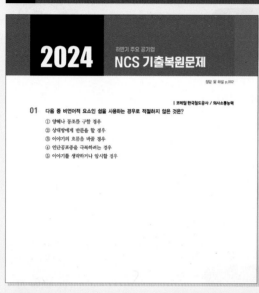

▶ 2024년 하반기 주요 공기업 NCS 기출복원문제를 수록하여 공기업별 NCS 필기전형의 출제경향을 파악할 수 있도록 하였다.

## 2 대표기출유형 + 기출응용문제로 필기전형 완벽 대비

▶ NCS 출제 영역에 대한 대표기출유형과 기출응용문제를 수록하여 NCS 문제에 대한 접근 전략을 익히고 점검할 수 있도록 하였다.

## 3 최종점검 모의고사 + OMR을 활용한 실전 연습

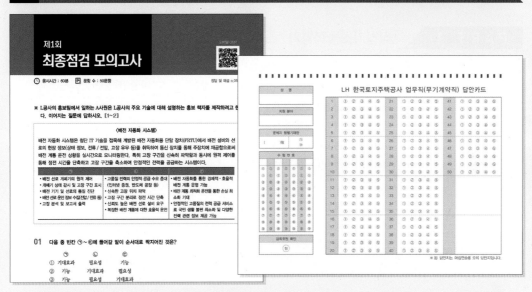

▶ 최종점검 모의고사와 OMR 답안카드를 수록하여 실제로 시험을 보는 것처럼 마무리 연습을 할 수 있도록 하였다.
▶ 모바일 OMR 답안채점/성적분석 서비스를 통해 필기전형에 대비할 수 있도록 하였다.

## 4 인성검사부터 면접까지 한 권으로 최종 마무리

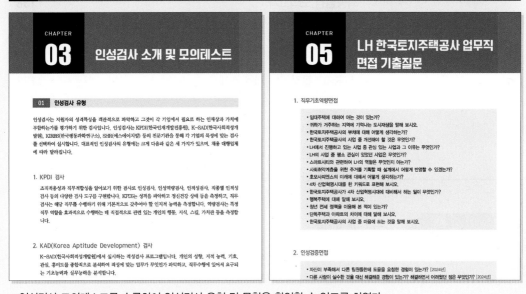

▶ 인성검사 모의테스트를 수록하여 인성검사 유형 및 문항을 확인할 수 있도록 하였다.
▶ 한국토지주택공사 업무직의 면접 기출질문을 수록하여 면접에서 나오는 질문을 미리 파악하여 실제 면접에 대비할 수 있도록 하였다.

# 이 책의 차례 CONTENTS

# Add+
# 2024년 하반기 주요 공기업 NCS 기출복원문제

정답 및 해설 p.002

**| 코레일 한국철도공사 / 의사소통능력**

**01** 다음 중 비언어적 요소인 쉼을 사용하는 경우로 적절하지 않은 것은?

① 양해나 동조를 구할 경우

② 상대방에게 반문을 할 경우

③ 이야기의 흐름을 바꿀 경우

④ 연단공포증을 극복하려는 경우

⑤ 이야기를 생략하거나 암시할 경우

**| 코레일 한국철도공사 / 의사소통능력**

**02** 다음 밑줄 친 부분에 해당하는 키슬러의 대인관계 의사소통 유형은?

> 의사소통 시 이 유형의 사람은 따뜻하고 인정이 많고 자기희생적이나 타인의 요구를 거절하지 못하므로 타인과의 정서적인 거리를 유지하는 노력이 필요하다.

① 지배형          ② 사교형

③ 친화형          ④ 고립형

⑤ 순박형

**03** 다음 글을 통해 알 수 있는 철도사고 발생 시 행동요령으로 적절하지 않은 것은?

> 철도사고는 지하철, 고속철도 등 철도에서 발생하는 사고를 뜻한다. 많은 사람이 한꺼번에 이용하며 무거운 전동차가 고속으로 움직이는 특성상 철도사고가 발생할 경우 인명과 재산에 큰 피해가 발생한다.
>
> 철도사고는 다양한 원인에 의해 발생하며 사고 유형 또한 다양하게 나타나는데, 대표적으로는 충돌사고, 탈선사고, 열차화재사고가 있다. 이 사고들은 철도안전법에서 철도교통사고로 규정되어 있으며, 많은 인명피해를 야기하므로 철도사업자는 반드시 이를 예방하기 위한 조치를 취해야 한다. 또한 승객들은 위험으로부터 빠르게 벗어나기 위해 사고 시 대피요령을 파악하고 있어야 한다.
>
> 국토교통부는 철도사고 발생 시 인명과 재산을 보호하기 위한 국민행동요령을 제시하고 있다. 이 행동요령에 따르면 지하철에서 사고가 발생할 경우 가장 먼저 객실 양 끝에 있는 인터폰으로 승무원에게 사고를 알려야 한다. 만약 화재가 발생했다면 곧바로 119에 신고하고, 여유가 있다면 객실 양 끝에 비치된 소화기로 불을 꺼야 한다. 반면 화재의 진화가 어려울 경우 입과 코를 젖은 천으로 막고 화재가 발생하지 않은 다른 객실로 이동해야 한다. 전동차에서 대피할 때는 안내방송과 승무원의 안내에 따라 질서 있게 대피해야 하며 이때 부상자, 노약자, 임산부가 먼저 대피할 수 있도록 배려하고 도와주어야 한다. 만약 전동차의 문이 열리지 않으면 반드시 열차가 멈춘 후에 안내방송에 따라 비상핸들이나 비상콕(Cock)을 돌려 문을 열고 탈출해야 한다. 전동차가 플랫폼에 멈췄을 경우 스크린도어를 열고 탈출해야 하는데, 손잡이를 양쪽으로 밀거나 빨간색 비상바를 밀고 탈출해야 한다. 반대로 역이 아닌 곳에서 멈췄을 경우 감전의 위험이 있으므로 반드시 승무원의 안내에 따라 반대편 선로의 열차 진입에 유의하며 대피 유도등을 따라 침착하게 비상구로 대피해야 한다.
>
> 이와 같이 승객들은 철도사고 발생 시 신고, 질서 유지, 빠른 대피를 중점적으로 유념하여 행동해야 한다. 철도사고는 사고 자체가 일어나지 않도록 철저한 안전관리와 예방이 필요하지만, 다양한 원인으로 예상치 못하게 발생한다. 따라서 철도교통을 이용하는 승객 또한 평소에 안전 수칙을 준수하고 비상 상황에서 침착하게 대처하는 훈련이 필요하다.

① 침착함을 잃지 않고 승무원의 안내에 따라 대피해야 한다.
② 화재사고 발생 시 규모가 크지 않다면 빠르게 진화 작업을 해야 한다.
③ 선로에서 대피할 경우 승무원의 안내와 대피 유도등을 따라 대피해야 한다.
④ 열차에서 대피할 때는 탈출이 어려운 사람부터 대피할 수 있도록 도와야 한다.
⑤ 열차사고 발생 시 탈출을 위해 우선 비상핸들을 돌려 열차의 문을 개방해야 한다.

**04** 다음 글을 읽고 알 수 있는 하향식 읽기 모형의 사례로 적절하지 않은 것은?

글을 읽는 것은 단순히 책에 쓰인 문자를 해독하는 것이 아니라 그 안에 담긴 의미를 파악하는 과정이다. 그렇다면 사람들은 어떤 방식으로 글의 의미를 파악할까? 세상의 모든 어휘를 알고 있는 사람은 없을 것이다. 그러나 대부분의 사람들, 특히 고등교육을 받은 성인들은 자신이 잘 모르는 어휘가 있더라도 글의 전체적인 맥락과 의미를 파악할 수 있다. 이를 설명해 주는 것이 바로 하향식 읽기 모형이다.

하향식 읽기 모형은 독자가 이미 알고 있는 배경지식과 경험을 바탕으로 글의 전체적인 맥락을 먼저 파악하는 방식이다. 하향식 읽기 모형은 독자의 능동적인 참여를 활용하는 읽기로, 여기서 독자는 단순히 글을 받아들이는 수동적인 존재가 아니라 자신의 지식과 경험을 활용하여 글의 의미를 구성해 나가는 주체적인 역할을 한다. 이때 독자는 글의 내용을 예측하고 추론하며, 심지어 자신의 생각을 더하여 글에 대한 이해를 넓혀갈 수 있다.

하향식 읽기 모형의 장점은 빠르고 효율적인 독서가 가능하다는 것이다. 글의 전체적인 맥락을 먼저 파악하기 때문에 글의 핵심 내용을 빠르게 파악할 수 있고, 배경지식을 활용하여 더 깊이 있는 이해를 얻을 수 있다. 또한 예측과 추론을 통한 능동적인 독서는 독서에 대한 흥미를 높여 주는 효과도 있다.

그러나 하향식 읽기 모형은 독자의 배경지식에 의존하여 읽는 방법이므로 배경지식이 부족한 경우 글의 의미를 정확하게 파악하기 어려울 수 있으며, 배경지식에 의존하여 오해를 할 가능성도 크다. 또한 글의 내용이 복잡하다면 많은 배경지식을 가지고 있더라도 글의 맥락을 적극적으로 가정하거나 추측하기 어려운 것 또한 하향식 읽기 모형의 단점이 된다.

하향식 읽기 모형은 글의 내용을 빠르게 이해하고 독자 스스로 내면화할 수 있으므로 독서 능력 향상에 유용한 방법이다. 그러나 모든 글에 동일하게 적용할 수 있는 읽기 모델은 아니므로 글의 종류와 독자의 배경지식에 따라 적절한 읽기 전략을 사용해야 한다. 따라서 하향식 읽기 모형과 함께 상향식 읽기(문자의 정확한 해독), 주석 달기, 소리 내어 읽기 등 다양한 읽기 전략을 활용하여야 한다.

① 회의 자료를 읽기 전 회의 주제를 먼저 파악하여 회의 안건을 예상하였다.
② 기사의 헤드라인을 먼저 읽어 기사의 내용을 유추한 뒤 상세 내용을 읽었다.
③ 제품 설명서를 읽어 제품의 기능과 각 버튼의 용도를 파악하고 기계를 작동시켰다.
④ 요리법의 전체적인 조리 과정을 파악하고 단계별로 필요한 재료와 순서를 확인하였다.
⑤ 서문이나 목차를 통해 책의 전체적인 흐름을 파악하고 관심 있는 부분을 집중적으로 읽었다.

**05** 농도가 15%인 소금물 200g과 농도가 20%인 소금물 300g을 섞었을 때, 섞인 소금물의 농도는?

① 17%  ② 17.5%
③ 18%  ④ 18.5%
⑤ 19%

**06** 남직원 A ~ C, 여직원 D ~ F 6명이 일렬로 앉고자 한다. 여직원끼리 인접하지 않고, 여직원 D와 남직원 B가 서로 인접하여 앉는 경우의 수는?

① 12가지  ② 20가지
③ 40가지  ④ 60가지
⑤ 120가지

**07** 다음과 같이 일정한 규칙으로 수를 나열할 때 빈칸에 들어갈 수로 옳은 것은?

| | | | | | | | | | |
|---|---|---|---|---|---|---|---|---|---|
| −23 | −15 | −11 | 5 | 13 | 25 | ( ) | 45 | 157 | 65 |

① 49  ② 53
③ 57  ④ 61
⑤ 65

**08** 다음은 K시의 유치원, 초·중·고등학교, 고등교육기관의 취학률 및 초·중·고등학교의 상급학교 진학률에 대한 자료이다. 이에 대한 설명으로 옳지 않은 것은?

〈유치원, 초·중·고등학교, 고등교육기관 취학률〉

(단위 : %)

| 구분 | 2014년 | 2015년 | 2016년 | 2017년 | 2018년 | 2019년 | 2020년 | 2021년 | 2022년 | 2023년 |
|---|---|---|---|---|---|---|---|---|---|---|
| 유치원 | 45.8 | 45.2 | 48.3 | 50.6 | 51.6 | 48.1 | 44.3 | 45.8 | 49.7 | 52.8 |
| 초등학교 | 98.7 | 99 | 98.6 | 98.9 | 99.3 | 99.6 | 98.1 | 98.1 | 99.5 | 99.9 |
| 중학교 | 98.5 | 98.6 | 98.1 | 98 | 98.9 | 98.5 | 97.1 | 97.6 | 97.5 | 98.2 |
| 고등학교 | 95.3 | 96.9 | 96.2 | 95.4 | 96.2 | 94.7 | 92.1 | 93.7 | 95.2 | 95.6 |
| 고등교육기관 | 65.6 | 68.9 | 64.9 | 66.2 | 67.5 | 69.2 | 70.8 | 71.7 | 74.3 | 73.5 |

〈초·중·고등학교 상급학교 진학률〉

(단위 : %)

| 구분 | 2014년 | 2015년 | 2016년 | 2017년 | 2018년 | 2019년 | 2020년 | 2021년 | 2022년 | 2023년 |
|---|---|---|---|---|---|---|---|---|---|---|
| 초등학교 | 100 | 100 | 100 | 100 | 100 | 100 | 100 | 100 | 100 | 100 |
| 중학교 | 99.7 | 99.7 | 99.7 | 99.7 | 99.7 | 99.7 | 99.7 | 99.7 | 99.7 | 99.6 |
| 고등학교 | 93.5 | 91.8 | 90.2 | 93.2 | 91.7 | 90.5 | 91.4 | 92.6 | 93.9 | 92.8 |

① 중학교의 취학률은 매년 97% 이상이다.
② 매년 취학률이 가장 높은 기관은 초등학교이다.
③ 고등교육기관의 취학률이 70%를 넘긴 해는 2020년부터이다.
④ 2023년에 중학교에서 고등학교로 진학하지 않은 학생의 비율은 전년 대비 감소하였다.
⑤ 고등교육기관의 취학률이 가장 낮은 해와 고등학교의 상급학교 진학률이 가장 낮은 해는 같다.

**09** 다음은 A기업과 B기업의 2024년 1 ~ 6월 매출액에 대한 자료이다. 이를 그래프로 옮겼을 때의 개형으로 옳은 것은?

〈2024년 1 ~ 6월 A, B기업 매출액〉

(단위 : 억 원)

| 구분 | 2024년 1월 | 2024년 2월 | 2024년 3월 | 2024년 4월 | 2024년 5월 | 2024년 6월 |
|------|-----------|-----------|-----------|-----------|-----------|-----------|
| A기업 | 307.06 | 316.38 | 315.97 | 294.75 | 317.25 | 329.15 |
| B기업 | 256.72 | 300.56 | 335.73 | 313.71 | 296.49 | 309.85 |

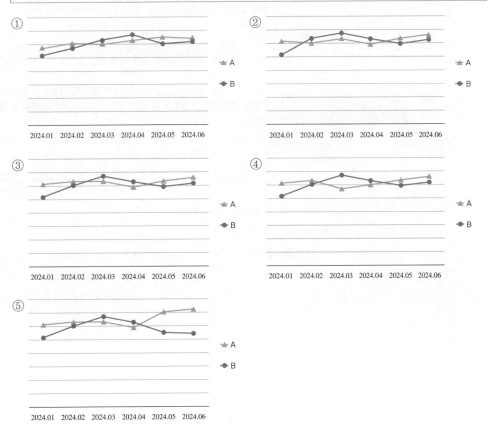

**10** 다음은 스마트 팜을 운영하는 K사에 대한 SWOT 분석 결과이다. 이에 따른 전략이 나머지와 다른 것은?

<K사 스마트 팜 SWOT 분석 결과>

| 구분 | | 분석 결과 |
|---|---|---|
| 내부환경요인 | 강점<br>(Strength) | • 차별화된 기술력 : 기존 스마트 팜 솔루션과 차별화된 센서 기술, AI 기반 데이터 분석 기술 보유<br>• 젊고 유연한 조직 : 빠른 의사결정과 시장 변화에 대한 적응력<br>• 정부 사업 참여 경험 : 스마트 팜 관련 정부 사업 참여 가능성 |
| | 약점<br>(Weakness) | • 자금 부족 : 연구개발, 마케팅 등에 필요한 자금 확보 어려움<br>• 인력 부족 : 다양한 분야의 전문 인력 확보 필요<br>• 개발력 부족 : 신규 기술 개발 속도 느림 |
| 외부환경요인 | 기회<br>(Opportunity) | • 스마트 팜 시장 성장 : 스마트 팜에 대한 관심 증가와 이에 따른 정부의 적극적인 지원<br>• 해외 시장 진출 가능성 : 글로벌 스마트 팜 시장 진출 기회 확대<br>• 활발한 관련 연구 : 스마트 팜 관련 공동연구 및 포럼, 설명회 등 정보 교류가 활발하게 논의 |
| | 위협<br>(Threat) | • 경쟁 심화 : 후발 주자의 등장과 기존 대기업의 시장 장악 가능성<br>• 기술 변화 : 빠르게 변화하는 기술 트렌드에 대한 대응 어려움<br>• 자연재해 : 기후 변화 등 예측 불가능한 자연재해로 인한 피해 가능성 |

① 정부 지원을 바탕으로 연구개발에 필요한 자금을 확보
② 스마트 팜 관련 공동연구에 참가하여 빠르게 신규 기술을 확보
③ 스마트 팜에 대한 높은 관심을 바탕으로 온라인 펀딩을 통해 자금을 확보
④ 포럼 등 설명회에 적극적으로 참가하여 전문 인력 확충을 위한 인맥을 확보
⑤ 스마트 팜 관련 정부 사업 참여 경험을 바탕으로 정부의 적극적인 지원을 확보

**11** 다음 대화에서 공통적으로 나타나는 논리적 오류로 가장 적절한 것은?

> A : 반려견 출입 금지라고 쓰여 있는 카페에 갔는데 거절당했어. 반려견 출입 금지면 고양이는 괜찮은 거 아니야?
> B : 어제 직장동료가 "조심히 들어가세요."라고 했는데 집에 들어갈 때만 조심하라는 건가?
> C : 친구가 비가 와서 우울하다고 했는데, 비가 안 오면 행복해지겠지?
> D : 이웃을 사랑하라는 선생님의 가르침을 실천하기 위해 사기를 저지른 이웃을 숨겨 주었어.
> E : 의사가 건강을 위해 채소를 많이 먹으라고 하던데 앞으로는 채소만 먹으면 되겠어.
> F : 긍정적인 생각을 하면 좋은 일이 생기니까 아무리 나쁜 일이 있어도 긍정적으로만 생각하면 될 거야.

① 무지의 오류
② 연역법의 오류
③ 과대해석의 오류
④ 허수아비 공격의 오류
⑤ 권위나 인신공격에 의존한 논증

**12** A ~ E열차를 운행거리가 가장 긴 순서대로 나열하려고 한다. 운행시간 및 평균 속력이 다음과 같을 때, C열차는 몇 번째로 운행거리가 긴 열차인가?(단, 열차 대기시간은 고려하지 않는다)

〈A ~ E열차 운행시간 및 평균 속력〉

| 구분 | 운행시간 | 평균 속력 |
|---|---|---|
| A열차 | 900분 | 50m/s |
| B열차 | 10시간 30분 | 150km/h |
| C열차 | 8시간 | 55m/s |
| D열차 | 720분 | 2.5km/min |
| E열차 | 10시간 | 2.7km/min |

① 첫 번째
② 두 번째
③ 세 번째
④ 네 번째
⑤ 다섯 번째

**13** 다음 글에서 나타난 문제해결 절차의 단계로 가장 적절한 것은?

> K대학교 기숙사는 최근 학생들의 불만이 끊이지 않고 있다. 특히, 식사의 질이 낮고, 시설이 노후화
> 되었으며, 인터넷 연결 상태가 불안정하다는 의견이 많았다. 이에 K대학교 기숙사 운영위원회는 문
> 제해결을 위해 긴급회의를 소집했다.
> 회의에서 학생 대표들은 식단의 다양성 부족, 식재료의 신선도 문제, 식당 내 위생 상태 불량 등을
> 지적했다. 또한 시설 관리 담당자는 건물 외벽의 균열, 낡은 가구, 잦은 누수 현상 등 시설 노후화
> 문제를 강조했다. IT 담당자는 기숙사 내 와이파이 연결 불안정, 인터넷 속도 저하 등 통신환경 문
> 제를 제기했다.
> 운영위원회는 이러한 다양한 의견을 종합하여 문제를 더욱 구체적으로 분석하기로 결정했다. 먼저,
> 식사 문제의 경우 학생들의 식습관 변화에 따른 메뉴 구성의 문제점, 식자재 조달 과정의 비효율성,
> 조리 시설의 부족 등의 문제점을 파악했다. 시설 문제는 건물의 노후화로 인한 안전 문제, 에너지
> 효율 저하, 학생들의 편의성 저하 등으로 세분화했다. 마지막으로, 통신환경 문제는 기존 네트워크
> 장비의 노후화, 학생 수 증가에 따른 네트워크 부하 증가 등의 세부 문제가 제시되었다.

① 문제 인식  
② 문제 도출  
③ 원인 분석  
④ 해결안 개발  
⑤ 실행 및 평가

**14** 다음 중 빈칸에 들어갈 단어로 가장 적절한 것은?

> 감사원의 조사 결과 J공사는 공공사업을 위해 투입된 세금을 본래의 목적에 사용하지 않고 무단으
> 로 _____했음이 밝혀졌다.

① 전용(轉用)  
② 남용(濫用)  
③ 적용(適用)  
④ 활용(活用)  
⑤ 준용(遵用)

**15** 다음 중 비행을 하기 위한 시조새의 신체 조건으로 가장 적절한 것은?

> 시조새(Archaeopteryx)는 약 1억 5,000만 년 전 중생대 쥐라기 시대에 살았던 고대 생물로, 조류와 공룡의 중간 단계에 위치한 생물이다. 1861년 독일 바이에른 지방에 있는 졸른호펜 채석장에서 화석이 발견된 이후, 시조새는 조류의 기원과 공룡에서 새로의 진화 과정을 밝히는 데 중요한 단서를 제공해 왔다. '시조(始祖)'라는 이름에서 알 수 있듯이 시조새는 현대 조류의 조상으로 여겨지며 고생물학계에서 매우 중요한 연구 대상으로 취급된다.
>
> 시조새는 오늘날의 새와는 여러 가지 차이점이 있다. 이빨이 있는 부리, 긴 척추뼈로 이루어진 꼬리, 그리고 날개에 있는 세 개의 갈고리 발톱은 공룡의 특징을 잘 보여준다. 비록 현대 조류처럼 가슴뼈가 비행에 최적화된 형태로 발달되지는 않았지만, 갈비뼈와 팔에 강한 근육이 붙어있어 짧은 거리를 활강하거나 나뭇가지 사이를 오르내리며 이동할 수 있었던 것으로 추정된다.
>
> 한편, 시조새는 비대칭형 깃털을 가진 최초의 동물 중 하나로, 이는 비행을 하기에 적합한 형태이다. 시조새의 깃털은 현대의 날 수 있는 조류처럼 바람을 맞는 곳의 깃털은 짧고, 뒤쪽은 긴 형태인데, 이러한 비대칭형 깃털은 양력을 제공해 짧은 거리의 활강을 가능하게 했으며, 새의 조상으로서 비행의 초기 형태를 보여준다. 이로 인해 시조새는 공룡에서 새로 이어지는 진화 과정을 이해하는 데 있어 중요한 생물학적 증거로 여겨지고 있다.
>
> 시조새의 화석 연구는 당시의 생태계에 대한 정보도 제공하고 있다. 시조새는 열대 우림이나 활엽수림 근처에서 생활하며 나뭇가지를 오르내렸을 가능성이 큰 것으로 추정된다. 시조새의 이동 방식에 대해서는 여러 가설이 존재하지만, 짧은 거리의 활강을 통해 먹이를 찾고 이동했을 것이라는 주장이 유력하다.
>
> 결론적으로 시조새는 공룡과 새의 특성을 모두 가진 중간 단계의 생물로, 진화의 과정을 이해하는 데 핵심적인 역할을 한다. 시조새의 다양한 신체적 특징들은 공룡에서 새로 이어지는 진화의 연결고리를 보여주며, 조류 비행의 기원을 이해하는 중요한 증거로 평가된다.

① 날개 사이에 근육질의 익막이 있다.
② 날개에는 세 개의 갈고리 발톱이 있다.
③ 날개의 깃털이 비대칭 구조로 형성되어 있다.
④ 척추뼈가 꼬리까지 이어지는 유선형 구조이다.
⑤ 현대 조류처럼 가슴뼈가 비행에 최적화된 구조이다.

**16** 다음 글의 주제로 가장 적절한 것은?

사람들에게 의학을 대표하는 인물을 물어본다면 대부분 히포크라테스(Hippocrates)를 떠올릴 것이다. 히포크라테스는 당시 신의 징벌이나 초자연적인 힘으로 생각되었던 질병을 관찰을 통해 자연적 현상으로 이해하였고, 당시 마술이나 철학으로 여겨졌던 의학을 분리하였다. 이에 따라 의사라는 직업이 과학적인 기반 위에 만들어지게 되었다. 현재에는 의학의 아버지로 불리며 히포크라테스 선서라고 불리는 의사의 윤리적 기준을 저술한 것으로 알려져 있다. 이처럼 히포크라테스는 서양의학의 상징으로 받아들여지지만, 서양의학에 절대적인 영향을 준 사람은 클라우디오스 갈레노스(Claudios Galenos)이다.

갈레노스는 로마 시대 검투사 담당의에서 황제 마르쿠스 아우렐리우스의 주치의로 활동한 의사로, 해부학, 생리학, 병리학에 걸친 방대한 의학체계를 집대성하여 이후 1,000년 이상 서양의학의 토대를 닦았다. 당시에는 인체의 해부가 금지되어 있었기 때문에 갈레노스는 원숭이, 돼지 등을 사용하여 해부학적 지식을 쌓았으며, 임상 실험을 병행하여 의학적 지식을 확립하였다. 이러한 해부 및 실험을 통해 갈레노스는 여러 장기의 기능을 밝히고, 근육과 뼈를 구분하였으며, 심장의 판막이나 정맥과 동맥의 차이점 등을 밝혀내거나, 혈액이 혈관을 통해 신체 말단까지 퍼져나가며 신진대사를 조절하는 물질을 운반한다고 밝혀냈다. 물론 갈레노스도 히포크라테스가 주장한 4원소에 따른 4체액설(혈액, 담즙, 황담즙, 흑담즙)을 믿거나 피를 뽑아 치료하는 사혈법을 주장하는 등 현대 의학과는 거리가 있지만, 당시에 의학 이론을 해부와 실험을 통해 증명하고 방대한 저술을 남겼다는 놀라운 업적을 가지고 있으며, 이것이 실제로 가장 오랫동안 서양의학을 실제로 지배하는 토대가 되었다.

① 갈레노스의 생애와 의학의 발전
② 고대에서 현대까지 해부학의 발전 과정
③ 히포크라테스 선서에 의한 전문직의 도덕적 기준
④ 히포크라테스와 갈레노스가 서양의학에 끼친 영향과 중요성
⑤ 히포크라테스와 갈레노스의 4체액설이 현대 의학에 끼친 영향

**17** 다음 중 제시된 단어와 가장 비슷한 단어는?

> 비상구

① 진입로      ② 출입구
③ 돌파구      ④ 여울목
⑤ 탈출구

**18** A열차가 어떤 터널을 진입하고 5초 후 B열차가 같은 터널에 진입하였다. 그로부터 5초 후 B열차가 터널을 빠져나왔고 5초 후 A열차가 터널을 빠져나왔다. A열차가 터널을 빠져나오는 데 걸린 시간이 14초일 때, B열차는 A열차보다 몇 배 빠른가?(단, A열차와 B열차 모두 속력의 변화는 없으며, 두 열차의 길이는 서로 같다)

① 2배      ② 2.5배
③ 3배      ④ 3.5배
⑤ 4배

**19** A팀은 5일부터 5일마다 회의실을 사용하고, B팀은 4일부터 4일마다 회의실을 사용하기로 하였으며, 두 팀이 사용하고자 하는 날이 겹칠 경우에는 A, B팀이 번갈아가며 사용하기로 하였다. 어느 날 A팀과 B팀이 사용하고자 하는 날이 겹쳤을 때, 겹친 날을 기준으로 A팀이 9번, B팀이 8번 회의실을 사용했다면, 이때까지 A팀은 회의실을 최대 몇 번 이용하였는가?(단, 회의실 사용일이 첫 번째로 겹친 날에는 A팀이 먼저 사용하였으며, 회의실 사용일은 주말 및 공휴일도 포함한다)

① 61회      ② 62회
③ 63회      ④ 64회
⑤ 65회

**20** 다음 모스 굳기 10단계에 해당하는 광물 A ~ C가 〈조건〉을 만족할 때, 이에 대한 설명으로 옳은 것은?

〈모스 굳기 10단계〉

| 단계 | 1단계 | 2단계 | 3단계 | 4단계 | 5단계 |
|------|-------|-------|-------|-------|-------|
| 광물 | 활석 | 석고 | 방해석 | 형석 | 인회석 |
| 단계 | 6단계 | 7단계 | 8단계 | 9단계 | 10단계 |
| 광물 | 정장석 | 석영 | 황옥 | 강옥 | 금강석 |

• 모스 굳기 단계의 단계가 낮을수록 더 무른 광물이고, 단계가 높을수록 단단한 광물이다.
• 단계가 더 낮은 광물로 단계가 더 높은 광물을 긁으면 긁힘 자국이 생기지 않는다.
• 단계가 더 높은 광물로 단계가 더 낮은 광물을 긁으면 긁힘 자국이 생긴다.

조건

• 광물 A로 광물 B를 긁으면 긁힘 자국이 생기지 않는다.
• 광물 A로 광물 C를 긁으면 긁힘 자국이 생긴다.
• 광물 B로 광물 C를 긁으면 긁힘 자국이 생긴다.
• 광물 B는 인회석이다.

① 광물 C는 석영이다.
② 광물 A는 방해석이다.
③ 광물 A가 가장 무르다.
④ 광물 B가 가장 단단하다.
⑤ 광물 B는 모스 굳기 단계가 7단계 이상이다.

**21** J공사는 지방에 있는 지점 사무실을 공유 오피스로 이전하고자 한다. 다음 사무실 이전 조건을 참고할 때, 〈보기〉 중 이전할 오피스로 가장 적절한 곳은?

---

**〈사무실 이전 조건〉**

- 지점 근무 인원 : 71명
- 사무실 예상 이용 기간 : 5년
- 교통 조건 : 역이나 버스 정류장에서 도보 10분 이내
- 시설 조건 : 자사 홍보영상 제작을 위한 스튜디오 필요, 회의실 필요
- 비용 조건 : 다른 조건이 모두 가능한 공유 오피스 중 가장 저렴한 곳(1년 치 비용 선납 가능)

---

**보기**

| 구분 | 가용 인원수 | 보유시설 | 교통 조건 | 임대비용 |
|---|---|---|---|---|
| A오피스 | 100인 | 라운지, 회의실, 스튜디오, 복사실, 탕비실 | A역에서 도보 8분 | 1인당 연간 600만 원 |
| B오피스 | 60인 | 회의실, 스튜디오, 복사실 | B정류장에서 도보 5분 | 1인당 월 40만 원 |
| C오피스 | 100인 | 라운지, 회의실, 스튜디오 | C역에서 도보 7분 | 월 3,600만 원 |
| D오피스 | 90인 | 회의실, 복사실, 탕비실 | D정류장에서 도보 4분 | 월 3,500만 원 (1년 치 선납 시 8% 할인) |
| E오피스 | 80인 | 라운지, 회의실, 스튜디오 | E역과 연결된 사무실 | 월 3,800만 원 (1년 치 선납 시 10% 할인) |

① A오피스        ② B오피스
③ C오피스        ④ D오피스
⑤ E오피스

※ 다음은 에너지바우처 사업에 대한 자료이다. 이어지는 질문에 답하시오. [22~23]

<전기바우처>

1. 에너지바우처란?

국민 모두가 시원한 여름, 따뜻한 겨울을 보낼 수 있도록 에너지 취약계층을 위해 에너지바우처(이용권)를 지급하여 전기, 도시가스, 지역난방, 등유, LPG, 연탄을 구입할 수 있도록 지원하는 제도

2. 신청대상 : 소득기준과 세대원 특성기준을 모두 충족하는 세대

• 소득기준 : 국민기초생활 보장법에 따른 생계급여 / 의료급여 / 주거급여 / 교육급여 수급자

• 세대원 특성기준 : 주민등록표 등본상 기초생활수급자(본인) 또는 세대원이 다음 중 어느 하나에 해당하는 경우

  − 노인 : 65세 이상

  − 영유아 : 7세 이하의 취학 전 아동

  − 장애인 : 장애인복지법에 따라 등록한 장애인

  − 임산부 : 임신 중이거나 분만 후 6개월 미만인 여성

  − 중증질환자, 희귀질환자, 중증난치질환자 : 국민건강보험법 시행령에 따라 보건복지부장관이 정하여 고시하는 중증질환, 희귀질환, 중증난치질환을 가진 사람

  − 한부모가족 : 한부모가족지원법에 따른 '모' 또는 '부'로서 아동인 자녀를 양육하는 사람

  − 소년소녀가정 : 보건복지부에서 정한 아동분야 지원대상에 해당하는 사람(아동복지법에 의한 가정위탁보호 아동 포함)

• 지원 제외 대상 : 세대원 모두가 보장시설 수급자

• 다음의 경우 동절기 에너지바우처 중복 지원 불가

  − 긴급복지지원법에 따라 동절기 연료비를 지원받은 자(세대)

  − 한국에너지공단의 등유바우처를 발급받은 자(세대)

  − 한국광해광업공단의 연탄쿠폰을 발급받은 자(세대)

  ※ 하절기 에너지바우처를 사용한 수급자가 동절기에 위 사업들을 신청할 경우 동절기 에너지바우처를 중지 처리한 후 신청(중지사유 : 타 동절기 에너지이용권 수급)

  ※ 단, 동절기 에너지바우처를 일부 사용한 경우 위 사업들은 신청 불가

3. 바우처 지원금액

| 구분 | 1인 세대 | 2인 세대 | 3인 세대 | 4인 이상 세대 |
|---|---|---|---|---|
| 하절기 | 55,700원 | 73,800원 | 90,800원 | 117,000원 |
| 동절기 | 254,500원 | 348,700원 | 456,900원 | 599,300원 |
| 총액 | 310,200원 | 422,500원 | 547,700원 | 716,300원 |

4. 지원방법

• 요금차감

  − 하절기 : 전기요금 고지서에서 요금을 자동으로 차감

  − 동절기 : 도시가스 / 지역난방 중 하나를 선택하여 고지서에서 요금을 자동으로 차감

• 실물카드 : 동절기 도시가스, 등유, LPG, 연탄을 실물카드(국민행복카드)로 직접 결제

**22** 다음 중 에너지바우처에 대한 설명으로 옳지 않은 것은?

① 36개월의 아이가 있는 의료급여 수급자 A는 에너지바우처를 신청할 수 있다.

② 혼자서 아이를 3명 키우는 교육급여 수급자 B는 1년에 70만 원을 넘게 지원받을 수 있다.

③ 보장시설인 양로시설에 살면서 생계급여를 받는 70세 독거노인 C는 에너지바우처를 신청할 수 있다.

④ 에너지바우처 기준을 충족하는 D는 겨울에 연탄보일러를 사용하므로 실물카드를 받는 방법으로 지원을 받아야 한다.

⑤ 희귀질환을 앓고 있는 어머니와 함께 단둘이 사는 생계급여 수급자 E는 에너지바우처를 통해 여름에 전기비에서 73,800원이 차감될 것이다.

**23** 다음은 A, B가족의 에너지바우처 정보이다. A, B가족이 올해 에너지바우처를 통해 지원받는 금액의 총합은 얼마인가?

<A, B가족의 에너지바우처 정보>

| 구분 | 세대 인원 | 소득기준 | 세대원 특성기준 | 특이사항 |
|---|---|---|---|---|
| A가족 | 5명 | 의료급여 수급자 | 영유아 2명 | 연탄쿠폰 발급받음 |
| B가족 | 2명 | 생계급여 수급자 | 소년소녀가정 | 지역난방 이용 |

① 190,800원

② 539,500원

③ 948,000원

④ 1,021,800원

⑤ 1,138,800원

**24** 다음 C 프로그램을 실행하였을 때의 결과로 옳은 것은?

```
#include 〈stdio.h〉
int main(   ) {
    int result=0;
    while (result<2) {
        result=result+1;
        printf("%d \ n",result);
        result=result-1;
    }
}
```

① 실행되지 않는다.

② 0
   1

③ 0
  -1

④ 1
  1

⑤ 1이 무한히 출력된다.

**25** 다음은 A국과 B국의 물가지수 동향에 대한 자료이다. [E2] 셀에 「＝ROUND(D2,－1)」를 입력하였을 때, 출력되는 값은?

| | A | B | C | D | E |
|---|---|---|---|---|---|
| | | A국 | B국 | 평균 판매지수 | |
| 1 | | A국 | B국 | 평균 판매지수 | |
| 2 | 2024년 1월 | 122.313 | 112.36 | 117.3365 | |
| 3 | 2024년 2월 | 119.741 | 110.311 | 115.026 | |
| 4 | 2024년 3월 | 117.556 | 115.379 | 116.4675 | |
| 5 | 2024년 4월 | 124.739 | 118.652 | 121.6955 | |
| 6 | ⋮ | ⋮ | ⋮ | ⋮ | |
| 7 | | | | | |

〈A, B국 물가지수 동향〉

① 100

② 105

③ 110

④ 115

⑤ 120

**26** 다음 중 빈칸에 들어갈 내용으로 가장 적절한 것은?

> 주의력 결핍 과잉행동장애(ADHD)는 학령기 아동에게 흔히 나타나는 질환으로, 주의력 결핍, 과잉행동, 충동성의 증상을 보인다. 이는 아동의 학교 및 가정생활에 큰 영향을 미치며, 적절한 치료와 관리가 필요하다. ADHD의 원인은 신경화학적 요인과 유전적 요인이 복합적으로 작용하는 것으로 여겨진다. 도파민과 노르에피네프린 같은 신경전달물질의 불균형이 주요 원인으로 지목되며, 가족력이 있는 경우 ADHD 발병 확률이 높아진다. 연구에 따르면, ADHD는 상당한 유전적 연관성을 보이며, 부모나 형제 중에 ADHD를 가진 사람이 있을 경우 그 위험이 증가한다.
>
> 환경적 요인도 ADHD 발병에 영향을 미칠 수 있다. 임신 중 음주, 흡연, 약물 사용 등이 위험을 높일 수 있으며, 조산이나 저체중 출산도 연관성이 있다. 이러한 환경적 요인들은 태아의 뇌 발달에 영향을 미쳐 ADHD 발병 가능성을 증가시킬 수 있다. 그러나 이러한 요인들이 단독으로 ADHD를 유발하는 것은 아니며, 다양한 요인이 복합적으로 작용하여 증상이 나타난다.
>
> ADHD 치료는 약물요법과 비약물요법으로 나뉜다. 약물요법에서는 메틸페니데이트 같은 중추신경자극제가 널리 사용된다. 이 약물은 도파민과 노르에피네프린의 재흡수를 억제해 증상을 완화한다. 이러한 약물은 주의력 향상과 충동성 감소에 효과적이며, 많은 연구에서 그 효능이 입증되었다. 비약물요법으로는 행동개입 요법과 심리사회적 프로그램이 있다. 이는 구조화된 환경에서 집중을 방해하는 요소를 최소화하고, 연령에 맞는 개입방법을 적용한다. 예를 들어, 학령기 아동에게는 그룹 부모훈련과 교실 내 행동개입 프로그램이 추천된다.
>
> 가정에서는 부모가 아이가 해야 할 일을 목록으로 작성하도록 돕고, 한 번에 한 가지씩 처리하도록 지도해야 한다. 특히 아이의 바람직한 행동에는 칭찬하고, 잘못된 행동에는 책임을 지도록 하는 것이 중요하다. 이러한 방법은 아이의 자존감을 높이고 긍정적인 행동을 강화하는 데 도움이 된다. 학교에서는 과제를 짧게 나누고, 수업이 지루하지 않도록 하며, 규칙과 보상을 일관되게 유지해야 한다. 교사는 ADHD 아동이 주의가 산만해질 수 있는 환경적 요소를 제거하고, 많은 격려와 칭찬을 통해 학습 동기를 유발해야 한다.
>
> ADHD는 완치가 어려운 만성 질환이지만 적절한 치료와 관리를 통해 증상을 개선할 수 있다. 약물 치료와 비약물 치료를 병행하고 가정과 학교에서 적절한 지원이 이루어지면 ADHD 아동도 건강하고 행복한 삶을 영위할 수 있다. 결론적으로, ADHD는 _____ 따라서 다양한 원인에 부합하는 맞춤형 치료와 환경 조성을 통해 아동의 잠재력을 최대한 발휘할 수 있도록 지원해야 한다. 이는 아동이 자신의 능력을 충분히 발휘하고 성공적인 삶을 살아가는 데 중요한 역할을 한다.

① 완벽한 치료가 불가능한 불치병이다.

② 약물 치료를 통해 쉽게 치료가 가능하다.

③ 다양한 원인이 복합적으로 작용하는 질환이다.

④ 아동에게 적극적으로 개입해 충동성을 감소시켜야 하는 질환이다.

**27** 다음 중 밑줄 친 단어가 맞춤법상 옳지 않은 것은?

① 김주임은 지난 분기 매출을 조사하여 증가량을 <u>백분율</u>로 표기하였다.

② 젊은 세대를 중심으로 빠른 이직 트렌드가 형성되어 <u>이직률</u>이 높아지고 있다.

③ 이번 학기 <u>출석율</u>이 이전보다 크게 향상되어 학생들의 참여도가 높아지고 있다.

④ 이번 시험의 <u>합격률</u>이 역대 최고치를 기록하며 수험생들에게 희망을 안겨주었다.

**28** S공사는 2024년 상반기에 신입사원을 채용하였다. 전체 지원자 중 채용에 불합격한 남성 수와 여성 수의 비율은 같으며, 합격한 남성 수와 여성 수의 비율은 2 : 3이라고 한다. 남성 전체 지원자와 여성 전체 지원자의 비율이 6 : 7일 때, 합격한 남성 수가 32명이면 전체 지원자는 몇 명인가?

① 192명

② 200명

③ 208명

④ 216명

**29** 다음은 직장가입자 보수월액보험료에 대한 자료이다. A씨가 〈조건〉에 따라 장기요양보험료를 납부할 때, A씨의 2023년 보수월액은?(단, 소수점 첫째 자리에서 반올림한다)

---

**〈직장가입자 보수월액보험료〉**

- 개요 : 보수월액보험료는 직장가입자의 보수월액에 보험료율을 곱하여 산정한 금액에 경감 등을 적용하여 부과한다.
- 보험료 산정 방법
  - 건강보험료는 다음과 같이 산정한다.

    (건강보험료)=(보수월액)×(건강보험료율)

    ※ 보수월액 : 동일 사업장에서 당해 연도에 지급받은 보수총액을 근무월수로 나눈 금액
  - 장기요양보험료는 다음과 같이 산정한다.

    2022.12.31. 이전 : (장기요양보험료)=(건강보험료)×(장기요양보험료율)

    2023.01.01. 이후 : (장기요양보험료)=(건강보험료)×$\dfrac{(장기요양보험료율)}{(건강보험료율)}$

**〈2020 ~ 2024년 보험료율〉**

(단위 : %)

| 구분 | 2020년 | 2021년 | 2022년 | 2023년 | 2024년 |
| --- | --- | --- | --- | --- | --- |
| 건강보험료율 | 6.67 | 6.86 | 6.99 | 7.09 | 7.09 |
| 장기요양보험료율 | 10.25 | 11.52 | 12.27 | 0.9082 | 0.9182 |

---

**조건**

- A씨는 K공사에서 2011년 3월부터 2023년 9월까지 근무하였다.
- A씨는 3개월 후 2024년 1월부터 S공사에서 현재까지 근무하고 있다.
- A씨의 2023년 장기요양보험료는 35,120원이었다.

① 3,866,990원  ② 3,974,560원
③ 4,024,820원  ④ 4,135,970원

**30** 다음 중 개인정보보호법에서 사용하는 용어에 대한 정의로 옳지 않은 것은?

① '가명처리'란 추가 정보 없이도 특정 개인을 알아볼 수 있도록 처리하는 것을 말한다.

② '정보주체'란 처리되는 정보에 의하여 알아볼 수 있는 사람으로서 그 정보의 주체가 되는 사람을 말한다.

③ '개인정보'란 살아 있는 개인에 관한 정보로서 성명, 주민등록번호 및 영상 등을 통하여 개인을 알아볼 수 있는 정보를 말한다.

④ '처리'란 개인정보의 수집, 생성, 연계, 연동, 기록, 저장, 보유, 가공, 편집, 검색, 출력, 정정, 복구, 이용, 제공, 공개, 파기, 그 밖에 이와 유사한 행위를 말한다.

**31** 다음은 생활보조금 신청자의 소득 및 결과에 대한 자료이다. 월 소득이 100만 원 이하인 사람은 보조금 지급이 가능하고, 100만 원을 초과한 사람은 보조금 지급이 불가능할 때, 보조금 지급을 받는 사람의 수를 구하는 함수로 옳은 것은?

〈생활보조금 신청자 소득 및 결과〉

|  | A | B | C | D | E |
|---|---|---|---|---|---|
| 1 | 지원번호 | 소득(만 원) | 결과 |  |  |
| 2 | 1001 | 150 | 불가능 |  |  |
| 3 | 1002 | 80 | 가능 |  | 보조금 지급 인원 수 |
| 4 | 1003 | 120 | 불가능 |  |  |
| 5 | 1004 | 95 | 가능 |  |  |
| 6 | ⋮ | ⋮ | ⋮ |  |  |
| 7 |  |  |  |  |  |

① =COUNTIF(A:C, "<=100")

② =COUNTIF(A:C, <=100)

③ =COUNTIF(B:B, "<=100")

④ =COUNTIF(B:B, <=100)

**32** 다음은 초등학생의 주차별 용돈에 대한 자료이다. 빈칸에 들어갈 함수를 바르게 짝지은 것은?(단, 한 달은 4주로 한다)

<초등학생 주차별 용돈>

| | A | B | C | D | E | F |
|---|---|---|---|---|---|---|
| 1 | 학생번호 | 1주 | 2주 | 3주 | 4주 | 합계 |
| 2 | 1 | 7,000 | 8,000 | 12,000 | 11,000 | (A) |
| 3 | 2 | 50,000 | 60,000 | 45,000 | 55,000 | |
| 4 | 3 | 70,000 | 85,000 | 40,000 | 55,000 | |
| 5 | 4 | 10,000 | 6,000 | 18,000 | 14,000 | |
| 6 | 5 | 24,000 | 17,000 | 34,000 | 21,000 | |
| 7 | 6 | 27,000 | 56,000 | 43,000 | 28,000 | |
| 8 | 한 달 용돈이 150,000원 이상인 학생 수 | | | | | (B) |

| | (A) | (B) |
|---|---|---|
| ① | =SUM(B2:E2) | =COUNTIF(F2:F7, ">=150,000") |
| ② | =SUM(B2:E2) | =COUNTIF(B2:E2, ">=150,000") |
| ③ | =SUM(B2:E2) | =COUNTIF(B2:E7, ">=150,000") |
| ④ | =SUM(B2:E7) | =COUNTIF(F2:F7, ">=150,000") |
| ⑤ | =SUM(B2:E7) | =COUNTIF(B2:F2, ">=150,000") |

**33** 다음 중 빅데이터 분석 기획 절차를 순서대로 바르게 나열한 것은?

① 범위 설정 → 프로젝트 정의 → 위험 계획 수립 → 수행 계획 수립

② 범위 설정 → 프로젝트 정의 → 수행 계획 수립 → 위험 계획 수립

③ 프로젝트 정의 → 범위 정의 → 위험 계획 수립 → 수행 계획 수립

④ 프로젝트 정의 → 범위 설정 → 수행 계획 수립 → 위험 계획 수립

**34** 다음 중 밑줄 친 부분의 단어가 어법상 옳은 것은?

> K씨는 항상 ㉠ 짜깁기 / 짜집기한 자료로 보고서를 작성했다. 처음에는 아무도 눈치채지 못했지만, 시간이 지나면서 K씨의 작업이 다른 사람들의 것과 비교해 질적으로 떨어지는 것이 분명해졌다. K씨는 결국 동료들 사이에서 ㉡ 뒤처지기 / 뒤쳐지기 시작했고, 격차를 좁히기 위해 더 많은 시간을 투자해야 했다.

|     | ㉠    | ㉡      |
|-----|------|--------|
| ① | 짜깁기 | 뒤처지기 |
| ② | 짜깁기 | 뒤쳐지기 |
| ③ | 짜집기 | 뒤처지기 |
| ④ | 짜집기 | 뒤쳐지기 |

**35** 다음 중 공문서 작성 시 유의해야 할 점으로 옳지 않은 것은?

① 한 장에 담아내는 것이 원칙이다.
② 부정문이나 의문문의 형식은 피한다.
③ 마지막엔 반드시 '끝'자로 마무리한다.
④ 날짜 다음에 괄호를 사용할 경우에는 반드시 마침표를 찍는다.

**36** 영서가 어머니와 함께 40분 동안 만두를 60개 빚었다고 한다. 어머니가 혼자서 1시간 동안 만두를 빚을 수 있는 개수가 영서가 혼자서 1시간 동안 만두를 빚을 수 있는 개수보다 10개 더 많을 때, 영서는 1시간 동안 만두를 몇 개 빚을 수 있는가?

① 30개                    ② 35개
③ 40개                    ④ 45개

**37** 대칭수는 순서대로 읽은 수와 거꾸로 읽은 수가 같은 수를 가리키는 말이다. 예컨대, 121, 303, 1,441, 85058 등은 대칭수이다. 1,000 이상 50,000 미만의 대칭수는 모두 몇 개인가?

① 180개                    ② 325개

③ 405개                    ④ 490개

**38** 어떤 자연수 '25□'가 3의 배수일 때, □에 들어갈 수 있는 모든 자연수의 합은?

① 12                       ② 13

③ 14                       ④ 15

**39** 바이올린, 호른, 오보에, 플루트 4가지의 악기를 다음 〈조건〉에 따라 좌우로 4칸인 선반에 각각 1대씩 보관하려 한다. 각 칸에는 한 대의 악기만 배치할 수 있을 때, 왼쪽에서 두 번째 칸에 배치할 수 없는 악기는?

> 조건
> • 호른은 바이올린 바로 왼쪽에 위치한다.
> • 오보에는 플루트 왼쪽에 위치하지 않는다.

① 바이올린                  ② 호른

③ 오보에                    ④ 플루트

**40** 다음 중 비영리 조직에 해당하지 않는 것은?

① 교육기관                  ② 자선단체

③ 사회적 기업               ④ 비정부기구

**41** 다음은 D기업의 분기별 재무제표에 대한 자료이다. 2022년 4분기의 영업이익률은 얼마인가?

〈D기업 분기별 재무제표〉

(단위 : 십억 원, %)

| 구분 | 2022년 1분기 | 2022년 2분기 | 2022년 3분기 | 2022년 4분기 | 2023년 1분기 | 2023년 2분기 | 2023년 3분기 | 2023년 4분기 |
|---|---|---|---|---|---|---|---|---|
| 매출액 | 40 | 50 | 80 | 60 | 60 | 100 | 150 | 160 |
| 매출원가 | 30 | 40 | 70 | 80 | 100 | 100 | 120 | 130 |
| 매출총이익 | 10 | 10 | 10 | ( ) | −40 | 0 | 30 | 30 |
| 판관비 | 3 | 5 | 5 | 7 | 8 | 5 | 7.5 | 10 |
| 영업이익 | 7 | 5 | 5 | ( ) | −8 | −5 | 22.5 | 20 |
| 영업이익률 | 17.5 | 10 | 6.25 | ( ) | −80 | −5 | 15 | 12.5 |

※ (영업이익률)＝(영업이익)÷(매출액)×100

※ (영업이익)＝(매출총이익)−(판관비)

※ (매출총이익)＝(매출액)−(매출원가)

① − 30%  ② − 45%

③ − 60%  ④ − 75%

**42** 5km/h의 속력으로 움직이는 무빙워크를 이용하여 이동하는 데 36초가 걸렸다. 무빙워크 위에서 무빙워크와 같은 방향으로 4km/h의 속력으로 걸어 이동할 때 걸리는 시간은?

① 10초  ② 15초

③ 20초  ④ 25초

**43** 다음 순서도에서 출력되는 result 값은?

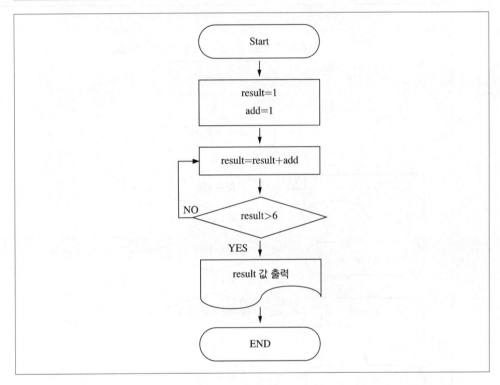

〈순서도 기호〉

| 기호 | 설명 | 기호 | 설명 |
|---|---|---|---|
|  | 시작과 끝을 나타낸다. |  | 어느 것을 택할 것인지 판단한다. |
|  | 데이터를 입력하거나 계산하는 등의 처리를 한다. |  | 선택한 값을 출력한다. |

① 11          ② 10
③ 9           ④ 8
⑤ 7

**44** 다음은 A컴퓨터 A/S센터의 하드디스크 수리 방문접수 과정에 대한 순서도이다. 하드디스크 데이터 복구를 문의할 때, 출력되는 도형은 무엇인가?

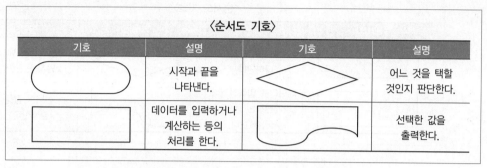

〈순서도 기호〉

| 기호 | 설명 | 기호 | 설명 |
|---|---|---|---|
|  | 시작과 끝을 나타낸다. |  | 어느 것을 택할 것인지 판단한다. |
|  | 데이터를 입력하거나 계산하는 등의 처리를 한다. |  | 선택한 값을 출력한다. |

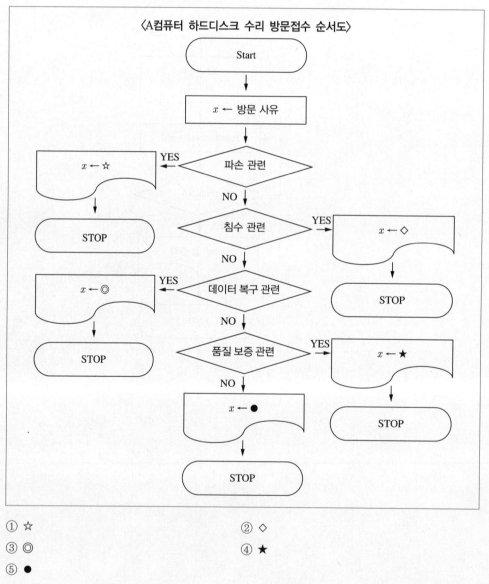

〈A컴퓨터 하드디스크 수리 방문접수 순서도〉

① ☆　　　　　　　　　② ◇

③ ◎　　　　　　　　　④ ★

⑤ ●

**45** 다음은 EAN-13 바코드 부여 규칙에 대한 자료이다. 상품코드의 맨 앞 자릿수가 9일 때, 2 ~ 7번째 자릿수가 '387655'라면 이를 이진코드로 바르게 변환한 것은?

### 〈EAN-13 바코드 부여 규칙〉

1. 13자리 상품코드의 맨 앞 자릿수에 따라 다음과 같이 변환한다.

| 상품코드 번호 | 2 ~ 7번째 자릿수 | 8 ~ 13번째 자릿수 |
| --- | --- | --- |
| 0 | AAAAAA | CCCCCC |
| 1 | AABABB | CCCCCC |
| 2 | AABBAB | CCCCCC |
| 3 | AABBBA | CCCCCC |
| 4 | ABAABB | CCCCCC |
| 5 | ABBAAB | CCCCCC |
| 6 | ABBBAA | CCCCCC |
| 7 | ABABAB | CCCCCC |
| 8 | ABABBA | CCCCCC |
| 9 | ABBABA | CCCCCC |

2. A, B, C는 다음과 같이 상품코드 번호를 이진코드로 변환한 값이다.

| 상품코드 번호 | A | B | C |
| --- | --- | --- | --- |
| 0 | 0001101 | 0100111 | 1110010 |
| 1 | 0011001 | 0110011 | 1100110 |
| 2 | 0010011 | 0011011 | 1101100 |
| 3 | 0111101 | 0100001 | 1000010 |
| 4 | 0100011 | 0011101 | 1011100 |
| 5 | 0110001 | 0111001 | 1001110 |
| 6 | 0101111 | 0000101 | 1010000 |
| 7 | 0111011 | 0010001 | 1000100 |
| 8 | 0110111 | 0001001 | 1001000 |
| 9 | 0001011 | 0010111 | 1110100 |

| | 2번째 수 | 3번째 수 | 4번째 수 | 5번째 수 | 6번째 수 | 7번째 수 |
| --- | --- | --- | --- | --- | --- | --- |
| ① | 0111101 | 0001001 | 0010001 | 0101111 | 0111001 | 0110001 |
| ② | 0100001 | 0001001 | 0010001 | 0000101 | 0111101 | 0111101 |
| ③ | 0111101 | 0110111 | 0111011 | 0101111 | 0111001 | 0111101 |
| ④ | 0100001 | 0101111 | 0010001 | 0010111 | 0100111 | 0001011 |
| ⑤ | 0111101 | 0011001 | 0010001 | 0101111 | 0011001 | 0111001 |

※ 다음은 청소 유형별 청소기 사용 방법 및 고장 유형별 확인 사항에 대한 자료이다. 이어지는 질문에 답하시오. [46~47]

<h3>〈청소 유형별 청소기 사용 방법〉</h3>

| 유형 | 사용 방법 |
|---|---|
| 일반 청소 | 1. 기본형 청소구를 장착해 주세요.<br>2. 작동 버튼을 눌러 주세요. |
| 틈새 청소 | 1. 기본형 청소구의 입구 돌출부를 누르고 잡아당기면 좁은 흡입구를 꺼낼 수 있습니다.<br>　반대로 돌출부를 누르면서 밀어 넣으면 좁은 흡입구를 안쪽으로 정리할 수 있습니다.<br>2. 1.의 좁은 흡입구를 꺼낸 상태에서 돌출부를 시계 방향으로 돌리면 돌출부를 고정할 수 있습니다.<br>3. 좁은 흡입구를 고정한 후 작동 버튼을 눌러 주세요.<br>　(좁은 흡입구에는 솔이 함께 들어 있습니다) |
| 카펫 청소 | 1. 별도의 돌기 청소구로 교체해 주세요.<br>　(기본형으로도 카펫 청소를 할 수 있으나, 청소 효율이 떨어집니다)<br>2. 작동 버튼을 눌러 주세요. |
| 스팀 청소 | 1. 별도의 스팀 청소구로 교체해 주세요.<br>2. 스팀 청소구의 물통에 물을 충분히 채운 후 뚜껑을 잠가 주세요.<br>　※ 반드시 전원을 분리한 상태에서 진행해 주세요.<br>3. 걸레판에 걸레를 부착한 후 스팀 청소구의 노즐에 장착해 주세요.<br>　※ 반드시 전원을 분리한 상태에서 진행해 주세요.<br>4. 스팀 청소 버튼을 누르고 안전 스위치를 눌러 주세요.<br>　※ 안전을 위해 안전 스위치를 누르는 동안에만 스팀이 발생합니다.<br>　※ 스팀 청소 작업 도중 및 완료 직후에 청소기를 거꾸로 세우거나 스팀 청소구를 눕히면 뜨거운 물이 새어 나와 화상을 입을 수 있습니다.<br>5. 스팀 청소 완료 후 물이 충분히 식은 후 물통 및 스팀 청소구를 분리해 주세요.<br>　※ 충분히 식지 않은 상태로 분리 시 뜨거운 물이 새어 나와 화상의 위험이 있습니다. |

<h3>〈고장 유형별 확인 사항〉</h3>

| 유형 | 확인 사항 |
|---|---|
| 흡입력 약화 | • 흡입구, 호스, 먼지통, 먼지분리기에 크기가 큰 이물질이 걸려 있는지 확인해 주세요.<br>• 필터를 교체해 주세요.<br>• 먼지통, 먼지분리기, 필터의 조립 상태를 확인해 주세요. |
| 청소기 미작동 | • 전원이 제대로 연결되어 있는지 확인해 주세요. |
| 물 보충 램프 깜빡임 | • 물통에 물이 충분한지 확인해 주세요.<br>• 물이 충분히 채워졌어도 꺼질 때까지 시간이 다소 걸립니다. 잠시 기다려 주세요. |
| 스팀 안 나옴 | • 물통에 물이 충분한지 확인해 주세요.<br>• 안전 스위치를 눌렀는지 확인해 주세요. |
| 바닥에 물이 남음 | • 스팀 청소구를 너무 자주 좌우로 기울이면 물이 소량 새어 나올 수 있습니다.<br>• 걸레가 많이 젖었으므로 걸레를 교체해 주세요. |
| 악취 발생 | • 제품 기능상의 문제는 아니므로 고장이 아닙니다.<br>• 먼지통 및 필터를 교체해 주세요.<br>• 스팀 청소구의 물통 등 청결 상태를 확인해 주세요. |
| 소음 발생 | • 흡입구, 호스, 먼지통, 먼지분리기에 크기가 큰 이물질이 걸려 있는지 확인해 주세요.<br>• 먼지통, 먼지분리기, 필터의 조립 상태를 확인해 주세요. |

**46** 다음 중 청소 유형별 청소기 사용 방법에 대한 설명으로 옳지 않은 것은?

① 기본형 청소구로 카펫 청소가 가능하다.

② 스팀 청소 직후 통을 분리하면 화상의 위험이 있다.

③ 기본형 청소구를 이용하여 좁은 틈새를 청소할 수 있다.

④ 안전 스위치를 1회 누르면 별도의 외부 입력 없이 스팀을 지속하여 발생시킬 수 있다.

⑤ 스팀 청소 시 물 보충 및 걸레 부착 작업은 반드시 전원을 분리한 상태에서 진행해야 한다.

**47** 다음 중 고장 유형별 확인 사항이 바르게 연결되어 있지 않은 것은?

① 물 보충 램프 깜빡임 : 잠시 기다리기

② 악취 발생 : 스팀 청소구의 청결 상태 확인하기

③ 흡입력 약화 : 먼지통, 먼지분리기, 필터 교체하기

④ 바닥에 물이 남음 : 물통에 물이 너무 많이 있는지 확인하기

⑤ 소음 발생 : 흡입구, 호스, 먼지통, 먼지분리기의 이물질 걸림 확인하기

**48** 다음 중 동료의 피드백을 장려하기 위한 방안으로 적절하지 않은 것은?

① 행동과 수행을 관찰한다.

② 즉각적인 피드백을 제공한다.

③ 뛰어난 수행성과에 대해서는 인정한다.

④ 간단하고 분명한 목표와 우선순위를 설정한다.

⑤ 긍정적인 상황에서는 피드백을 자제하는 것도 나쁘지 않다.

**49** 다음 중 내적 동기를 유발하는 방법으로 적절하지 않은 것은?

① 변화를 두려워하지 않는다.

② 업무 관련 교육을 생략한다.

③ 주어진 일에 책임감을 갖는다.

④ 창의적인 문제해결법을 찾는다.

⑤ 새로운 도전의 기회를 부여한다.

**50** 다음은 갈등 정도와 조직 성과의 관계에 대한 그래프이다. 이에 대한 설명으로 옳지 않은 것은?

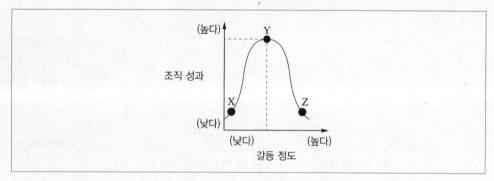

① 적절한 갈등이 있을 경우 가장 높은 조직 성과를 얻을 수 있다.

② 갈등이 없을수록 조직 내부가 결속되어 높은 조직 성과를 보인다.

③ Y점에서는 갈등의 순기능, Z점에서는 갈등의 역기능이 작용한다.

④ 갈등이 없을 경우 낮은 조직 성과를 얻을 수 있다.

⑤ 갈등이 잦을 경우 낮은 조직 성과를 얻을 수 있다.

# PART 1

# 직업기초능력평가

# 01

# 의사소통능력

## 합격 Cheat Key

의사소통능력은 평가하지 않는 공사·공단이 없을 만큼 필기전형에서 중요도가 높은 영역으로, 세부 유형은 문서 이해, 문서 작성, 의사 표현, 경청, 기초 외국어로 나눌 수 있다. 문서 이해·문서 작성과 같은 지문에 대한 주제 찾기, 내용 일치 문제의 출제 비중이 높으며, 문서의 특성을 파악하는 문제도 출제되고 있다.

### 1 문제에서 요구하는 바를 먼저 파악하라!

의사소통능력에서 가장 중요한 것은 제한된 시간 안에 빠르고 정확하게 답을 찾아내는 것이다. 의사소통능력에서는 지문이 아니라 문제가 주인공이므로 지문을 보기 전에 문제를 먼저 파악해야 하며, 문제에 따라 전략적으로 빠르게 풀어내는 연습을 해야 한다.

### 2 잠재되어 있는 언어 능력을 발휘하라!

세상에 글은 많고 우리가 학습할 수 있는 시간은 한정적이다. 이를 극복할 수 있는 방법은 다양한 글을 접하는 것이다. 실제 시험장에서 어떤 내용의 지문이 나올지 아무도 예측할 수 없으므로 평소에 신문, 소설, 보고서 등 여러 글을 접하는 것이 필요하다.

**3** 　상황을 가정하라!

업무 수행에 있어 상황에 따른 언어 표현은 중요하다. 같은 말이라도 상황에 따라 다르게
해석될 수 있기 때문이다. 그런 의미에서 자신의 의견을 효과적으로 전달할 수 있는 능력
을 평가하는 것이다. 업무를 수행하면서 발생할 수 있는 여러 상황을 가정하고 그에 따른
올바른 언어표현을 정리하는 것이 필요하다.


**4** 　말하는 이의 입장에서 생각하라!

잘 듣는 것 또한 하나의 능력이다. 상대방의 이야기에 귀 기울이고 공감하는 태도는 업무
를 수행하는 관계 속에서 필요한 요소이다. 그런 의미에서 다양한 상황에서 듣는 능력을
평가하는 것이다. 말하는 이가 요구하는 듣는 이의 태도를 파악하고, 이에 따른 판단을
할 수 있도록 언제나 말하는 사람의 입장이 되는 연습이 필요하다.

# 01 맞춤법 · 어휘

## | 유형분석 |

- 맞춤법에 맞는 단어를 찾거나 주어진 지문의 내용에 어울리는 단어를 찾는 문제가 주로 출제된다.
- 단어 사이의 관계에 대한 문제가 출제되므로 뜻이 비슷하거나 반대되는 단어를 함께 학습하는 것이 좋다.
- 자주 출제되는 단어나 헷갈리는 단어에 대한 학습을 꾸준히 하는 것이 좋다.

**다음 중 밑줄 친 부분의 맞춤법이 옳지 않은 것은?**

① 그는 입술을 <u>지그시</u> 깨물었다.

② <u>왠일로</u> 선물까지 준비했는지 모르겠다.

③ 그는 목이 <u>메어</u> 한동안 말을 잇지 못했다.

④ 어제는 종일 아이를 <u>치다꺼리</u>하느라 잠시도 쉬지 못했다.

⑤ 노루가 나타난 것은 나무꾼이 도끼로 나무를 <u>베고</u> 있을 때였다.

### 정답 ②

'어찌 된'의 뜻을 나타내는 관형사는 '웬'이므로, '어찌 된 일로'라는 의미를 가진 '웬일'로 써야 한다.

### 오답분석

① 지그시 : 슬며시 힘을 주는 모양

③ 메다 : 어떤 감정이 북받쳐 목소리가 잘 나지 않다.

④ 치다꺼리 : 남의 자잘한 일을 보살펴서 도와줌. 또는 그런 일

⑤ 베다 : 날이 있는 연장 따위로 무엇을 끊거나 자르거나 가르다.

### 풀이 전략!

문제에서 물어보는 단어를 정확히 확인해야 하고, 문제에서 다루고 있는 단어의 앞뒤 내용을 읽고 글의 전체적 흐름을 생각하며 문제에 접근해야 한다.

**01** 다음 중 밑줄 친 ㉠~㉤을 우리말 어법에 맞게 수정한 것은?

> • 빨리 도착하려면 저 산을 ㉠ 넘어야 한다.
> • 장터는 저 산 ㉡ 넘어에 있소.
> • 나는 대장간 일을 ㉢ 어깨너머로 배웠다.
> • 자동차는 수많은 작은 부품들로 ㉣ 나뉜다.
> • 나는 일이 바빠 쉴 ㉤ 새가 없었다.

① ㉠ : 목적지에 대해 설명하고 있으므로 '너머야'로 수정한다.
② ㉡ : 산으로 가로막힌 반대쪽 장소를 의미하기 때문에 '너머'로 수정한다.
③ ㉢ : 남몰래 보고 배운 것을 뜻하므로 '어깨넘어'로 수정한다.
④ ㉣ : 피동 표현을 사용해야 하므로 '나뉘어진다'로 수정한다.
⑤ ㉤ : '세'로 수정한다.

**02** 다음 중 밑줄 친 단어의 띄어쓰기가 옳은 것은?

① 이번 일은 직접 나서는 <u>수밖에</u> 없다.
② 둘째 아들이 벌써 <u>아빠 만큼</u> 자랐구나.
③ <u>너 뿐만</u> 아니라 우리 모두 노력해야 한다.
④ <u>달라는대로</u> 다 주었는데 무엇을 더 줘야 하니?
⑤ 어찌나 금방 품절되던지 나도 <u>열 번만에</u> 겨우 주문했어.

**03** 다음 중 어법에 맞고 자연스러운 문장은?

① 문학은 다양한 삶의 체험을 보여 주는 예술의 장르로서 문학을 즐길 예술적 본능을 지닌다.
② 그는 부모님의 말씀을 거스른 적이 없고 그는 친구들과 어울리다가도 정해진 시간에 반드시 들어오곤 했다.
③ 피로연은 성대하게 치러졌다. 신랑과 신부는 결혼식을 마치고 신혼여행을 떠났다. 하례객들이 식당 안으로 옮겨 앉으면서 시작되었다.
④ 신은 인간을 사랑하기도 하지만, 때로는 인간에게 시련의 고통을 주기도 한다.
⑤ 주가가 다음 주부터는 오를 전망입니다.

**04**

맹사성은 고려 시대 말 문과에 급제하여 정계에 진출해 조선이 세워진 후 황희 정승과 함께 조선 전기의 문화 발전에 큰 공을 세운 인물이다. 맹사성은 성품이 맑고 깨끗하며, 단정하고 묵직해서 재상으로서의 품위가 있었다. 또 그는 청렴하고 검소하여 늘 ㉠ 남루한 행색으로 다녔는데, 이로 인해 한 번은 어느 고을 수령의 야유를 받았다. 나중에서야 맹사성의 실체를 알게 된 수령이 후사가 두려워 도망을 가다가 관인을 못에 ㉡ 빠뜨렸고, 후에 그 못을 인침연(人沈淵)이라 불렀다는 일화가 남아 있다.

조선 시대의 학자 서거정은 『필원잡기』에서 이런 맹사성이 평소에 어떻게 살았는가를 소개했다. 서거정의 소개에 따르면 맹사성은 음률을 깨우쳐서 항상 하루에 서너 곡씩 피리를 불곤 했다. 그는 혼자 문을 닫고 조용히 앉아 피리 불기를 계속할 뿐 사사로운 손님을 받지 않았다. 일을 보고하러 오는 등 꼭 만나야 할 손님이 오면 잠시 문을 열어 맞이할 뿐 ㉢ 그 밖에는 오직 피리를 부는 것만이 그의 삶의 전부였다. 일을 보고하러 오는 사람은 동구 밖에서 피리 소리를 듣고 맹사성이 방 안에 있다는 것을 알 정도였다.

맹사성은 여름이면 소나무 그늘 아래에 앉아 피리를 불고, 겨울이면 방 안 부들자리에 앉아 피리를 불었다. 서거정의 표현에 의하면 맹사성의 방에는 '오직 부들자리와 피리만 ㉣ 있을 뿐 다른 물건은 없었다.'고 한다. 당시 한 나라의 정승까지 맡고 있었던 사람의 방이었건만 그곳에는 온갖 요란한 장신구나 수많은 장서가 쌓여 있지 않고 오직 피리 하나만 있었던 것이다.

옛 왕조의 끝과 새 왕조의 시작이라는 격동기에 살면서 급격한 변화를 경험해야 했던 맹사성이 방에 오직 부들자리와 피리만을 두면서 생각한 것은 무엇일까? 그는 어떤 생각을 하며 어떤 삶을 살아갔을까? 피리 소리만 ㉤ 남겨둔 체 늘 비우는 방과 같이 늘 마음을 비우려 노력했던 것은 아닐까.

① ㉠        ② ㉡

③ ㉢        ④ ㉣

⑤ ㉤

**05**

계약서란 계약의 당사자 간의 의사표시에 따른 법률행위인 계약 내용을 문서화한 것으로 당사자 사이의 권리와 의무 등 법률관계를 규율하고 의사표시 내용을 항목별로 구분한 후, 구체적으로 명시하여 어떠한 법률 행위를 어떻게 ㉠ <u>하려고</u> 하는지 등의 내용을 특정한 문서이다. 계약서의 작성은 미래에 계약에 관한 분쟁 발생 시 중요한 증빙자료가 된다.

계약서의 종류를 살펴보면, 먼저 임대차계약서는 임대인 소유의 부동산을 임차인에게 임대하고, 임차인은 이에 대한 약정을 합의하는 내용을 담고 있다. 임대차는 당사자의 한쪽이 상대방에게 목적물을 사용·수익하게 할 수 있도록 약정하고, 상대방이 이에 대하여 차임을 지급할 것을 ㉡ <u>약정함으로써</u> 그 효력이 생긴다. 부동산 임대차의 경우 목적 부동산의 전세, 월세에 대한 임차보증금 및 월세를 지급할 것을 내용으로 하는 계약이 여기에 해당하며, 임대차계약서는 주택 등 집합건물의 임대차계약을 작성하는 경우에 사용되는 계약서이다. 주택 또는 상가의 임대차계약은 민법에 대한 특례를 규정한 주택임대차보호법 및 상가건물 임대차보호법의 적용을 받으며, 이 법의 적용을 받지 않은 임대차에 관하여는 민법상의 임대차 규정을 적용하고 있다.

다음으로 근로계약서는 근로자가 회사(근로기준법에서는 '사용자'라고 함)의 지시 또는 관리에 따라 일을 하고 이에 대한 ㉢ <u>댓가로</u> 회사가 임금을 지급하기로 한 내용의 계약서로 유상·쌍무계약을 말한다. 근로자와 사용자의 근로관계는 서로 동등한 지위에서 자유의사에 의하여 결정한 계약에 의하여 성립한다. 이러한 근로관계의 성립은 구술에 의하여 약정되기도 하지만 통상적으로 근로계약서 작성에 의하여 행해지고 있다.

마지막으로 부동산 매매계약서는 당사자가 계약 목적물을 매매할 것을 합의하고, 매수인이 매도자에게 매매 대금을 지급할 것을 약정함으로 인해 그 효력이 발생한다. 부동산 매매계약서는 부동산을 사고, 팔기 위하여 매도인과 매수인이 약정하는 계약서로 매매대금 및 지급시기, 소유권 이전, 제한권 소멸, 제세공과금, 부동산의 인도, 계약의 해제에 관한 사항 등을 약정하여 교환하는 문서이다. 부동산거래는 상황에 따라 다양한 매매조건이 ㉣ <u>수반되기</u> 때문에 획일적인 계약내용 외에 별도 사항을 기재하는 경우가 많으므로 계약서에 서명하기 전에 계약내용을 잘 확인하여야 한다.

이처럼 계약서는 계약의 권리와 의무의 발생, 변경, 소멸 등을 명시하는 중요한 문서로 계약서를 작성할 때에는 신중하고 냉철하게 판단한 후, 권리자와 의무자의 관계, 목적물이나 권리의 행사방법 등을 명확하게 전달할 수 있도록 육하원칙에 따라 간결하고 명료하게 그리고 정확하고 ㉤ <u>평이하게</u> 작성해야 한다.

① ㉠

② ㉡

③ ㉢

④ ㉣

⑤ ㉤

# 02 글의 주제·제목

## | 유형분석 |

- 주어진 지문을 파악하여 전달하고자 하는 핵심 주제를 고르는 문제이다.
- 정보를 종합하고 중요한 내용을 구별하는 능력이 필요하다.
- 설명문부터 주장, 반박문까지 다양한 성격의 지문이 제시되므로 글의 성격별 특징을 알아 두는 것이 좋다.

**다음 글의 주제로 가장 적절한 것은?**

표준화된 언어는 의사소통을 효과적으로 하기 위하여 의도적으로 선택해야 할 공용어로서의 가치가 있다. 반면에 방언은 지역이나 계층의 언어와 문화를 보존하고 드러냄으로써 국가 전체의 언어와 문화를 다양하게 발전시키는 토대로서의 가치가 있다. 이러한 의미에서 표준화된 언어와 방언은 상호 보완적인 관계에 있다. 표준화된 언어가 있기에 정확한 의사소통이 가능하며, 방언이 있기에 개인의 언어생활에서나 언어 예술 활동에서 자유롭고 창의적인 표현이 가능하다. 결국 우리는 표준화된 언어와 방언 둘 다의 가치를 인정해야 하며, 발화 상황을 잘 고려해서 표준화된 언어와 방언을 잘 가려서 사용할 줄 아는 능력을 길러야 한다.

① 표준화된 언어는 방언보다 효용가치가 있다.
② 창의적인 예술 활동에서는 방언의 기능이 중요하다.
③ 정확한 의사소통을 위해서는 표준화된 언어가 꼭 필요하다.
④ 표준화된 언어와 방언을 구분할 줄 아는 능력을 길러야 한다.
⑤ 표준화된 언어와 방언에는 각각 독자적인 가치와 역할이 있다.

**정답** ⑤

마지막 문장의 '표준화된 언어와 방언 둘 다의 가치를 인정'하고, '잘 가려서 사용할 줄 아는 능력을 길러야 한다.'는 내용을 바탕으로 ⑤와 같은 주제를 이끌어낼 수 있다.

**풀이 전략!**

'결국, 즉, 그런데, 그러나, 그러므로' 등의 접속부사 뒤에 주제가 드러나는 경우가 많다는 것에 주의하면서 지문을 읽는다.

**01**    다음 기사의 제목으로 가장 적절한 것은?

> 맥주의 주원료는 양조용수 · 보리 · 홉 등이다. 맥주를 양조하기 위해서는 일반적으로 맥주 생산량의 10 ~ 20배 정도 되는 물이 필요하며, 이것을 양조용수라고 한다. 양조용수는 맥주의 종류와 품질을 좌우하며, 무색 · 무취 · 투명해야 한다. 또한 보리를 싹틔워 맥아로 만든 것을 사용하여 맥주를 제조하는데, 맥주용 보리로는 곡립이 고르고 녹말질이 많으며 단백질이 적은 것, 그리고 곡피(穀皮)가 얇으며 발아력이 왕성한 것이 좋다. 홉은 맥주 특유의 쌉쌀한 향과 쓴맛을 만들어 내는 주요 첨가물이며, 맥주를 맑게 하고 잡균의 번식을 막아주는 역할을 한다.
>
> 맥주의 제조 공정을 살펴보면 맥아 제조, 담금, 발효, 저장, 여과의 다섯 단계로 나눌 수 있다. 이 중 발효 공정은 맥즙이 발효되어 술이 되는 과정을 말하는데, 효모가 발효탱크 속에서 맥즙에 있는 당분을 알코올과 탄산가스로 분해한다. 이 공정은 1주일간 이어지며, 그동안 맥즙 안에 있던 당분은 점점 줄어들고 알코올과 탄산가스가 늘어나 맥주가 되는 것이다. 이때 발효 중 맥즙의 온도 상승을 막기 위해 탱크를 냉각 코일로 감고 그 표면을 하얀 폴리우레탄으로 단열시키는데, 그 모습이 마치 남극의 이글루처럼 보이기도 한다.
>
> 맥주는 발효의 방법에 따라 하면발효 맥주와 상면발효 맥주로 구분되는데, 이는 어떤 온도에서 발효시키느냐에 달려있다. 세계 맥주 생산량의 70%를 차지하는 하면발효 맥주는 발효 중 밑으로 가라앉는 효모를 사용해 저온에서 발효시킨 맥주를 말한다. 요즘 유행하는 드래프트 비어가 바로 여기에 속한다. 반면, 상면발효 맥주는 주로 영국 · 미국 · 캐나다 · 벨기에 등에서 생산되며, 발효 중 표면에 떠오르는 효모로 비교적 높은 온도에서 발효시킨 맥주를 말한다. 에일, 스타우트 등이 상면발효 맥주에 포함된다.

① 맥주의 발효 과정
② 맥주의 제조 공정
③ 주원료에 따른 맥주의 발효 방법 분류
④ 홉과 발효 방법의 종류에 따른 맥주 구분법
⑤ 맥주의 주원료와 발효 방법에 따른 맥주의 종류

**02**

정부는 탈원전·탈석탄 공약에 발맞춰 2030년까지 전체 국가 발전량의 20%를 신재생에너지로 채운다는 정책 목표를 수립하였다. 목표를 달성하기 위해 신재생에너지에 대한 송·변전 계획을 제8차 전력수급 기본계획에 처음으로 수립하겠다는 게 정부의 방침이다.

정부는 기존의 수급계획이 수급안정과 경제성을 중점적으로 수립된 것에 반해, 8차 계획은 환경성과 안전성을 중점으로 하였다고 밝히고 있으며, 신규 발전설비는 원전, 석탄화력발전에서 친환경, 분산형 재생에너지와 LNG 발전을 우선시하는 방향으로 수요관리를 통합하여 합리적 목표수용 결정에 주안점을 두었다고 밝혔다.

그동안 많은 NGO 단체에서 에너지 분산에 대한 다양한 제안을 해왔지만 정부 차원에서 고려하거나 논의가 활발히 진행된 적은 거의 없었으며 명목상으로 포함하는 수준이었다. 그러나 이번 정부에서는 탈원전·탈석탄 공약을 제시하는 등 중앙집중형 에너지 생산시스템에서 분산형 에너지 생산시스템으로 정책의 방향을 전환하고자 한다. 이 기조에 발맞춰 분산형 에너지 생산시스템은 2018년도 지방선거에서도 해당 지역에 대한 다양한 선거공약으로 제시되었다.

중앙집중형 에너지 생산시스템은 환경오염, 송전선 문제, 지역 에너지 불균형 문제 등 다양한 사회적인 문제를 야기하였다. 하지만 그동안은 값싼 전기인 기저전력을 편리하게 사용할 수 있는 환경을 조성하고자 하는 기존 에너지 계획과 전력수급 계획에 밀려 중앙집중형 발전원 확대가 꾸준히 진행되었다. 그러나 현재 대통령은 중앙집중형 에너지 정책에서 분산형 에너지 정책으로 전환되어야 한다는 것을 대선 공약사항으로 밝혀 왔으며, 현재 분산형 에너지 정책으로 전환을 모색하기 위한 다각도의 노력을 하고 있다. 이러한 정부의 정책 변화와 아울러 석탄화력발전소가 국내 미세먼지에 주는 영향과 일본 후쿠시마 원자력 발전소 문제, 국내 경주 대지진 및 최근 포항 지진 문제 등으로 인한 원자력에 대한 의구심 또한 커지고 있다.

제8차 전력수급계획(안)에 의하면, 우리나라의 에너지 정책은 격변기를 맞고 있다. 우리나라는 현재 중앙집중형 에너지 생산시스템이 대부분이며, 분산형 전원 시스템은 그 설비용량이 극히 적은 상태이다. 또한 우리나라의 발전설비는 2016년 말 105GW이며, 2014년도 최대 전력치를 보면 80GW 수준이므로 25GW 정도의 여유가 있는 상태이다. 25GW라는 여유는 원자력발전소 약 25기 정도의 전력생산 설비가 여유가 있는 상황이라고 볼 수 있다. 또한 제7차 전력수급기본계획의 2015~2016년 전기수요 증가율을 4.3~4.7%라고 예상하였으나 실제 증가율은 1.3~2.8% 수준에 그쳤다는 점은 우리나라의 전력 소비량 증가량이 둔화하고 있는 상태라는 것을 나타내고 있다.

① 에너지 분권의 필요성과 방향
② 중앙집중형 에너지 정책의 한계점
③ 전력 소비량과 에너지 공급량의 문제점
④ 중앙집중형 에너지 생산시스템의 발전 과정
⑤ 전력수급 기본계획의 내용과 수정 방안 모색

**03** 우리는 주변에서 신호등 음성 안내기, 휠체어 리프트, 점자 블록 등의 장애인 편의 시설을 많이 볼 수 있다. 우리는 이런 편의 시설을 장애인들이 지니고 있는 국민으로서의 기본 권리를 인정한 것이라는 시각에서 바라보고 있다. 물론, 장애인의 일상생활 보장이라는 측면에서 이 시각은 당연한 것이다. 하지만 또 다른 시각이 필요하다. 그것은 바로 편의 시설이 장애인만을 위한 것이 아니라 일상생활에서 활동에 불편을 겪는 모두를 위한 것이라는 시각이다. 편리하고 안전한 시설은 장애인뿐만 아니라 우리 모두에게 유용하기 때문이다. 예를 들어, 건물의 출입구에 설치되어 있는 경사로는 장애인들의 휠체어만 다닐 수 있도록 설치해 놓은 것이 아니라, 몸이 불편해서 계단을 오르내릴 수 없는 노인이나 유모차를 끌고 다니는 사람들도 편하게 다닐 수 있도록 만들어 놓은 시설이다. 결국 이 경사로는 우리 모두에게 유용한 시설인 것이다.

그런 의미에서 근래에 대두되고 있는 '보편적 디자인', 즉 '유니버설 디자인(Universal Design)'이라는 개념은 우리에게 좋은 시사점을 제공해 준다. 보편적 디자인은 가능한 모든 사람이 이용할 수 있도록 제품, 건물, 공간을 디자인한다는 의미를 가지고 있다. 이러한 시각으로 바라본다면 장애인 편의 시설은 우리 모두에게 편리하고 안전한 시설로 인식될 것이다.

① 우리 주변에서는 장애인 편의 시설을 많이 볼 수 있다.
② 보편적 디자인은 근래에 대두되고 있는 중요한 개념이다.
③ 어떤 집단의 사람들이라도 이용할 수 있는 제품을 만들어야 한다.
④ 보편적 디자인이라는 관점에서 장애인 편의 시설을 바라볼 필요가 있다.
⑤ 장애인들의 기본 권리를 보장하기 위해 장애인 편의 시설을 확충해야 한다.

보건복지부에 따르면 현재 등록 장애인만 250만 명이 넘는다. 여기에 비등록 장애인까지 포함시킨다면 실제 장애인 수는 400만 명에 다다를 것으로 예상된다.

특히 이들 가정은 경제적·사회적 어려움에 봉착해 있을 뿐만 아니라 많은 장애인 자녀들이 부모의 돌봄 없이는 일상생활 유지가 어려운 상황인데, 특히 법적인 부분에서 훨씬 더 문제가 된다. 부모 사망 이후 장애인 자녀가 상속인으로서 제대로 된 권리를 행사하기 어려울 뿐만 아니라, 본인도 모르게 유산 상속 포기 절차가 진행되는 경우가 이에 해당한다.

따라서 장애인 자녀의 부모들은 상속 과정에서 자녀들이 부딪힐 수 있는 문제들에 대해 더 꼼꼼하게 대비해야 할 필요성이 있으며, 이에 해당하는 내용을 크게 두 가지로 살펴볼 수 있다. 자녀의 생활 안정 및 유지를 위한 '장애인 신탁'과 상속 시의 세금 혜택인 '장애인 보험금 비과세'가 그것이다.

먼저 장애인 신탁은 직계존비속이나 일정 범위 내 친족으로부터 재산을 증여받은 장애인이 증여세 신고기한 이내에 신탁회사에 증여받은 재산을 신탁하고, 그 신탁의 이익 전부에 대해 장애인이 수익자가 되면 재산가액 5억 원까지 증여세를 면제해주는 제도로, 이를 통해 장애인은 생계유지와 안정적인 자산 이전을 받을 수 있다.

다음으로 수익자가 장애인 자녀인 보험에 가입한 경우 보험금의 4,000만 원까지는 상속세 및 증여세법에 의해 과세하지 않는다. 이때, 후견인 등이 보험금을 가로챌 수 있는 여지를 차단하기 위해 중도 해지가 불가능하고 평생 동안 매월 연금으로 수령할 수 있는 종신형 연금보험을 선택하는 것이 장애인 자녀의 생활 안정에 유리하다.

① 부모 사망 시 장애인 자녀의 유산 상속 과정
② 부모 사망 시 장애인 자녀가 받을 수 있는 혜택
③ 부모 사망 시 장애인 자녀가 직면한 사회적 문제
④ 부모 사망 시 장애인 자녀의 보험 및 증여세 혜택
⑤ 부모 사망 시 장애인 자녀의 생활 안정 및 세금 혜택

**05** 다음 글에서 필자가 주장하는 핵심 내용으로 가장 적절한 것은?

현대 사회는 대중 매체의 영향을 많이 받는 사회이며, 그중에서도 텔레비전의 영향은 거의 절대적입니다. 언어 또한 텔레비전의 영향을 많이 받습니다. 그런데 텔레비전의 언어는 우리의 언어 습관을 부정적인 방향으로 흐르게 하고 있습니다.

텔레비전은 시청자들의 깊이 있는 사고보다는 감각적 자극에 호소하는 전달 방식을 사용하고 있습니다. 또 현대 자본주의 사회에서의 텔레비전 방송은 상업주의에 편승하여 대중을 붙잡기 위한 방편으로 쾌락과 흥미 위주의 언어를 무분별하게 사용합니다. 결국 텔레비전은 대중의 이성적 사고 과정을 마비시켜 오염된 언어 습관을 무비판적으로 수용하게 합니다. 그렇기 때문에 언어 사용을 통해 발전시킬 수 있는 상상적 사고를 기대하기 어렵게 하며, 창조적인 언어 습관보다는 단편적인 언어 습관을 갖게 만듭니다.

따라서 좋은 말 습관의 형성을 위해서는 또 다른 문화 매체가 필요합니다. 이러한 문제의 대안으로 문학 작품 독서를 제시하려고 합니다. 문학은 작가적 현실을 언어를 매개로 형상화한 예술입니다. 작가적 현실을 작품으로 형상화하기 위해서는 작가의 복잡한 사고 과정을 거치듯이, 작품을 바르게 이해·해석·평가하기 위해서는 독자의 상상적 사고를 거치게 됩니다. 또한 문학은 아름다움을 지향하는 언어 예술로서 정제된 언어를 사용하므로 문학 작품 감상을 통해 습득된 언어 습관은 아름답고 건전하리라 믿습니다.

① 쾌락과 흥미 위주의 언어 습관을 지양하고 사고 능력을 기를 수 있는 언어 습관을 길러야 한다.
② 사고 능력을 기르고 건전한 언어 습관을 길들이기 위해서 문학 작품 독서가 필요하다.
③ 바른 언어 습관의 형성과 건전하고 창의적인 사고를 위해 텔레비전을 멀리 해야 한다.
④ 언어는 자신의 사상을 표현하는 매체일 뿐만 아니라 그것을 사용하는 사람의 인격을 가늠하는 척도이므로 바른 언어 습관이 중요하다.
⑤ 대중 매체가 개인의 언어 습관과 사고 과정에 미치는 영향이 절대적이므로 대중 매체에서 문학작품을 다뤄야 한다.

# 03 내용 추론

## | 유형분석 |

- 주어진 지문을 바탕으로 도출할 수 있는 내용을 찾는 문제이다.
- 선택지의 내용을 정확하게 확인하고 지문의 정보와 비교하여 추론하는 능력이 필요하다.

## 다음 글을 통해 추론할 수 없는 것은?

제약 연구원이란 제약 회사에서 약을 만드는 과정에 참여하는 사람을 말한다. 제약 연구원은 이러한 모든 단계에 참여하지만, 특히 신약 개발 단계와 임상 시험 단계에서 가장 중점적인 역할을 한다. 일반적으로 약을 만드는 과정은 새로운 약품을 개발하는 신약 개발 단계, 임상 시험을 통해 개발된 신약의 약효를 확인하는 임상 시험 단계, 식약처에 신약이 판매될 수 있도록 허가를 요청하는 약품 허가 요청 단계, 마지막으로 의료진과 환자를 대상으로 신약에 대해 홍보하는 영업 및 마케팅의 단계로 나눈다. 제약 연구원이 되기 위해서는 일반적으로 약학을 전공해야 한다고 생각하기 쉽지만, 약학 전공자 이외에도 생명 공학, 화학 공학, 유전 공학 전공자들이 제약 연구원으로 활발하게 참여하고 있다. 만일 신약 개발의 전문가가 되고 싶다면 해당 분야에서 오랫동안 연구한 경험이 필요하기 때문에 대학원에서 석사나 박사 학위를 취득하는 것이 유리하다.

제약 연구원이 되기 위해서는 전문적인 지식도 중요하지만, 사람의 생명과 관련된 일인 만큼 무엇보다도 꼼꼼함과 신중함, 책임 의식이 필요하다. 또한 제약 회사라는 공동체 안에서 일을 하는 것이므로 원만한 일의 진행을 위해서 의사소통 능력도 필수적으로 요구된다. 오늘날 제약 분야가 빠르게 성장하고 있다는 점을 고려할 때, 일에 대한 도전 의식, 호기심과 탐구심 등도 제약 연구원에게 필요한 능력으로 꼽을 수 있다.

① 제약 연구원은 약품 허가 요청 단계에 참여한다.
② 오늘날 제약 연구원에게 요구되는 능력이 많아졌다.
③ 생명이나 유전 공학 전공자도 제약 연구원으로 일할 수 있다.
④ 신약 개발 전문가가 되려면 반드시 석사나 박사를 취득해야 한다.
⑤ 제약 연구원과 관련된 정보가 부족하면 약학을 전공해야만 제약 연구원이 될 수 있다고 생각할 수 있다.

정답 ④

제시문에 따르면 신약 개발의 전문가가 되기 위해서는 해당 분야에서 오랫동안 연구한 경험이 필요하므로 석사나 박사 학위를 취득하는 것이 유리하다고 하였다. 그러나 석사나 박사 학위가 신약 개발 전문가가 되는 데 도움을 준다는 것일 뿐이므로 반드시 필요한 필수 조건인지는 알 수 없다. 따라서 ④는 제시문을 통해 추론할 수 없다.

### 풀이 전략!

주어진 제시문이 어떠한 내용을 다루고 있는지 파악한 후 선택지의 키워드를 확실하게 체크하고, 제시문의 정보에서 도출할 수 있는 내용을 찾는다.

**01**  다음 글을 바탕으로 〈보기〉의 내용으로부터 추론할 수 있는 것은?

조선의 음악은 예와 함께 의례의 핵심이었기 때문에 조선의 대표적인 음악기관이었던 장악원의 역할은 아주 중요했다. 각종 왕실 행사, 제례, 연향, 조회, 군사의례 등 왕이 활쏘기를 할 때까지도 음악인들이 동원되었기에 1년 내내 쉴 틈이 없을 정도였다.

성종 대에 편찬된 『경국대전』에 의하면, 장악원 소속 음악인의 수는 '아악 악사 2명, 악생 297명, 속악 악사 2명, 악공 518명, 가동 10명'이었고, 후보생을 포함하면 981명에 이르는 대규모 기관이었다. 이런 장악원의 최고 책임자는 제조라고 했는데 전문 음악인이 아닌 행정관리자여서 악공이나 악생의 연주 실력을 구분하기 어려웠고, 후에 『악학궤범』의 주요 저자인 성현이 장악원의 제조로 발탁됐다.

『악학궤범』은 성종 24년인 1493년에 제작된 음악책이다. 목판본으로 모두 9권 3책으로 되어있으며, 고려 이후부터 성종 때까지의 음악에 대한 이론과 악기 설명, 음악 형식, 궁중 무용, 연주할 때 입는 옷의 설명 등 음악에 대해 자세히 기록하고 있다. 기존의 음악 관련 문헌이 가사의 내용이 주가 되거나 악곡을 수록한 악보집의 형태였다면 『악학궤범』은 음악 이론과 제도 및 법식을 주로 다루어 전통음악의 법전과도 같은 문헌이라고 할 수 있다.

> **보기**
>
> 좋은 음악도 귀를 스쳐 지나가면 곧 없어지고, 없어지면 흔적이 없는 것이 마치 그림자가 형체가 있으면 모이고 형체가 없어지면 흩어지는 것과 같다. 그러나 악보가 있으면 음의 느리고 바른 것을 알 수 있고, 그림이 있으면 악기의 형상을 분별할 수 있으며, 책이 있으면 시행하는 법을 알 수 있을 것이다.

① 궁중의 제사 음악인 아악, 당나라와 송나라에서 유입된 음악인 당악, 우리나라에서 만들어진 음악인 향악으로 분류할 수 있다.

② 당시 장악원의 의궤와 악보가 오래되어 헐었고, 요행히 남은 것들도 틀려 그것을 바로잡기 위해 책을 편찬했다.

③ 악공 선발을 위한 시험에서 비파는 필수 악기로 사서인은 음악을 배울 때 비파를 중요시하고 있다.

④ 『악학궤범』에는 용비어천가, 정읍사, 아박무, 무고, 처용무 등의 한글 노랫말도 수록되어 있다.

⑤ 『악학궤범』에는 그림으로 악기를 자세히 설명하고, 악보를 수록하고 음악 이론과 제도 및 법식을 다루고 있다.

## 02 다음 글을 읽고 추론할 수 없는 것은?

미국과 영국은 1921년 워싱턴 강화회의를 기점으로 태평양 및 중국에 대한 일본의 침략을 견제하기 시작하였다. 가중되는 외교적 고립으로 인해 일본은 광물과 곡물을 수입하는 태평양 경로를 상실할 위험에 처하였다. 이에 대처하기 위해 일본은 식민지 조선의 북부 지역에서 광물과 목재 등 군수산업 원료를 약탈하는 데 주력하게 되었다. 콩 또한 확보해야 할 주요 물자 중 하나였는데, 콩은 당시 일본에서 선호하던 식량일 뿐만 아니라 군수산업을 위한 원료이기도 하였다.

일본은 확보된 공업 원료와 식량 자원을 자국으로 수송하는 물류 거점으로 함경도를 주목하였다. 특히 청진·나진·웅기 등 대륙 종단의 시발점이 되는 항구와 조선의 최북단 지역이던 무산·회령·종성·온성을 중시하였다. 또한 조선의 남부 지방에서는 면화, 북부 지방에서는 양모 생산을 장려하였던 조선총독부의 정책에 따라 두만강을 통해 바로 만주로 진출할 수 있는 회령·종성·온성은 양을 목축하는 축산 거점으로 부상하였다. 일본은 만주와 함경도에서 생산된 광물자원과 콩, 두만강변 원시림의 목재를 일본으로 수송하기 위해 함경선, 백무선 등의 철도를 잇따라 부설하였다. 더불어 무산과 회령, 경흥에서는 석탄 및 철광 광산을 본격적으로 개발하였다. 이에 따라 오지의 작은 읍이었던 무산·회령·종성·온성의 개발이 촉진되어 근대적 도시로 발전하였다. 일본의 정책들은 함경도를 만주와 같은 경제권으로 묶음으로써 조선의 다른 지역과 경제적으로 분리시켰다.

철도 부설 및 광산 개발을 위해 일본은 조선 노동자들을 강제 동원하였고, 수많은 조선 노동자들이 강제 노동 끝에 산록과 땅 속 깊은 곳에서 비참한 삶을 마쳤다. 1935년 회령의 유선탄광에서 폭약이 터져 800여 명의 광부가 매몰돼 사망했던 사건은 그 단적인 예이다. 영화 「아리랑」의 감독 겸 주연이었던 나운규는 그의 고향 회령에서 청진까지 부설되었던 철도 공사에 조선인 노동자들이 강제 동원되어 잔혹한 노동에 혹사되는 참상을 목도하였다. 그때 그는 노동자들이 부르던 아리랑의 애달픈 노랫가락을 듣고 영화 「아리랑」의 기본 줄거리를 착상하였다.

① 영화 「아리랑」 감독의 고향에서 탄광 폭발 사고가 발생하였다.
② 조선 최북단 지역의 몇몇 작은 읍들은 근대적 도시로 발전하였다.
③ 축산 거점에서 대륙 종단의 시발점이 되는 항구까지 부설된 철도가 있었다.
④ 군수산업 원료를 일본으로 수송하는 것이 함경선 부설의 목적 중 하나였다.
⑤ 일본은 함경도를 포함하여 한반도와 만주를 같은 경제권으로 묶는 정책을 폈다.

**03** 다음 글을 토대로 〈보기〉를 해석한 내용으로 적절하지 않은 것은?

자기 조절은 목표 달성을 위해 자신의 사고, 감정, 욕구, 행동 등을 바꾸려는 시도인데, 목표를 달성한 경우는 자기 조절의 성공을, 반대의 경우는 자기 조절의 실패를 의미한다. 이에 대한 대표적인 이론으로는 앨버트 반두라의 '사회 인지 이론'과 로이 바우마이스터의 '자기 통제 힘 이론'이 있다. 반두라의 사회 인지 이론에서는 인간이 자기 조절 능력을 선천적으로 가지고 있다고 본다. 이런 특징을 가진 인간은 가치 있는 것을 획득하기 위해 행동하거나 두려워하는 것을 피하기 위해 행동한다. 반두라에 따르면, 자기 조절은 세 가지의 하위 기능인 자기 검열, 자기 판단, 자기 반응의 과정을 통해 작동한다. 자기 검열은 자기 조절의 첫 단계로, 선입견이나 감정을 배제하고 자신이 지향하는 목표와 관련하여 자신이 놓여 있는 상황과 현재 자신의 행동을 감독, 관찰하는 것을 말한다. 자기 판단은 목표 성취와 관련된 개인의 내적 기준인 개인적 표준, 현재 자신이 처한 상황, 그리고 자신이 하게 될 행동 이후 느끼게 될 정서 등을 고려하여 자신이 하고자 하는 행동을 결정하는 것을 말한다. 그리고 자기 반응은 자신이 한 행동 이후에 자신에게 부여하는 정서적 현상을 의미하는데, 자신이 지향하는 목표와 관련된 개인적 표준에 부합하는 행동은 만족감이나 긍지라는 자기 반응을 만들어 내고 그렇지 않은 행동은 죄책감이나 수치심이라는 자기 반응을 만들어 낸다.

한편 바우마이스터의 자기 통제 힘 이론은, 사회 인지 이론의 기본적인 틀을 유지하면서 인간의 심리적 현상에 대해 자연과학적 근거를 찾으려는 경향이 대두되면서 등장하였다. 이 이론에서 말하는 자기 조절은 개인의 목표 성취와 관련된 개인적 표준, 자신의 행동을 관찰하는 모니터링, 개인적 표준에 도달할 수 있게 하는 동기, 자기 조절에 들이는 에너지로 구성된다. 바우마이스터는 그중 에너지의 양이 목표 성취의 여부에 결정적인 영향을 준다고 보기 때문에 자기 조절에서 특히 에너지의 양적인 측면을 중시한다. 바우마이스터에 따르면 다양한 자기 조절 과업에서 개인은 자신이 가지고 있는 에너지를 사용하는데, 에너지의 양은 제한되어 있기 때문에 지속적으로 자기 조절에 성공하기 위해서는 에너지를 효율적으로 사용해야 한다. 그런데 에너지를 많이 사용한다 하더라도 에너지가 완전히 고갈되는 상황은 벌어지지 않는다. 그 이유는 인간이 긴박한 욕구나 예외적인 상황을 대비하여 에너지의 일부를 남겨 두기 때문이다.

보기

S씨는 건강관리를 삶의 가장 중요한 목표로 삼았다. 우선 그녀는 퇴근하는 시간이 규칙적인 자신의 근무 환경을, 그리고 과식을 하고 운동을 하지 않는 자신을 관찰했다. 그래서 퇴근 후의 시간을 활용해 일주일에 3번 필라테스를 하고, 균형 잡힌 식단에 따라 식사를 하겠다고 다짐했다. 한 달 후 S씨는 다짐한 대로 운동을 해서 만족감을 느꼈다. 그러나 균형 잡힌 식단에 따라 식사를 하지는 못했다.

① 반두라에 따르면 S씨는 선천적인 자기 조절 능력을 통한 자기 검열, 자기 판단, 자기 반응의 자기 조절 과정을 거쳤다.
② 반두라에 따르면 S씨는 식단 조절에 실패함으로써 죄책감이나 수치심을 느꼈을 것이다.
③ 반두라에 따르면 S씨는 건강관리를 가치 있는 것으로 생각하고 이를 획득하기 위해 운동을 시작하였다.
④ 바우마이스터에 따르면 S씨는 건강관리라는 개인적 표준에 도달하기 위해 자신의 근무환경과 행동을 모니터링하였다.
⑤ 바우마이스터에 따르면 S씨는 운동하는 데 모든 에너지를 사용하여 에너지가 고갈됨으로써 식단 조절에 실패하였다.

**04** 다음 글을 바탕으로 〈보기〉에서 추론할 수 있는 내용으로 가장 적절한 것은?

독립신문은 우리나라 최초의 민간 신문이다. 사장 겸 주필(신문의 최고 책임자)은 서재필 선생이, 국문판 편집과 교정은 최고의 국어학자로 유명한 주시경 선생이, 그리고 영문판 편집은 선교사 호머 헐버트가 맡았다. 창간 당시 독립신문은 이들 세 명에 기자 두 명과 몇몇 인쇄공들이 합쳐 단출하게 시작했다.

신문은 우리가 흔히 사용하는 'A4 용지'보다 약간 큰 '국배판(218×304mm)' 크기로 제작됐고, 총 4면 중 3면은 순 한글판으로, 나머지 1면은 영문판으로 발행했다. 제1호는 '독닙신문'이고 영문판은 'Independent(독립)'로 조판했고, 내용을 살펴보면 제1면에는 대체로 논설과 광고가 실렸으며, 제2면에는 관보·외국통신·잡보가, 제3면에는 물가·우체시간표·제물포 기선 출입항 시간표와 광고가 게재됐다.

독립신문은 민중을 개화시키고 교육하기 위해 발간된 것이지만, 그 이름에서부터 알 수 있듯 스스로 우뚝 서는 독립국을 만들고자 자주적 근대화 사상을 강조했다. 창간호 표지에는 '뎨일권 뎨일호. 조선 서울 건양 원년 사월 초칠일 금요일'이라고 표기했는데, '건양(建陽)'은 조선의 연호이고, 한성 대신 서울을 표기한 점과 음력 대신 양력을 쓴 점 모두 중국 사대주의에서 벗어난 자주독립을 꾀한 것으로 볼 수 있다.

독립신문이 발행되자 사람들은 모두 깜짝 놀랄 수밖에 없었다. 순 한글로 만들어진 것은 물론 유려한 편집 솜씨에 조판과 내용까지 완벽했기 때문이다. 무엇보다 제4면을 영어로 발행해 국내 사정을 외국에 알린다는 점은 호시탐탐 한반도를 노리던 일본 당국에 큰 부담을 안겨주었고, 더는 자기네들 마음대로 조선의 사정을 왜곡 보도할 수 없게 되었다.

날이 갈수록 독립신문을 구독하려는 사람은 늘어났고, 처음 300부씩 인쇄되던 신문이 곧 500부로, 나중에는 3,000부까지 확대된다. 오늘날에는 한 사람이 신문 한 부를 읽으면 폐지 처리하지만, 과거에는 돌려가며 읽는 경우가 많았고 시장이나 광장에서 글을 아는 사람이 낭독해주는 일도 빈번했기에 한 부의 독자 수는 50명에서 100명에 달했다. 이런 점을 감안해보면 실제 독립신문의 독자 수는 10만 명을 넘어섰다고 가늠해 볼 수 있다.

---

보기

우리 신문이 한문은 아니 쓰고 다만 국문으로만 쓰는 것은 상하귀천이 다 보게 함이라. 또 국문을 이렇게 구절을 떼어 쓴즉 아무라도 이 신문을 보기가 쉽고 신문 속에 있는 말을 자세히 알아보게 함이라.

---

① 교통수단도 발달하지 않던 과거에는 활자 매체인 신문이 소식 전달에 있어 절대적인 역할을 차지했다.

② 민중을 개화시키고 교육하기 위해 발간된 것으로 역사적·정치적으로 큰 의의를 가진다.

③ 한글을 사용해야 누구나 읽을 수 있다는 점을 인식해 한문우월주의에 영향을 받지 않고, 소신 있는 행보를 했다.

④ 일본이 한반도를 집어삼키려 하던 혼란기 우리만의 신문을 펴낼 수 있었다는 것에 큰 의의가 있다.

⑤ 중국의 지배에서 벗어나 자주독립을 꾀하고 스스로 우뚝 서는 독립국을 만들고자 자주적 사상을 강조했다.

**05** 다음 글에서 설명한 '즉흥성'과 관련 있는 내용을 〈보기〉에서 모두 고르면?

우리나라의 전통 음악은 대체로 크게 정악과 속악으로 나뉜다. 정악은 왕실이나 귀족들이 즐기던 음악이고, 속악은 일반 민중들이 가까이 하던 음악이다. 개성을 중시하고 자유분방한 감정을 표출하는 한국인의 예술 정신은 정악보다는 속악에 잘 드러나 있다. 우리 속악의 특징은 한 마디로 즉흥성이라는 개념으로 집약될 수 있다. 판소리나 산조에 '유파(流派)'가 자꾸 형성되는 것은 모두 즉흥성이 강하기 때문이다. 즉흥으로 나왔던 것이 정형화되면 그 사람의 대표 가락이 되는 것이고, 그것이 독특한 것이면 새로운 유파가 형성되기도 하는 것이다.

물론 즉흥이라고 해서 음악가가 제멋대로 하는 것은 아니다. 곡의 일정한 틀은 유지하면서 그 안에서 변화를 주는 것이 즉흥 음악의 특색이다. 판소리 명창이 무대에 나가기 전에 "오늘 공연은 몇 분으로 할까요?" 하고 묻는 것이 그런 예다. 이때 창자는 상황에 맞추어 얼마든지 곡의 길이를 조절할 수 있다. 이것은 서양 음악에서는 어림없는 일이다. 그나마 서양 음악에서 융통성을 발휘할 수 있다면 4악장 가운데 한 악장만 연주하는 것 정도이지 각 악장에서 조금씩 뽑아 한 곡을 만들어 연주할 수는 없다. 그러나 한국 음악에서는, 특히 속악에서는 연주 장소나 주문자의 요구 혹은 연주자의 상태에 따라 악기도 하나면 하나로만, 둘이면 둘로 연주해도 별문제가 없다. 거문고나 대금 하나만으로도 얼마든지 연주할 수 있다. 전혀 이상하지도 않다. 그렇지만 베토벤의 운명 교향곡을 바이올린이나 피아노만으로 연주하는 경우는 거의 없을 뿐만 아니라, 연주를 하더라도 어색하게 들릴 수밖에 없다.

즉흥과 개성을 중시하는 한국의 속악 가운데 대표적인 것이 시나위다. 현재의 시나위는 19세기 말에 완성되었으나 원형은 19세기 훨씬 이전부터 연주되었을 것으로 추정된다. 시나위의 가장 큰 특징은 악보 없는 즉흥곡이라는 것이다. 연주자들이 모여 아무 사전 약속도 없이 "시작해 볼까." 하고 연주하기 시작한다. 그러니 처음에는 불협음 일색이다. 그렇게 진행되다가 중간에 호흡이 맞아 떨어지면 협음을 낸다. 그러다가 또 각각 제 갈 길로 가서 혼자인 것처럼 연주한다. 이게 시나위의 묘미다. 불협음과 협음이 오묘하게 서로 들어맞는 것이다.

그런데 이런 음악은 아무나 하는 게 아니다. 즉흥곡이라고 하지만 '초보자(初步者)'들은 꿈도 못 꾸는 음악이다. 기량이 뛰어난 경지에 이르러야 가능한 음악이다. 그래서 요즈음은 시나위를 잘할 수 있는 사람이 별로 없다고 한다. 요즘에는 악보로 정리된 시나위를 연주하는 경우가 대부분인데, 이것은 시나위 본래의 취지에 어긋난다. 악보로 연주하면 박제된 음악이 되기 때문이다.

요즘 음악인들은 시나위 가락을 보통 '허튼 가락'이라고 한다. 이 말은 말 그대로 '즉흥 음악'으로 이해된다. 미리 짜 놓은 일정한 형식이 없이 주어진 장단과 연주 분위기에 몰입해 그때그때의 감흥을 자신의 음악성과 기량을 발휘해 연주하는 것이다. 이럴 때 즉흥이 튀어 나온다. 시나위는 이렇듯 즉흥적으로 흐드러져야 맛이 난다. 능청거림, 이것이 시나위의 음악적 모습이다.

> **보기**
> ㉠ 주어진 상황에 따라 임의로 곡의 길이를 조절하여 연주한다.
> ㉡ 장단과 연주 분위기에 몰입해 새로운 가락으로 연주한다.
> ㉢ 연주자들 간에 사전 약속 없이 연주하지만 악보의 지시는 따른다.
> ㉣ 감흥을 자유롭게 표현하기 위해 일정한 틀을 철저히 무시한 채 연주한다.

① ㉠, ㉡  
② ㉠, ㉢  
③ ㉠, ㉣  
④ ㉡, ㉢  
⑤ ㉢, ㉣

# 04 문단 나열

## | 유형분석 |

- 각 문단의 내용을 파악하고 논리적 순서에 맞게 배열하는 복합적인 문제이다.
- 전체적인 글의 흐름을 이해하는 것이 중요하며, 각 문장의 지시어나 접속어에 주의한다.

**다음 문단을 논리적 순서대로 바르게 나열한 것은?**

(가) 친환경 농업은 최소한의 농약과 화학비료만을 사용하거나 전혀 사용하지 않은 농산물을 일컫는다. 친환경 농산물이 각광받는 이유는 우리가 먹고 마시는 것들이 우리네 건강과 직결되기 때문이다.

(나) 사실상 병충해를 막고 수확량을 늘리는 데 있어, 농약은 전 세계에 걸쳐 관행적으로 사용되었다. 깨끗이 씻어도 쌀에 남아 있는 잔류농약을 완전히 제거하기는 어렵다. 잔류농약은 아토피와 각종 알레르기를 유발한다. 출산율을 떨어뜨리고 유전자 변이의 원인이 되기도 한다. 특히 제초제 성분이 체내에 들어올 경우, 면역체계에 치명적인 손상을 일으킨다.

(다) 미국 환경보호청은 제초제 성분의 60%를 발암물질로 규정했다. 결국 더 많은 농산물을 재배하기 위한 농약과 제초제 사용이 오히려 인체에 치명적인 피해를 줄지 모를 '잠재적 위험 요인'으로 자리매김한 셈이다.

① (가) - (나) - (다)　　　　② (나) - (가) - (다)
③ (나) - (다) - (가)　　　　④ (다) - (가) - (나)
⑤ (다) - (나) - (가)

**정답** ①

(가) 친환경 농업은 건강과 직결되어 있기 때문에 각광받고 있음 → (나) 병충해를 막기 위해 사용된 농약은 완전히 제거하기 어려우며 신체에 각종 손상을 입힘 → (다) 생산량 증가를 위해 사용한 농약과 제초제가 오히려 인체에 해를 입힐 수 있음의 순서로 나열해야 한다.

### 풀이 전략!

상대적으로 시간이 부족하다고 느낄 때는 선택지를 참고하여 문장의 순서를 생각해 본다.

**01** 다음 제시된 문단에 이어질 내용을 논리적 순서대로 바르게 나열한 것은?

> 서양연극의 전통적이고 대표적인 형식인 비극은 인생을 진지하고 엄숙하게 바라보는 견해에서 생겼다. 근본 원리는 아리스토텔레스의 견해에 의존하지만, 개념과 형식은 시대 배경에 따라 다양하다. 특히 16세기 말 영국의 대표적인 극작가 중 한 명인 셰익스피어의 등장은 비극의 역사에 새로운 장을 열었다. 셰익스피어는 1600년 이후, 이전과는 다른 분위기의 비극을 발표하기 시작하는데, 이 중 대표적인 작품 4개를 '셰익스피어의 4대 비극'이라고 한다. 셰익스피어는 4대 비극을 통해 영국의 사회적·문화적 가치관과 인간의 보편적 정서를 유감없이 보여주는데, 특히 당시 영국 사회 질서의 개념과 관련되어 있다. 보통 사회 질서가 깨어지고 그 붕괴의 양상이 매우 급하고 강렬할수록 사회의 변혁 또한 크게 일어날 가능성이 큰데, 이와 같은 질서의 파괴로 일어나는 격변을 배경으로 하여 쓴 대표적인 작품이 바로 『맥베스』이다.

> (가) 이로 인해 『맥베스』는 인물 내면의 갈등이 섬세하게 묘사된 작품이라는 평가는 물론, 다른 작품들에 비해 비교적 짧지만, 사건이 속도감 있고 집약적으로 전개된다는 평가도 받는다.
> (나) 셰익스피어는 사건 및 정치적 욕망의 경위가 아닌 인간의 양심과 영혼의 붕괴에 집중해서 작품의 전개를 다룬다.
> (다) 『맥베스』는 셰익스피어의 고전적 특성과 현대성이 가장 잘 드러나 있는 작품으로, 죄책감에 빠진 주인공 맥베스가 왕위 찬탈 과정에서 공포와 절망 속에 갇혀 파멸해가는 과정을 그린 작품이다.
> (라) 이는 질서의 파괴 속에서 인간이 자신의 내면에 자리하고 있는 선과 악에 대한 근본적인 자세에 의문을 지니면서 그로 인한 번민, 새로운 깨달음, 비극적인 파멸 등에 이르는 과정을 깊이 있게 보여주고자 함이다.

① (가) - (나) - (다) - (라)
② (가) - (다) - (라) - (나)
③ (나) - (다) - (라) - (가)
④ (다) - (나) - (가) - (라)
⑤ (다) - (나) - (라) - (가)

※ 다음 문단을 논리적 순서대로 바르게 나열한 것을 고르시오. [2~4]

**02**

먹을거리가 풍부한 현대인의 가장 큰 관심사 중 하나는 웰빙과 다이어트일 것이다. 현대인은 날씬한 몸매에 대한 열망이 지나쳐서 비만인 사람들이 나태하다고 생각하기도 하고, 심지어는 거식증으로 인해 사망한 패션모델까지 있었다. 이러한 사회적 경향 때문에 우리가 먹는 음식물에 포함된 지방이나 기름 성분은 몸에 좋지 않은 '나쁜 성분'으로 매도당하기도 한다. 물론 과도한 지방 섭취는 비만의 원인이 되고 당뇨병·심장병·고혈압과 같은 각종 성인병을 유발하지만, 사실 지방 자체는 우리 몸이 정상적으로 활동하는 데 필수적인 성분이다.

(가) 먹을 것이 풍족하지 않은 상황에서 생존에 필수적인 능력은 다름 아닌 에너지를 몸에 축적하는 능력이었다.

(나) 사실 비만과 다이어트의 문제는 찰스 다윈(Charles R. Darwin)의 진화론과 밀접한 관련이 있다. 찰스 다윈은 19세기 영국의 생물학자로 『종의 기원』이라는 책을 써서 자연선택을 통한 생물의 진화 과정을 설명하였다.

(다) 약 100년 전만 해도 우리나라를 비롯한 전 세계 대부분의 국가는 식량이 그리 풍족하지 않았다. 실제로 수십만 년 지속된 인류의 역사에서 인간이 매일 끼니 걱정을 하지 않고 살게 된 것은 최근 수십 년의 일이다.

(라) 생물체가 살아남고 번식을 해서 자손을 남길 수 있느냐 하는 것은 주위 환경과의 관계가 중요한 역할을 하는데, 자연선택이란 주위 환경에 따라 생존하기에 적합한 성질 또는 기능을 가진 종들이 그렇지 못한 종들보다 더 잘 살아남게 되어 자손을 남기게 된다는 개념이다.

그러므로 인류는 이러한 축적 능력이 유전적으로 뛰어난 사람들이 그렇지 않은 사람들보다 상대적으로 더 잘 살아남았을 것이다. 그렇게 살아남은 자들의 후손인 현대인들이 달거나 기름진 음식을 본능적으로 좋아하게 된 것은 진화의 당연한 결과였다. 그리하여 음식이 풍부한 현대 사회에서는 이러한 유전적 특성은 단점으로 작용하게 되었다. 지방이 풍부한 음식을 찾는 경향은 지나치게 지방을 축적하게 했고, 결국 부작용으로 이어졌다.

① (나) - (가) - (라) - (다)
② (나) - (다) - (가) - (라)
③ (나) - (라) - (다) - (가)
④ (다) - (가) - (나) - (라)
⑤ (다) - (라) - (가) - (나)

**03**

오늘날과 달리 과거에는 마을에서 일어난 일들을 '원님'이 조사하고 그에 따라서 자의적으로 판단하여 형벌을 내렸다. 현대에서 법에 의하지 않고 재판행위자의 입장에서 이루어진다고 생각되는 재판을 비판하는 '원님재판'이라는 용어의 원류이다.

(가) 죄형법정주의는 앞서 말한 '원님재판'을 법적으로 일컫는 죄형전단주의와 대립되는데, 범죄와 형벌을 미리 규정하여야 한다는 것으로서, 서구에서 권력자의 가혹하고 자의적인 법 해석에 따른 반발로 등장한 것이다.

(나) 앞서 살펴본 죄형법정주의가 정립되면서 파생 원칙 또한 등장하였는데, 관습형법금지의 원칙, 명확성의 원칙, 유추해석금지의 원칙, 소급효금지의 원칙, 적정성의 원칙 등이 있다. 이러한 파생 원칙들은 모두 죄와 형벌은 미리 설정된 법에 근거하여 정확하게 내려져야 한다는 죄형법정주의의 원칙과 연관하여 쉽게 이해될 수 있다.

(다) 그러나 현대에서 '원님재판'은 이루어질 수 없다. 형사법의 영역에 논의를 한정하여 보자면, 형사법을 전반적으로 지배하고 있는 대원칙은 형법 제1조에 규정되어 있는 소위 '죄형법정주의'이다.

(라) 그 반발은 프랑스 혁명의 결과물인 '인간 및 시민의 권리선언' 제8조에서 '누구든지 범죄 이전에 제정·공포되고 또한 적법하게 적용된 법률에 의하지 아니하고는 처벌되지 아니한다.'라고 하여 실질화되었다.

① (가) – (다) – (나) – (라)
② (가) – (다) – (라) – (나)
③ (다) – (가) – (나) – (라)
④ (다) – (가) – (라) – (나)
⑤ (다) – (라) – (가) – (나)

(가) 기피 직종에 대한 인식 변화는 쉽게 찾아볼 수 있다. 9월 ○○시는 '하반기 정년퇴직으로 결원이 예상되는 인력을 충원하고자 환경미화원 18명을 신규 채용한다'는 내용의 모집공고를 냈다. 지원자 457명이 몰려 경쟁률은 25 대 1을 기록했다. 지원자 연령을 보면 40대가 188명으로 가장 많았고 30대 160명, 50대 78명, 20대 31명으로 30, 40대 지원자가 76%를 차지했다.

(나) 오랫동안 3D업종은 꺼리는 직업으로 여겨졌다. 일이 힘들기도 하지만 '하대하는' 사회적 시선을 견디기가 쉽지 않았기 때문이다. 그러나 최근 3D업종에 대해 달라진 분위기가 감지되고 있다. 저성장 시대에 들어서면서 청년취업난이 심각해지고, 일이 없어 고민하는 퇴직자가 늘어나 일자리 자체가 소중해지고 있기 때문이다. 즉, '직업에 귀천이 없다.'는 인식이 퍼지면서 3D업종도 다시금 주목받고 있다.

(다) 기피 직종에 대한 인식 변화는 건설업계에서도 진행되고 있다. 최근 건설경기가 회복되고, 인테리어 산업이 호황을 이루면서 '인부' 구하기가 하늘의 별 따기다. 서울 △△구에서 30년째 인테리어 사무실을 운영하는 D씨는 "몇 년 새 공사 의뢰는 상당히 늘었는데 숙련공은 그만큼 늘지 않아 공사 기간에 맞춰 인력을 구하는 게 힘들다."고 말했다.

(라) 이처럼 환경미화원 공개 채용의 인기는 날로 높아지는 분위기다. ○○시 환경위생과 계장은 "모집인원이 해마다 달라 경쟁률도 바뀌지만 10년 전에 비하면 상당히 높아졌다. 지난해에는 모집 인원이 적었던 탓에 경쟁률이 35 대 1이었다. 그리고 환경미화원이 되려고 3수, 4수까지 불사하는 지원자가 늘고 있다."고 말했다.

(마) 환경미화원 공채에 지원자가 몰리는 이유는 근무환경과 연봉 때문이다. 주 5일 8시간 근무인데다 새벽에 출근해 점심 무렵 퇴근하기에 오후 시간을 자유롭게 쓸 수 있다. 초봉은 3,500만 원 수준이며 근무연수가 올라가면 최고 5,000만 원까지 받을 수 있다. 환경미화원인 B씨는 "육체적으로 힘들긴 하지만 시간적으로 여유롭다는 것이 큰 장점이다. 매일 야근에 시달리다 건강을 잃어본 경험이 있는 사람이 지원하기도 한다. 또 웬만한 중소기업보다 연봉이 좋다 보니 고학력자도 여기로 눈을 돌리는 것 같다."고 말했다.

① (가) – (다) – (마) – (나) – (라)
② (나) – (가) – (라) – (마) – (다)
③ (다) – (마) – (가) – (나) – (라)
④ (라) – (마) – (가) – (나) – (다)
⑤ (마) – (라) – (가) – (다) – (나)

**05** 다음 제시된 문단에 이어질 내용을 논리적 순서대로 바르게 나열한 것은?

정부가 '열린혁신'을 국정과제로 선정하고, 공공부문의 선도적인 역할을 당부함에 따라 많은 공공기관에서 열린혁신 추진을 위한 조직 및 전담인력을 구성하고 있으며, L공사 역시 경영기획실 내 혁신기획팀을 조직하여 전사 차원의 열린혁신을 도모하고 있다. 다만, 아직까지 열린혁신은 도입 단계로 다소 생소한 개념이므로 이에 대한 이해가 필요하다.

(가) 그렇다면 '열린혁신'을 보다 체계적이고 성공적으로 추진하기 위한 선행조건은 무엇일까? 첫째, 구성원들이 열린혁신을 명확히 이해하고, 수요자의 입장에서 사업을 바라보는 마인드 형성이 필요하다. 공공기관이 혁신을 추진하는 목적은 결국 본연의 사업을 잘 수행하기 위함이다. 이를 위해서는 수요자인 고객을 먼저 생각해야 한다. 제공받는 서비스에 만족하지 못하는 고객을 생각한다면 사업에 대한 변화와 혁신은 자연스럽게 따라올 수밖에 없다.

(나) 위에서 언급한 정의의 측면에서 볼 때 열린혁신의 성공을 위한 초석은 시민사회(혹은 고객)를 포함한 다양한 이해관계자의 적극적인 참여와 협업이다. 어린이 – 시민 – 전문가 – 공무원이 모여 자연을 이용해 기획하고 디자인한 순천시의 '기적의 놀이터', 청년들이 직접 제안한 아이디어를 정부가 정식사업으로 채택하여 발전시킨 '공유기숙사' 등은 열린혁신의 추진방향을 보여주는 대표적인 사례이다. 특히 시민을 공공서비스의 수혜 대상에서 함께 사업을 만들어가는 파트너로 격상시킨 것이 큰 변화이며, 바로 이 지점이 열린혁신의 출발점이라 할 수 있다.

(다) 둘째, 다양한 아이디어가 존중받고 추진될 수 있는 조직문화를 만들어야 한다. 나이·직급에 관계없이 새로운 아이디어를 마음껏 표현할 수 있는 환경을 조성하는 한편, 참신하고 완성도 높은 아이디어에 대해 인센티브를 제공하는 등 조직 차원의 동기부여가 필요하다. 행정안전부에서 주관하는 정부 열린혁신 평가에서 기관장의 의지와 함께 전사 차원의 지원체계 마련을 주문하는 것도 이러한 연유에서다.

(라) '혁신'이라는 용어는 이미 경영·기술 분야에서 널리 사용되고 있다. 미국의 경제학자 슘페터는 혁신을 새로운 제품소개, 생산방법의 도입, 시장개척, 조직방식 등의 새로운 결합으로 발생하는 창조적 파괴라고 정의내린 바 있다. 이를 '열린혁신'의 개념으로 확장해보면 기관 자체의 역량뿐만 아니라 외부의 아이디어를 받아들이고 결합함으로써 당면한 문제를 해결하고, 사회적 가치를 창출하는 일련의 활동이라 말할 수 있을 것이다.

(마) 마지막으로 지속가능한 혁신을 위해 이를 뒷받침할 수 있는 열정적인 혁신 조력자가 필요하다. 수요자의 니즈를 발굴하여 사업에 반영하는 제안 – 설계 – 집행 – 평가 전 과정을 살피고 지원할 수 있는 조력자의 역할은 필수적이다. 따라서 역량 있는 혁신 조력자를 육성하기 위한 체계적인 교육이 수반되어야 할 것이다. 덧붙여 전 과정에 다양한 이해관계자의 참여가 필요한 만큼 담당부서와 사업부서 간의 긴밀한 협조가 이루어진다면 혁신의 성과는 더욱 커질 것이다.

① (가) – (다) – (마) – (라) – (나)
② (나) – (가) – (라) – (다) – (마)
③ (나) – (라) – (다) – (마) – (가)
④ (라) – (가) – (나) – (마) – (다)
⑤ (라) – (나) – (가) – (다) – (마)

# 05 빈칸 삽입

## | 유형분석 |

- 주어진 지문을 바탕으로 빈칸에 들어갈 내용을 찾는 문제이다.
- 선택지의 내용을 정확하게 확인하고 빈칸 앞뒤 문맥을 파악하는 능력이 필요하다.

### 다음 글의 빈칸에 들어갈 내용으로 가장 적절한 것은?

사회가 변하면 사람들은 그때까지의 생활을 그대로 수긍하지 못한다. 새로운 생활에 맞는 새로운 언어를 필요로 하게 된다. 그 언어가 자연스럽게 육성되기를 기다릴 수도 있지만, 사람들은 대개 외국으로부터 그러한 개념의 언어를 빌려 오려고 한다. 돈이나 기술을 빌리는 것에 비하면 언어는 대가 없이 빌려 쓸 수 있으므로 대개는 제한 없이 외래어를 차용한다. 이처럼 ＿＿＿＿＿＿＿＿＿＿＿＿＿＿＿＿＿＿＿＿＿＿＿ 광복 이후 우리 사회에서 외래어가 넘쳐나는 것은 그간 우리나라의 고도성장과 결코 무관하지 않다.

① 외래어의 증가는 사회의 팽창과 함께 진행된다.
② 새로운 언어는 사회의 변화를 선도하기도 한다.
③ 외래어가 증가하면 범람한다는 비판을 받게 된다.
④ 새로운 언어는 인간의 욕망을 적절히 표현해 준다.
⑤ 새로운 언어는 외국의 개념을 빌릴 수밖에 없다.

정답 ①
빈칸 뒤 문장에서 '외래어가 넘쳐나는 것은 고도성장과 결코 무관하지 않다.'라고 했다. 즉, 사회의 성장과 외래어의 증가는 관계가 있다는 의미이므로 이를 포함하는 ①이 빈칸에 위치해야 한다.

풀이 전략!
빈칸 앞뒤의 문맥을 파악한 후 선택지에서 가장 어울리는 내용을 찾는다. 빈칸 앞에 접속부사가 있다면 이를 활용한다.

※ 다음 글의 빈칸에 들어갈 말을 〈보기〉에서 골라 순서대로 바르게 나열한 것을 고르시오. [1~2]

**01**

어떤 한 규범은 그와 다른 규범보다 강하거나 약할 수 있다. 예를 들어, "재산을 빼앗지 말라."는 규범은 "부동산을 빼앗지 말라."는 규범보다 강하다. 다른 이의 재산을 빼앗지 않는 사람이라면 누구든지 부동산 또한 빼앗지 않을 것이지만, 그 역은 성립하지 않기 때문이다. 한편, "재산을 빼앗지 말라."는 규범은 "해를 끼치지 말라."는 규범보다 약하다. 다른 이에게 해를 끼치지 않는 사람이라면 누구든지 재산을 빼앗지 않을 것이지만, 그 역은 성립하지 않기 때문이다. 그렇다고 해서 모든 규범이 위의 두 예처럼 어떤 다른 규범보다 강하다거나 약하다고 말할 수 있는 것은 아니다. 예를 들어, "재산을 빼앗지 말라."는 규범은 "운동 전에는 몸풀기를 충분히 하라."는 일종의 규범에 비해 약하지도 강하지도 않다. 다른 이의 재산에 관한 규범을 준수하는 사람이라도 운동에 앞서 몸풀기를 게을리할 수 있으며, 또 동시에 운동에 앞서 충분히 몸풀기하는 사람이라도 다른 이의 재산에 관한 규범을 어길 수 있기 때문이다.

규범 간의 이와 같은 강・약 비교는 일종의 규범인 교통법규에도 적용될 수 있다. 예를 들어, "도로에서는 시속 110km 이하로 운전하라."는 _____(가)_____ 보다 약하다. "도로의 교량 구간에서는 시속 80km 이하로 운전하라."는 "도로에서는 시속 110km 이하로 운전하라."보다는 약하다고 할 수 없지만, _____(나)_____ 보다는 약하다. 한편, "도로의 교량 구간에서는 100m 이상의 차간 거리를 유지한 채 시속 80km 이하로 운전하라."는 "도로의 교량 구간에서는 시속 80km 이하로 운전하라."보다는 강하지만 _____(다)_____ 보다는 강하다고 할 수 없다.

---

**보기**

ㄱ "도로의 교량 구간에서는 시속 70km 이하로 운전하라."
ㄴ "도로에서는 시속 80km 이하로 운전하라."
ㄷ "도로의 교량 구간에서는 90m 이상의 차간 거리를 유지한 채 시속 90km 이하로 운전하라."

|  | (가) | (나) | (다) |
|---|---|---|---|
| ① | ㄱ | ㄴ | ㄷ |
| ② | ㄱ | ㄷ | ㄴ |
| ③ | ㄴ | ㄱ | ㄷ |
| ④ | ㄴ | ㄷ | ㄱ |
| ⑤ | ㄷ | ㄴ | ㄱ |

『정의론』을 통해 현대 영미 윤리학계에 정의에 대한 화두를 던진 사회철학자 '롤스'는 전형적인 절차주의적 정의론자이다. 그는 정의로운 사회 체제에 대한 논의를 주도해온 공리주의가 소수자 및 개인의 권리를 고려하지 못한다는 점에 주목하여 사회계약론적 토대 하에 대안적 정의론을 정립하고자 하였다.

롤스는 개인이 정의로운 제도하에서 자유롭게 자신들의 욕구를 추구하기 위해서는 ___(가)___ 등이 필요하며 이는 사회의 기본 구조를 통해서 최대한 공정하게 분배되어야 한다고 생각했다. 그리고 이를 실현할 수 있는 사회 체제에 대한 논의가, 자유롭고 평등하며 합리적인 개인들이 모두 동의할 수 있는 원리들을 탐구하는 데에서 출발해야 한다고 보고 '원초적 상황'의 개념을 제시하였다.

'원초적 상황'은 정의로운 사회 체제의 기본 원칙들을 선택하는 합의 당사자들로 구성된 가설적 상황으로, 이들은 향후 헌법과 하위 규범들이 따라야 하는 가장 근본적인 원리들을 합의한다. '원초적 상황'에서 합의 당사자들은 ___(나)___ 등에 대한 정보를 모르는 상태에 놓이게 되는데 이를 '무지의 베일'이라고 한다. 단, 합의 당사자들은 ___(다)___ 와/과 같은 사회에 대한 일반적 지식을 알고 있으며, 공적으로 합의된 규칙을 준수하고, 합리적인 욕구를 추구할 수 있는 존재로 간주된다. 롤스는 이러한 '무지의 베일' 상태에서 사회 체제의 기본 원칙들에 만장일치로 합의하는 것이 보장된다고 생각하였다. 또한 무지의 베일을 벗은 후에 겪을지 모를 피해를 우려하여 합의 당사자들이 자신의 피해를 최소화할 수 있는 내용을 계약에 포함시킬 것으로 보았다.

위와 같은 원초적 상황을 전제로 합의 당사자들은 정의의 원칙들을 선택하게 된다. 제1원칙은 모든 사람이 다른 개인들의 자유와 양립 가능한 한도 내에서 '기본적 자유'에 대한 평등한 권리를 갖는다는 것인데, 이를 '자유의 원칙'이라고 한다. 여기서 롤스가 말하는 '기본적 자유'는 양심과 사고 표현의 자유, 정치적 자유 등을 포함한다.

---

보기

㉠ 자신들의 사회적 계층, 성, 인종, 타고난 재능, 취향
㉡ 자유와 권리, 임금과 재산, 권한과 기회
㉢ 인간의 본성, 제도의 영향력

---

|  | (가) | (나) | (다) |
|---|---|---|---|
| ① | ㉠ | ㉡ | ㉢ |
| ② | ㉡ | ㉠ | ㉢ |
| ③ | ㉡ | ㉢ | ㉠ |
| ④ | ㉢ | ㉠ | ㉡ |
| ⑤ | ㉢ | ㉡ | ㉠ |

※ 다음 글의 빈칸에 들어갈 내용으로 가장 적절한 것을 고르시오. [3~5]

**03**

포논(Phonon)이라는 용어는 소리(Pho-)라는 접두어에 입자(-non)라는 접미어를 붙여 만든 단어로, 포논이 고체 안에서 소리를 전달하기 때문에 이런 이름이 붙었다. 실제로 어떤 고체의 한쪽을 두드리면 포논이 전파한 소리를 반대쪽에서 들을 수 있다.

아인슈타인이 새롭게 만든 고체의 비열 공식(아인슈타인 모형)은 실험 결과와 상당히 잘 맞았다. 그런데 그의 성공은 고체 내부의 진동을 포논으로 해석한 데에만 있지 않다. 그는 포논이 보손(Boson) 입자라는 사실을 간파하고, 고체 내부의 세상에 보손의 물리학(보스-아인슈타인 통계)을 적용했으며, 비로소 고체의 비열이 온도에 따라 달라진다는 결론을 얻을 수 있었다.

양자역학의 세계에서 입자는 스핀 상태에 따라 분류된다. 스핀이 1/2의 홀수배(1/2, 3/2, …)인 입자들은 원자로를 개발한 유명한 물리학자 엔리코 페르미의 이름을 따 '페르미온'이라고 부른다. 오스트리아의 이론물리학자 볼프강 파울리는 페르미온들은 같은 에너지 상태를 가질 수 없고 서로 배척한다는 사실을 알아냈다. 즉, 같은 에너지 상태에서는 +/- 반대의 스핀을 갖는 페르미온끼리만 같이 존재할 수 있다. 이를 '파울리의 배타 원리'라고 한다. 페르미온은 대개 양성자, 중성자, 전자 같은 물질을 구성하며, 파울리의 배타 원리에 따라 페르미온 입자로 이뤄진 물질은 우리가 손으로 만질 수 있다.

스핀이 0, 1, 2, … 등 정수 값인 입자도 있다. 바로 보손이다. 인도의 무명 물리학자였던 사티엔드라 나트 보스의 이름을 본땄다. 보스는 페르미가 개발한 페르미 통계를 공부하고 보손의 물리학을 만들었다. 당시 그는 박사학위도 없는 무명의 물리학자여서 논문을 작성한 뒤 아인슈타인에게 편지로 보냈다. 다행히 아인슈타인은 그 논문을 쓰레기통에 넣지 않고 꼼꼼히 읽어 본 뒤 자신의 생각을 첨가하고 독일어로 번역해 학술지에 제출했다. 바로 보손 입자의 물리학(보스-아인슈타인 통계)이다. 이에 따르면, 보손 입자는 페르미온과 달리 파울리의 배타 원리를 따르지 않는다. 따라서 같은 에너지 상태를 지닌 입자라도 서로 겹쳐서 존재할 수 있다. 만져지지 않는 에너지 덩어리인 셈이다. 이들 보손 입자는 대개 힘을 매개한다.

빛 알갱이, 즉 _____ 빛은 실험을 해보면 입자의 특성을 보이지만, 질량이 없고 물질을 투과하며 만져지지 않는다. 포논은 어떨까? 원자 사이의 용수철 진동을 양자화한 것이므로 물질이 아니라 단순한 에너지의 진동으로서 파울리의 배타 원리를 따르지 않는다. 즉, 포논은 광자와 마찬가지로 스핀이 0인 보손 입자다.

① 광자는 파울리의 배타 원리를 따른다.
② 광자는 스핀 상태에 따라 분류할 수 없다.
③ 광자는 스핀이 1/2의 홀수배인 입자의 대표적인 예다.
④ 광자는 보손의 대표적인 예다.
⑤ 광자는 페르미온의 대표적인 예다.

**04**

스마트팩토리는 인공지능(AI), 사물인터넷(IoT) 등 다양한 기술이 융합된 자율화 공장으로, 제품 설계와 제조, 유통, 물류 등의 산업 현장에서 생산성 향상에 초점을 맞췄다. 이곳에서는 기계, 로봇, 부품 등의 상호 간 정보 교환을 통해 제조 활동을 하고, 모든 공정 이력이 기록되며, 빅데이터 분석으로 사고나 불량을 예측할 수 있다. 스마트팩토리에서는 컨베이어 생산 활동으로 대표되는 산업 현장의 모듈형 생산이 컨베이어를 대체하고 IoT가 신경망 역할을 한다. 센서와 기기 간 다양한 데이터를 수집하고, 이를 서버에 전송하면 서버는 데이터를 분석해 결과를 도출한다. 서버는 AI 기계학습 기술이 적용돼 빅데이터를 분석하고 생산성 향상을 위한 최적의 방법을 제시한다.

스마트팩토리의 대표 사례로는 고도화된 시뮬레이션 '디지털 트윈'을 들 수 있다. 디지털 트윈은 데이터를 기반으로 가상공간에서 미리 시뮬레이션하는 기술이다. 시뮬레이션을 위해 빅데이터를 수집하고 분석과 예측을 위한 통신·분석 기술에 가상현실(VR), 증강현실(AR)과 같은 기술을 더한다. 이를 통해 산업 현장에서 작업 프로세스를 미리 시뮬레이션하고, VR·AR로 검증함으로써 실제 시행에 따른 손실을 줄이고, 작업 효율성을 높일 수 있다.

한편 '에지 컴퓨팅'도 스마트팩토리의 주요 기술 중 하나이다. 에지 컴퓨팅은 산업 현장에서 발생하는 방대한 데이터를 클라우드로 한 번에 전송하지 않고, 에지에서 사전 처리한 후 데이터를 선별해서 전송한다. 서버와 에지가 연동해 데이터 분석 및 실시간 제어를 수행하여 산업 현장에서 생산되는 데이터가 기하급수로 늘어도 서버에 부하를 주지 않는다. 현재 클라우드 컴퓨팅이 중앙 데이터센터와 직접 소통하는 방식이라면 에지 컴퓨팅은 기기 가까이에 위치한 일명 '에지 데이터 센터'와 소통하며, 저장을 중앙 클라우드에 맡기는 형식이다. 이를 통해 데이터 처리 지연 시간을 줄이고 즉각적인 현장 대처를 가능하게 한다.

이러한 스마트팩토리의 발전은 _____ 최근 선진국에서 나타나는 주요 현상 중의 하나는 바로 '리쇼어링'의 가속화이다. 리쇼어링이란 인건비 등 각종 비용 절감을 이유로 해외에 나간 자국 기업들이 다시 본국으로 돌아오는 현상을 의미하는 용어이다. 2000년대 초반까지는 국가적 차원에서 세제 혜택 등의 회유책을 통해 추진되어 왔지만, 스마트팩토리의 등장으로 인해 자국 내 스마트팩토리에서의 제조 비용과 중국이나 멕시코와 같은 제3국에서 제조 후 수출 비용에 큰 차이가 없어 리쇼어링 현상은 더욱 가속화되고 있다.

① 공장의 제조 비용을 절감시키고 있다.
② 공장의 세제 혜택을 사라지게 하고 있다.
③ 공장의 위치를 변화시키고 있다.
④ 수출 비용을 줄이는 데 도움이 된다.
⑤ 공장의 생산성을 높이고 있다.

**05**

오늘날 인류가 왼손보다 오른손을 선호하는 경향은 어디서 비롯되었을까? 오른손을 귀하게 여기고 왼손을 천대하는 현상은 어쩌면 산업화 이전 사회에서 배변 후 사용할 휴지가 없었다는 사실과 관련이 있을 법하다. 맨손으로 배변 뒤처리를 하는 것은 불쾌할 뿐더러 병균을 옮길 위험을 수반하는 일이었다. 이런 위험성을 낮추는 간단한 방법은 음식을 먹거나 인사할 때 다른 손을 사용하는 것이었다. 기술 발달 이전의 사회는 대개 왼손을 배변 뒤처리에, 오른손을 먹고 인사하는 일에 사용했다. 나는 이런 배경이 인간 사회에 널리 나타나는 '오른쪽'에 대한 긍정과 '왼쪽'에 대한 반감을 어느 정도 설명해 줄 수 있으리라고 생각했다. 그러나 이 설명은 왜 애초에 오른손이 먹는 일에, 그리고 왼손이 배변 처리에 사용되었는지 설명해 주지 못한다. ＿＿＿＿＿＿＿＿＿＿＿ 따라서 근본적인 설명은 다른 곳에서 찾아야 할 것 같다.

한쪽 손을 주로 쓰는 경향은 뇌의 좌우반구의 기능 분화와 관련되어 있는 것으로 보인다. 보고된 증거에 따르면, 왼손잡이는 읽기와 쓰기, 개념적·논리적 사고 같은 좌반구 기능에서 오른손잡이보다 상대적으로 미약한 대신 상상력, 패턴 인식, 창의력 등 전형적인 우반구 기능에서는 상대적으로 기민한 경우가 많다.

나는 이성 대 직관의 힘겨루기, 뇌의 두 반구 사이의 힘겨루기가 오른손과 왼손의 힘겨루기로 표면화된 것이 아닐까 생각한다. 즉 원래 오른손이 왼손보다 더 능숙했기 때문이 아니라 뇌의 좌반구가 인간의 행동을 지배하는 권력을 갖게 되었기 때문에 오른손 선호에 이르렀다는 생각이다.

① 동서양을 막론하고 왼손잡이 사회는 확인된 바 없기 때문이다.

② 기능적으로 왼손이 오른손보다 섬세하기 때문이다.

③ 모든 사람들이 오른쪽을 선호하는 것이 아니기 때문이다.

④ 양손의 기능을 분담시키지 않는 사람이 존재할 수도 있기 때문이다.

⑤ 현대사회에 들어서 왼손잡이가 늘어나고 있기 때문이다.

# CHAPTER 02

# 문제해결능력

## 합격 Cheat Key

문제해결능력은 업무를 수행하면서 여러 가지 문제 상황이 발생하였을 때, 창의적이고 논리적인 사고를 통하여 이를 올바르게 인식하고 적절히 해결하는 능력으로, 하위 능력에는 사고력과 문제처리능력이 있다.

문제해결능력은 NCS 기반 채용을 진행하는 대다수의 공사·공단에서 채택하고 있으며, 다양한 자료와 함께 출제되는 경우가 많아 어렵게 느껴질 수 있다. 특히, 난이도가 높은 문제로 자주 출제되기 때문에 다른 영역보다 더 많은 노력이 필요할 수는 있지만 그렇기에 차별화를 할 수 있는 득점 영역이므로 포기하지 말고 꾸준하게 노력해야 한다.

### 1 질문의 의도를 정확하게 파악하라!

문제해결능력은 문제에서 무엇을 묻고 있는지 정확하게 파악하여 먼저 풀이 방향을 설정하는 것이 가장 효율적인 방법이다. 특히, 조건이 주어지고 답을 찾는 창의적·분석적인 문제가 주로 출제되고 있기 때문에 처음에 정확한 풀이 방향이 설정되지 않는다면 문제를 제대로 풀지 못하게 되므로 첫 번째로 출제 의도 파악에 집중해야 한다.

## 2 중요한 정보는 반드시 표시하라!

출제 의도를 정확히 파악하기 위해서는 문제의 중요한 정보를 반드시 표시하거나 메모하여 하나의 조건, 단서도 잊고 넘어가는 일이 없도록 해야 한다. 실제 시험에서는 시간의 압박과 긴장감으로 정보를 잘못 적용하거나 잊어버리는 실수가 많이 발생하므로 사전에 충분한 연습이 필요하다.

## 3 반복 풀이를 통해 취약 유형을 파악하라!

문제해결능력은 특히 시간관리가 중요한 영역이다. 따라서 정해진 시간 안에 고득점을 할 수 있는 효율적인 문제 풀이 방법을 찾아야 한다. 이때, 반복적인 문제 풀이를 통해 자신이 취약한 유형을 파악하는 것이 중요하다. 정확하게 풀 수 있는 문제부터 빠르게 풀고 취약한 유형은 나중에 푸는 효율적인 문제 풀이를 통해 최대한 고득점을 맞는 것이 중요하다.

# 01 명제 추론

## | 유형분석 |

- 주어진 문장을 토대로 논리적으로 추론하여 참 또는 거짓을 구분하는 문제이다.
- 대체로 연역추론을 활용한 명제 문제가 출제된다.
- 자료를 제시하고 새로운 결과나 자료에 주어지지 않은 내용을 추론해 가는 형식의 문제가 출제된다.

월요일부터 금요일까지 진료를 하는 의사는 다음 〈조건〉에 따라 진료일을 정한다. 의사가 목요일에 진료를 하지 않았다면, 월요일부터 금요일 중 진료한 날은 총 며칠인가?

### 조건

- 월요일에 진료를 하면 수요일에는 진료를 하지 않는다.
- 월요일에 진료를 하지 않으면 화요일이나 목요일에 진료를 한다.
- 화요일에 진료를 하면 금요일에는 진료를 하지 않는다.
- 수요일에 진료를 하지 않으면 목요일 또는 금요일에 진료를 한다.

① 없음
② 1일
③ 2일
④ 3일
⑤ 4일

### 정답 ③

- 월요일에 진료를 하는 경우 첫 번째 조건에 의해 수요일에 진료를 하지 않는다. 그러면 네 번째 조건에 의해 금요일에 진료를 한다. 또한 세 번째 조건의 대우에 의해 화요일에 진료를 하지 않는다. 따라서 월요일, 금요일에 진료를 한다.
- 월요일에 진료를 하지 않는 경우 두 번째 조건에 의해 화요일에 진료를 한다. 그러면 세 번째 조건에 의해 금요일에 진료를 하지 않는다. 또한 네 번째 조건의 대우에 의해 수요일에 진료를 한다. 따라서 화요일, 수요일에 진료를 한다.

### 풀이 전략!

명제와 관련한 기본적인 논법에 대해서는 미리 학습해 두며, 이를 바탕으로 각 문장에 있는 핵심단어 또는 문구를 기호화하여 정리한 후, 선택지와 비교하여 참 또는 거짓을 판단한다.

**01** A대리는 다음 분기에 참여할 연수프로그램을 결정하고자 한다. A대리가 아래 정보에 따라 프로그램을 결정하며 제시된 정보들이 모두 참이라 할 때, 반드시 참인 것은?

〈정보〉

- 다음 분기 연수프로그램으로는 혁신역량강화, 조직문화, 전략적 결정, 일과 가정, 공사융합전략, 미래가치교육 6개가 있다.
- A대리는 혁신역량강화에 참여하면, 조직문화에 참여하지 않는다.
- A대리는 일과 가정에 참여하지 않으면, 미래가치교육에 참여한다.
- A대리는 혁신역량강화와 미래가치교육 중 한 가지만 참여한다.
- A대리는 조직문화, 전략적 결정, 공사융합전략 중 2가지에 참여한다.
- A대리는 조직문화에 참여한다.

① A대리가 참여할 프로그램 수는 최대 4개이다.
② A대리가 전략적 결정에 참여할 경우, 일과 가정에는 참여하지 않는다.
③ A대리는 혁신역량강화에 참여하고, 일과 가정에 참여하지 않는다.
④ A대리는 전략적 결정과 공사융합전략에 모두 참여한다.
⑤ A대리는 최소 2개의 프로그램에 참여한다.

**02** 각각 다른 심폐기능 등급을 받은 A~E 5명 중 등급이 가장 낮은 2명의 환자에게 건강관리 안내문을 발송하려 한다. 다음 중 발송 대상자는?

- E보다 심폐기능이 좋은 환자는 2명 이상이다.
- E는 C보다 한 등급 높다.
- B는 D보다 한 등급 높다.
- A보다 심폐기능이 나쁜 환자는 2명이다.

① B, C
② B, D
③ B, E
④ C, D
⑤ C, E

**03** 다음 〈조건〉을 바탕으로 추론한 〈보기〉에 대한 판단으로 옳은 것은?

- 휴가는 2박 3일이다.
- 혜진이는 수연이보다 하루 일찍 휴가를 간다.
- 지연이는 수연이보다 이틀 늦게 휴가를 간다.
- 태현이는 지연이보다 하루 일찍 휴가를 간다.
- 수연이는 화요일에 휴가를 간다.

A : 수요일에 휴가 중인 사람의 수와 목요일의 휴가 중인 사람의 수는 같다.
B : 태현이는 금요일까지 휴가이다.

① A만 옳다.
② B만 옳다.
③ A, B 모두 옳다.
④ A, B 모두 틀리다.
⑤ A, B 모두 옳은지 틀린지 판단할 수 없다.

**04** L대학교 기숙사에 거주하는 A ~ D는 1층부터 4층에 매년 새롭게 방을 배정받고 있으며, 올해도 방을 배정받는다. 다음 〈조건〉을 참고할 때, 반드시 참인 것은?

- 한 번 배정받은 층에는 다시 배정받지 않는다.
- A와 D는 2층에 배정받은 적이 있다.
- B와 C는 3층에 배정받은 적이 있다.
- A와 B는 1층에 배정받은 적이 있다.
- A, B, D는 4층에 배정받은 적이 있다.

① C는 4층에 배정될 것이다.
② D는 3층에 배정받은 적이 있을 것이다.
③ D는 1층에 배정받은 적이 있을 것이다.
④ C는 2층에 배정받은 적이 있을 것이다.
⑤ 기숙사에 3년 이상 산 사람은 A밖에 없다.

**05** L공사는 직원 A ~ G를 두 팀으로 나누어 사업 현장으로 출장을 가고자 한다. 다음 〈조건〉에 따라 직원들을 두 개의 팀으로 나눌 때, 한 팀을 구성하는 방법으로 옳지 않은 것은?

> **조건**
> • 각 팀은 최소 3명 이상으로 구성한다.
> • C와 D는 서로 다른 팀이다.
> • F와 G는 같은 팀이 될 수 없다.
> • D가 속한 팀에는 A, B도 속한다.

① A, B, D, F             ② A, B, D, G

③ C, E, G                 ④ C, E, F

⑤ A, B, E, G

**06** 세미나에 참석한 A사원, B사원, C주임, D주임, E대리는 각자 숙소를 배정받았다. A사원, D주임은 여자이고, B사원, C주임, E대리는 남자이다. 〈조건〉과 같이 숙소가 배정되었을 때, 다음 중 항상 옳지 않은 것은?

> **조건**
> • 숙소는 5층이며 층마다 1명씩 배정한다.
> • E대리의 숙소는 D주임의 숙소보다 위층이다.
> • 1층에는 주임을 배정한다.
> • 1층과 3층에는 남직원을 배정한다.
> • 5층에는 사원을 배정한다.

① D주임은 2층에 배정된다.

② 5층에 A사원이 배정되면 4층에 B사원이 배정된다.

③ 5층에 B사원이 배정되면 4층에 A사원이 배정된다.

④ C주임은 1층에 배정된다.

⑤ 5층에 B사원이 배정되면 3층에 E대리가 배정된다.

# 02 상황 판단

## | 유형분석 |

- 주어진 상황과 조건을 종합적으로 활용하여 풀어가는 문제이다.
- 일정, 비용, 순서 등 다양한 내용을 다루고 있어 유형을 한 가지로 단일화하기 어렵다.

L외식업체는 고객전용 주차장의 공간이 협소하여 외부 주차장을 활용하려고 한다. 외부 주차장을 이용하는 방식은 월 임대료를 내고 사용하는 방법과 주차권을 발행하여 계산하는 방법이 있다. 다음 중 어떠한 방법이 가장 경제적이고, 그 차이는 얼마인가?

■ 외부 주차장 이용 방법
  1) 월 임대료 납부 시 : 월 1,500만 원 1회 납부, 주차 대수 무관
  2) 주차권 발행 시 : 1회 주차권 3시간 이용 가능, 주차권 1장당 3,000원 납부

■ 요일별 방문고객 현황

| 구분 | 월요일 | 화요일 | 수요일 | 목요일 | 금요일 | 토요일 | 일요일 |
|---|---|---|---|---|---|---|---|
| 방문고객수(평균) | 150명 | 180명 | 170명 | 175명 | 250명 | 400명 | 450명 |
| 차량 보유 비율 | 62% | 55% | 50% | 68% | 80% | 92% | 88% |

※ 휴무일을 고려하여 1개월을 4주와 동일한 것으로 간주하며, 방문고객 1명당 1장의 주차권을 제공함
※ 방문고객의 수 및 차량 보유 비율은 지난 1년간 수집한 통계치를 근거로 작성됨

① 월 임대료를 납부한다. 920,000원
② 주차권을 발행한다. 920,000원
③ 월 임대료를 납부한다. 1,320,000원
④ 주차권을 발행한다. 1,320,000원
⑤ 월 임대료를 납부한다. 1,430,000원

정답 ③
지난 1년간 수집한 데이터에 근거한 통계 자료(평균치)로 산정한 주차권 발행 방식의 1개월 주차비용은 다음과 같다.
- 월요일 : 150명×62%×3,000원=279,000원
- 화요일 : 180명×55%×3,000원=297,000원
- 수요일 : 170명×50%×3,000원=255,000원
- 목요일 : 175명×68%×3,000원=357,000원
- 금요일 : 250명×80%×3,000원=600,000원
- 토요일 : 400명×92%×3,000원=1,104,000원
- 일요일 : 450명×88%×3,000원=1,188,000원
∴ (1주간 주차비용)=4,080,000원 → (1개월 주차비용)=4,080,000원×4주=16,320,000원
따라서 월 임대료(1,500만 원)를 지불하는 것이 더 경제적이며, 1,320,000원의 차이가 난다.

### 풀이 전략!

문제에 제시된 상황을 정확히 파악한 후, 조건이나 선택지를 꼼꼼하게 확인하면서 문제를 풀어나간다.

**01**  다음 자료와 상황을 근거로 판단할 때, 〈보기〉에서 옳은 것을 모두 고르면?

K국에서는 모든 법인에 대하여 다음과 같이 구분하여 주민세를 부과하고 있다.

| 구분 | 세액(원) |
|---|---|
| • 자본금액 100억 원을 초과하는 법인으로서 종업원 수가 100명을 초과하는 법인 | 500,000 |
| • 자본금액 50억 원 초과 100억 원 이하 법인으로서 종업원 수가 100명을 초과하는 법인 | 350,000 |
| • 자본금액 50억 원을 초과하는 법인으로서 종업원 수가 100명 이하인 법인<br>• 자본금액 30억 원 초과 50억 원 이하 법인으로서 종업원 수가 100명을 초과하는 법인 | 200,000 |
| • 자본금액 30억 원 초과 50억 원 이하 법인으로서 종업원 수가 100명 이하인 법인<br>• 자본금액 10억 원 초과 30억 원 이하 법인으로서 종업원 수가 100명을 초과하는 법인 | 100,000 |
| • 그 밖의 법인 | 50,000 |

**〈상황〉**

| 법인 | 자본금액(억 원) | 종업원 수(명) |
|---|---|---|
| 갑 | 200 | ? |
| 을 | 20 | ? |
| 병 | ? | 200 |

보기

ㄱ. 갑이 납부해야 할 주민세 최소 금액은 20만 원이다.

ㄴ. 을의 종업원이 50명인 경우 10만 원의 주민세를 납부해야 한다.

ㄷ. 병이 납부해야 할 주민세 최소 금액은 10만 원이다.

ㄹ. 갑, 을, 병이 납부해야 할 주민세 금액의 합계는 최대 110만 원이다.

① ㄱ, ㄴ

② ㄱ, ㄷ

③ ㄱ, ㄹ

④ ㄴ, ㄷ

⑤ ㄴ, ㄹ

**02** 다음 자료를 근거로 판단할 때, 국제행사의 개최 도시로 선정될 곳은?

갑 사무관은 우리나라에서 열리는 국제행사의 개최 도시를 선정하기 위해 다음과 같은 후보 도시 평가표를 만들었다. 후보 도시 평가표에 따른 점수와 국제해양기구의 의견을 모두 반영하여 합산 점수가 가장 높은 도시를 개최 도시로 선정하고자 한다.

〈후보 도시 평가표〉

| 구분 | 서울 | 인천 | 대전 | 부산 | 제주 |
|---|---|---|---|---|---|
| 1) 회의 시설<br>1,500명 이상 수용 가능한 대회의장 보유 등 | A | A | C | B | C |
| 2) 숙박 시설<br>도보거리에 특급 호텔 보유 등 | A | B | A | A | C |
| 3) 교통<br>공항접근성 등 | B | A | C | B | B |
| 4) 개최 역량<br>대규모 국제행사 개최 경험 등 | A | C | C | A | B |

※ A : 10점, B : 7점, C : 3점

〈국제해양기구의 의견〉

• 외국인 참석자의 편의를 위해 '교통'에서 A를 받은 도시의 경우 추가로 5점을 부여해 줄 것
• 바다를 끼고 있는 도시의 경우 추가로 5점을 부여해 줄 것
• 예상 참석자가 2,000명 이상이므로 '회의 시설'에서 C를 받은 도시는 제외할 것

① 서울
② 인천
③ 대전
④ 부산
⑤ 제주

**03** 영업사원 S가 다음 〈조건〉에 따라 도시를 방문할 때, 도시를 방문하는 방법은 모두 몇 가지인가?

조건
- 출발지에 상관없이 세 도시를 방문해야 한다.
- 같은 도시를 방문하지 않는다.
- 선 위에 있는 숫자는 거리(km)이다.
- 도시를 방문하는 순서 및 거리가 다르더라도 동일 도시를 방문하면 한 가지 방법이다.
- 도시를 방문하는 거리는 80km를 초과할 수 없다.
- 도시를 방문하는 방법 중 최소 거리로만 계산한다.

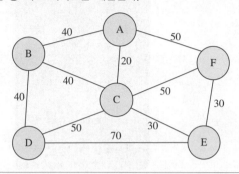

① 9가지　　　　　　　　　　　② 10가지
③ 11가지　　　　　　　　　　④ 12가지
⑤ 13가지

**04** L공사 홍보실에 근무하는 A사원은 12일부터 15일까지 워크숍을 가게 되었다. 워크숍을 떠나기 직전 A사원은 자신의 스마트폰 날씨예보 앱을 통해 워크숍 장소인 춘천의 날씨를 확인해 보았다. 다음 중 A사원이 확인한 날씨예보의 내용으로 가장 적절한 것은?

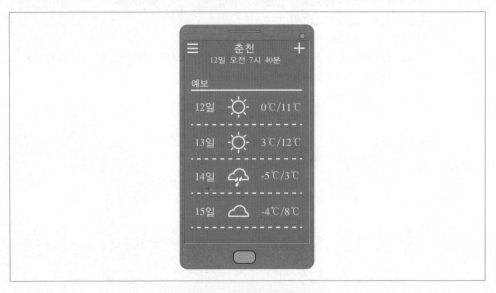

① 워크숍 기간 중 오늘이 일교차가 가장 크므로 감기에 유의해야 한다.
② 내일 춘천지역의 미세먼지가 심하므로 주의해야 한다.
③ 워크숍 기간 중 비를 동반한 낙뢰가 예보된 날이 있다.
④ 모레 춘천지역의 최고・최저기온이 모두 영하이므로 야외활동 시 옷을 잘 챙겨 입어야 한다.
⑤ 글피엔 비는 내리지 않지만 최저기온이 영하이다.

**05** L기업은 가전전시회에서 자사의 제품을 출품하기로 하였다. 제품을 보다 효과적으로 홍보하기 위하여 다음과 같이 행사장의 A ~ G 중 세 곳에서 홍보판촉물을 배부하기로 하였다. 가장 많은 사람들에게 홍보판촉물을 나눠줄 수 있는 위치는 어디인가?

- 전시관은 제1전시관 → 제2전시관 → 제3전시관 → 제4전시관 순서로 배정되어 있다.
- 행사장 출입구는 한 곳이며, 다른 곳으로는 출입이 불가능하다.
- 방문객은 행사장 출입구로 들어와서 시계 반대 방향으로 돌며, 4개의 전시관 중 2개의 전시관만을 골라 관람한다.
- 방문객은 자신이 원하는 2개의 전시관을 모두 관람하면 행사장 출입구를 통해 나가기 때문에 한 바퀴를 초과해서 도는 방문객은 없다.
- 방문객은 전시관 입구로 들어가면 출구로 나오기 때문에 전시관의 입구와 출구 사이에 있는 외부 통로를 동시에 지나치지 않는다.
- 행사장에는 시간당 평균 400명이 방문하며, 각 전시관의 시간당 평균 방문객 수는 다음과 같다.

| 제1전시관 | 제2전시관 | 제3전시관 | 제4전시관 |
|---|---|---|---|
| 100명 | 250명 | 150명 | 300명 |

행사장 출입구

```
A                                  G
   ── 입구 ──    ── 출구 ──
 출                              입
 구   제1전시관      제4전시관     구
B                                  F
   ───────      ───────
 입                              출
 구   제2전시관      제3전시관     구
   ── 출구 ──    ── 입구 ──
C              D                  E
```

① A, B, C
② A, D, G
③ B, C, E
④ B, D, F
⑤ C, E, F

## | 유형분석 |

- 주어진 자료를 해석하고 활용하여 풀어가는 문제이다.
- 꼼꼼하고 분석적인 접근이 필요한 다양한 자료들이 출제된다.

L공사 인사팀 직원인 A씨는 사내 설문조사를 통해 요즘 사람들이 연봉보다는 일과 삶의 균형을 더 중요시하고 직무의 전문성을 높이고 싶어 한다는 결과를 도출했다. 다음 중 설문조사 결과와 L공사 임직원의 근무여건 자료를 참고하여 인사제도를 합리적으로 변경한 것은?

**〈임직원 근무여건〉**

| 구분 | 주당 근무 일수(평균) | 주당 근무시간(평균) | 직무교육 여부 | 퇴사율 |
|------|------|------|------|------|
| 정규직 | 6일 | 52시간 이상 | ○ | 17% |
| 비정규직 1 | 5일 | 40시간 이상 | ○ | 12% |
| 비정규직 2 | 5일 | 20시간 이상 | × | 25% |

① 정규직의 연봉을 7% 인상한다.
② 정규직을 비정규직으로 전환한다.
③ 비정규직 1의 직무교육을 비정규직 2와 같이 조정한다.
④ 비정규직 2의 근무 일수를 정규직과 같이 조정한다.
⑤ 정규직의 주당 근무시간을 비정규직 1과 같이 조정하고 비정규직 2의 직무교육을 시행한다.

**정답** ⑤

정규직의 주당 근무시간을 비정규직 1과 같이 줄여 근무여건을 개선하고, 퇴사율이 가장 높은 비정규직 2의 직무교육을 시행하여 퇴사율을 줄이는 것이 가장 적절하다.

**오답분석**

① 설문조사 결과에서 연봉보다는 일과 삶의 균형을 더 중요시한다고 하였으므로 연봉이 상승하는 것은 퇴사율에 영향을 미치지 않음을 알 수 있다.
② 정규직을 비정규직으로 전환하는 것은 고용의 안정성을 낮추어 퇴사율을 더욱 높일 수 있다.
③ 직무교육을 하지 않는 비정규직 2보다 직무교육을 하는 정규직과 비정규직 1의 퇴사율이 더 낮기 때문에 이는 적절하지 않다.
④ 비정규직 2의 주당 근무 일수를 정규직과 같이 조정하면, 주 6일 20시간을 근무하게 되어 비효율적인 업무를 수행한다.

**풀이 전략!**

문제 해결을 위해 필요한 정보가 무엇인지 먼저 파악한 후, 제시된 자료를 분석적으로 읽고 해석한다.

**01** 다음은 아동수당에 대한 매뉴얼과 신청 방법에 대한 상담의 일부이다. 제시된 상담에서 고객의 문의에 대한 처리로 적절한 것을 모두 고르면?

---

〈아동수당〉

• 아동수당은 만 6세 미만 아동의 보호자에게 월 10만 원의 수당을 지급하는 제도이다.
• 아동수당은 보육료나 양육수당과는 별개의 제도로서 다른 복지급여를 받고 있어도 수급이 가능하지만, 반드시 신청을 해야 혜택을 받을 수 있다.
• 6월 20일부터 사전 신청 접수가 시작되고, 9월 21일부터 수당이 지급된다.
• 아동수당 수급대상 아동을 보호하고 있는 보호자나 대리인은 20일부터 아동 주소지 읍·면·동 주민센터에서 방문 신청 또는 복지로 홈페이지 및 모바일 앱에서 신청할 수 있다.
• 아동수당 제도 첫 도입에 따라 초기에 아동수당 신청이 한꺼번에 몰릴 것으로 예상되어 연령별 신청기간을 운영한다(연령별 신청기간은 만 0~1세는 20~25일, 만 2~3세는 26~30일, 만 4~5세는 7월 1~5일, 전 연령은 7월 6일부터이다).
• 아동수당은 신청한 달의 급여분(사전신청은 제외)부터 지급한다. 따라서 9월분 아동수당을 받기 위해서는 9월 말까지 아동수당을 신청해야 한다(단, 소급 적용은 되지 않는다).
• 아동수당 관련 신청서 작성요령이나 수급 가능성 등 자세한 내용은 아동수당 홈페이지에서 확인 가능하다.

---

고객 : 저희 아이가 만 5세인데요. 아동수당을 지급받을 수 있나요?
상담원 : (가) 네, 만 6세 미만의 아동이면 9월 21일부터 10만 원의 수당을 지급받을 수 있습니다.
고객 : 제가 보육료를 지원받고 있는데, 아동수당도 받을 수 있는 건가요?
상담원 : (나) 아동수당은 보육료와는 별개의 제도로 신청만 하면 수당을 받을 수 있습니다.
고객 : 그럼 아동수당을 신청하려면 어떻게 해야 하나요?
상담원 : (다) 아동 주소지의 주민센터를 방문하거나 복지로 홈페이지 또는 모바일 앱에서 신청하시면 됩니다.
고객 : 따로 정해진 신청기간은 없나요?
상담원 : (라) 6월 20일부터 사전 신청 접수가 시작되고, 9월 말까지 아동수당을 신청하면 되지만 소급 적용이 되지 않습니다. 10월에 신청하시면 9월 아동수당은 지급받을 수 없으므로 9월 말까지 신청해 주시면 될 것 같습니다.
고객 : 네, 감사합니다.
상담원 : (마) 아동수당 관련 신청서 작성요령이나 수급 가능성 등의 자세한 내용은 메일로 문의해 주세요.

---

① (가), (나)
② (가), (다)
③ (가), (나), (다)
④ (나), (다), (라)
⑤ (나), (다), (마)

**02** L공사 총무팀, 개발팀, 영업팀, 홍보팀, 고객지원팀이 각각 1 ~ 5층에 있다. 각 팀 탕비실에는 이온음료, 탄산음료, 에너지음료, 캔 커피가 구비되어 있다. 총무팀에서 각 팀에 채워 넣을 음료를 일괄적으로 구매하고자 한다. 〈조건〉에 따라 각 음료를 구매하려고 할 때, 주문해야 할 최소 개수를 바르게 연결한 것은?

---

**조건**

• 각 팀의 음료 보유 현황은 다음과 같다.

(단위 : 캔)

| 구분 | 총무팀 | 개발팀 | 영업팀 | 홍보팀 | 고객지원팀 |
|---|---|---|---|---|---|
| 이온음료 | 3 | 10 | 10 | 10 | 8 |
| 탄산음료 | 10 | 2 | 16 | 7 | 8 |
| 에너지음료 | 10 | 1 | 12 | 8 | 7 |
| 캔 커피 | 2 | 3 | 1 | 10 | 12 |

• 이온음료, 탄산음료, 에너지음료, 캔 커피는 각각 최소 6캔, 12병, 10캔, 30캔이 구비되어 있어야 하며, 최소 수량 미달 시 음료를 구매한다.
• 각 팀은 구매 시 각 음료의 최소 구비 수량의 1.5배를 구매한다.
• 모든 음료는 낱개로 구매할 수 없으며 묶음 단위로 구매해야 한다.
• 이온음료, 탄산음료, 에너지음료, 캔 커피 각각 6캔, 6캔, 6캔, 30캔을 묶음으로 판매하고 있다.

---

| | 이온음료 | 탄산음료 | 에너지음료 | 캔 커피 |
|---|---|---|---|---|
| ① | 12캔 | 72캔 | 48캔 | 240캔 |
| ② | 12캔 | 72캔 | 42캔 | 240캔 |
| ③ | 12캔 | 66캔 | 42캔 | 210캔 |
| ④ | 18캔 | 66캔 | 48캔 | 210캔 |
| ⑤ | 18캔 | 66캔 | 50캔 | 220캔 |

**03** 다음은 L교통카드의 환불 방법에 대한 자료이다. 이에 대한 설명으로 적절하지 않은 것은?

⟨L교통카드 정상카드 잔액 환불 안내⟩

| 환불처 | | 환불금액 | 환불 방법 | 환불 수수료 | 비고 |
|---|---|---|---|---|---|
| 편의점 | A편의점 | 2만 원 이하 | • 환불처에 방문하여 환불 수수료를 제외한 카드 잔액 전액을 현금으로 환불받음 | 500원 | |
| | B편의점 | 3만 원 이하 | | | |
| | C편의점 | | | | |
| | D편의점 | | | | |
| | E편의점 | | | | |
| 지하철 | 역사 내 L교통카드 서비스센터 | 5만 원 이하 | • 환불처에 방문하여 환불수수료를 제외한 카드 잔액 전액 또는 일부 금액을 현금으로 환불받음<br>※ 한 카드당 한 달에 최대 50만 원까지 환불 가능 | 500원<br>※ 기본운임료 (1,250원) 미만 잔액은 수수료 없음 | 카드값 환불 불가 |
| 은행 ATM | A은행 | 20만 원 이하 | • 본인 명의의 해당은행 계좌로 환불 수수료를 제외한 잔액 이체<br>※ 환불불가 카드 : 모바일 L교통카드, Y사 플러스카드 | 500원 | |
| | B은행 | 50만 원 이하 | | | |
| | C은행 | | | | |
| | D은행 | | | | |
| | E은행 | | | | |
| | F은행 | | | | |
| 모바일 (P사, Q사, R사) | | 50만 원 이하 | • 1인 월 3회, 최대 50만 원까지 환불 가능<br> : 10만 원 초과 환불은 월 1회, 연 5회 가능<br>※ App에서 환불신청 가능하며 고객명의 계좌로 환불 수수료를 제외한 금액이 입금 | 500원<br>※ 기본운임료 (1,250원) 미만 잔액은 수수료 없음 | |
| L교통카드 본사 | | | • 1인 1일 최대 50만 원까지 환불 가능<br>• 5만 원 이상 환불 요청 시 신분 확인 (이름, 생년월일, 연락처)<br>※ 10만 원 이상 고액 환불의 경우 내방 당일 카드 잔액 차감 후 익일 18시 이후 계좌로 입금(주말, 공휴일 제외)<br>※ 지참서류 : 통장사본, 신분증 | 월 누적 50만 원까지 수수료 없음 (50만 원 초과 시 수수료 1%) | |

※ 잔액이 5만 원을 초과하는 경우 L교통카드 본사로 내방하시거나, L교통카드 잔액 환불 기능이 있는 ATM에서 해당은행 계좌로 환불이 가능합니다(단, 모바일 L교통카드, Y사 플러스카드는 ATM에서 환불이 불가능합니다).
※ ATM 환불은 주민번호 기준으로 월 50만 원까지 가능하며, 환불금액은 해당은행의 본인명의 계좌로 입금됩니다.
　– 환불접수처 : L교통카드 본사, 지하철 역사 내 L교통카드 서비스센터, 은행 ATM, 편의점 등
　　단, 부분환불 서비스는 L교통카드 본사, 지하철 역사 내 L교통카드 서비스센터에서만 가능합니다.
　– 부분 환불 금액 제한 : 부분 환불 요청금액 1만 원 이상 5만 원 이하만 가능(이용 건당 수수료는 500원입니다)

① 카드 잔액이 4만 원이고 환불 요청금액이 2만 원일 경우 지하철 역사 내 L교통카드 서비스센터에서 환불이 가능하다.
② 모바일에서 환불 시 카드 잔액이 40만 원일 경우 399,500원을 환불받을 수 있다.
③ 카드 잔액 30만 원을 환불할 경우 A은행을 제외한 은행 ATM에서 299,500원 환불받을 수 있다.
④ 환불금액이 13만 원일 경우 L교통카드 본사 방문 시 수수료 없이 전액 환불받을 수 있다.
⑤ 카드 잔액 17만 원을 L교통카드 본사에 방문해 환불한다면 당일 카드 잔액을 차감하고 즉시 계좌로 이체받을 수 있다.

**04** 다음은 L손해보험 보험금 청구 절차 안내문이다. 고객들의 질문에 답변하려고 할 때, 적절하지 않은 것은?

<표>

〈보험금 청구 절차 안내문〉

| 단계 | 구분 | 내용 |
|---|---|---|
| Step 1 | 사고 접수 및 보험금 청구 | 피보험자, 가해자, 피해자가 사고발생 통보 및 보험금 청구를 합니다. 접수는 가까운 영업점에 관련 서류를 제출합니다. |
| Step 2 | 보상팀 및 보상담당자 지정 | 보상처리 담당자가 지정되어 고객님께 담당자의 성명, 연락처를 SMS로 전송해 드립니다. 자세한 보상 관련 문의사항은 보상처리 담당자에게 문의하시면 됩니다. |
| Step 3 | 손해사정법인 (현장확인자) | 보험금 지급여부 결정을 위해 사고현장조사를 합니다. (병원 공인된 손해사정법인에게 조사업무를 위탁할 수 있음) |
| Step 4 | 보험금 심사 (심사자) | 보험금 지급 여부를 심사합니다. |
| Step 5 | 보험금 심사팀 | 보험금 지급 여부가 결정되면 피보험자 예금통장에 보험금이 입금됩니다. |

※ 3만 원 초과 10만 원 이하 소액통원의료비를 청구할 경우 보험금 청구서와 병원영수증, 질병분류기호(질병명)가 기재된 처방전만으로 접수가 가능합니다.
※ 의료기관에서는 환자가 요구할 경우 처방전 발급 시 질병분류기호(질병명)가 기재된 처방전 2부 발급이 가능합니다.
※ 온라인 접수 절차는 L손해보험 홈페이지에서 확인하실 수 있습니다.

① Q : 자전거를 타다가 팔을 다쳐서 병원비가 56,000원이 나왔습니다. 보험금을 청구하려고 하는데 제출할 서류는 어떻게 되나요?

 A : 고객님의 의료비는 10만 원이 넘지 않는 관계로 보험금 청구서와 병원영수증, 진단서가 필요합니다.

② Q : 사고를 낸 당사자도 보험금을 청구할 수 있나요?

 A : 네, 고객님. 사고의 가해자와 피해자 모두 보험금을 청구하실 수 있습니다.

③ Q : 사고 접수는 인터넷으로 접수가 가능한가요?

 A : 네, 가능합니다. 자세한 접수 절차는 L손해보험 홈페이지에서 확인하실 수 있습니다.

④ Q : 질병분류기호가 기재된 처방전은 어떻게 발급하나요?

 A : 처방전 발급 시 해당 의료기관에 질병분류기호를 포함해달라고 요청하시면 됩니다.

⑤ Q : 보험금은 언제쯤 지급받을 수 있을까요?

 A : 보험금은 사고가 접수된 후에 사고현장을 조사하여 보험금 지급 여부를 심사한 다음 지급됩니다. 고객님마다 개인차가 있을 수 있으니 보다 정확한 사항은 보상처리 담당자에게 문의 바랍니다.

**05** 귀하는 점심식사 중 식당에 있는 TV에서 정부 정책에 대한 뉴스가 나오는 것을 보았다. 함께 점심을 먹는 동료들과 뉴스를 보고 나눈 대화의 내용으로 적절하지 않은 것은?

〈뉴스〉

앵커 : 저소득층에게 법률서비스를 제공하는 정책을 구상 중입니다. 정부는 무료로 법률자문을 하겠다고 자원하는 변호사를 활용하는 자원봉사제도, 정부에서 법률 구조공단 등의 기관을 신설하고 변호사를 유급으로 고용하여 법률서비스를 제공하는 유급법률구조제도, 정부가 법률서비스의 비용을 대신 지불하는 법률보호제도 등의 세 가지 정책대안 중 하나를 선택할 계획입니다.

이 정책대안을 비교하는 데 고려해야 할 정책목표는 비용저렴성, 접근용이성, 정치적 실현가능성, 법률서비스의 전문성입니다. 정책대안과 정책목표의 관계는 화면으로 보여드립니다. 각 대안이 정책목표를 달성하는 데 유리한 경우는 (+)로, 불리한 경우는 (−)로 표시하였으며, 유·불리 정도는 같습니다. 정책목표에 대한 가중치의 경우, '0'은 해당 정책목표를 무시하는 것을, '1'은 해당 정책목표를 고려하는 것을 의미합니다.

〈정책대안과 정책목표의 상관관계〉

| 정책목표 | 가중치 | | 정책대안 | | |
|---|---|---|---|---|---|
| | A안 | B안 | 자원봉사제도 | 유급법률구조제도 | 법률보호제도 |
| 비용저렴성 | 0 | 0 | + | − | − |
| 접근용이성 | 1 | 0 | − | + | − |
| 정치적 실현가능성 | 0 | 0 | + | − | + |
| 전문성 | 1 | 1 | − | + | − |

① 아마도 전문성 면에서는 유급법률구조제도가 자원봉사제도보다 더 좋은 정책 대안으로 평가받게 되겠군.
② A안에 가중치를 적용할 경우 유급법률구조제도가 가장 적절한 정책대안으로 평가받게 되지 않을까?
③ 반대로 B안에 가중치를 적용할 경우 자원봉사제도가 가장 적절한 정책대안으로 평가받게 될 것 같아.
④ A안과 B안 중 어떤 것을 적용하더라도 정책대안 비교의 결과는 달라지지 않을 것으로 보여.
⑤ 비용저렴성을 달성하기에 가장 유리한 정책대안은 자원봉사제도로군.

## | 유형분석 |

- 주어진 상황과 규칙을 종합적으로 활용하여 풀어 가는 문제이다.
- 일정, 비용, 순서 등 다양한 내용을 다루고 있어 유형을 한 가지로 단일화하기 어렵다.

A팀과 B팀은 보안등급 상에 해당하는 문서를 나누어 보관하고 있다. 이에 따라 두 팀은 보안을 위해 아래와 같은 규칙에 따라 각 팀의 비밀번호를 지정하였다. 다음 중 A팀과 B팀에 들어갈 수 있는 암호배열은?

### 〈규칙〉

- 1 ~ 9까지의 숫자로 (한 자릿수)×(두 자릿수)=(세 자릿수)=(두 자릿수)×(한 자릿수) 형식의 비밀번호로 구성한다.
- 가운데에 들어갈 세 자릿수의 숫자는 156이며 숫자는 중복 사용할 수 없다. 즉, 각 팀의 비밀번호에 1, 5, 6이란 숫자가 들어가지 않는다.

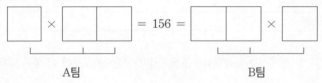

A팀        B팀

① 23
② 27
③ 29
④ 39
⑤ 43

정답 ④

규칙에 따라 사용할 수 있는 숫자는 1, 5, 6을 제외한 나머지 2, 3, 4, 7, 8, 9의 총 6개이다. (한 자릿수)×(두 자릿수)=156이 되는 수를 알기 위해서는 156의 소인수를 구해보면 된다. 156의 소인수는 3, $2^2$, 13으로 여기서 156이 되는 수의 곱 중에 조건을 만족하는 것은 2×78과 4×39이다. 따라서 선택지 중에 A팀 또는 B팀에 들어갈 수 있는 암호배열은 39이다.

### 풀이 전략!

문제에 제시된 조건이나 규칙을 정확히 파악한 후, 선택지나 상황에 적용하여 문제를 풀어 나간다.

**01** A사원은 전세버스 대여를 전문으로 하는 여행업체인 L사에 근무하고 있다. 지난 10년 동안 상당한 규모로 성장해 온 L사는 현재 보유하고 있는 버스의 현황을 실시간으로 파악할 수 있도록 식별 코드를 부여하였다. 식별 코드 부여 방식과 자사 보유 전세버스 현황이 다음과 같을 때, 옳지 않은 것은?

**〈식별 코드 부여 방식〉**

[버스등급] – [승차인원] – [제조국가] – [모델번호] – [제조연월]

| 버스등급 | 코드 | 제조국가 | 코드 |
|---|---|---|---|
| 대형 버스 | BX | 한국 | KOR |
| 중형 버스 | MF | 독일 | DEU |
| 소형 버스 | RT | 미국 | USA |

예 BX – 45 – DEU – 15 – 2410
　　2024년 10월 독일에서 생산된 45인승 대형 버스 15번 모델

**〈자사 보유 전세버스 현황〉**

| | | |
|---|---|---|
| BX – 28 – DEU – 24 – 1308 | MF – 35 – DEU – 15 – 0910 | RT – 23 – KOR – 07 – 0628 |
| MF – 35 – KOR – 15 – 1206 | BX – 45 – USA – 11 – 0712 | BX – 45 – DEU – 06 – 1105 |
| MF – 35 – DEU – 20 – 1110 | BX – 41 – DEU – 05 – 1408 | RT – 16 – USA – 09 – 0712 |
| RT – 25 – KOR – 18 – 0803 | RT – 25 – DEU – 12 – 0904 | MF – 35 – KOR – 17 – 0901 |
| BX – 28 – USA – 22 – 1404 | BX – 45 – USA – 19 – 1108 | BX – 28 – USA – 15 – 1012 |
| RT – 16 – DEU – 23 – 1501 | MF – 35 – KOR – 16 – 0804 | BX – 45 – DEU – 19 – 1312 |
| MF – 35 – DEU – 20 – 1005 | BX – 45 – USA – 14 – 1007 | – |

① 미국에서 생산된 버스 중 중형버 스는 없다.
② 보유 중인 대형 버스는 전체의 40% 이상을 차지한다.
③ 보유하고 있는 소형 버스의 절반 이상은 독일에서 생산되었다.
④ 중형 버스는 3대 이상이며, 모두 2013년 이전에 생산되었다.
⑤ 대형 버스 중 28인승은 3대이며, 한국에서 생산된 차량은 없다.

**02** 다음 표는 참가자 A~D의 회차별 가위·바위·보 게임 기록 및 판정이고, 그림은 규칙에 따른 5회차 게임 종료 후 A~D의 위치를 나타낸 것이다. 이때 (가)~(다)에 해당하는 내용을 바르게 나열한 것은?

〈가위·바위·보 게임 기록 및 판정〉

| 회차<br>구분<br>참가자 | 1 기록 | 1 판정 | 2 기록 | 2 판정 | 3 기록 | 3 판정 | 4 기록 | 4 판정 | 5 기록 | 5 판정 |
|---|---|---|---|---|---|---|---|---|---|---|
| A | 가위 | 승 | 바위 | 승 | 보 | 승 | 바위 | ( ) | 보 | ( ) |
| B | 가위 | 승 | (가) | ( ) | 바위 | 패 | 가위 | ( ) | 보 | ( ) |
| C | 보 | 패 | 가위 | 패 | 바위 | 패 | (나) | ( ) | 보 | ( ) |
| D | 보 | 패 | 가위 | 패 | 바위 | 패 | 가위 | ( ) | (다) | ( ) |

〈5회차 게임 종료 후 A~D의 위치〉

| | | D | B | | C | | | A | | |
| 5m | 4m | 3m | 2m | 1m | ★ | 1m | 2m | 3m | 4m | 5m |

← 왼쪽        출발점        오른쪽 →

〈규칙〉

• A~D는 모두 출발점(★)에서 1회차 가위·바위·보 게임을 하고, 2회차부터는 직전 회차 게임 종료 후 각자의 위치에서 게임을 한다.
• 각 회차의 판정에 따라 지거나 비기면 이동하지 않고, 가위로 이긴 사람은 왼쪽으로 3m, 바위로 이긴 사람은 오른쪽으로 1m, 보로 이긴 사람은 오른쪽으로 5m를 각각 이동하여 해당 회차 게임을 종료한다.

|   | (가) | (나) | (다) |
|---|---|---|---|
| ① | 가위 | 바위 | 보 |
| ② | 가위 | 보 | 바위 |
| ③ | 바위 | 가위 | 보 |
| ④ | 보 | 바위 | 가위 |
| ⑤ | 바위 | 보 | 가위 |

※ 다음 자료를 보고 이어지는 질문에 답하시오. [3~4]

〈블랙박스 시리얼 번호 체계〉

| 개발사 | | 제품 | | 메모리 용량 | | 제조연월 | | | | 일련번호 | PCB버전 |
|---|---|---|---|---|---|---|---|---|---|---|---|
| 값 | 의미 | 값 | 의미 | 값 | 의미 | 값 | 의미 | 값 | 의미 | 값 | 값 |
| A | 아리스 | BD | 블랙박스 | 1 | 4GB | A | 2019년 | 1~9 | 1~9월 | 00001 | 1 |
| S | 성진 | BL | LCD 블랙박스 | 2 | 8GB | B | 2020년 | O | 10월 | 00002 | 2 |
| B | 백경 | BP | IPS 블랙박스 | 3 | 16GB | C | 2021년 | N | 11월 | ... | 3 |
| C | 천호 | BE | LED 블랙박스 | 4 | 32GB | D | 2022년 | D | 12월 | 09999 | 9999 |
| M | 미강테크 | – | – | – | – | E | 2023년 | – | – | – | – |

※ 예시 : ABD2E6000101 → 아리스 블랙박스, 8GB, 2023년 6월 생산, 10번째 모델, PCB 1번째 버전

〈A/S 접수 현황〉

| 분류 1 | 분류 2 | 분류 3 | 분류 4 |
|---|---|---|---|
| ABD1A2001092 | MBE2E3001243 | SBP3CD012083 | ABD4B3007042 |
| BBD1DD000132 | MBP2CO120202 | CBE3C4000643 | SBE4D5101483 |
| SBD1D9000082 | ABE2D0001063 | BBD3B6000761 | MBP4C6000263 |
| ABE1C6100121 | CBL2C3010213 | ABP3D8010063 | BBE4DN020473 |
| CBP1C6001202 | SBD2B9001501 | CBL3S8005402 | BBL4C5020163 |
| CBL1BN000192 | SBP2C5000843 | SBD3B1004803 | CBP4D6100023 |
| MBD1A2012081 | BBL2BO010012 | MBE3E4010803 | SBE4E4001613 |
| MBE1DB001403 | CBD2B3000183 | MBL3C1010203 | ABE4DO010843 |

03 A/S가 접수되면 수리를 위해 각 제품을 해당 제조사로 전달한다. 그런데 제품 시리얼 번호를 확인하는 과정에서 조회되지 않는 번호가 있다는 것을 발견하였다. 다음 중 모두 몇 개의 시리얼 번호가 잘못 기록되었는가?

① 6개      ② 7개
③ 8개      ④ 9개
⑤ 10개

04 A/S가 접수된 제품 중 2019 ~ 2020년에 생산된 제품에 대해 무상으로 블루투스 기능을 추가해 주는 이벤트를 진행하고 있다. A/S 접수가 된 블랙박스 중에서 이벤트에 해당하는 제품은 모두 몇 개인가?

① 6개      ② 7개
③ 8개      ④ 9개
⑤ 10개

**05** S제품을 운송하는 A씨는 업무상 편의를 위해 고객의 주문 내역을 임의의 기호로 기록하고 있다. 다음과 같은 주문 전화가 왔을 때, A씨가 기록한 기호로 옳은 것은?

〈임의기호〉

| 재료 | 연강 | 고강도강 | 초고강도강 | 후열처리강 |
|---|---|---|---|---|
| | MS | HSS | AHSS | PHTS |
| 판매량 | 낱개 | 1묶음 | 1box | 1set |
| | 01 | 10 | 11 | 00 |
| 지역 | 서울 | 경기남부 | 경기북부 | 인천 |
| | E | S | N | W |
| 윤활유 사용 | 청정작용 | 냉각작용 | 윤활작용 | 밀폐작용 |
| | P | C | I | S |
| 용도 | 베어링 | 스프링 | 타이어코드 | 기계구조 |
| | SB | SS | ST | SM |

※ A씨는 [재료] – [판매량] – [지역] – [윤활유 사용] – [용도]의 순서로 기호를 기록한다.

〈주문전화〉

B씨 : 어이~ A씨. 나야, 나. 인천 지점에서 같이 일했던 B. 내가 필요한 것이 있어서 전화했어. 일단 서울 지점의 C씨가 스프링으로 사용할 제품이 필요하다고 하는데 한 박스 정도면 될 것 같아. 이전에 주문했던 대로 연강에 윤활용으로 윤활유를 사용한 제품으로 부탁하네. 나는 이번에 경기도 남쪽으로 가는데 거기에 있는 내 사무실 알지? 거기로 초고강도강 타이어 코드용으로 1세트 보내 줘. 튼실한 걸로 밀폐용 윤활유 사용해서 부탁해. 저번에 냉각용으로 사용한 제품은 생각보다 좋진 않았어.

① MS11EISS, AHSS00SSST      ② MS11EISB, AHSS00SSST

③ MS11EISS, HSS00SSST      ④ MS11WISS, AHSS10SSST

⑤ MS11EISS, AHSS00SCST

**06** 다음은 의류 생산공장의 생산 코드 부여 방식에 대한 자료이다. 〈보기〉에 해당하지 않는 생산 코드는 무엇인가?

---

**〈의류 생산 코드〉**

- 생산 코드 부여 방식
  [종류] – [색상] – [제조일] – [공장지역] – [수량] 순으로 16자리이다.
- 종류

| 티셔츠 | 스커트 | 청바지 | 원피스 |
|---|---|---|---|
| OT | OH | OJ | OP |

- 색상

| 검정색 | 붉은색 | 푸른색 | 노란색 | 흰색 | 회색 |
|---|---|---|---|---|---|
| BK | RD | BL | YL | WH | GR |

- 제조일

| 해당연도 | 월 | 일 |
|---|---|---|
| 마지막 두 자리 숫자<br>예 2024 → 24 | 01 ~ 12 | 01 ~ 31 |

- 공장지역

| 서울 | 수원 | 전주 | 창원 |
|---|---|---|---|
| 475 | 869 | 935 | 753 |

- 수량

| 100벌 이상<br>150벌 미만 | 150장 이상<br>200벌 미만 | 200장 이상<br>250벌 미만 | 250장 이상 | 50벌 추가 생산 |
|---|---|---|---|---|
| aaa | aab | aba | baa | ccc |

**〈예시〉**

- 2024년 5월 16일에 수원 공장에서 검정 청바지 170벌을 생산하였다.
- 청바지 생산 코드 : OJBK – 240516 – 869aab

---

보기

㉠ 2023년 12월 4일에 붉은색 스커트를 창원 공장에서 120벌 생산했다.
㉡ 회색 티셔츠를 추가로 50벌을 서울 공장에서 2024년 1월 24일에 생산했다.
㉢ 생산날짜가 2023년 7월 5일인 푸른색 원피스는 창원 공장에서 227벌 생산되었다.
㉣ 흰색 청바지를 전주 공장에서 265벌을 납품일(2024년 7월 23일) 전날에 생산했다.
㉤ 티셔츠와 스커트를 노란색으로 178벌씩 수원 공장에서 2024년 4월 30일에 생산했다.

① OPGR–240124–475ccc       ② OJWH–240722–935baa
③ OHRD–231204–753aaa       ④ OTYL–240430–869aab
⑤ OPBL–230705–753aba

**다음 글을 근거로 판단할 때, 그림 2의 정육면체 아랫면에 쓰인 36개 숫자의 합은?**

정육면체인 하얀 블록 5개와 검은 블록 1개를 일렬로 붙인 막대 30개를 만든다. 각 막대의 윗면에는 가장 위에 있는 블록부터, 아랫면에는 가장 아래에 있는 블록부터 세어 검은 블록이 몇 번째 블록인지를 나타내는 숫자를 쓴다. 이런 규칙에 따르면 그림 1의 예에서는 윗면에 2를, 아랫면에 5를 쓰게 된다. 다음으로 검은 블록 없이 하얀 블록 6개를 일렬로 붙인 막대를 6개 만든다. 검은 블록이 없으므로 윗면과 아랫면 모두에 0을 쓴다.

이렇게 만든 36개의 막대를 붙여 그림 2와 같은 큰 정육면체를 만들었더니, 윗면에 쓰인 36개 숫자의 합이 109였다.

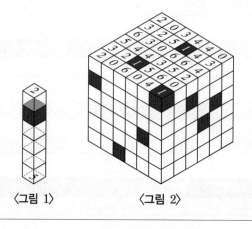

〈그림 1〉 〈그림 2〉

① 97

② 100

③ 101

④ 103

⑤ 106

# PART 2

# 최종점검 모의고사

# 제1회
# 최종점검 모의고사

※ LH 한국토지주택공사 업무직 최종점검 모의고사는 시험 후기 및 채용공고를 기준으로 구성한 것으로, 실제 시험과 다를 수 있습니다.

## ■ 취약영역 분석

| 번호 | O/× | 영역 | 번호 | O/× | 영역 | 번호 | O/× | 영역 |
|---|---|---|---|---|---|---|---|---|
| 01 | | | 21 | | 의사소통능력 | 41 | | |
| 02 | | | 22 | | | 42 | | |
| 03 | | | 23 | | | 43 | | |
| 04 | | | 24 | | | 44 | | |
| 05 | | | 25 | | | 45 | | 문제해결능력 |
| 06 | | | 26 | | | 46 | | |
| 07 | | | 27 | | | 47 | | |
| 08 | | | 28 | | | 48 | | |
| 09 | | | 29 | | | 49 | | |
| 10 | | 의사소통능력 | 30 | | | 50 | | |
| 11 | | | 31 | | | | | |
| 12 | | | 32 | | | | | |
| 13 | | | 33 | | 문제해결능력 | | | |
| 14 | | | 34 | | | | | |
| 15 | | | 35 | | | | | |
| 16 | | | 36 | | | | | |
| 17 | | | 37 | | | | | |
| 18 | | | 38 | | | | | |
| 19 | | | 39 | | | | | |
| 20 | | | 40 | | | | | |

| 평가문항 | 50문항 | 평가시간 | 60분 |
|---|---|---|---|
| 시작시간 | : | 종료시간 | : |
| 취약영역 | | | |

🕐 응시시간 : 60분　　📋 문항 수 : 50문항　　　　　　　　　　　　　정답 및 해설 p.028

※ L공사의 홍보팀에서 일하는 A사원은 L공사의 주요 기술에 대해 설명하는 홍보 책자를 제작하려고 한다. 이어지는 질문에 답하시오. [1~2]

〈배전 자동화 시스템〉

배전 자동화 시스템은 첨단 IT 기술을 접목해 계발된 배전 자동화용 단말 장치(FRTU)에서 배전 설비와 선로의 현장 정보(상태 정보, 전류 / 전압, 고장 유무 등)를 취득하여 통신 장치를 통해 주장치에 재공함으로써 배전 계통 운전 상황을 실시간으로 모니터링한다. 특히 고장 구간을 신속히 파악함과 동시에 원격 제어를 통해 정전 시간을 단축하고 고장 구간을 축소하여 안정적인 전력을 공급하는 시스템이다.

| ㉠ | ㉡ | ㉢ |
|---|---|---|
| • 배전 선로 개폐기의 원격 제어<br>• 개폐기 상태 감시 및 고장 구간 표시<br>• 배전 기기 및 선로의 품질 진단<br>• 배전 선로 운전 정보 수집(전압 / 전류 등)<br>• 고장 분석 및 보고서 출력 | • 고품질 전력의 안정적 공급 수요 증대 (인터넷 증권, 반도체 공장 등)<br>• 신속한 고장 위치 파악<br>• 고장 구간 분리로 정전 시간 단축<br>• 신뢰도 높은 배전 선로 설비 요구<br>• 복잡한 배전 계통에 대한 효율적 운전 | • 배전 자동화를 통한 경제적・효율적 배전 계통 운영 가능<br>• 배전 계통 최적화 운전을 통한 손실 최소화 기대<br>• 안정적인 고품질의 전력 공급 서비스로 국민 생활 불편 최소화 및 다양한 전력 관련 정보 제공 가능 |

**01** 다음 중 빈칸 ㉠ ~ ㉢에 들어갈 말이 순서대로 짝지어진 것은?

|  | ㉠ | ㉡ | ㉢ |
|---|---|---|---|
| ① | 기대효과 | 필요성 | 기능 |
| ② | 기능 | 기대효과 | 필요성 |
| ③ | 기능 | 필요성 | 기대효과 |
| ④ | 필요성 | 기대효과 | 기능 |
| ⑤ | 필요성 | 기능 | 기대효과 |

**02** 다음 중 윗글에서 맞춤법상 옳지 않은 단어의 수는?

① 없음　　　　　　　② 1개
③ 2개　　　　　　　④ 3개
⑤ 4개

**03** 다음 문단을 논리적 순서대로 바르게 나열한 것은?

(가) 자동차를 타고 도로를 운행하다 보면 귀에 거슬릴 정도의 배기 소음, 차 실내의 시끄러운 음악 소리, 야간 운전 시 마주 오는 차량의 시야 확보를 곤란하게 하는 밝은 전조등, 정지를 알리는 빨간색의 제동등을 검게 코팅을 하거나 푸른색 등화를 장착해서 앞차의 급정차를 미처 알지 못해 후방 추돌 사고의 위험을 초래하는 자동차, 방향지시등의 색상을 바꾸어 혼란을 주는 행위, 자동차 사고 시 인체 또는 상대방 차량에 심각한 손상을 줄 수 있는 철제 범퍼 설치, 자동차의 차체 옆으로 타이어 또는 휠이 튀어나와 보행자에게 피해를 줄 수 있는 자동차, 자동차 등록 번호판이 훼손되거나 봉인 없이 운행되어 자동차 관리 및 불법에 이용될 소지가 있는 자동차, 화물자동차의 적재 장치를 임의로 변경하여 화물을 과다하게 적재하고 다니는 자동차 등 우리 주변에서 불법 개조 자동차를 심심찮게 접할 수 있다.

(나) 교통문화본부에 따르면 현재 우리나라 자동차 문화지수는 78.9점으로 국민 1인당 차량 보유 대수와는 무관하게 일본(160.7점)과 스웨덴(124.9점)과 같은 선진국에 못 미치는 것이 사실이다. 이는 급속한 경제 발전과 발맞춘 자동차 관리, 교통법규 준수 등 교통문화 정착에 대한 국가 차원의 홍보 부족 및 자동차 소유자들의 무관심에 기인한 것으로 보인다. 실제 우리나라 차량 소유자들은 자동차 사용에 따른 의무나 타인에 대한 배려, 환경오염에 따른 피해 등에 관련된 사항보다는 '어떤 자동차를 운행하는가?'를 더 중요하게 생각하고 있는 실정이다.

(다) 하지만 지금까지 불법 자동차에 대한 단속이 체계적으로 이루어지지 않아 법령 위반 자동차가 급증하는 추세이며, 선량한 일반 자동차 소유자를 자극해 모방 사례가 확산되는 실정이다. 이에 따라 2004년 국정감사 시에도 교통사고 발생 및 환경오염 유발 등 불법 자동차 운행으로 발생하는 문제점에 대해 논의된 바가 있다. 이러한 문제점을 해결하기 위해 정부에서는 자동차 검사 전문기관인 A공사가 주관이 되어 법령 위반 자동차의 연중 수시 단속을 시행하게 되었다. 이번 불법 자동차 연중 상시 단속은 A공사에서 위법 차량 적발 시 증거를 확보해 관할 관청에 통보하고, 해당 지방자치단체는 임시검사명령 등의 행정조치를 하고 자동차 소유자는 적발된 위반 사항에 대해 원상복구 등의 조치를 해야 한다.

① (가) – (나) – (다)
② (가) – (다) – (나)
③ (나) – (가) – (다)
④ (나) – (다) – (가)
⑤ (다) – (나) – (가)

**04**  다음 글의 주제로 가장 적절한 것은?

우리 사회는 타의 추종을 불허할 정도로 빠르게 변화하고 있다. 이에 따라 가족정책도 4인 가족 중심에서 1 ~ 2인 가구 중심으로 변해야 하며, 청년실업률과 비정규직화, 독거노인의 증가를 더 이상 개인의 문제가 아닌 사회문제로 다뤄야 하는 시기이다. 여러 유형의 가구와 생애주기 변화, 다양해지는 수요에 맞춘 공동체 주택이야말로 최고의 주거복지사업이다. 공동체 주택은 공동의 목표와 가치를 가진 사람들이 커뮤니티를 이뤄 사회문제에 공동으로 대처해 나가도록 돕고, 나아가 지역사회와도 연결시키는 작업을 진행하고 있다.

임대료 부담으로 작품활동이나 생계에 어려움을 겪는 예술인을 위한 공동주택, 1인 창업과 취업을 위해 골몰하는 청년을 위한 주택, 지속적인 의료서비스가 필요한 환자나 고령자를 위한 의료안심주택은 모두 시민의 삶의 질을 높이고 선별적 복지가 아닌 복지사회를 이루기 위한 노력의 일환이다. 혼자가 아닌 함께 가는 길에 더 나은 삶이 있기 때문에 오늘도 수요자 맞춤형 공공주택은 수요자에 맞게 진화하고 있다.

① 주거난에 대비하는 주거복지 정책  ② 4차 산업혁명과 주거복지
③ 선별적 복지 정책의 긍정적 결과  ④ 수요자 중심의 대출 규제 완화
⑤ 다양성을 수용하는 주거복지 정책

**05** 다음 글을 읽고 추론한 내용으로 적절하지 않은 것은?

태양 빛은 흰색으로 보이지만 실제로는 다양한 파장의 가시광선이 혼합되어 나타난 것이다. 프리즘을 통과시키면 흰색 가시광선은 파장에 따라 붉은빛부터 보랏빛까지의 무지갯빛으로 분해된다. 가시광선의 파장 범위는 390 ~ 780nm* 정도인데 보랏빛이 가장 짧고 붉은빛이 가장 길다. 빛의 진동수는 파장과 반비례하므로 진동수는 보랏빛이 가장 크고 붉은빛이 가장 작다. 태양 빛이 대기층에 입사하여 산소나 질소 분자와 같은 공기 입자(직경 0.1 ~ 1nm 정도), 먼지 미립자, 에어로졸**(직경 1 ~ 100,000nm 정도) 등과 부딪치면 여러 방향으로 흩어지는데 이러한 현상을 산란이라 한다. 산란은 입자의 직경과 빛의 파장에 따라 '레일리(Rayleigh) 산란'과 '미(Mie) 산란'으로 구분된다. 레일리 산란은 입자의 직경이 파장의 1/10보다 작을 경우에 일어나는 산란을 말하는데 그 세기는 파장의 네제곱에 반비례한다. 대기의 공기 입자는 직경이 매우 작아 가시광선 중 파장이 짧은 빛을 주로 산란시키며, 파장이 짧을수록 산란의 세기가 강하다. 따라서 맑은 날에는 주로 공기 입자에 의한 레일리 산란이 일어나서 보랏빛이나 파란빛이 강하게 산란되는 반면, 붉은빛이나 노란빛은 약하게 산란된다. 산란되는 세기로는 보랏빛이 가장 강하겠지만, 우리 눈은 보랏빛보다 파란빛을 더 잘 감지하기 때문에 하늘이 파랗게 보이는 것이다. 만약 태양 빛이 공기 입자보다 큰 입자에 의해 레일리 산란이 일어나면 공기 입자만으로는 산란이 잘되지 않던 긴 파장의 빛까지 산란되어 하늘의 파란빛은 상대적으로 옅어진다.

미 산란은 입자의 직경이 파장의 1/10보다 큰 경우에 일어나는 산란을 말하는데 주로 에어로졸이나 구름 입자 등에 의해 일어난다. 이때 산란의 세기는 파장이나 입자 크기에 따른 차이가 거의 없다. 구름이 흰색으로 보이는 것은 미 산란으로 설명된다. 구름 입자(직경 20,000nm 정도)처럼 입자의 직경이 가시광선의 파장보다 매우 큰 경우에는 모든 파장의 빛이 고루 산란된다. 이 산란된 빛이 우리 눈에 동시에 들어오면 모든 무지갯빛이 혼합되어 구름이 하얗게 보인다. 이처럼 대기가 없는 달과 달리 지구는 산란 효과에 의해 파란 하늘과 흰 구름을 볼 수 있다.

*나노미터 : 물리학적 계량 단위(1nm$=10^{-9}$m)
**에어로졸 : 대기에 분산된 고체 또는 액체 입자

① 가시광선의 파란빛은 보랏빛보다 진동수가 작다.
② 프리즘으로 분해한 태양 빛을 다시 모으면 흰색이 된다.
③ 가시광선 중에서 레일리 산란의 세기는 파란빛이 가장 세다.
④ 빛의 진동수가 2배가 되면 레일리 산란의 세기는 16배가 된다.
⑤ 달의 하늘에서는 공기 입자에 의한 태양 빛의 산란이 일어나지 않는다

전통적 의미에서 영화적 재현과 만화적 재현의 큰 차이점 중 하나는 움직임의 유무일 것이다. 영화는 사진에 결여되었던 사물의 운동, 즉 시간을 재현한 예술 장르이다. 반면 만화는 공간이라는 차원만 존재한다. 정지된 그림이 의도된 순서에 따라 공간적으로 나열된 것이 만화이기 때문이다. 만일 만화에도 시간이 존재한다면 그것은 읽기의 과정에서 독자에 의해 사후에 생성된 것이다. 독서는 정지된 이미지에서 상상을 통해 움직임을 끌어낸다. 그리고 인물이나 물체의 주변에 그어져 속도감을 암시하는 효과선은 독자의 상상을 더욱 부추긴다.

만화는 물리적 시간의 부재를 공간의 유연함으로 극복한다. 영화 화면의 테두리인 프레임과 달리, 만화의 칸은 그 크기와 모양이 다양하다. 또한 만화에는 한 칸 내부에 그림뿐 아니라, 말풍선과 인물의 심리나 작중 상황을 드러내는 언어적 · 비언어적 정보를 모두 담을 수 있다. 그리고 그것이 독자의 읽기 시간에 변화를 주게 된다. 하지만 영화에서는 이미지를 영사하는 속도가 일정해 감상의 속도가 강제된다.

영화와 만화는 그 이미지의 성격도 대조적이다. 영화가 촬영된 이미지라면 만화는 수작업으로 만들어진 이미지이다. 빛이 렌즈를 통과하여 필름에 착상되는 사진적 원리에 따른 영화의 이미지 생산 과정은 기술적으로 자동화되어 있다. 그렇기에 영화 이미지 내에서 감독의 체취를 발견하기란 쉽지 않다. 그에 비해 만화는 수작업의 과정에서 자연스럽게 세계에 대한 작가의 개인적인 해석을 드러내게 된다. 이것은 그림의 스타일과 터치 등으로 나타난다. 그래서 만화 이미지는 '서명된 이미지'이다.

촬영된 이미지와 수작업에 따른 이미지는 영화와 만화가 현실과 맺는 관계를 다르게 규정한다. 영화는 실제 대상과 이미지가 인과관계로 맺어져 있어 본질적으로 사물에 대한 사실적인 기록이 된다. 이 기록의 과정에는 촬영장의 상황이나 촬영 여건과 같은 제약이 따른다.

그러나 최근에는 촬영된 이미지들을 컴퓨터상에서 합성하거나 그래픽 이미지를 활용하는 디지털 특수 효과의 도움을 받는 사례가 늘고 있는데, 이를 통해 만화에서와 마찬가지로 실재하지 않는 대상이나 장소도 만들어 낼 수 있게 되었다.

만화의 경우는 구상을 실행으로 옮기는 단계가 현실을 매개로 하지 않는다. 따라서 만화 이미지는 그 제작 단계가 작가의 통제에 포섭되어 있는 이미지이다. 이 점은 만화적 상상력의 동력으로 작용한다. 현실과 직접적으로 대면하지 않기에 작가의 상상력에 이끌려 만화적 현실로 향할 수 있는 것이다.

**06**  다음 중 윗글의 내용으로 적절하지 않은 것은?

① 만화는 정지된 공간적 차원을 나열한 장르이다.
② 만화는 현실과 직접적으로 조우하지 않기 때문에 작가의 상상력이 자유롭게 표현된다.
③ 영화는 현실의 사실적인 기록이 촬영된 이미지의 연속체이다.
④ 영화는 감독의 개인적인 해석이 반영된 장르로 그 안에서 감독의 체취를 발견하기 쉽다.
⑤ 만화는 물리적 시간의 부재를 언어적 · 비언어적 정보를 자유롭게 담으면서 극복한다.

**07** 다음 중 윗글을 바탕으로 〈보기〉에 대해 이야기를 나눌 때 적절하지 않은 것은?

> **보기**
>
> 포털 사이트에 연재돼 많은 인기를 끈 만화 '이끼'가 영화로 개봉했다. 이끼는 주인공이 시골 마을에서 혼자 생활하던 아버지의 죽음을 둘러싸고 벌어지는 이장과 이웃들의 과거를 밝혀내는 스릴러물이다. 총 80화가 연재돼 긴 호흡으로 등장인물의 치밀한 심리 묘사와 작가가 담아내고자 하는 사회와 인간의 이야기를 깊이 있게 이끌어나가 많은 독자들에게 충격과 감동을 주었다. 그러나 독자들의 많은 관심 속에 영화화가 진행된 과정에서 이를 우려 섞인 시선으로 바라보는 사람도 적지 않다. '원작의 방대한 스토리를 다 담아냈는가, 감독이 원작의 분위기를 제대로 살렸는가.' 등을 기준으로 삼아 날카로운 평가를 하고 있다. 무엇보다 원작의 등장인물과 어울리는 캐스팅이 이루어지지 않았다는 점에서 영화가 원작을 뛰어넘지 못하는 문제적 작품이 될 것이라 걱정하고 있다. 원작의 뛰어난 구성과 역량 있는 감독, 그리고 연기파 배우들이 총출동했지만 과연 이 영화가 좋은 평가를 받을 수 있을지, 그리고 웹툰 영화화의 성공 시발점이 될 것인지는 지켜봐야 할 것이다.

① 이미지를 영사하는 속도가 일정한 영화는 관객의 감상 속도를 강제하겠군.
② 만화의 영화화가 이루어지면 실제 대상과 영화 이미지 간의 인과관계가 약해지겠군.
③ 작가의 생각이 짙게 반영된 원작이 영화의 이미지 생산 과정에서 사라질 수도 있겠군.
④ 작가의 상상력이 반영된 현실을 그려낸 원작이 단순한 사실적 기록으로 변질될까 걱정이군.
⑤ 어두침침한 분위기의 과장된 그림체를 영화에서 재현하는 것이 가능하겠군.

**08** 다음 글의 제목으로 가장 적절한 것은?

> 많은 경제학자는 제도의 발달이 경제 성장의 중요한 원인이라고 생각해 왔다. 예를 들어 재산권 제도가 발달하면 투자나 혁신에 대한 보상이 잘 이루어져 경제 성장에 도움이 된다는 것이다. 그러나 이를 입증하기는 쉽지 않다. 제도의 발달 수준과 소득 수준 사이에 상관관계가 있다 하더라도, 제도는 경제 성장에 영향을 줄 수 있지만 경제 성장으로부터 영향을 받을 수도 있으므로 그 인과관계를 판단하기 어렵기 때문이다.

① 경제 성장과 소득 수준                   ② 경제 성장과 제도 발달
③ 소득 수준과 제도 발달                   ④ 소득 수준과 투자 수준
⑤ 제도 발달과 투자 수준

**09** 다음 글을 통해 추론할 수 있는 것은?

> 우리는 도구를 사용하고, 다양한 종류의 음식을 먹는 본능과 소화력을 갖췄다. 어떤 동물은 한 가지 음식만 먹는다. 이렇게 음식 하나에 모든 것을 거는 '단일 식품 식생활'은 도박이다. 그 음식의 공급이 끊기면 그 동물도 끝이기 때문이다.
>
> 400만 년 전, 우리 인류의 전 주자였던 오스트랄로피테쿠스는 고기를 먹었다. 한때 오스트랄로피테쿠스가 과일만 먹었을 것이라고 믿기도 했다. 따라서 오스트랄로피테쿠스속(屬)과 사람속을 가르는 선을 고기를 먹는지 여부로 정했었다. 그러나 남아프리카공화국의 한 동굴에서 발견된 200만 년 된 유골 4구의 치아에서 이와 다른 증거를 발견했다. 인류학자 맷 스폰하이머와 줄리아 리소프는 이 유골의 치아사기질의 탄소 동위 원소 구성 중 $^{13}C$의 비율이 과일만 먹은 치아보다 열대 목초를 먹은 치아와 훨씬 더 가깝다는 것을 발견했다. 식생활 동위 원소는 체내 조직에 기록되기 때문에 이 발견은 오스트랄로피테쿠스가 상당히 다량의 풀을 먹었거나 이 풀을 먹은 동물을 먹었다는 추측을 가능케 한다. 그런데 같은 치아에서 풀을 씹어 먹을 때 생기는 마모는 보이지 않기 때문에 오스트랄로피테쿠스 식단에서 풀을 먹는 동물이 큰 부분을 차지했다는 결론을 내릴 수 있다.
>
> 오래 전에 멸종되어 260만 년이라는 긴 시간을 땅속에 묻혀 있던 동물의 뼈 옆에서는 석기들이 함께 발견되기도 한다. 이 뼈와 석기가 들려주는 이야기는 곧 우리의 이야기다. 어떤 뼈에는 이로 씹은 흔적 위에 도구로 자른 흔적이 겹쳐 있다. 그 반대의 흔적이 남은 뼈들도 있다. 도구로 자른 흔적 다음에 날카로운 이빨 자국이 남은 경우다. 이런 것은 무기를 가진 인간이 먼저 먹고 동물이 이빨로 뜯어 먹은 것이다.

① 오스트랄로피테쿠스는 풀은 전혀 먹지 않았다.
② 단일 식품 섭취의 위험성 때문에 단일 식품을 섭취하는 동물은 없다.
③ 육식 여부는 오스트랄로피테쿠스의 진화 과정을 보여주는 중요한 기준이다.
④ 오스트랄로피테쿠스는 날카로운 이빨을 이용하여 초식동물을 사냥하였다.
⑤ 맷 스폰하이머와 줄리아 리소프의 연구는 육식 여부로 오스트랄로피테쿠스와 사람을 구분하던 방법이 잘못되었음을 보여준다.

---

※ 다음 글의 제목으로 가장 적절한 것을 고르시오. [10~11]

**10**

> 구비문학에서는 기록문학과 같은 의미의 단일한 작품 또는 원본이라는 개념의 성립이 어렵다. 『어부사시사』는 엄밀하게 검증된 텍스트를 놓고 이것이 바로 그 작품이라 할 수 있지만, 전설이나 민요는 서로 조금씩 다른 구연물이 다 그 나름의 개별적 작품이면서 동일 작품의 변이형으로 인정되기도 하는 것이다. 이야기꾼은 그의 개인적 취향이나 형편에 따라 설화의 어떤 내용을 좀 더 실감 나게 손질해 구연할 수 있으며, 때로는 그 일부를 생략 혹은 변경할 수 있다. 모내기할 때 부르는 '모노래'는 전승적 가사를 많이 이용하지만, 선창자의 재간과 그때그때의 분위기에 따라 새로운 노래 토막을 끼워 넣거나 일부를 즉흥적으로 개작 또는 창작하는 일도 흔하다.

① 구비문학의 현장성
② 구비문학의 유동성
③ 구비문학의 전승성
④ 구비문학의 구연성
⑤ 구비문학의 사실성

**11** '5060세대'. 몇 년 전까지만 해도 그들은 사회로부터 '지는 해' 취급을 받았다. '오륙도'라는 꼬리표를 달아 일터에서 밀어내고, 기업은 젊은 고객만 왕처럼 대우했다. 젊은 층의 지갑을 노려야 돈을 벌 수 있다는 것이 기업의 마케팅 전략이었기 때문이다.

그러나 최근 들어 상황이 달라졌다. 5060세대가 새로운 소비 군단으로 주목되기 시작한 가장 큰 이유는 고령화 사회로 접어들면서 시니어(Senior) 마켓 시장이 급속도로 커지고 있는 데다 이들이 돈과 시간을 가장 넉넉하게 가진 세대이기 때문이다. L기업 산하 경제연구원에 따르면 2010년에 50대 이상 인구 비중이 30%에 이르면서 50대 이상을 겨냥한 시장 규모가 100조 원대까지 성장했다. 통계청이 집계한 가구주 나이별 가계수지 자료를 보면, 한국 사회에서는 50대 가구주의 소득이 가장 높다. 월평균 361만 500원으로 40대의 소득보다도 높은 것으로 집계됐다. 가구주 나이가 40대인 가구의 가계수지를 보면, 소득은 50대보다 적으면서도 교육 관련 지출(45만 6,400원)이 압도적으로 높아 소비 여력이 낮은 편이다. 그러나 50대 가구주의 경우 소득이 높으면서 소비 여력 또한 충분하다. 50대 가구주의 처분가능소득은 288만 7,500원으로 전 연령층에서 가장 높다.

이들이 신흥 소비군단으로 떠오르면서 '애플(APPLE)족'이라는 마케팅 용어까지 등장했다. 이는 활동적이고(Active) 자부심이 강하며(Pride) 안정적으로(Peace) 고급문화(Luxury)를 즐기는 경제력 있는(Economy) 50대 이후 세대를 뜻하는 말이다. 통계청은 여행과 레저를 즐기는 5060세대를 '주목해야 할 블루슈머*' 가운데 하나로 선정했다. 과거 5060세대는 자식을 보험으로 여기며 자식에게 의존하면서 살아가는 전통적인 노인이었다. 그러나 애플족은 자녀로부터 독립해 자기만의 새로운 인생을 추구한다. '통크족(TONK; Two Only, No Kids)'이라는 별칭이 붙는 이유다. 통크족이나 애플족은 젊은 층의 전유물로 여겨졌던 자기중심적이고 감각 지향적인 소비도 주저하지 않는다. 후반전 인생만은 자기가 원하는 일을 하며 멋지게 살아야 한다고 생각하기 때문이다.

애플족은 한국 국민 가운데 해외여행을 가장 많이 하는 세대이기도 하다. 2007년 통계청의 사회통계조사에 따르면 2006년 6월 15일 ~ 2007년 6월 14일 50대의 17.5%가 해외여행을 다녀왔다. 20대, 30대보다 높은 수치다. 그리고 그들은 어떤 지출보다 교양·오락비를 아낌없이 쓰는 것이 특징이다. 전문가들은 애플족의 교양·오락 및 문화에 대한 지출비용은 앞으로도 증가할 것으로 내다보고 있다. 한 사회학과 교수는 "고령사회로 접어들면서 성공적 노화 개념이 중요해짐에 따라 텔레비전 시청, 수면, 휴식 등 소극적 유형의 여가에서 게임 등 재미와 젊음을 찾을 수 있는 진정한 여가로 전환되고 있다."라고 말했다. 이 교수는 젊은이 못지않은 의식과 행동반경을 보이는 5060세대를 겨냥한 다양한 상품과 서비스에 대한 수요가 앞으로도 크게 늘 것이라고 내다보았다.

*블루슈머(Bluesumer) : 경쟁자가 없는 시장을 의미하는 블루오션(Blue Ocean)과 소비자(Consumer)의 합성어로 새로운 제품에 적응력이 높고 소비 성향을 선도하는 소비자를 의미한다.

① 애플족의 소비 성향은 어떠한가?
② 5060세대의 사회·경제적 위상 변화
③ 다양한 여가 활동을 즐기는 5060세대
④ 애플족을 '주목해야 할 블루슈머'로 선정
⑤ 점점 커지는 시니어 마켓 시장의 선점 방법

※ 다음 글을 읽고 이어지는 질문에 답하시오. [12~13]

예술 작품에 대한 감상이나 판단은 주관적이라 할 수 있다. 그렇다고 하더라도 어떤 사람의 감상이나 판단은 다른 사람들보다 더 좋거나 나쁠 수도 있지 않을까? 혹은 덜 발달되었을 수도, 더 세련되었을 수도 있지 않을까? 이러한 의문과 관련하여 우리는 흄(D. Hume)의 설명을 참조할 수 있다.

흄은 예술적인 판단이란 색이나 맛과 같은 지각 가능한 성질에 대한 판단과 유사하다고 하면서, ㉠『돈키호테』에 나오는 이야기를 소개한다. 마을 사람들이 포도주를 즐기고 있었는데 두 명의 '전문가'가 불평을 한다. 한 사람은 쇠 맛이 살짝 난다고 했고 또 다른 사람은 가죽 맛이 향을 망쳤다고 했다. 마을 사람들은 그들을 비웃었지만, 포도주 통 밑바닥에서 가죽 끈에 묶인 녹슨 열쇠가 발견되었다. 이 전문가들은 마을 사람들이 느낄 수 없었던 포도주 맛의 요소들을 식별해낸 셈이다.

이는 예술적인 식별과 판단에서도 마찬가지다. 훈련받지 못한 사람은 서로 다른 악기의 소리나 화음의 구성을 구별해낼 수 없을 것이다. 또한 구도나 색 또는 명암의 대비, 중요한 암시를 알아내기 어려울 것이다. 이런 것들은 다양한 작품을 감상하고 세련된 감수성을 지닌 사들의 말을 들음으로써, 또는 좋은 비평을 읽음으로써 계발될 수 있다. 이처럼 예술적 판단이나 식별이 계발될 수 있다 해도 의문은 남는다. 포도주의 맛을 알아챈 전문가들에게는 가죽 끈에 녹슨 열쇠가 있었지만, 예술 비평가들의 판단이나 식별이 올바르다는 것은 어떻게 알 수 있는가?

이 질문에 답하기 위해 흄은 '진정한 판관(True Judge)'이라는 개념을 제안했다. 흄이 말한 진정한 판관은 세련된 감수성과 섬세한 감각을 가졌으며 부단한 연습과 폭넓은 경험으로 식별력을 키운 사람이다. 그리고 편견이나 편애와 같은 작품 외적 요소들에서 벗어나 있으며, 당대의 일시적인 유행에도 거리를 두고 작품을 볼 수 있는 사람이다. 이러한 조건들을 갖추었을 때 그는 비로소 예술 작품을 식별하고 평가할 수 있는 자격을 얻게 된다. 또한 흄은 '시간의 테스트'를 넘어서, 즉 시간과 공간의 장벽을 가로질러 그 가치를 인정받는 작품들에 주목하였다. 다양한 시대와 문화, 태도들의 차이가 있음에도 불구하고, 그 작품들의 진정한 가치를 알아보고 그것에 매혹되어 온 최고의 비평가들이 있었다.

이처럼 예술 비평가들의 판단과 식별의 타당성은 이들이 갖춘 비평가로서의 자격, 이들이 알아보고 매혹된 위대한 작품들의 존재를 통해서 입증될 수 있다는 것이다. 이러한 흄의 생각은 분명 그럴듯한 점이 있다. 우리가 미켈란젤로와 카라바조, 고야, 렘브란트의 작품을 그 작품들이 창조된 지 수백 년이 지난 후에도 여전히 감상하고 있다는 사실은 그 작품이 지닌 힘과 위대함을 증명해준다.

그렇지만 또 하나의 의문이 여전히 남는다. ㉡ 자격을 갖춘 비평가들, 심지어는 최고라고 평가받는 비평가들에게서조차 비평의 불일치가 생겨난다는 점이다. 흄은 이러한 불일치를 낳는 두 개의 근원을 지적했는데, 비평가 개인의 성격적인 기질의 차이가 그 하나이다. 또한 자격을 갖춘 비평가라 할지라도 자기 시대의 특정한 믿음이나 태도, 가정들에서 완전히 자유로울 수는 없기 때문에 불일치가 생겨난다고 하였다. 이에 따르면 살아있던 당시에는 갈채를 받았던 예술가의 작품이 시간이 흐르면서 왜 역사의 뒤안길로 사라지곤 하는지도 설명할 수 있다. 평범한 사람에게든 자격을 갖춘 비평가에게든 그런 작품들이 당시의 사람들에게 가졌던 호소력은 그 시대에만 특별했던 태도나 가정에 의존했을 가능성이 크기 때문이다.

**12** 다음 중 윗글의 전개 방식에 대한 설명으로 가장 적절한 것은?

① 흄의 견해를 순차적으로 소개한 후 비판적으로 평가하고 있다.
② 의문들을 제기하면서 흄의 견해에 근거하여 순차적으로 답변하고 있다.
③ 제기된 의문들과 관련하여 흄의 견해가 변화해 가는 과정을 밝히고 있다.
④ 흄의 견해에 근거하여 통상적인 의문들에 내포된 문제점을 고찰하고 있다.
⑤ 흄의 견해에 근거하여 제기된 의문들에 대한 기존의 답변들을 비판하고 있다.

**13** 다음 중 윗글의 ㉠에서 ㉡에 해당하는 내용으로 볼 수 있는 것은?

① 마을 사람들은 전문가들의 진단을 비웃었다.
② 마을 사람들은 포도주 맛의 요소들을 식별하지 못했다.
③ 포도주 통 밑바닥에서 가죽 끈에 묶인 녹슨 열쇠가 발견되었다.
④ 포도주의 이상한 맛에 대한 전문가들의 원인 진단이 서로 달랐다.
⑤ 마을 사람들과는 달리 전문가들은 포도주 맛에 대해 불평을 했다.

우리는 지금 이제껏 한 번도 경험해 보지 못한 새로운 세계를 맞이하고 있다. 정보 통신 기술의 급속한 발달과 함께 우리의 삶을 구성하고 있는 거의 모든 영역이 상품화되어 가고 있는 것이다. 가장 오래된 문화 산업이라고 할 수 있는 관광부터 시작해서 스포츠, 예술, 여가 생활 등은 물론이고 사상이나 지식, 아이디어 등도 모두 상품화되고 있으며, 심지어는 의식주를 비롯한 생활 방식마저 상품으로 판매되는 상황이 벌어지고 있다. 리프킨(Jeremy Rifkin)은 '접속과 문화 자본주의'라는 개념으로 이러한 현상을 설명하고 있다.

접속은 인터넷은 물론 전자 제품, 자동차, 주택 같은 다양한 실물 영역에서도 일관되게 발견되는 포괄적 추세이다. 접속은 이들 상품을 일시적으로 사용하는 권한을 말하는 것으로, 이의 상대 개념은 소유라고 할 수 있다. 산업 시대는 소유의 시대였다. 기업은 많은 상품을 팔아 시장 점유율을 높이고 소비자는 상품을 시장에서 구입하고 소유하여 자신의 존재 영역을 확대했다. 그러나 자동차 회사는 이제 자동차를 파는 것이 아니라 임대하여 고객이 평생토록 자신들과 관계 맺기를 원하고, 고객은 자동차를 소유하지 않고 임차하여 보다 나은 서비스를 받기를 원한다. 기업은 물건을 팔지 않고 서비스나 다른 영역의 접속에 관한 권리를 팔면서 고객의 시간을 장악해 나간다. 우리의 삶이 상품 교환에 바탕을 둔 체제에서 경험 영역의 접속에 바탕을 둔 체제로 변하고 있음을 의미한다.

이와 같은 접속의 시대에는 인간의 모든 경험이 다 서비스화될 수 있다. 문화라고 부를 수 있는 모든 것이 돈을 매개로 매매될 수 있는 상황이 되는 것이다. 사실상의 모든 인간 활동이 돈으로 거래되는 세계에서는 감정의 연대, 믿음 등에 기반을 둔 전통적인 인간관계가 입회, 등록, 요금 등에 기반을 둔 계약 관계로 바뀐다. 사람들과 어울려 지내는 우리의 일상적 삶 속에서 이미 상당한 부분이 상업적 관계로 얽혀 있다. 타인의 시간, 타인의 배려와 애정을 돈으로 사는 경우가 점점 늘어나고 있다. 우리의 삶은 점점 상품화되고 공리와 영리의 경계선은 점점 허물어지고 있다.

리프킨은 보다 편리한 생활을 영위하기 위해서 인간의 모든 경험을 상품화하는 현상이 사실은 우리 삶의 기저를 허물고 있다고 주장한다. 역사적으로 문화는 늘 상업에 선행했다. 상업은 문화의 파생물이었다. 그런데 지금은 사정이 바뀌어 문화가 상업화를 위한 재료 공급원으로 전락했다.

㉠ 문화 자본주의는 인류가 수천 년 동안 발전시켜 온 문화적 다양성을 샅샅이 발굴하여 상품화하고 있는데, 역설적이게도 그 과정에서 문화적 다양성은 소멸되어 가고 있다. 인간 가치의 마지막 보루라 할 수 있는 문화 영역마저 상업 영역에 완전히 흡수당하게 되면 사회적 신뢰는 땅에 떨어지고 건강한 시민 사회의 기반은 완전히 허물어지게 된다. 결국 인간의 문명은 위기에 처하게 된다. 리프킨은 지리적 공간에 뿌리를 둔 문화적 다양성을 지켜나가는 것만이 인간의 문명을 유지할 수 있는 유일한 길이라고 말하고 있다. 수천 년을 이어온 인간 체험의 풍부한 문화적 다양성을 상실하는 것은, 생물 다양성을 잃는 것 못지않게 앞으로 우리가 생존하고 문명을 발전시켜 나가는 데 악영향을 미칠 것이다. 그러므로 문화와 산업의 적절한 균형을 복원시키고 문화를 우리의 삶의 일부로 받아들이는 자세는 다가오는 시대에 우리가 해결해야 할 가장 중요한 과업이다.

**14** 다음 중 윗글의 내용으로 적절하지 않은 것은?

① 문화 영역이 상업 영역에 완전히 흡수되면 인류 문명은 위기에 처하게 된다.

② 접속은 인터넷은 물론 다양한 실물 영역에도 포괄적으로 적용되는 개념이다.

③ 정보 통신 기술의 발달에 힘입어 문화 산업이라고 하는 새로운 분야가 생겨났다.

④ 접속의 시대에는 인간의 모든 경험이 매매될 수 있어 인간의 삶이 점점 상품화된다.

⑤ 지나친 문화 자본주의는 문화적 다양성을 소멸시켜 인간 문명의 위기를 야기한다.


**15** 다음 중 윗글의 전개 구조를 적절하게 정리한 것은?

① 현상 소개 → 현상 진단 → 대응 방안 제시

② 과거의 사실 회고 → 현재의 상황 분석 → 미래의 전망

③ 구체적 사례 제시 → 사례의 일반화 → 향후 전망 고찰

④ 기존 견해 소개 → 기존 견해 비판 → 새로운 견해 제시

⑤ 내용 정의 → 상황에 대한 비판 → 해결책 제시


**16** 다음 중 밑줄 친 ㉠의 예로 가장 적절한 것은?

① 우리나라에서 올림픽과 월드컵을 개최한 이후부터 일본식 김치가 주를 이뤘던 세계 김치 시장을 우리 김치가 석권하게 되었다.

② 예전에는 식혜를 각 가정에서 담가 먹었는데, 공장에서 만들어 팔기 시작하면서 식혜를 담가 먹는 집이 눈에 띄게 줄어들고 있다.

③ 이탈리아에서는 미국계 대형 커피 체인점의 거센 공세에도 불구하고 고유의 맛을 그대로 유지하는 소규모 독립 커피점이 성업 중이다.

④ 파블로 피카소와 조르주 브라크는 아프리카의 토속적인 조각과 이집트 미술에서 영감을 얻어 작품을 제작하여 세계적인 이목을 끌었다.

⑤ 우리나라 지방의 음식들이 TV 프로그램을 통해서 대중들에게 널리 알려지고 있다.

※ 다음 글을 읽고 이어지는 질문에 답하시오. [17~19]

저작권은 저자의 권익을 보호함으로써 활발한 저작 활동을 촉진하여 인류의 문화 발전에 기여하기 위한 것이다. 그러나 이렇게 공적 이익을 추구하기 위한 저작권이 현실에서는 일반적으로 지나치게 사적 재산권을 행사하는 도구로 인식되고 있다. 저작물 이용자들의 권리를 보호하기 위해 마련한, 공익적 성격의 법 조항도 법적 분쟁에서는 항상 사적 재산권의 논리에 밀려 왔다.

저작권 소유자 중심의 저작권 논리는 실제로 저작권이 담당해야 할 사회적 공유를 통한 문화 발전을 방해한다. 몇 해 전의 '애국가 저작권'에 대한 논란은 이러한 문제를 단적으로 보여준다. 저자 사후 50년 동안 적용되는 국내 저작권법에 따라, 애국가가 포함된 「한국 환상곡」의 저작권이 작곡가 안익태의 유족들에게 2015년까지 주어진다는 사실이 언론을 통해 알려진 것이다. 누구나 자유롭게 이용할 수 있는 국가(國歌)마저 공공재가 아닌 개인 소유라는 사실에 많은 사람들이 놀랐다.

창작은 백지 상태에서 완전히 새로운 것을 만드는 것이 아니라 저작자와 인류가 쌓은 지식 간의 상호 작용을 통해 이루어진다. '내가 남들보다 조금 더 멀리보고 있다면, 이는 내가 거인의 어깨 위에 올라서 있는 난쟁이이기 때문이다.'라는 뉴턴의 겸손은 바로 이를 말한다. 이렇듯 창작자의 저작물은 인류의 지적 자원에서 영감을 얻은 결과이다. 그러한 저작물을 다시 인류에게 되돌려주는 데 저작권의 의의가 있다. 이러한 생각은 이미 1960년대 프랑스 철학자들에 의해 형성되었다. 예컨대 기호학자인 바르트는 저자의 죽음을 거론하면서 저자가 만들어 내는 텍스트는 단지 인용의 조합일 뿐 어디에도 '오리지널'은 존재하지 않는다고 단언한다.

전자 복제 기술의 발전과 디지털 혁명은 정보나 자료의 공유가 지니는 의의를 잘 보여주고 있다. 인터넷과 같은 매체 환경의 변화는 원본을 무한히 복제하고 자유롭게 이용함으로써 누구나 창작의 주체로서 새로운 문화 창조에 기여할 수 있도록 돕는다. 인터넷 환경에서 이용자는 저작물을 자유롭게 교환할 뿐 아니라 수많은 사람들과 생각을 나눔으로써 새로운 창작물을 생산하고 있다. 이러한 상황은 저작권을 사적 재산권의 측면에서보다는 공익적 측면에서 바라볼 필요가 있음을 보여준다.

**17** 다음 중 윗글의 내용으로 적절하지 않은 것은?

① 저작권 보호기간인 사후 50년이 지난 저작물은 누구나 자유롭게 이용할 수 있다.
② 공적 이익 추구를 위한 저작권이 사적 재산권 보호를 위한 도구로 전락하였다.
③ 창작은 이미 존재하는 지적 자원의 영향을 받아 이루어진다.
④ 매체 환경의 변화로 누구나 새로운 문화 창조에 기여할 수 있게 되었다.
⑤ 저작권의 의의는 전혀 다른 새로운 문화를 창작한다는 데 있다.

**18** 다음 중 윗글의 구성 방식에 대한 설명으로 가장 적절한 것은?

① 문제점을 나열한 후, 그 해결 방안을 제시하고 있다.
② 현상의 발생, 전개, 결과를 순차적으로 제시하고 있다.
③ 기존의 이론들이 지닌 장점과 단점을 차례로 제시하고 있다.
④ 현상의 발생 원리를 일반화하여, 그 사회적 의미를 제시하고 있다.
⑤ 기존 통념의 문제를 지적한 후, 이와 다른 견해를 제시하고 있다.

**19**  다음 중 윗글에 대한 비판으로 가장 적절한 것은?

① 저작권의 사회적 공유에 대해 일관성 없는 주장을 하고 있다.

② 저작물이 개인의 수고에 의한 창조물임을 과소평가하고 있다.

③ 저작권의 사적 보호가 초래한 사회적 문제의 사례가 적절하지 않다.

④ 인터넷이 저작권의 사회적 공유에 미치는 영향을 드러내지 못하고 있다.

⑤ 객관적인 사실을 제시하지 않고 추측에 근거하여 논리를 전개하고 있다.

**20**  다음을 바탕으로 '한국인의 수면 시간과 수면의 질'에 대한 글을 쓸 때, 글의 주제로 적절하지 않은 것은?

현대인들은 부족한 잠으로 인해 만성 피로를 겪고 있다. 성인 평균 권장 수면 시간은 7 ~ 8시간이지만, 이를 지키는 이들은 우리나라 성인 기준 단 4%에 불과하다. 2016년 국가별 1일 평균 수면 시간 조사에 따르면 한국인의 하루 평균 수면 시간은 7시간 41분으로, OECD 18개 회원국 중 최하위를 기록했다. 또한 직장인의 수면 시간은 이보다도 짧은 6시간 6분으로, 권장 수면 시간에 2시간 가까이 부족한 수면 시간으로 현대인 대부분이 수면 부족에 시달린다 해도 과언이 아닐 정도이다.

수면 시간 총량이 적은 것도 문제지만 더 심각한 점은 '어떻게 잘 잤는지.', 즉 수면의 질 또한 높지 않다는 것이다. 수면 장애 환자는 '단순히 일이 많아서', 또는 '잠버릇 때문에' 발생한 일시적인 가벼운 증상 정도로 여기는 사회적 분위기를 감안하면 실제 더 많을 것으로 추정된다. 특히, 대표적인 수면 장애인 '수면무호흡증'은 피로감 불안감 우울감은 물론 고혈압 · 당뇨병과 심혈관질환 · 뇌졸중까지 다양한 합병증을 유발할 수 있다는 점에서 정확한 진단과 빠른 치료가 요구된다.

① 수면의 질을 높이는 방법

② 수면 마취제의 부작용

③ 숙면에 도움을 주는 식품

④ 수면 장애의 종류와 예방법

⑤ 수면 시간과 건강의 상관관계

우리 몸은 단백질의 합성과 분해를 끊임없이 반복한다. 단백질 합성은 아미노산을 연결하여 긴 사슬을 만드는 과정인데, 20여 가지의 아미노산이 체내 단백질 합성에 이용된다. 단백질 합성에서 아미노산들은 DNA 염기 서열에 담긴 정보에 따라 정해진 순서대로 결합된다. 단백질 분해는 아미노산 간의 결합을 끊어 개별 아미노산으로 분리하는 과정이다. 체내 단백질 분해를 통해 오래되거나 손상된 단백질이 축적되는 것을 막고, 우리 몸에 부족한 에너지 및 포도당을 보충할 수 있다.

단백질 분해 과정의 하나인, 프로테아솜이라는 효소 복합체에 의한 단백질 분해는 세포 내에서 이루어진다. 프로테아솜은 유비퀴틴이라는 물질이 일정량 이상 결합되어 있는 단백질을 아미노산으로 분해한다. 단백질 분해를 통해 생성된 아미노산의 약 75%는 다른 단백질을 합성하는 데 이용되며, 나머지 아미노산은 분해된다. 아미노산이 분해될 때는 아미노기가 아미노산으로부터 분리되어 암모니아로 바뀐 다음, 요소(尿素)로 합성되어 체외로 배출된다. 그리고 아미노기가 떨어지고 남은 부분은 에너지나 포도당이 부족할 때는 이들을 생성하는 데 이용되고, 그렇지 않으면 지방산으로 합성되거나 체외로 배출된다.

단백질이 지속적으로 분해됨에도 불구하고 체내 단백질의 총량이 유지되거나 증가할 수 있는 것은 세포 내에서 단백질 합성이 끊임없이 일어나기 때문이다. 단백질 합성에 필요한 아미노산은 세포 내에서 합성되거나, 음식으로 섭취한 단백질로부터 얻거나, 체내 단백질을 분해하는 과정에서 생성된다. 단백질 합성에 필요한 아미노산 중 체내에서 합성할 수 없어 필요량을 스스로 충족할 수 없는 것을 필수아미노산이라고 한다. 어떤 단백질 합성에 필요한 각 필수아미노산의 비율은 정해져 있다. 체내 단백질 분해를 통해 생성되는 필수아미노산도 다시 단백질 합성에 이용되기도 하지만, 부족한 양이 외부로부터 공급되지 않으면 전체의 체내 단백질 합성량이 줄어들게 된다. 그러므로 필수아미노산은 반드시 음식물을 통해 섭취되어야 한다. 다만 성인과 달리 성장기 어린이의 경우, 체내에서 합성할 수는 있으나 그 양이 너무 적어서 음식물로 보충해야 하는 아미노산도 필수아미노산에 포함된다.

식품마다 포함된 필수아미노산의 양은 다르며, 필수아미노산이 균형을 이룰수록 공급된 필수아미노산의 총량 중 단백질 합성에 이용되는 양의 비율, 즉 필수아미노산의 이용 효율이 높다. 일반적으로 육류, 계란 등 동물성 단백질은 필수아미노산을 균형 있게 함유하고 있어 필수아미노산의 이용 효율이 높은 반면, 쌀이나 콩류 등에 포함된 식물성 단백질은 제한아미노산을 가지며 필수아미노산의 이용 효율이 상대적으로 낮다. 제한아미노산은 단백질 합성에 필요한 각각의 필수아미노산의 양에 비해 공급된 어떤 식품에 포함된 해당 필수아미노산의 양의 비율이 가장 낮은 필수아미노산을 말한다. 가령, 가상의 P단백질 1몰을 합성하기 위해서는 필수아미노산 A와 B가 각각 2몰과 1몰이 필요하다고 하자. P를 2몰 합성하려고 할 때, A와 B가 각각 2몰씩 공급되었다면 A는 필요량에 비해 2몰이 부족하게 되어 P는 결국 1몰만 합성된다. 이때 A가 부족하여 합성할 수 있는 단백질의 양이 제한되기 때문에 A가 제한아미노산이 된다.

**21** 다음 중 윗글을 읽고 이해한 내용으로 적절하지 않은 것은?

① 필수아미노산을 제외한 다른 아미노산도 제한아미노산이 될 수 있다.

② 체내 단백질을 분해하여 얻은 필수아미노산의 일부는 단백질 합성에 다시 이용된다.

③ 체내 단백질 합성에 필요한 필수아미노산은 음식물의 섭취나 체내 단백질 분해로부터 공급된다.

④ 제한아미노산이 없는 식품은 단백질 합성에 필요한 필수아미노산이 균형 있게 골고루 함유되어 있다.

⑤ 체내 단백질 합성과 분해의 반복 과정에서, 외부로부터 필수아미노산의 공급이 줄어들면 체내 단백질 총량은 감소한다.

**22** 다음 중 윗글을 통해 추론한 내용으로 가장 적절한 것은?

① 체내 단백질의 분해는 에너지 생성에 관여하지 않는다.

② 단백질 분해 결과로 생성된 아미노산 대부분은 암모니아로 바뀌어 요소로 합성된다.

③ 필수아미노산은 어떠한 경우에라도 체내에서 합성되지 않으므로 음식물로 보충해야 한다.

④ 쇠고기의 단백질에 함유된 필수아미노산보다 밥에 함유된 필수아미노산의 이용 효율이 높다.

⑤ 세포 내에서 합성되는 단백질의 아미노산 결합 순서는 DNA 염기 서열에 담긴 정보에 따른다.

**23** 다음 글의 제목으로 가장 적절한 것은?

감시용으로만 사용되는 CCTV가 최근에 개발된 신기술과 융합되면서 그 용도가 점차 확대되고 있다. 대표적인 것이 인공지능(AI)과의 융합이다. CCTV가 지능을 가지게 되면 단순 행동 감지에서 벗어나 객체를 추적해 행위를 판단할 수 있게 된다. 단순히 사람의 눈을 대신하던 CCTV가 사람의 두뇌를 대신하는 형태로 진화하고 있는 셈이다.

인공지능을 장착한 CCTV는 범죄 현장에서 이상 행동을 하는 사람을 선별하고, 범인을 추적하거나 도주 방향을 예측해 통합관제센터로 통보할 수 있다. 또 수상한 사람의 행동 패턴에 따라 지속적인 추적이나 감시를 수행하고, 차량번호 및 사람 얼굴 등을 인식해 관련 정보를 분석해 제공할 수 있다. 한국전자통신연구원(ETRI)에서는 CCTV 등의 영상 데이터를 활용해 특정 인물이 어떤 행동을 할지를 사전에 예측하는 영상분석 기술을 연구 중인 것으로 알려져 있다. 인공지능 CCTV는 범인 추적뿐만 아니라 자연재해를 예측하는 데 사용할 수도 있다. 장마철이나 국지성 집중호우 때 홍수로 범람하는 하천의 수위를 감지하는 것은 물론 산이나 도로 등의 붕괴 예측 등 다양한 분야에 적용될 수 있기 때문이다.

① AI와 융합한 CCTV의 진화

② 범죄를 예측하는 CCTV

③ 당신을 관찰한다, CCTV의 폐해

④ CCTV와 AI의 현재와 미래

⑤ 인공지능과 사람의 공존

**24** 다음 글을 통해 추론할 수 있는 내용으로 적절하지 않은 것은?

'리플리 증후군(Ripley Syndrome)'은 미국의 소설가인 패트리샤 하이스미스의 1955년작 소설 『재능 있는 리플리 씨(The Talented Mr. Ripley)』에서 처음으로 사용된 용어로, 리플리 병이나 리플리 효과로 불리기도 한다. 실제로 자신이 처한 현실을 부정하면서 허구의 세계를 진실이라 믿고 상습적으로 거짓된 말과 행동을 반복하는 반사회적 인격장애를 뜻하는 리플리 증후군은, 소설 속 주인공인 톰 리플리와 같이 행동하는 실제 사례가 나타나면서 20세기 후반부터 정신병리학자들의 본격적인 연구 대상이 되었다.

리플리 증후군은 얼핏 듣기에는 재미있고 신기한 증후군의 사례로 넘어가기 쉽지만, 최근 들어 학력 위조사건이나 특정 인물을 사칭하는 사건이 발생하는 등 현실적인 피해사례가 증가하면서 재조명되기도 했다. 다만 리플리 증후군 환자들은 일반적인 사기꾼이나 신분사칭범과 달리 스스로가 거짓말을 한다는 자각이 없어, 그로 인한 불안감이 없다는 차이점을 가지고 있다.

정확한 원인은 아직까지 밝혀지지 않고 있지만, 리플리 증후군이 발생하는 이유를 설명하려는 몇 가지 가설은 존재한다. 성취욕구가 높은 사람들이 현실적인 문제로 욕구를 실현할 수 없을 때 열등감과 피해의식을 충족하기 위한 행위라는 가설, 모종의 이유로 현실을 부정하는 욕구가 극에 달했을 때 발생한다는 가설, 주변 사람들의 과도한 기대와 압박 때문에 스스로가 창조한 새로운 세계에 개인이 갇힌 것이라는 가설, 어린 시절 육체나 성욕과 관련해 학대 피해나 문제 가정에서 자랐기 때문이라는 가설 등이다.

그 중 리플리 증후군을 작화증의 일종으로 생각하며 뇌 손상이 원인이라고 예측하는 가설 또한 존재한다. 작화증은 자신이 기억하지 못하는 부분을 메우기 위해 가상의 상황을 만들어내는 증상으로, 뇌 질환을 앓은 환자들에게서 자주 나타나고 있다. 작화증은 광의에서 베르니케 코르사코프 증후군으로 불리는데, 미국 국립노화연구소 연구진은 연구를 통해 베르니케 코르사코프 증후군 환자들의 해마 부위가 정상인보다 작아졌다는 사실을 밝혀낸 바 있다. 이 가설이 옳을 경우 리플리 증후군의 원인은 뇌의 해마 부분의 손상 때문이라는 사실이 증명되는 셈이다.

① 경찰이 사기범죄자를 체포했을 때, 해당 범죄자가 리플리 증후군인지 아닌지를 근본적으로 구분하기는 어려울 것이다.
② 현재 단계에서 리플리 증후군이 발생하는 원인을 단순히 하나일 것이라고 단정 짓기는 어렵다고 할 수 있다.
③ 리플리 증후군이 발생하는 가설은 여럿 존재하지만 정신적·육체적 문제가 근본적인 발생 원인이라는 점에서는 의견이 일치할 것이다.
④ 소설에서 어원이 유래된 것을 볼 때, 리플리 증후군은 소설이 출간되기 이전에는 학자들에게 그다지 연구되지 않은 증상이었을 것이다.
⑤ 리플리 증후군이 작화증의 일종이라는 가설이 사실로 나타날 경우, 리플리 증후군은 치료가 가능해질 수 있다.

**25** 다음 기사의 제목으로 가장 적절한 것은?

> 정부는 '미세먼지 저감 및 관리에 관한 특별법(이하 미세먼지 특별법)' 제정·공포안이 의결돼 내
> 년 2월부터 시행된다고 밝혔다. 미세먼지 특별법으로 그동안 수도권 공공·행정기관을 대상으로
> 시범·시행한 '고농도 미세먼지 비상저감조치'의 법적 근거가 마련되었다. 이로 인해 미세먼지 관련
> 정보와 통계의 신뢰도를 높이기 위해 국가미세먼지 정보센터를 설치하게 되고, 이를 바탕으로 시·
> 도지사는 미세먼지 농도가 비상저감조치 요건에 해당하면 자동차 운행을 제한하거나 대기오염물질
> 배출시설의 가동시간을 변경할 수 있다. 또한 비상저감조치를 시행할 때 관련 기관이나 사업자에
> 휴업, 탄력적 근무제도 등을 권고할 수 있게 되었으며, 환경부 장관은 관계 중앙행정기관이나 지방
> 자치단체의 장, 시설운영자에게 대기오염물질 배출시설의 가동률 조정을 요청할 수도 있다.
> 미세먼지 특별법으로 시·도지사, 시장, 군수, 구청장은 어린이나 노인 등이 이용하는 시설이 많은
> 지역을 '미세먼지 집중관리구역'으로 지정해 미세먼지 저감사업을 확대할 수 있게 되었다. 그리고
> 집중관리구역 내에서는 대기오염 상시측정망 설치, 어린이 통학차량의 친환경차 전환, 학교 공기정
> 화시설 설치, 수목 식재, 공원 조성 등을 위한 지원이 우선적으로 이뤄지게 된다.
> 국무총리 소속의 '미세먼지 특별대책위원회'와 이를 지원하기 위한 '미세먼지 개선기획단'도 설치된
> 다. 국무총리와 대통령이 지명한 민간위원장은 위원회의 공동위원장을 맡는다. 위원회와 기획단의
> 존속 기간은 5년이며 연장하려면 만료되기 1년 전에 그 실적을 평가해 국회에 보고해야 한다.
> 아울러 정부는 5년마다 미세먼지 저감 및 관리를 위한 종합계획을 수립하고 시·도지사는 이에 따
> 른 시행계획을 수립하고 추진실적을 매년 보고하도록 했다. 또한 미세먼지 특별법은 입자의 지름이
> $10\mu m$ 이하인 먼지는 '미세먼지', $2.5\mu m$ 이하인 먼지는 '초미세먼지'로 구분하기로 확정했다.

① 미세먼지 특별법의 제정과 시행
② 미세먼지 특별대책위원회의 역할
③ 미세먼지 집중관리구역 지정 방안
④ 미세먼지와 초미세먼지 구분 방법
⑤ 미세먼지 저감을 위한 대기오염 상시측정망의 효과

※ L회사에서는 신제품 관련 회의가 열릴 예정이다. 다음은 L회사에서 근무하고 있는 A ~ F직원의 업무일과와 L회사 내 회의실 현황에 대한 자료이다. 이어지는 질문에 답하시오. [26~27]

〈○월 ○일 금요일 업무일과표〉

| 시간＼직원 | A | B | C | D | E | F |
|---|---|---|---|---|---|---|
| 9:00 ~ 10:00 | 업무집중 시간 | | | | | 오전 반차 |
| 10:00 ~ 11:00 | 홍보팀 주간 회의 | | | 홍보팀 주간 회의 | | |
| 11:00 ~ 12:00 | | 업체 미팅 | | | 신입사원 교육 1 | |
| 12:00 ~ 13:00 | 점심시간 | | | | | |
| 13:00 ~ 14:00 | 업무집중 시간 | | | | | |
| 14:00 ~ 15:00 | | | | 인쇄소 방문 | 신입사원 교육 2 | |
| 15:00 ~ 16:00 | 주간 업무 보고 | 대리점 방문 | | | 주간 업무 보고 | |
| 16:00 ~ 17:00 | | 영업팀 주간 회의 | 영업팀 주간 회의 | | | |

※ 팀 회의에는 해당 팀원이 모두 참석해야 하며, 주간 업무 보고 회의에는 각 팀의 팀장이 모두 참석해야 한다.

〈○월 ○일 금요일 회의실 현황〉

| 구분 | 최대 수용 인원 | 최소 이용 인원 | 예약 현황 |
|---|---|---|---|
| 미팅룸 | 3명 | 2명 | − |
| 제1회의실 | 10명 | 4명 | − 09:30 ~ 11:00 홍보팀 사용 예약<br>− 15:30 ~ 17:00 영업팀 사용 예약 |
| 제2회의실 | 15명 | 4명 | − 14:30 ~ 16:00 윤리위원회 사용 예약 |
| 멀티미디어실 | 10명 | 6명 | − 신입사원 교육으로 당일 사용 불가 |
| 대회의실 | 30명 | 10명 | − |

**26** 다음 〈조건〉을 참고할 때, L회사의 신제품 관련 회의가 진행되는 시간은?

조건
• A ~ F직원 중 4명 이상이 참석해야 신제품 관련 회의가 진행될 수 있다.
• L회사의 업무집중 시간에는 어떤 회의도 진행할 수 없다.

① 10:00 ~ 11:00
② 11:00 ~ 12:00
③ 13:00 ~ 14:00
④ 14:00 ~ 15:00
⑤ 15:00 ~ 16:00

**27** 다음은 신제품 관련 회의가 끝난 후 작성된 회의록이다. 다음 중 각 직원이 처리해야 할 업무가 바르게 연결된 것은?

| 회의일시 | 2024. O. O. | 부서 | 홍보팀, 영업팀, 기획팀 | 작성자 | C사원 |
|---|---|---|---|---|---|
| 참석자 | 홍보팀 과장, 영업팀 대리·사원, 기획팀 대리 | | | | |
| 회의안건 | 신제품 홍보 및 판매 방안 | | | | |
| 회의내용 | - 경쟁 업체와 차별화된 마케팅 전략 필요<br>- 기획안에 따른 홍보 및 판매 전략 수립<br>- 대리점 실적 파악 및 구매자 반응 파악 필요<br>- 홍보팀 업무 증가에 따라 팀원 보충 필요 | | | | |
| 회의결과 | - 홍보팀 : 홍보용 보도 자료 작성 및 홍보용 사은품 제작 요청<br>- 영업팀 : 대리점별 신제품 판매량 조사 실시<br>- 기획팀 : 마케팅 기획안 작성 및 공유<br>- 인사팀 : 홍보팀 경력직 채용 공고 | | | | |

① A - 담당 대리점의 신제품 판매량 조사
② B - 홍보용 사은품 제작 업체 선정
③ C - 마케팅 기획안 작성
④ E - 홍보 담당 경력사원 모집 공고
⑤ F - 홍보용 보도 자료 작성

※ L공사는 직원들의 출퇴근길 '자전거 타기'를 권장하기로 하였다. '자전거 타기' 제도를 정립하기 위해 자전거의 운동효과를 인트라넷에 게시한 후, 직원들의 수요를 조사하여 한 달 후부터 직원이 원하는 자전거를 대여해 주기로 하였다. 이어지는 질문에 답하시오. [28~29]

<자전거 운동효과>

| 자전거 종류 | 모델명 | 가격 | 바퀴 수 | 보조바퀴 여부 |
|---|---|---|---|---|
| 일반 자전거 | S-mae72 | 110,000원 | 2개 | 없음 |
| | S-dae66 | 99,000원 | | |
| 연습용 자전거 | S-HWS | 78,000원 | 2개 | 있음 |
| | S-WTJ | 80,000원 | | |
| 외발자전거 | S-4532 | 145,000원 | 1개 | 없음 |
| | S-8653 | 130,000원 | | |

※ 운동량은 자전거 주행 거리에 비례한다.
※ 같은 거리를 주행하여도 자전거에 운전자 외에 한 명이 더 타면 운전자의 운동량은 두 배가 된다.
※ 보조바퀴가 달린 자전거를 타면 같은 거리를 주행하여도 운동량이 일반 자전거의 80%밖에 되지 않는다.
※ 바퀴가 1개인 자전거를 타면 같은 거리를 주행하여도 운동량이 일반 자전거보다 50% 더 많다.
※ 자전거 가격이 더 높을수록 신체 피로도가 낮다.
※ 이외의 다른 조건은 모두 같다고 본다.

**28** 기업문화팀에 근무하는 귀하는 '자전거 타기' 제도를 정립하기 위한 회의에 참석하였다. 다음 중 직원들이 제시할 수 있는 의견으로 옳지 않은 것은?

① 직원 사전조사에 따르면 피로도를 중요시하는 직원이 가장 많으므로 외발자전거를 연습용 자전거보다 많이 구매해야 합니다.
② 또한 피로도와 운동량을 동일하게 중요시하는 직원이 많으므로 S-4532 모델보다는 S-8653 모델을 구매하는 것이 좋을 것 같습니다.
③ 일반 자전거를 선호하는 직원들은 피로도는 상관없다고 응답하였으므로 S-dae66 모델을 S-mae72 모델보다 많이 구매해야 합니다.
④ 이번 기회를 통해 자전거 타는 방법을 배우고 싶어 하는 직원들도 있으므로 보조바퀴가 달린 S-HWS 모델과 S-WTJ 모델을 구매하는 것도 좋을 것 같습니다.
⑤ 매년 사용할 수 있는 예산에는 한계가 있으므로 직원들이 피로도를 중요시한다고 하여 모두 비싼 자전거로만 구매하기는 어려울 것 같습니다.

**29** 출퇴근길 '자전거 타기'를 더 많은 직원이 관심을 갖도록 하루에 가장 많은 운동량으로 출근한 직원을 뽑아 상품을 주기로 하였다. 다음 5명의 후보 중 운동량이 많은 순서대로 바르게 나열한 것은?

〈후보〉

- 갑 : 1.4km의 거리를 뒷자리에 한 명을 태우고 일반 자전거로 주행하였다.
- 을 : 1.2km의 거리를 뒷자리에 한 명을 태우고 연습용 자전거로 주행하였다.
- 병 : 2km의 거리를 혼자 외발자전거로 주행하였다.
- 정 : 2km의 거리를 혼자 연습용 자전거로 주행한 후에 이어서 1km의 거리를 혼자 외발자전거로 주행하였다.
- 무 : 0.8km의 거리를 뒷자리에 한 명을 태우고 연습용 자전거로 주행한 후에 이어서 1.2km의 거리를 혼자 일반 자전거로 주행하였다.

① 병 – 정 – 갑 – 을 – 무
② 병 – 정 – 갑 – 무 – 을
③ 정 – 병 – 갑 – 무 – 을
④ 정 – 병 – 무 – 갑 – 을
⑤ 정 – 무 – 갑 – 병 – 을

**30** L공사 직원 A ~ H 8명이 농구, 축구, 족구를 하기 위해 운동장에 나왔다. 다음 〈조건〉을 토대로 팀을 배치할 수 있는 경우의 수는 몇 가지인가?

조건

- 각 종목은 적어도 두 사람 이상이 해야 하고, 축구는 짝수의 인원으로만 할 수 있다.
- A는 C와 같은 종목의 운동을 한다.
- G는 농구를 싫어한다.
- B, F가 참가한 종목은 사람 수가 가장 많다.
- D는 축구를 한다.
- E와 B는 같은 종목에 참가하지 않는다.
- D와 G는 같은 종목에 참가하지 않는다.

① 4가지                    ② 5가지
③ 6가지                    ④ 7가지
⑤ 8가지

**31** 어느 도시에 있는 병원의 공휴일 진료 현황은 다음과 같다. 공휴일에 진료하는 병원의 수는?

- 만약 B병원이 진료를 하지 않으면, A병원은 진료를 한다.
- 만약 B병원이 진료를 하면, D병원은 진료를 하지 않는다.
- 만약 A병원이 진료를 하면, C병원은 진료를 하지 않는다.
- 만약 C병원이 진료를 하지 않으면, E병원이 진료를 한다.
- E병원은 공휴일에 진료를 하지 않는다.

① 1곳
② 2곳
③ 3곳
④ 4곳
⑤ 5곳

**32** 다음과 같은 〈조건〉에서 귀하가 판단할 수 있는 내용으로 옳지 않은 것은?

조건

- 프로젝트는 A부터 E까지의 작업으로 구성되며, 모든 작업은 동일 작업장 내에서 행해진다.
- 각 작업의 필요 인원과 기간은 다음과 같다.

| 프로젝트 | A작업 | B작업 | C작업 | D작업 | E작업 |
| --- | --- | --- | --- | --- | --- |
| 필요 인원(명) | 5 | 3 | 5 | 2 | 4 |
| 기간(일) | 10 | 18 | 50 | 18 | 16 |

  – B작업은 A작업이 완료된 이후에 시작할 수 있음
  – E작업은 D작업이 완료된 이후에 시작할 수 있음
- 각 인력은 A부터 E까지 모든 작업에 동원될 수 있으며, 각 작업에 투입된 인력의 생산성은 동일하다.
- 프로젝트에 소요되는 비용은 1인당 1일 10만 원의 인건비와 1일 50만 원의 작업장 사용료로 구성된다.
- 각 작업의 필요 인원은 증원 또는 감원될 수 없다.

① 프로젝트를 완료하기 위해 필요한 최소 인력은 5명이다.
② 프로젝트를 완료하기 위해 소요되는 최단 기간은 50일이다.
③ 프로젝트를 완료하는 데 들어가는 최소 비용은 6,000만 원 이하이다.
④ 프로젝트를 최단 기간에 완료하는 데 투입되는 최소 인력은 10명이다.
⑤ 프로젝트를 최소 인력으로 완료하는 데 소요되는 최단 기간은 94일이다.

**33** L은행 A지점은 ○○구의 신규 입주아파트 분양업자와 협약 체결을 통하여 분양 중도금 관련 집단 대출을 전담하게 되었다. A지점에 근무하는 귀하는 평일에는 개인 사정으로 인해 영업시간 내에 방문하지 못한다는 한 입주예정자에게 근처 다른 지점에 방문하여 대출신청을 진행할 수 있도록 안내하였다. 〈조건〉을 토대로 입주예정자의 대출신청을 완료하는 데까지 걸리는 최소 시간은 얼마인가?(단, 지점 간 숫자는 영업점 간의 거리를 의미한다)

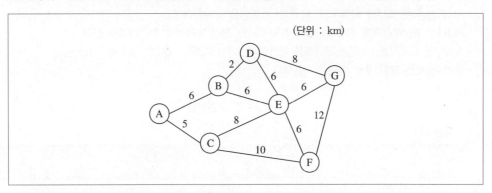

- 입주예정자는 G지점 근처에 거주하고 있어, 영업시간 내에 언제든지 방문이 가능하다.
- 대출과 관련한 서류는 A지점에서 G지점까지 행낭을 통해 전달한다.
- 은행 영업점 간 행낭 배송은 시속 60km로 운행하며 요청에 따라 배송지 순서는 변경(생략)할 수 있다(단, 연결된 구간으로만 운행 가능).
- 대출신청서 등 대출 관련 서류는 입주예정자 본인 또는 대리인(대리인증명서 필요)이 작성하여야 한다(작성하는 시간은 총 30분이 소요됨).
- 대출신청 완료는 A지점에 입주예정자가 작성한 신청서류가 도착했을 때를 기준으로 한다.

① 46분

② 49분

③ 57분

④ 1시간 2분

⑤ 1시간 5분

※ A대리는 터키 출장을 위해 환전을 하고자 한다. 다음 자료를 참고하여 이어지는 질문에 답하시오.
[34~35]

---

〈상황〉

• A대리는 해외사업협력을 위해 터키의 사업체를 방문하고자 한다.
• A대리는 다른 업무를 위해 터키 방문 전 스페인을 경유한다.
• A대리는 환전수수료를 최소화하면서 한화 600만 원을 리라화로 환전하고자 한다.
• 스페인은 유로화를, 터키는 리라화를 사용한다.
• 환전수수료는 교환 후의 화폐로 지불한다.

〈화폐 간 교환비율〉

• 스페인 현지

| 환전 전 \ 환전 후 | 유로화 | 리라화 |
|---|---|---|
| 원화 | 1,200원/유로 | – |
| 유로화 | – | 0.125유로/리라 |

※ 스페인 현지 환전수수료율은 5%이다.

• 터키 현지

| 환전 전 \ 환전 후 | 리라화 |
|---|---|
| 유로화 | 0.20유로/리라 |

※ 터키 현지 환전수수료율은 10%이다.

• 국내 사설환전소

| 환전 전 \ 환전 후 | 유로화 |
|---|---|
| 원화 | 1,200원/유로 |

※ 국내 사설환전소에서 원화를 유로화로 환전하는 경우 환전수수료는 없다.

---

**34** 주어진 상황에서 A대리가 출장에 필요한 600만 원을 리라화로 환전할 때, 다음 중 A대리가 선택할 환전경로에 대한 설명으로 옳은 것은?

① 국내 사설환전소에서 원화를 유로화로 환전한 후, 스페인 현지에서 리라화로 환전하는 경우에 환전수수료가 가장 적다.

② 국내 사설환전소에서 원화를 유로화로 환전한 후, 터키 현지에서 리라화로 환전하는 경우에 환전수수료가 가장 적다.

③ 스페인 현지에서 원화를 유로화로 환전하고 유로화를 리라화로 환전하는 경우에 환전수수료가 가장 적다.

④ 스페인 현지에서 원화를 유로화로 환전한 후, 터키 현지에서 리라화로 환전하는 경우에 환전수수료가 가장 적다.

⑤ 환전수수료가 동일한 환전경로가 두 개 이상 있다.

**35** 다음과 같이 국내 사설환전소에서 원화를 리라화로 교환할 수 있게 되었다고 할 때, 〈보기〉 중 옳은 것을 모두 고르면?

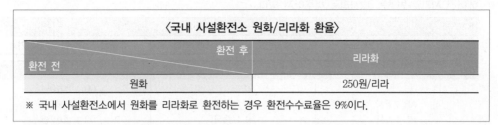

〈국내 사설환전소 원화/리라화 환율〉

| 환전 전 \ 환전 후 | 리라화 |
|---|---|
| 원화 | 250원/리라 |

※ 국내 사설환전소에서 원화를 리라화로 환전하는 경우 환전수수료율은 9%이다.

> **보기**
> ㄱ. A대리가 환전수수료를 최소화하고자 할 때, A대리가 지불할 환전수수료는 2,000리라이다.
> ㄴ. A대리는 국내 사설환전소에서 원화를 유로화로 환전한 후, 터키에서 유로화를 리라화로 환전하는 방식을 선택할 것이다.
> ㄷ. A대리가 한화 600만 원이 아닌 1,000만 원을 환전하고자 한다면 A대리가 선택할 환전경로가 바뀔 수 있다.

① ㄱ                 ② ㄷ
③ ㄱ, ㄴ             ④ ㄴ, ㄷ
⑤ ㄱ, ㄴ, ㄷ

**36** A는 L공사 사내 여행 동아리의 회원이고 이번 주말에 반드시 여행에 참가할 계획이다. 〈조건〉에 따라 회원들이 여행에 참가할 때, 다음 중 여행에 참석하는 사람을 모두 고르면?

> **조건**
> • C가 여행에 참가하지 않으면, A도 참가하지 않는다.
> • E가 여행에 참가하지 않으면, B는 여행에 참가한다.
> • D가 여행에 참가하지 않으면, B도 여행에 참가하지 않는다.
> • E가 여행에 참가하면, C는 참가하지 않는다.

① A, B                 ② A, B, C
③ A, B, D           ④ A, B, C, D
⑤ A, C, D, E

※ 다음 에어컨 시리얼 번호에 대한 자료를 보고 이어지는 질문에 답하시오. [37~39]

에어컨 시리얼 번호는 12자리로 이루어져 있다.

| AA | B | CC | D | EEE | FFF |
|---|---|---|---|---|---|
| 제조사 | 제조국 | 출시연도 | 냉방면적 | 품목 | 부가기능 |

| 제조사 | 제조국 | 출시연도 |
|---|---|---|
| AR : S사<br>BL : L사<br>CN : W사<br>DW : D사<br>EQ : C사 | A : 한국<br>B : 중국<br>C : 일본<br>D : 인도<br>E : 필리핀 | 00 : 2010년<br>01 : 2011년<br>02 : 2012년<br>03 : 2013년<br>…<br>12 : 2022년<br>13 : 2023년 |

| 냉방면적 | 품목 | 부가기능 |
|---|---|---|
| 0 : 6평<br>1 : 10평<br>2 : 13평<br>3 : 18평<br>4 : 24평<br>5 : 32평 | 100 : 스탠드<br>101 : 벽걸이<br>111 : 스탠드·벽걸이<br>110 : 이동식 | 001 : 해당 없음<br>010 : 제습<br>011 : 청정<br>101 : 제습+청정<br>110 : 제습+무풍<br>111 : 제습+청정+무풍 |

※ 제조사는 모두 한국 제조사이다.

**37** 에어컨 시리얼 번호가 다음과 같을 때, 이에 대한 설명으로 옳지 않은 것은?

CNB134111011

① 제조사는 W사이다.
② 중국에서 만들어졌다.
③ 2023년 출시제품이다.
④ 부가기능은 총 2가지이다.
⑤ 총 2가지 품목으로 구성되어 있는 상품이다.

**38** 다음 고객에게 추천해줄 에어컨으로 적절하지 않은 것은?

> 고객 : 요즘에는 에어컨도 이동이 된다고 하던데, 한국에서 제조한 D사의 이동식 에어컨을 구매하
> 고 싶어요. 해당 제품은 가능한 2020년 출시제품이면 좋겠네요. 창고에 놓으려는 거라서
> 냉방면적은 6평이나 10평이면 충분할 것 같아요. 부가기능은 청정 정도만 있으면 될 거 같
> 아요. 그 외 기능이 있으면 더 좋고요.

① DWA100110011
② DWA101110101
③ DWA101110111
④ DWA100101101
⑤ DWA101110011

**39** 다음 〈보기〉 중 에어컨 시리얼 번호로 옳은 것을 모두 고르면?

> **보기**
>
> ㉠ CNC044111111
> ㉡ BLL080110110
> ㉢ EQE211100001
> ㉣ AAA065110110
> ㉤ DWD100101010

① ㉠, ㉡
② ㉠, ㉤
③ ㉡, ㉣
④ ㉡, ㉤
⑤ ㉢, ㉤

※ 다음 자료를 보고 이어지는 질문에 답하시오. [40~41]

〈비품 가격표〉

| 품명 | 수량(개) | 단가(원) |
|---|---|---|
| 라벨지 50mm(SET) | 1 | 18,000 |
| 1단 받침대 | 1 | 24,000 |
| 블루투스 마우스 | 1 | 27,000 |
| ★특가★ 탁상용 문서수동세단기 | 1 | 36,000 |
| AAA건전지(SET) | 1 | 4,000 |

※ 3단 받침대는 2,000원 추가
※ 라벨지 91mm 사이즈 변경 구매 시 SET당 5% 금액 추가
※ 블루투스 마우스 3개 이상 구매 시 AAA건전지 3SET 무료 증정

**40** 다음 주문서와 같이 비품을 주문할 때, 필요한 비용의 총액은?

〈주문서〉

| 품목 | 수량 | 품목 | 수량 |
|---|---|---|---|
| 라벨지 50mm | 2SET | 1단 받침대 | 1개 |
| 블루투스 마우스 | 5개 | AAA건전지 | 5SET |

① 148,000원
② 183,000원
③ 200,000원
④ 203,000원
⑤ 205,000원

**41** 비품 구매를 담당하는 A사원은 주문 수량을 잘못 기재해서 주문 내역을 수정하였다. 수정 내역대로 비품을 주문했을 때, 필요한 비용의 총액은?

〈주문서〉

| 품목 | 수량 | 품목 | 수량 |
|---|---|---|---|
| 라벨지 91mm | 4SET | 3단 받침대 | 2개 |
| 블루투스 마우스 | 3개 | AAA건전지 | 3SET |
| 탁상용 문서수동세단기 | 1개 | – | – |

① 151,000원
② 244,600원
③ 252,600원
④ 256,600원
⑤ 262,600원

※ 다음은 물류창고 재고 코드에 대한 설명이다. 이어지는 질문에 답하시오. [42~43]

### 〈물류창고 재고 코드〉

- 물류창고 재고 코드 부여방식
  [상품유형] – [보관유형] – [생산국가] – [유통기한] 순의 기호
- 상품유형

| 식품 | 공산품 | 원자재 | 화학품 | 약품 | 그 외 |
|------|--------|--------|--------|------|-------|
| 1 | 2 | 3 | 4 | 5 | 6 |

- 보관유형

| 완충필요 | 냉장필요 | 냉동필요 | 각도조정 필요 | 특이사항 없음 |
|----------|----------|----------|---------------|----------------|
| f | r | c | t | n |

- 생산국가

| 대한민국 | 중국 | 러시아 | 미국 | 일본 | 그 외 |
|----------|------|--------|------|------|-------|
| KOR | CHN | RUS | USA | JAP | ETC |

- 유통기한

| 2주 미만 | 1개월 미만 | 3개월 미만 | 6개월 미만 | 1년 미만 | 3년 미만 |
|----------|------------|------------|------------|----------|----------|
| 0 | 1 | 2 | 3 | 4 | 5 |
| 5년 미만 | 10년 미만 | 유통기한 없음 | – | – | – |
| 6 | 7 | 8 | – | – | – |

### 〈A창고 재고〉

| 1rCHN3 | 4cKOR1 | 6fCHN6 | 6nETC2 | 1tJAP8 |
|--------|--------|--------|--------|--------|
| 2cUSA4 | 5tKOR0 | 1nJAP2 | 4fRUS4 | 3cUSA5 |

**42** A창고의 재고들 중 러시아에서 생산된 재고의 일부가 중국에서 생산된 재고로 잘못 표기되었다고 한다. 다음 중 실제로 러시아에서 생산된 재고의 개수로 옳은 것은?

① 4개      ② 3개
③ 2개      ④ 1개
⑤ 없음

**43** 다음 중 재고 코드가 '5rUSA2'인 재고에 대한 설명으로 옳은 것은?

① 화학품이다.      ② 러시아에서 생산되었다.
③ 특정 각도에서의 보관이 필요하다.      ④ 유통기한은 6개월 미만이다.
⑤ 냉장보관이 필요하다.

※ L공사는 본관과 별관을 연결하는 다리를 건설하기위해 입찰공고를 냈다. 다음은 입찰에 참여한 건설업체 A ~ F를 분야별로 점수화한 것이다. 이어지는 질문에 답하시오. [44~45]

〈업체별 입찰기준 점수〉

| 입찰업체 | 경영점수(점) | 안전점수(점) | 디자인점수(점) | 수상실적(회) |
|---|---|---|---|---|
| A | 9 | 7 | 4 | – |
| B | 6 | 8 | 6 | 2 |
| C | 7 | 7 | 5 | – |
| D | 6 | 6 | 4 | 1 |
| E | 7 | 5 | 2 | – |
| F | 7 | 6 | 7 | 1 |

※ (입찰점수)＝(경영점수)＋(안전점수)＋(디자인점수)＋(수상실적 가점)
※ 수상실적 가점은 수상실적 1회당 2점의 가점을 부과한다.

〈업체별 입찰가격〉

| 구분 | A | B | C | D | E | F |
|---|---|---|---|---|---|---|
| 입찰가격 | 11억 원 | 10억 5,000만 원 | 12억 1,000만 원 | 9억 8,000만 원 | 10억 1,000만 원 | 8억 9,000만 원 |

**44** L공사는 다음 선정방식에 따라 다리 건설 업체를 선정하고자 한다. 다음 중 최종 선정될 업체는?

- 입찰가격이 12억 원 미만인 업체 중에서 선정한다.
- 입찰점수가 가장 높은 3개 업체를 중간 선정한다.
- 중간 선정된 업체들 중 안전점수와 디자인 점수의 합이 가장 높은 곳을 최종 선정한다.

① A  ② B
③ D  ④ E
⑤ F

**45** L공사는 입찰 가격도 구간별로 점수화하여 다시 업체를 선정하고자 한다. 다음과 같이 입찰가격에 따른 가격 점수를 산정하고, 기존 입찰점수에 가격점수를 추가로 합산하여 최종 입찰점수를 계산하고자할 때, 최종 입찰점수가 가장 높은 업체는?

<업체별 입찰 가격점수>

| 입찰가격 | 9억 원 미만 | 9억 원 이상 10억 원 미만 | 10억 원 이상 11억 원 미만 | 11억 원 이상 12억 원 미만 | 12억 원 이상 |
|---|---|---|---|---|---|
| 가격점수 | 10점 | 8점 | 6점 | 4점 | 2점 |

① B
② C
③ D
④ E
⑤ F

**46** S씨는 유아용품 판매직영점을 추가로 개장하기 위하여 팀장으로부터 다음 자료를 받았다. 팀장은 직영점을 정할 때에는 영유아 수가 많은 곳이어야 하며, 향후 5년간 수요가 지속적으로 증가하는 지역으로 선정해야 한다고 설명하였다. 이를 토대로 할 때, 유아용품 판매직영점이 설치될 최적의 지역을 선정하라는 요청에 가장 적절한 답변은 무엇인가?

| 지역 | 총 인구수(명) | 영유아 비중 | 향후 5년간 영유아 수 변동률(전년 대비) | | | | |
|---|---|---|---|---|---|---|---|
| | | | 1년 차 | 2년 차 | 3년 차 | 4년 차 | 5년 차 |
| A | 3,460,000 | 3% | −0.5% | 1.0% | −2.2% | 2.0% | 4.0% |
| B | 2,470,000 | 5% | 0.5% | 0.1% | −2.0% | −3.0% | −5.0% |
| C | 2,710,000 | 4% | 0.5% | 0.7% | 1.0% | 1.3% | 1.5% |
| D | 1,090,000 | 11% | 1.0% | 1.2% | 1.0% | 1.5% | 1.7% |

① 총인구수가 많은 A − C − B − D지역 순서로 직영점을 개장하면 충분한 수요로 인하여 영업이 원활할 것 같습니다.
② 현재 시점에서 영유아 비중이 가장 높은 D − B − C − A지역 순서로 직영점을 설치하는 계획을 수립하는 것이 적절할 것 같습니다.
③ 현재 시점에서 영유아 수가 가장 많은 B지역을 우선적으로 개장하는 것이 좋을 것 같습니다.
④ 향후 5년간 영유아 변동률을 참고하였을 때, 영유아 인구 증가율이 가장 높은 A지역이 유력합니다.
⑤ D지역은 현재 영유아 수가 두 번째로 많으나, 향후 5년간 지속적인 영유아 수 증가가 기대되는 지역으로 예상되므로 D지역이 가장 적절하다고 판단합니다.

PART 2

※ 다음은 L공사의 성과급 지급 규정이다. 이어지는 질문에 답하시오. [47~49]

〈성과급 지급 규정〉

**성과급의 정의(제1조)**

성과급이란 조직원의 사기진작과 합리적인 임금 체계 구축을 위해 평가된 결과에 따라 차등 지급되는 보수를 말한다.

**지급대상(제2조)**

① 성과연봉의 지급대상자는 성과평가 대상기간 중 1개월 이상의 기간 동안 L공사에 직원으로 근무한 자로 한다.

② 제1항의 근무기간에 휴직기간, 징계기간, 직위해제기간, 결근기간은 포함하지 않는다.

③ 1개월 이상 한국도로공사 직원으로 근무하였음에도 성과평가 결과를 부여받지 못한 경우에는 최하등급 기준으로 성과연봉을 지급한다.

**평가시기(제3조)**

평가는 분기별로 1회씩 이루어진다.

**평가기준(제4조)**

평가항목과 가중치에 따라 다음과 같은 기준을 제시한다.

| 구분 | 전문성 | 유용성 | 수익성 |
|---|---|---|---|
| 가중치 | 0.3 | 0.2 | 0.5 |

**점수별 등급(제5조)**

성과평가 점수에 따른 평가등급을 다음과 같이 제시한다.

| 성과평가 점수 | 9.0 이상 | 8.0 이상 9.0 미만 | 7.0 이상 8.0 미만 | 6.0 이상 7.0 미만 | 5.0 이상 6.0 미만 |
|---|---|---|---|---|---|
| 평가등급 | S등급 | A등급 | B등급 | C등급 | D등급 |

**지급기준(제6조)**

분기별 평가등급에 따라 다음과 같이 지급한다.

| 평가등급 | S등급 | A등급 | B등급 | C등급 | D등급 |
|---|---|---|---|---|---|
| 지급액 | 100만 원 | 80만 원 | 60만 원 | 40만 원 | 20만 원 |

**47** 다음 중 성과급 지급 규정에 대해 제대로 이해하지 못하고 있는 사람은?

① A사원 : 성과연봉을 받기 위해서는 성과평가 대상기간 중 1개월 이상의 기간은 직원으로 L공사에서 근무해야 해.

② B사원 : 1개월 이상 L공사 직원으로 근무하였어도 성과평가 결과를 부여받지 못한 경우에는 성과연봉이 하나도 지급되지 않아.

③ C사원 : 성과급 평가기준은 전문성, 유용성, 수익성으로 나뉘는데, 수익성 > 전문성 > 유용성 순으로 가중치가 커.

④ D사원 : 성과평가는 분기별로 한 번씩 이루어져.

⑤ E사원 : A가 말한 근무기간에 휴직기간, 징계기간, 직위해제기간, 결근기간은 포함하지 않아.

**48** L공사에 근무하는 O대리의 평가점수가 다음과 같다고 할 때 1년 동안 총 얼마의 성과급을 받는가?

〈O대리 분기별 평가점수〉

(단위 : 점)

| 구분 | 전문성 | 유용성 | 수익성 |
|------|--------|--------|--------|
| 1분기 | 6 | 8 | 7 |
| 2분기 | 7 | 7 | 6 |
| 3분기 | 8 | 6 | 7 |
| 4분기 | 7 | 8 | 9 |

① 200만 원  ② 210만 원
③ 220만 원  ④ 230만 원
⑤ 240만 원

**49** 성과급 지급 규정의 평가기준에서 수익성의 비중을 높여 전문성 0.3, 유용성 0.2, 수익성 0.6으로 가중치를 변경한다면, 48번에서 계산한 O대리의 1년 총 성과급보다 얼마나 증가되는가?

① 40만 원  ② 50만 원
③ 60만 원  ④ 70만 원
⑤ 80만 원

회사원 K씨는 건강을 위해 평일에 〈조건〉과 같이 영양제를 먹고 있다. 요일별로 비타민 B, 비타민 C, 비타민 D, 칼슘, 마그네슘을 하나씩 먹는다고 할 때, 다음 중 바르게 추론한 것은?

---

**조건**

- 비타민 C는 월요일에 먹지 않으며, 수요일에도 먹지 않는다.
- 비타민 D는 월요일에 먹지 않으며, 화요일에도 먹지 않는다.
- 비타민 B는 수요일에 먹지 않으며, 목요일에도 먹지 않는다.
- 칼슘은 비타민 C와 비타민 D보다 먼저 먹는다.
- 마그네슘은 비타민 D보다 늦게 먹고, 비타민 B보다는 먼저 먹는다.

---

① 비타민 C는 금요일에 먹는다.

② 마그네슘은 수요일에 먹는다.

③ 칼슘은 비타민 C보다 먼저 먹지만, 마그네슘보다는 늦게 먹는다.

④ 마그네슘은 비타민 C보다 먼저 먹는다.

⑤ 월요일에는 칼슘, 금요일에는 비타민 B를 먹는다.

미래는 자신이 가진 꿈의 아름다움을 믿는 사람들의 것이다.

– 엘리노어 루즈벨트 –

# 제2회
# 최종점검 모의고사

※ LH 한국토지주택공사 업무직 최종점검 모의고사는 시험 후기 및 채용공고를 기준으로 구성한 것으로, 실제 시험과 다를 수 있습니다.

## ■ 취약영역 분석

| 번호 | O/× | 영역 | 번호 | O/× | 영역 | 번호 | O/× | 영역 |
|---|---|---|---|---|---|---|---|---|
| 01 | | | 21 | | | 41 | | |
| 02 | | | 22 | | | 42 | | |
| 03 | | | 23 | | 의사소통능력 | 43 | | |
| 04 | | | 24 | | | 44 | | |
| 05 | | | 25 | | | 45 | | |
| 06 | | | 26 | | | 46 | | 문제해결능력 |
| 07 | | | 27 | | | 47 | | |
| 08 | | | 28 | | | 48 | | |
| 09 | | | 29 | | | 49 | | |
| 10 | | 의사소통능력 | 30 | | | 50 | | |
| 11 | | | 31 | | | | | |
| 12 | | | 32 | | | | | |
| 13 | | | 33 | | 문제해결능력 | | | |
| 14 | | | 34 | | | | | |
| 15 | | | 35 | | | | | |
| 16 | | | 36 | | | | | |
| 17 | | | 37 | | | | | |
| 18 | | | 38 | | | | | |
| 19 | | | 39 | | | | | |
| 20 | | | 40 | | | | | |

| 평가문항 | 50문항 | 평가시간 | 60분 |
|---|---|---|---|
| 시작시간 | : | 종료시간 | : |
| 취약영역 | | | |

🕐 응시시간 : 60분　　📋 문항 수 : 50문항　　　　　　　　　정답 및 해설 p.038

※ 다음은 세계 최초의 디지털 배전선로 구축에 대한 기사이다. 이어지는 질문에 답하시오. [1~2]

> L공사는 올해 자가진단과 고장예측 등 첨단기술을 활용한 세계 최초의 '디지털 배전선로'를 구축하기로 했다. 자가진단 변압기와 친환경 IoT 개폐기 등 IoT 센서에서 취득된 빅데이터를 활용해 무정전 전력공급 패키지를 제공하겠다는 각오이다.
> L공사는 본지와 공동으로 2일 서울 여의도 L공사 남서울본부 대강당에서 '배전분야 전력기자재 산업발전포럼'을 열어 개폐기·차단기류, 배전용 변압기, 전선, 전력량계 등 품목별 기술개발 및 운영방안 등을 발표했다. 또 올해 배전기자재 구매계획과 배전망 분산형전원 연계기술 동향과 빛가람 에너지밸리 지원사업, 기자재 품질관리제도 운영방안, 기자재 고장사례 분석 등도 공개했다.
> L공사는 4차 산업혁명과 신기후체제 발족, 에너지신산업 육성 등 전력산업의 환경변화에 맞춰 수립한 '2030 미래 배전기자재 종합 개발계획'에 따라 배전기기·시스템·센서를 연계하는 디지털 그리드화, 콤팩트 및 슬림화를 통한 선제적인 미래 기자재 개발, 전력설비 무보수·무고장화 등을 본격 추진할 방침이다. 우선 전력망이 전기만 수송하는 것이 아니라 전기와 정보를 동시에 전달하는 에너지인터넷망 구현에 필요한 기반을 구축할 계획이다. 이를 위해 인공지능 기반 전력기자재, 100% 센싱 환경 구축을 위한 센서 내장형 IoT 기자재 개발 등을 추진한다. 이와 관련 친환경 가스를 활용한 센서 내장형 기기인 IoT 기반 친환경 지상·가공 개폐기를 개발하여 오는 9월부터 시범사용에 돌입할 예정이다.
> 변압기 분야에선 22.9kV 지중매설형 변압기, 스마트센서 내장형 변압기, MCCB 일체형 지상변압기, 고효율 아몰퍼스 주상변압기, 반지상 변압기 등을 개발한다. 일부는 이미 시범사업을 진행하고 있다. 또 올해 말까지 방청기술을 활용한 내염형 외함적용 지상변압기 현장실증을 진행하고, 알루미늄합금 외함 주상변압기도 시범 사용할 방침이다.
> L공사는 올해 저장·비저장 품목을 합해 총 1,090개 품목, 2조 3,538억 원어치를 구매할 계획이다. 이는 지난해(2조 2,512억 원)보다 4.5% 증가한 수치다. 품목별로는 알루미늄 지중케이블 1,492억 원, 알루미늄 전선 915억 원, 구리 지중케이블 681억 원, CV케이블 518억 원, 지상개폐기 1,220억 원, 에코개폐기 442억 원, 주상변압기 1,456억 원, 콘크리트 전주 1,244억 원, 강관전주 42억 원, E타입 전력량계 39억 원, G타입 전력량계 644억 원 등이다.

## 01　다음 중 기사에서 언급하지 않은 것은?

① L공사의 다양한 변압기 종류
② 배전분야 전력기자재 산업발전포럼 개최와 발표내용
③ 전력산업의 환경변화에 대한 L공사의 계획
④ 디지털 배전선로의 한계점
⑤ L공사의 배전기자재 구매 계획

**02** 다음 중 기사를 읽고 이해한 내용으로 가장 적절한 것은?

① L공사의 저장·비저장 품목 계획 중 주상변압기가 가장 큰 비용이 든다.

② L공사는 시범사업이 진행되지는 않았으나, 다양한 변압기 개발을 추진 중이다.

③ 전력설비 무보수·무고장화는 '2030 미래 배전기자재 종합 개발계획' 중 하나이다.

④ L공사는 전기와 정보를 구분해서 전달하는 에너지인터넷망 구현에 필요한 기반을 구축할 계획이다.

⑤ 배전분야 전력기자재 산업발전포럼에서는 운영방안과 더불어 배전분야의 해외 진출 계획을 밝혔다.

**03** 다음 글을 읽고 추론한 내용으로 적절한 것을 〈보기〉에서 모두 고르면?

> 민주주의 사회에서 정치적 의사 결정은 투표에 의해서 이루어진다. 이 경우 구성원들은 자신의 경제력에 관계없이 똑같은 정도의 결정권을 가지고 참여한다. 즉, 의사 결정 과정에서의 민주적 절차와 형평성을 중시하는 것이다. 그러나 시장적 의사 결정에서는 자신의 경제력에 비례하여 차별적인 결정권을 가지고 참여하며, 철저하게 수요 – 공급의 원칙에 따라 의사 결정이 이루어진다. 경제적인 효율성이 중시되는 것이다.
> 정치적 의사 결정은 다수결과 강제성을 전제로 하지만, 시장적 의사 결정은 완전 합의와 자발성을 근간으로 한다. 투표를 통한 결정이든 선거에 의해 선출된 사람들의 합의에 의한 결정이든 민주주의 제도하에서 의사 결정은 다수결로 이루어지며, 이 과정에서 반대를 한 소수도 결정이 이루어진 뒤에는 그 결정에 따라야 한다. 그러나 시장적 의사 결정에서는 시장 기구가 제대로 작동하는 한, 거래를 원하는 사람만이 자발적으로 의사 결정에 참여하며 항상 모든 당사자의 완전 합의에 의해서만 거래가 이루어진다.
> 물론 민주주의와 시장경제가 전적으로 상치되는 것은 아니다. 이 둘은 공통적으로 개인의 자유, 책임, 경쟁, 참여, 법치 등의 가치를 존중하는 자유주의 사상에 바탕을 두고 있기 때문에 병행하여 발전하는 속성도 지니고 있다. 민주주의는 정치권력의 남용을 차단하고 자유로운 분위기를 조성함으로써 시장경제의 성장과 발전에 기여한다. 또한 시장경제는 각자의 능력과 노력에 따라 정당한 보상을 받게 함으로써 민주주의의 발전에 필요한 물적 기반을 제공하며 정치적 안정에도 기여한다.

---
보기
---

㉠ 정치적 의사 결정에서는 구성원의 경제력과 결정권이 반비례한다.

㉡ 시장적 의사 결정에서는 당사자 간에 완전한 합의가 이루어지지 않는다면 거래도 이루어질 수 없다.

㉢ 정치적 의사 결정 과정에서는 소수의 의견이 무시될 수 있다는 문제점이 있다.

① ㉠

② ㉡

③ ㉢

④ ㉠, ㉡

⑤ ㉡, ㉢

**04** 다음 문단에 이어질 내용을 논리적 순서대로 바르게 나열한 것은?

> PTSD(Post Traumatic Stress Disorder)는 '외상 후 스트레스 장애'로서, 외부로부터 피해를 당한 사람에게서 나타나는 일종의 정신질환이다. 성폭행 피해자, 화재를 진압한 소방관, 참전 군인 등에게 상대적으로 많이 발생한다고 한다.

> (가) 현대에 와서야 PTSD를 겁쟁이로 보지 않고 일종의 정신질환으로 보기 시작했다. 가장 가까운 시기로는 이라크 전쟁에 파병되었다가 온 병사들의 사례가 있다. 이들은 PTSD 때문에 매일 약을 먹으며 살고 있다고 한다.
>
> (나) 사실 과거에 PTSD는 정신질환으로 인정되지 않았다. 잔혹한 임무수행을 해야 하는 군대에서 그러한 경우가 많이 나타나는데, PTSD에 걸린 병사를 정신질환자가 아니라 겁쟁이로 생각했다.
>
> (다) 이렇게 충동억제장애 등으로 나타나는 PTSD가 다른 정신질환보다 더 문제가 되는 것은 전쟁에 의한 PTSD 질환자들이 건장한 병사 출신으로서, 정신이상 상태로 타인에게 큰 피해를 줄 수 있다는 점도 한몫을 할 것이다.
>
> (라) 전술한 것처럼 PTSD는 약을 먹어야만 하는 질환이다. PTSD가 발병하였을 때 적절한 치료가 이루어지지 않는다면, 일반적으로 생각되는 정신질환이 발생하게 되며 그 종류도 다양하다. 보통 PTSD는 분노조절장애, 충동억제장애 등의 양상을 보이며, 이외에 우울증이나 공황장애와 함께 발병한다.

① (가) – (나) – (다) – (라)

② (가) – (나) – (라) – (다)

③ (나) – (가) – (다) – (라)

④ (나) – (가) – (라) – (다)

⑤ (다) – (라) – (나) – (가)

**05** 다음 문단을 논리적 순서대로 바르게 나열한 것은?

(가) 나무를 가꾸기 위해서는 처음부터 여러 가지를 고려해 보아야 한다. 심을 나무의 생육조건, 나무의 형태, 성목이 되었을 때의 크기, 꽃과 단풍의 색, 식재지역의 기후와 토양 등을 종합적으로 생각하고 심어야 한다. 나무의 생육조건은 저마다 다르기 때문에 지역의 환경조건에 적합한 나무를 선별하여 환경에 적응하도록 해야 한다. 동백나무와 석류, 홍가시나무는 남부지방에 키우기 적합한 나무로 알려져 있지만 지구온난화로 남부수종의 생육한계선이 많이 북상하여 중부지방에서도 재배가 가능한 나무도 있다. 부산의 도로 중앙분리대에서 보았던 잎의 붉은 홍가시나무는 여주의 시골집 마당 양지바른 곳에서 3년째 잘 적응하고 있다.

(나) 더불어 나무의 특성을 외면하고 주관적인 해석에 따라 심었다가는 훗날 낭패를 보기 쉽다. 물을 좋아하는 수국 곁에 물을 싫어하는 소나무를 심었다면 둘 중 하나는 살기 어려운 환경이 조성된다. 나무를 심고 가꾸기 위해서는 전체적인 밑그림을 그려보고 생태적 특징을 살펴본 후에 심는 것이 바람직하다.

(다) 나무들이 밀집해 있으면 나무들끼리의 경쟁은 물론 바람길과 햇빛의 방해로 성장은 고사하고 병충해에 시달리기 쉽다. 또한 나무들은 성장속도가 다르기 때문에 항상 다 자란 나무의 모습을 상상하며 나무들 사이의 공간 확보를 염두에 두어야 한다. 그러나 묘목을 심고 보니 듬성듬성한 공간을 메꾸기 위하여 자꾸 나무를 심게 되는 실수가 종종 일어나고는 한다.

(라) 식재계획의 시작은 장기적인 안목으로 적재적소의 원칙을 염두에 두고 나무를 선정해야 한다. 식물은 햇빛, 물, 바람의 조화를 이루면 잘 산다고 하지 않는가. 그래서 나무의 특성 중에서 햇볕을 좋아하는지 그늘을 좋아하는지, 물을 좋아하는지 여부를 살펴보는 것이 중요하다. 어린 묘목을 심을 경우 실수하는 것은 나무가 자랐을 때의 생육공간을 생각하지 않고 촘촘하게 심는 것이다.

① (가) – (다) – (라) – (나)
② (가) – (라) – (다) – (나)
③ (나) – (라) – (다) – (가)
④ (다) – (나) – (가) – (라)
⑤ (다) – (나) – (라) – (가)

## 06 다음 글의 주제로 가장 적절한 것은?

싱가포르에서는 1982년부터 자동차에 대한 정기검사 제도가 시행되었는데, 그 체계가 우리나라의 검사 제도와 매우 유사하다. 단, 국내와는 다르게 재검사에 대해 수수료를 부과하고 있고 금액은 처음 검사 수수료의 절반이다.

자동차 검사에서 특이한 점은 2007년 1월 1일부터 디젤 자동차에 대한 배출가스 정밀검사가 시행되고 있다는 점이다. 안전도 검사의 검사 방법 및 기준은 교통부에서 주관하고 배출가스 검사의 검사 방법 및 기준은 환경부에서 주관하고 있다.

싱가포르는 사실상 자동차 등록 총량제에 의해 관리되고 있다. 우리나라와는 다르게 자동차를 운행할 수 있는 권리증을 자동차 구매와 별도로 구매하여야 하며 그 가격이 매우 높다. 또한 일정 구간(혼잡구역)에 대한 도로세를 우리나라의 하이패스 시스템과 유사한 시스템인 ERP 시스템을 통하여 징수하고 있다.

강력한 자동차 안전도 규제, 이륜차에 대한 체계적인 검사와 ERP를 이용한 관리를 통해 검사진로 내에서 사진 촬영보다 유용한 시스템을 적용한다. 그리고 분기별 기기 정밀도 검사를 시행하여 국민에게 신뢰받을 수 있는 정기검사 제도를 시행하고 국민의 신고에 의한 수시 검사 제도를 통하여 불법자동차 근절에 앞장서고 있다.

① 싱가포르의 자동차 관리 시스템
② 싱가포르와 우리나라의 교통규제 시스템
③ 싱가포르의 자동차 정기검사 제도
④ 싱가포르의 불법자동차 근절 방법
⑤ 국민에게 신뢰받는 싱가포르의 교통법규

**07** 다음 글의 빈칸에 들어갈 내용으로 가장 적절한 것은?

> 최근 경제·시사 분야에서 빈번하게 등장하고 있는 단어인 탄소배출권(CER; Certified Emission Reduction)에 대한 개념을 이해하기 위해서는 먼저 교토메커니즘(Kyoto Mechanism)과 탄소배출권거래제(Emission Trading)를 알아둘 필요가 있다.
>
> 교토메커니즘은 지구온난화의 규제 및 방지를 위한 국제 협약인 기후변화협약의 수정안인 교토 의정서에서, 온실가스를 보다 효과적이고 경제적으로 줄이기 위해 도입한 세 유연성체제인 '공동이행제도', '청정개발체제', '탄소배출권거래제'를 묶어 부르는 것이다.
>
> 이 중 탄소배출권거래제는 교토의정서 6대 온실가스인 이산화탄소, 메테인, 아산화질소, 과불화탄소, 수소불화탄소, 육불화황의 배출량을 줄여야 하는 감축의무국가가 의무감축량을 초과 달성하였을 경우에 그 초과분을 다른 국가와 거래할 수 있는 제도로, _____
> 결국 탄소배출권이란 현금화가 가능한 일종의 자산이자 가시적인 자연보호 성과인 셈이며, 이에 따라 많은 국가 및 기업에서 탄소배출을 줄임과 동시에 탄소감축 활동을 통해 탄소배출권을 획득하기 위해 동분서주하고 있다. 특히 기업들은 탄소배출권을 확보하는 주요 수단인 청정개발체제 사업을 확대하는 추세인데, 청정개발체제 사업은 개발도상국에 기술과 자본을 투자해 탄소배출량을 줄였을 경우에 이를 탄소배출량 감축목표달성에 활용할 수 있도록 한 제도이다.

① 다른 국가를 도왔을 때 그로 인해 줄어든 탄소배출량을 감축목표량에 더할 수 있는 것이 특징이다.
② 교토메커니즘의 세 유연성체제 중에서도 가장 핵심이 되는 제도라고 할 수 있다.
③ 6대 온실가스 중에서도 특히 이산화탄소를 줄이기 위해 만들어진 제도이다.
④ 의무감축량을 준수하지 못한 경우에도 다른 국가로부터 감축량을 구입할 수 있는 것이 특징이다.
⑤ 다른 감축의무국가를 도움으로써 획득한 탄소배출권이 사용되는 배경이 되는 제도이다.

**08** 다음 문단을 논리적 순서대로 바르게 나열한 것은?

> (가) 동아시아의 문명 형성에 가장 큰 영향력을 끼친 책을 꼽을 때, 그중에『논어』가 빠질 수 없다.
> 『논어』는 공자(B.C 551 ~ 479)가 제자와 정치인 등을 만나서 나눈 이야기를 담고 있다. 공자
> 의 활동기간으로 따져보면『논어』는 지금으로부터 대략 2,500년 전에 쓰인 것이다. 지금의 우
> 리는 한나절에 지구 반대편으로 날아다니고, 여름에 겨울 과일을 먹는 그야말로 공자는 상상할
> 수도 없는 세상에 살고 있다.
>
> (나) 2,500년 전의 공자와 그가 대화한 사람 역시 우리와 마찬가지로 '호모 사피엔스'이기 때문이
> 다. 2,500년 전의 사람도 배고프면 먹고, 졸리면 자고, 좋은 일이 있으면 기뻐하고, 나쁜 일이
> 있으면 화를 내는 오늘날의 사람과 다름없었다. 불의를 보면 공분하고, 전쟁보다 평화가 지속
> 되기를 바라고, 예술을 보고 들으며 즐거워했는데, 오늘날의 사람도 마찬가지이다.
>
> (다) 물론 2,500년의 시간으로 인해 달라진 점도 많고 시대와 문화에 따라 '사람다움이 무엇인가?'에
> 대한 답은 다를 수 있지만, 사람은 돌도 아니고 개도 아니고 사자도 아니라 여전히 사람일 뿐인
> 것이다. 즉, 현재의 인간이 과거보다 자연의 힘에 두려워하지 않고 자연을 합리적으로 설명할
> 수는 있지만, 인간적 약점을 극복하고 신적인 존재가 될 수는 없는 그저 인간일 뿐인 것이다.
>
> (라) 『논어』의 일부는 여성과 아동, 이민족에 대한 당시의 편견을 드러내고 있어 이처럼 달라진 시
> 대의 흐름에 따라 폐기될 수밖에 없지만, 이를 제외한 부분은 '오래된 미래'로서 읽을 가치가
> 있는 것이다.
>
> (마) 이론의 생명 주기가 짧은 학문의 경우, 2,500년 전의 책은 역사적 가치가 있을지언정 이론으로
> 서는 폐기 처분이 당연시된다. 그런데 왜 21세기의 우리가 2,500년 전의『논어』를 지금까지도
> 읽고, 또 읽어야 할 책으로 간주하고 있는 것일까?

① (가) – (마) – (나) – (다) – (라)
② (가) – (마) – (나) – (라) – (다)
③ (가) – (마) – (다) – (나) – (라)
④ (나) – (다) – (가) – (마) – (라)
⑤ (마) – (가) – (나) – (다) – (라)

**09** 다음 글을 통해 알 수 있는 내용으로 적절하지 않은 것은?

> 사물인터넷이 산업 현장에 적용되고, 디지털 관련 도구가 통합됨에 따라 일관된 전력 시스템의 필요성이 높아지고 있다. 다양한 산업시설 및 업무 현장에서의 예기치 못한 정전이나 낙뢰 등 급격한 전원 환경의 변화는 큰 손실과 피해로 이어질 수 있다. 이제 전원 보호는 데이터센터뿐만 아니라 반도체, 석유, 화학 및 기계 등 모든 분야에서 필수적인 존재가 되었다.
> UPS(Uninterruptible Power Supply; 무정전 전원 장치)는 일종의 전원 저장소로, 갑작스럽게 정전이 발생하더라도 전원이 끊기지 않고 계속해서 공급되도록 하는 장치이다. 갑작스러운 전원 환경의 변화로부터 기업의 핵심 인프라인 서버를 보호함으로써 기업의 연속성 유지에 도움을 준다.
> UPS를 구매할 때는 용량을 우선적으로 고려해야 한다. 너무 적은 용량의 UPS를 구입하면 설비 사용량이 초과되어 제대로 작동조차 하지 않는 상황이 나타날 수 있다. 따라서 설비에 필요한 용량의 1.5배 정도인 UPS를 구입해야 한다.
> 또한 UPS 사용 시에는 주기적인 점검이 필요하다. 특히 실질적으로 에너지를 저장하고 있는 배터리는 일정 시점마다 교체가 필요하다. 일반적으로 UPS에 사용되는 MF 배터리의 수명은 1년 정도로, 납산 배터리 특성상 방전 사이클을 돌 때마다 용량이 급감하기 때문이다.

① UPS 배터리 교체 방법     ② UPS의 역할
③ UPS 구매 시 고려사항     ④ UPS 배터리 교체 주기
⑤ UPS의 필요성

**10** 다음 글의 주제로 가장 적절한 것은?

> 사대부가 퇴장하고, 시민이 지배세력으로 등장하면서 근대문학이 시작되었다. 염상섭, 현진건, 나도향 등은 모두 서울 중인의 후예인 시민이었기 때문에 근대 소설을 이룩하는 데 앞장설 수 있었다. 이광수, 김동인, 김소월 등 평안도 출신 시민계층도 근대문학 형성에 큰 몫을 담당했다. 근대문학의 주역인 시민은 본인의 계급 이익을 배타적으로 옹호하지 않았다. 그들은 사대부 문학의 유산을 계승하는 한편, 민중문학과 제휴해 중세 보편주의와는 다른 근대 민족주의 문학을 발전시키는 의무를 감당해야 했다.

① 근대문학 형성의 주역들
② 근대문학의 지역문제
③ 민족주의 문학의 탄생과 발전
④ 근대문학의 특성과 의의
⑤ 근대문학과 민족문학

사람의 눈이 원래 하나였다면 세계를 입체적으로 지각할 수 있었을까? 입체 지각은 대상까지의 거리를 인식하여 세계를 3차원으로 파악하는 과정을 말한다. 입체 지각은 눈으로 들어오는 시각 정보로부터 다양한 단서를 얻어 이루어지는데 이를 양안 단서와 단안 단서로 구분할 수 있다.

양안 단서는 양쪽 눈이 함께 작용하여 얻어지는 것으로, 양쪽 눈에서 보내오는 시차(視差)가 있는 유사한 상이 대표적이다. 단안 단서는 한쪽 눈으로 얻을 수 있는 것인데, 사람은 단안 단서만으로도 이전의 경험으로부터 추론에 의하여 세계를 3차원으로 인식할 수 있다. 망막에 맺히는 상은 2차원이지만 그 상들 사이의 깊이의 차이를 인식하게 해 주는 다양한 실마리들을 통해 입체 지각이 이루어진다.

동일한 물체가 크기가 다르게 시야에 들어오면 우리는 더 큰 시각(視角)을 가진 쪽이 더 가까이 있다고 인식한다. 이렇게 물체의 상대적 크기는 대표적인 단안 단서이다. 또 다른 단안 단서로는 '직선 원근'이 있다. 우리는 앞으로 뻗은 길이나 레일이 만들어 내는 평행선의 폭이 좁은 쪽이 넓은 쪽보다 멀리 있다고 인식한다. 또 하나의 단안 단서인 '결 기울기'는 같은 대상이 집단적으로 어떤 면에 분포할 때, 시야에 동시에 나타나는 대상들의 연속적인 크기 변화로 얻어진다. 예를 들면 들판에 만발한 꽃을 보면 앞쪽은 꽃이 크고 뒤로 가면서 서서히 꽃이 작아지는 것으로 보이는데 이러한 시각적 단서가 쉽게 원근감을 일으킨다.

어떤 경우에는 운동으로부터 단안 단서를 얻을 수 있다. '운동 시차'는 관찰자가 운동할 때 정지한 물체들이 얼마나 빠르게 움직이는 것처럼 보이는지가 물체들까지의 상대적 거리에 대한 실마리를 제공하는 것이다. 예를 들어 기차를 타고 가다 창밖을 보면 가까이에 있는 나무는 빨리 지나가고 멀리 있는 산은 거의 정지해 있는 것처럼 보인다.

① 세계를 입체적으로 지각하기 위해서는 단서가 되는 다양한 시각 정보가 필요하다.
② 단안 단서에는 물체의 상대적 크기, 직선 원근, 결 기울기, 운동 시차 등이 있다.
③ 사고로 한쪽 눈의 시력을 잃은 사람은 입체 지각이 불가능하다.
④ 대상까지의 거리를 인식할 수 있어야 세계를 입체적으로 지각할 수 있다.
⑤ 이동하는 차 안에서 창밖을 보면 가까이에 있는 건물이 멀리 있는 건물보다 더 빨리 지나간다.

**12** 김대리는 요즘 업무에 집중이 잘 되지 않아 고민이 많다. 그러던 중 인터넷에서 다음과 같은 기사를 읽었다. 기사에 대한 이해로 적절하지 않은 것은?

---

〈번아웃 증후군〉

'번아웃(Burn Out)'의 사전적 정의는 '(신체적 또는 정신적인) 극도의 피로, (로켓의) 연료 소진'이다. 어떤 일을 하면서 또는 그 일이 끝나고 난 뒤, 자신이 갖고 있던 에너지를 다 써버린 느낌이 든다면 '번아웃 증후군'을 의심해봐야 한다.

'번아웃 증후군'이란 한 가지 일에 몰두하던 사람이 극도의 신체적·정서적 피로로 인해 무기력증·자기혐오·직무거부 등에 빠지는 것을 말한다. 직장인에게 자주 나타나 '직장인 번아웃 증후군'이라고도 부른다. 이상이 높고 자기 일에 열정을 쏟는 적극적인 성격의 사람, 지나치게 적응력이 강한 사람에게 주로 나타난다. 쉽게 말해서 돌연 보람과 성취감을 잃고 슬럼프에 빠지는 것이다.

번아웃 증후군에 걸리면 의욕이 저하되고, 성취감이 안 느껴지고, 공감 능력이 떨어지는 등의 증상이 나타난다. 그 뒤 '모든 일을 그만두고 싶다.'는 생각이 들다가, 예전에는 기뻤던 일이 더 이상 기쁘게 느껴지지 않는 지경에 이른다고 한다. 이외에도 불면증, 과다수면, 폭식 등의 증상이 있다.

〈번아웃 증후군 자가진단 체크리스트〉

1. 일하기에는 몸이 너무 지쳤다는 생각이 든다.
2. 퇴근할 때 녹초가 된다.
3. 아침에 출근할 생각만 하면 피곤해 진다.
4. 일하는 것에 부담감과 긴장감을 느낀다.
5. 일이 주어지면 무기력하고 싫증이 느껴진다.
6. 자신이 하는 일에 관심조차 없다.
7. 주어진 업무를 할 때 소극적이고 방어적이다.
8. 성취감을 못 느낀다.
9. 스트레스를 풀기 위해 쾌락 요소(폭식, 흡연 등)만 찾는다.
10. 최근 짜증이 늘고 불안감이 잘 느껴진다.

※ 10개 항목 중 3개 이상에 해당하면 번아웃 증후군을 의심해 봐야 함

번아웃 증후군은 신체 질병은 아니지만 방치하면 심각한 문제로 이어지기 쉽기 때문에 적극적으로 대처해야 한다.

---

① 모자라는 것 못지않게 과해도 안 돼. 몰입으로 문제가 생길 수 있다고는 생각하지 못했는데.
② 원하는 목표를 달성하려고 노력하다가 걸릴 수도 있고 오히려 목표를 달성함으로써 걸릴 수도 있어.
③ 이 증후군에 걸린 사람은 환경을 바꾸지 않는 것이 좋아. 적응을 하려면 또 에너지를 써야 하니까.
④ 번아웃 증후군에 걸리는 데는 성격도 큰 역할을 하지.
⑤ 무기력증이 주된 증상이니까 휴식이 가장 필요해.

**13** 다음 글을 통해 알 수 없는 것은?

중앙치매센터가 발표한 '대한민국 치매현황 2018'을 보면 국내 65세 이상 노인 인구 중 치매 환자 수는 70만 5,473명으로 추정됐다. 치매 유병률은 10%로 65세 이상 노인 10명 중 1명꼴로 치매를 앓고 있는 셈이다. 이후에도 치매 환자는 지속적으로 증가해 2024년 100만 명, 2039년 200만 명, 2050년에는 300만 명을 넘어설 것으로 전망된다.

가장 흔한 치매인 알츠하이머병은 해마 중심으로 뇌 위축이 진행하면서 시작되며, 초기에는 기억저하 중심으로 나타난다. 조직검사상 신경섬유 반응 및 아밀로이드 반응이 발견돼야 확진되며, 현재까지는 임상적 추정진단만이 가능한 상황이다. 두 번째로 많은 혈관성 치매는 뇌 기능을 담당하는 뇌 부위에 뇌졸중이 발생할 경우 갑자기 발생하는 혈관성 치매와 다발성 뇌허혈성병변 등으로 인해 서서히 증상이 나타나는 혈관성 치매가 있다. 또 신경퇴행성질환 중 2번째로 많은 파킨슨병과 동반된 치매가 있는데 파킨슨병 환자의 약 40%에서 발생하며, 기억장애뿐 아니라 초기에 이상행동 등이 나타날 수 있다. 이외에도 환시, 증상의 변동, 파킨슨 증상이 동반될 수 있는 루이체 치매가 있다.

한편, 치료가 가능한 치매도 있다. 치매의 정확한 원인은 아직 밝혀지지 않았으나, 치매의 원인 중 신경퇴행성 질환 이외에 뇌염이나 수두증, 뇌병증, 또는 약물 등으로 인해 발생하는 치매의 경우 적절한 치료로 치매 증상을 완화시킬 수 있다.

치매를 예방하기 위해서는 수면과 식생활을 포함한 규칙적인 생활과 함께 혼자 지내는 시간을 줄이고 외부와 어울릴 수 있는 환경 조성이 가장 중요하다. 이외에 고혈압, 당뇨, 고지혈증 등 치매를 유발할 수 있는 위험인자를 적절하게 관리하는 노력도 필요하다. 한 전문의는 "적절한 레저 활동이나 취미활동, 가능한 사회활동을 열심히 하는 것이 치매 진행과 예방에 큰 도움이 될 수 있다."며 "병원 주치의를 통한 적절한 치료 및 위험인자 관리가 반드시 병행돼야 한다."고 덧붙였다.

① 치매 발생 현황
② 치매 예방법
③ 치매 종류
④ 중증치매 기준
⑤ 치매 발생 원인

**14** 다음 기사를 읽고 이해한 내용으로 가장 적절한 것은?

> 녹내장은 안구 내 여러 가지 원인에 의하여 시신경이 손상되고, 이에 따른 시야결손이 발생하는 진행성의 시신경 질환이다. 현재까지 녹내장 발병 원인에 대한 많은 연구가 진행되었으나, 지금까지 가장 확실한 원인은 안구 내 안압의 상승이다. 상승된 안압이 망막시신경섬유층과 시신경을 압박함으로써 시신경이 손상되거나 시신경으로 공급되는 혈류량이 감소됨으로써 시신경 손상이 발생될 수 있다.
> 녹내장은 일반적으로 주변시야부터 좁아지는 것이 주된 증상이며 초기에는 환자가 느낄 수 있는 자각 증상이 없는 경우가 대부분이다. 그래서 결국은 중심시야까지 침범된 말기가 돼서야 병원을 찾는 경우가 많다. 녹내장은 제대로 관리되지 않으면 각막혼탁, 안구로, 실명의 합병증이 동반될 수 있다. 녹내장을 예방할 수 있는 방법은 아직 알려져 있지 않다. 단지 녹내장은 대부분 장기간에 걸쳐 천천히 진행되는 경우가 많으므로 조기에 발견하는 것이 가장 좋은 예방법이라고 할 수 있다. 정기적인 검진으로 자신의 시신경 상태를 파악하고 그에 맞는 생활패턴의 변화를 주는 것이 도움이 된다. 녹내장으로 진단이 되면 금연을 해야 하며 가능하면 안압이 올라가는 상황을 피하는 것이 좋다. 예를 들면 무거운 물건을 든다든지, 목이 졸리게 넥타이를 꽉 맨다든지, 트럼펫과 같은 악기를 부는 경우에는 병의 경과를 악화시킬 가능성이 있으므로 피해야 한다.

① 녹내장은 일반적으로 중심시야부터 시작하여 주변시야로 시야결손이 확대된다.
② 상승된 안압이 시신경으로 공급되는 혈류량을 증폭시켜 시신경 손상이 발생한다.
③ 녹내장 진단 후 안압이 하강할 수 있는 상황은 되도록 피해야 한다.
④ 녹내장의 발병을 예방할 수 있는 방법은 아직 없다.
⑤ 녹내장은 단기간에 빠르게 진행되는 경우가 대부분이다.

**15** 다음 글을 읽고 나눈 대화로 적절하지 않은 것은?

식사 후 달고 시원한 수박 한 입이면 하루 종일 더위에 지친 몸이 되살아나는 느낌이다. 한 번 먹기 시작하면 쉽게 멈추기가 힘든 수박, 때문에 살찔 걱정을 하는 이들도 많다. 그러나 수분이 대부분인 수박은 100g당 21kcal에 불과하다. 당도는 높지만 수분이 대부분을 차지하고 있어 다이어트를 하는 이들에게도 도움이 된다. 또한 수박의 붉은 과육에는 항산화 성분인 라이코펜이 토마토보다 훨씬 더 많이 함유되어 있고, 칼륨이 많아 나트륨을 배출하는 데도 효과적이다.

많은 사람이 수박을 고를 때 수박을 손으로 두들겨 보는데, 이는 수박을 두들겨 경쾌한 소리가 난다면 잘 익었는지를 확인할 수 있기 때문이다. 그런데 이것저것 두들겨도 잘 모르겠다면 눈으로 확인하면 된다. 먼저 수박의 검은색 줄무늬가 진하고 선명한지를 확인하고 꼭지 반대편에 있는 배꼽을 확인한다. 배꼽은 꽃이 떨어진 자리로, 배꼽이 크면 덜 익은 수박일 가능성이 높으며, 작게 여물었으면 대체로 잘 익은 수박일 가능성이 높다.

일반 과일보다 큰 수박을 한 번에 섭취하기란 쉽지 않다. 대부분 수박을 반으로 잘라 랩으로 보관하는 경우가 많은데, 이 경우 수박 껍질에 존재하는 세균이 수박 과육까지 침투하여 과육에도 많은 세균이 자랄 수 있다. 따라서 수박을 보관할 때는 수박 껍질에 남아있는 세균과 농약 성분이 과육으로 침투되지 않도록 수박을 깨끗이 씻은 후 과육만 잘라내어 밀폐 용기에 넣어 냉장 보관하는 것이 좋다.

① 갑 : 손으로 두들겨보았을 때 경쾌한 소리가 나는 것이 잘 익은 거야.
② 을 : 그래도 잘 모르겠다면 배꼽이 큰 것을 고르면 돼.
③ 병 : 다이어트 중이라 일부러 수박을 피했는데, 오히려 도움이 되는 과일이네!
④ 정 : 맞아, 하지만 보관할 때 세균과 농약이 침투하지 않도록 과육만 잘라 보관해야 해.
⑤ 무 : 수박은 라이코펜과 칼륨이 풍부한 과일이구나.

**16** 다음 글의 내용으로 가장 적절한 것은?

> 아시아개발은행(ADB)과 포츠담기후영향연구소(PIK)의 공동 연구 보고서에 따르면 2100년까지 아시아 대부분 지역의 강수량이 지금보다 50% 늘어 홍수 피해가 증가하고, 중국 북서부와 파키스탄, 아프가니스탄 등의 평균기온은 2100년까지 8℃가량 오를 것으로 예측했다. 이런 지구온난화의 주범은 화석연료이다. 세계는 화석연료에 대한 의존도를 줄이면서 환경에 영향을 미치지 않는 새로운 에너지를 확보하는 데 총력을 기울이고 있다. 물·바람·태양 등 자연을 이용한 신재생에너지에 과학기술을 결합해 더욱 효율이 높은 청정에너지를 개발하고, 수소에너지와 핵융합에너지 등 신에너지 개발에도 연구와 투자를 아끼지 않고 있다. 이에 우리나라도 적극적으로 동참하고 있는데, 1973년 소양강댐 수력발전을 시작으로 조력, 수상 태양광, 풍력 등 다양한 에너지원 개발을 추진하는데 S공사가 핵심 역할을 하고 있다. 한 전문가에 따르면 역사적으로 에너지원은 50년 주기로 변화해 왔다고 한다. 1차 산업혁명 때는 석탄, 1900년대는 석유, 이후에는 천연가스가 최고 에너지원이었다. 이제는 신재생에너지가 전 세계 신규 발전의 70%를 차지하고 있다. 에너지 전환은 기후변화에 따른 시대적 과제이고, 청정에너지는 거부할 수 없는 흐름이다. 특히 강, 바다, 호수의 물을 이용한 발전은 청정에너지의 가장 좋은 대안으로 주목받고 있다.

① 아시아 대부분 지역의 강수량이 감소하여 물 부족 현상이 심화될 전망이다.
② 세계는 화석연료 확보를 위해 다양한 노력을 기울이고 있다.
③ S공사의 에너지 개발은 1973년 수력발전으로부터 시작되었다.
④ 신재생에너지는 전 세계 전력 발전의 70%를 차지한다.
⑤ 석탄과 석유는 현재까지도 가장 중요한 에너지원으로 자리 잡고 있다.

펀드(Fund)를 우리말로 바꾸면 '모금한 기금'을 뜻하지만 경제 용어로는 '경제적 이익을 보기 위해 불특정 다수인으로부터 모금하여 운영하는 투자 기금'을 가리키는 말로 사용합니다. 펀드는 주로 주식이나 채권에 많이 투자를 하는데, 개인이 주식이나 채권에 투자하기 위해서는 어떤 회사의 채권을 사야 하는지, 언제 사야 하는지, 언제 팔아야 하는지, 어떻게 계약을 하고 세금을 얼마나 내야 하는지, 알아야 할 게 너무 많아 복잡합니다. 이러한 여러 가지 일을 투자 전문 기관이 대행하고 일정 비율의 수수료를 받게 되는데, 이처럼 펀드에 가입한다는 것은 투자 전문 기관에게 대행 수수료를 주고 투자 활동에 참여하여 이익을 보는 일을 말합니다.

펀드는 크게 주식 투자 펀드와 채권 투자 펀드로 나눌 수 있습니다. 주식 투자 펀드를 살펴보면 회사가 회사를 잘 꾸려서 영업 이익을 많이 만들면 주식 가격이 오릅니다. 그래서 그 회사의 주식을 가진 사람은 회사의 이익을 나누어 받습니다. 이처럼 주식 투자 펀드는 주식을 사서 번 이익에서 투자 기관의 수수료를 뺀 금액이 '펀드 가입자의 이익'이 되며 이 이익은 투자한 자금에 비례하여 분배받습니다. 그리고 투자자는 분배받는 금액에 따라 세금을 냅니다. 채권 투자 펀드는 회사, 지방자치단체, 국가가 자금을 조달하기 위해 이자를 지불할 것을 약속하면서 발행하는 채권을 사서 이익을 보는 것입니다. 채권을 사서 번 이익에서 투자 기관의 수수료를 뺀 금액이 수익이 됩니다. 이외에도 투자 대상에 따라, 국내 펀드, 해외 펀드, 신흥국가 대상 펀드, 선진국 펀드, 중국 펀드, 원자재 펀드 등 펀드의 종류는 아주 다양합니다.

채권 투자 펀드는 회사나 지방자치단체 그리고 국가가 망하지 않는 이상 정해진 이자를 받을 수 있어 비교적 안정적입니다. 그런데 주식 투자 펀드는 일반 주식 가격의 변동에 따라 수익을 많이 볼 수도 있지만 손해를 보는 경우도 흔합니다. 예를 들어 어떤 펀드는 10년 후 누적 수익률이 원금의 열 배나 되지만 어떤 펀드는 수익률이 나빠져 1년 만에 원금의 절반이 되어버리는 일도 발생합니다. 이렇게 수익률 차이가 심하게 나는 것은 주식이 경기 변동의 영향을 많이 받기 때문입니다.

이로 인해 펀드와 관련하여 은행을 비롯한 투자 전문 기관에 가서 상담을 하면 상품에 대한 안내만 할 뿐, 가입 여부는 고객이 스스로 판단하도록 하고 있습니다. 합리적으로 안내를 한다고 해도 소비자의 투자 목적, 시장 상황, 투자 성향에 따라 맞는 펀드가 다르기 때문입니다. 그러니까 펀드에 가입하기 전에는 펀드의 종류를 잘 알아보고 결정해야 합니다. 또, 펀드에 가입을 해도 살 때와 팔 때를 잘 구분해야 합니다. 이것이 가장 어려운 일입니다. 그래서 주식이나 펀드는 사회 경험을 쌓고 경제 지식을 많이 알고 난 후에 하는 것이 좋다는 얘기를 많이 합니다.

**17** 다음 중 윗글에서 확인할 수 있는 질문으로 적절하지 않은 것은?

① 펀드에 가입하면 돈을 벌 수 있는가?
② 펀드란 무엇인가?
③ 펀드 가입 시 유의할 점은 무엇인가?
④ 펀드에는 어떤 종류가 있는가?
⑤ 펀드 가입 절차는 어떻게 되는가?

**18** 다음 중 윗글을 이해한 내용으로 가장 적절한 것은?

① 주식 투자 펀드는 경기 변동의 영향을 많이 받게 된다.

② 주식 투자 펀드는 정해진 이자를 받을 수 있어 안정적이다.

③ 채권 투자 펀드는 투자 기관의 수수료를 더한 금액이 수익이 된다.

④ 채권 투자 펀드는 주식 가격이 오를수록 펀드 이익을 많이 분배받게 된다.

⑤ 주식 투자 펀드는 채권 투자 펀드와 달리 투자 기관의 수수료가 없다.

PART 2

**19** 다음 글을 논리적 순서대로 바르게 나열한 것은?

> (가) 회전문의 축은 중심에 있다. 축을 중심으로 통상 네 짝의 문이 계속 돌게 되어 있다. 마치 계속 열려 있는 듯한 착각을 일으키지만, 사실은 네 짝의 문이 계속 안 또는 밖을 차단하도록 만든 것이다. 실질적으로는 열려 있는 순간 없이 계속 닫혀 있는 셈이다.
>
> (나) 문은 열림과 닫힘을 위해 존재한다. 이 본연의 기능을 하지 못한다는 점에서 계속 닫혀 있는 문이 무의미하듯이, 계속 열려 있는 문 또한 그 존재 가치와 의미가 없다. 그런데 현대 사회의 문은 대부분의 경우 닫힌 구조로 사람들을 맞고 있다. 따라서 사람들을 환대하는 것이 아니라 박대하고 있다고 할 수 있다. 그 대표적인 예가 회전문이다. 가만히 회전문의 구조와 그 기능을 머릿속에 그려보라. 그것이 어떤 식으로 열리고 닫히는지 알고는 놀랄 것이다.
>
> (다) 회전문은 인간이 만들고 실용화한 가운데 가장 문명적이고 가장 발전된 형태로 보일지 모르지만, 사실상 열림을 가장한 닫힘의 연속이기 때문에 오히려 가장 야만적이며 가장 미개한 형태의 문이다.
>
> (라) 또한 회전문을 이용하는 사람들은 회전문의 구조와 운동 메커니즘에 맞추어야 실수 없이 문을 통과해 안으로 들어가거나 밖으로 나올 수 있다. 어린아이, 허약한 사람, 또는 민첩하지 못한 노인은 쉽게 그것에 맞출 수 없다. 더구나 휠체어를 탄 사람이라면 더 말할 나위도 없다. 이들에게 회전문은 문이 아니다. 실질적으로 닫혀 있는 기능만 하는 문은 문이 아니기 때문이다.

① (가) – (나) – (라) – (다)

② (가) – (라) – (나) – (다)

③ (나) – (가) – (라) – (다)

④ (나) – (다) – (라) – (가)

⑤ (다) – (가) – (라) – (나)

※ 다음 글을 읽고 이어지는 질문에 답하시오. [20~21]

---

인공지능(AI)을 통한 얼굴 인식 프로그램은 인간의 표정을 통해 감정을 분석한다. 인간의 표정을 인식하여 슬픔·기쁨·놀라움·분노 등을 얼마나 느끼고 있는지 정량적으로 보여주는 것이다.

많은 AI 기업들이 이와 같은 얼굴 인식 프로그램을 개발하고 있다. 미국의 한 AI 기업은 표정을 식별하여 감정을 읽어내는 안면 인식 기술인 '레코그니션(Recognition)'을 개발하였고, 대만의 다른 AI 기업은 인간의 표정을 인식해 그 사람의 나이와 성별, 감정을 식별하는 '페이스 미(Face Me)'를 공개하였다.

_____㉠_____ 인간의 표정으로 감정을 읽는 것은 매우 비과학적이다. 얼굴의 움직임과 내적 감정 상태의 명확한 연관성을 찾기 어렵기 때문이다. 인간의 표정에서 감정 상태를 유추할만한 증거는 거의 없으며, 사람들은 감정을 느껴도 얼굴을 움직이지 않을 수 있다. 심지어 다른 사람에게 자신의 감정을 속이는 것도 가능하다. 게다가 표정은 문화적 맥락과도 관련이 있기 때문에 서양인과 동양인의 기쁨·슬픔에 대한 표정은 다를 수 있다.

_____㉡_____ 채용이나 법 집행 등 민감한 상황에서 감정인식 기술을 사용하는 것은 금지해야 한다. 현재 안면 및 감정 인식 기술을 광고 마케팅이나 채용 인터뷰, 범죄 수사 등에 활용하고 있는 것은 매우 위험하다. 인간의 감정은 계량화가 불가능하며, 이러한 인간의 감정을 알고리즘화하려는 시도 자체가 잘못된 것이다.

---

**20** 다음 중 글쓴이의 주장을 뒷받침하는 근거로 적절하지 않은 것은?

① 감정은 상황, 신체 움직임, 부끄러움이나 흥분할 때 나오는 호르몬 반응 등 다양한 요소들이 복합적으로 작용한 결과이다.

② 얼굴 인식을 통해 감정을 파악하는 기술은 인간이 행복할 때는 웃고 화가 날 때면 얼굴을 찌푸린다는 단순한 가설에 기대고 있다.

③ 실제로 경찰에서 사용 중인 거짓말 탐지기조차도 증거 능력에 대해 인정하지 않고 참고 용도로만 사용하고 있다.

④ AI가 제공해주는 과학적이고 분석적인 데이터를 통해 더 자세히 지원자의 감정을 파악할 수 있다.

⑤ 사람들은 '눈을 감은 채 입을 크게 벌리고 있는 홍조 띤 남자 사진'을 보고 화가 난 표정이라고 이야기했으나, 남자가 축구 선수라는 사실을 알게 되자 골 세리머니로 흥분한 표정이라고 생각을 바꾸었다.

**21** 다음 중 윗글의 밑줄 친 ㉠, ㉡에 들어갈 접속부사가 바르게 연결된 것은?

|  | ㉠ | ㉡ |
|---|---|---|
| ① | 그러므로 | 그러나 |
| ② | 그러므로 | 또한 |
| ③ | 그러나 | 또한 |
| ④ | 그러나 | 따라서 |
| ⑤ | 그래서 | 따라서 |

**22** 다음 글은 '공공 자전거 서비스 제도를 실시해야 하는가.'에 대한 토론이다. 이에 대한 이해로 적절하지 않은 것은?

사회자 : 최근 사람들의 교통 편의를 위해 공공 자전거 서비스를 제공하는 지방 자치 단체가 늘고 있습니다. 공공 자전거 서비스 제도는 지방 자치 단체에서 사람들에게 자전거를 무상으로 빌려주어 일상생활에서 이용하게 하는 제도입니다. 이에 대해 '공공 자전거 서비스 제도를 시행해야 한다.'라는 논제로 토론을 하고자 합니다. 먼저 찬성 측 입론해 주십시오.

A씨 : 최근 회사나 학교 주변의 교통 체증이 심각한 상황입니다. 특히, 출퇴근 시간이나 등하교 시간에는 많은 자동차가 한꺼번에 쏟아져 나와 교통 혼잡이 더욱 가중되고 있습니다. 공공 자전거 서비스 제도를 도입하여 많은 사람이 자전거를 이용하여 출퇴근하게 되면 출퇴근이나 등하교 시의 교통 체증 문제를 완화할 수 있을 것입니다. 또한 공공 자전거 서비스 제도를 시행하면 자동차의 배기가스로 인한 대기 오염을 줄일 수 있고, 경제적으로도 교통비가 절감되어 가계에 도움이 될 것입니다.

사회자 : 반대 측에서 반대 질의해 주십시오.

B씨 : 공공 자전거 서비스 제도를 실시하면 교통 체증 문제를 완화할 수 있다고 하셨는데, 그럴 경우 도로에 자전거와 자동차가 섞이게 되어 오히려 교통 혼잡 문제가 발생하지 않을까요?

A씨 : 자전거 전용 도로를 만들면 자전거와 자동차가 뒤섞여 빚는 교통 혼잡을 막을 수 있어서 말씀하신 문제점을 해결할 수 있습니다.

사회자 : 이번에는 반대 측에서 입론해 주십시오.

B씨 : 공공 자전거 서비스 제도가 도입되면 자전거를 구입하거나 유지하는 데 드는 비용, 자전거 대여소를 설치하고 운영하는 데 드는 경비 등을 모두 지방 자치 단체에서 충당해야 합니다. 그런데 이 비용들은 모두 사람들의 세금으로 마련되는 것입니다. 따라서 자전거를 이용하지 않는 사람들도 공공 자전거 서비스에 필요한 비용을 지불해야 하기 때문에 형평성의 문제가 발생할 수 있습니다. 자신의 세금 사용에 대해 문제를 제기할 수 있는 사람들의 요구를 고려하여 신중한 접근이 필요하다고 봅니다.

사회자 : 그러면 이번에는 찬성 측에서 반대 질의해 주십시오.

A씨 : 공공 자전거 서비스 제도의 운용 경비를 모두 지방 자치 단체에서 충당해야 한다고 하셨는데, 통계 자료에 따르면 공공 자전거 서비스 제도를 시행하고 있는 지방 자치 단체 열 곳 중 여덟 곳이 공공 자전거 대여소를 무인으로 운영하고 있으며, 운영 경비의 70%를 정부로부터 지원받고 있다고 합니다. 이런 점에서 지방 자치 단체가 운영 경비를 모두 부담한다고 보기 어렵지 않나요? 그리고 공공 자전거 서비스는 사람들 모두가 이용할 수 있는 혜택이므로 세금 사용의 형평성 문제가 발생한다고 보기 어렵다고 생각합니다.

B씨 : 물론 그렇게 볼 수도 있습니다만, 정부의 예산도 국민의 세금에서 지출되는 것입니다. 공공 자전거 무인 대여소 설치에 들어가는 비용은 얼마나 되는지, 우리 구에 정부 예산이 얼마나 지원될 수 있는지 등을 더 자세하게 살펴봐야 합니다.

① 반대 측은 형평성을 근거로 공공 자전거 서비스 제도에 대해 문제를 제기하고 있다.
② 찬성 측과 반대 측은 공공 자전거 서비스 시행 시 발생할 수 있는 교통 체증 문제에 대립하는 논점을 가지고 있다.
③ 찬성 측은 공공 자전거 서비스 제도의 효과에 대해 구체적인 근거를 제시하고 있다.
④ 반대 측은 예상되는 상황을 제시해서 찬성 측의 주장에 대해 의문을 제기하고 있다.
⑤ 반대 측은 찬성 측의 주장을 일부 인정하고 있다.

※ 다음 중 밑줄 친 부분과 같은 의미로 쓰인 것을 고르시오. [23~24]

**23**

> 언어 없이 사고가 불가능하다는 이론도 그렇다. 생각은 있되, 그 생각을 표현할 적당한 말이 없는 경우도 얼마든지 있으며, 생각은 분명히 있지만 말을 잊어서 표현에 곤란을 느끼는 경우도 흔한 것이다. 음악가는 언어라는 매개를 <u>통하지</u> 않고 작곡을 하여 어떤 생각이나 사상을 표현하며, 조각가는 언어 없이 조형을 한다. 또 우리는 흔히 새로운 물건, 새로운 생각을 이제까지 없던 새 말로 만들어 명명하기도 한다.

① 그의 주장은 앞뒤가 잘 <u>통하지</u> 않는다.
② 바람이 잘 <u>통하는</u> 곳에 빨래를 널어야 잘 마른다.
③ 그 시상식은 텔레비전을 <u>통해</u> 전국에 중계되었다.
④ 청소년들은 기성세대와 말이 <u>통하지</u> 않는다고 말한다.
⑤ 부부는 어떤 일을 하든 서로 뜻이 잘 <u>통해야</u> 한다.

**24**

> 소설의 결말에 대해 독자들은 <u>한결같이</u> 비난의 목소리를 내었다.

① 너를 향한 내 마음은 <u>한결같다</u>.
② 예나 지금이나 아저씨의 말투는 <u>한결같으시군요</u>.
③ 아이들이 <u>한결같은</u> 모습으로 꽃을 들고 있다.
④ 우리는 초등학교 내내 10리나 되는 산길을 <u>한결같이</u> 걸어 다녔다.
⑤ 부모님은 <u>한결같이</u> 나를 지지해 주신다.

**25** 다음 글의 주장에 대한 비판으로 가장 적절한 것은?

사회 현상을 볼 때는 돋보기로 세밀하게, 그리고 때로는 멀리 떨어져서 전체 속에 어떻게 위치하고 있는가를 동시에 봐야 한다. 숲과 나무는 서로 다르지만 따로 떼어 생각할 수 없기 때문이다. 현대 사회 현상의 최대 쟁점인 과학 기술에 대해 평가할 때도 마찬가지이다. 로봇 탄생의 숲을 보면, 그 로봇 개발에 투자한 사람과 로봇을 개발한 사람들의 의도가 드러난다. 그리고 나무인 로봇을 세밀히 보면, 그 로봇이 생산에 이용되는지 아니면 감옥의 죄수들을 감시하기 위한 것인지 그 용도를 알 수가 있다. 이 광범한 기술의 성격을 객관적이고 물질적이어서 가치관이 없다고 쉽게 생각하면 로봇에 당하기 십상이다.

자동화는 자본주의의 실업을 늘려 실업자에 대해 생계의 위협을 가하는 측면뿐 아니라, 기존 근로자에 대한 감시를 더욱 효율적으로 해내는 역할도 수행한다. 자동화를 적용하는 기업 측에서는 자동화가 인간의 삶을 증대시키는 이미지로 일반 사람들에게 인식되기를 바란다. 그래야 자동화 도입에 대한 노동자의 반발을 무마하고 기업가의 구상을 관철시킬 수 있기 때문이다. 그러나 자동화나 기계화 도입으로 인해 실업을 두려워하고, 업무 내용이 바뀌는 것을 탐탁해 하지 않았던 유럽의 노동자들은 자동화 도입에 대해 극렬히 반대했던 경험들을 갖고 있다.

지금도 자동화·기계화는 좋은 것이라는 고정관념을 가진 사람들이 많고, 현실에서 이러한 고정관념이 가져오는 파급 효과는 의외로 크다. 예를 들어 은행에 현금을 자동으로 세는 기계가 등장하면 은행원들이 현금을 세는 작업량은 줄어든다. 손님들도 기계가 현금을 재빨리 세는 것을 보고 감탄해 하면서 행원이 세는 것보다 더 많은 신뢰를 보낸다. 그러나 현금 세는 기계의 도입에는 이익 추구라는 의도가 숨어 있다. 현금 세는 기계는 은행원의 수고를 덜어 준다. 그러나 현금 세는 기계를 들여옴으로써 실업자가 생기고 만다. 사람이 잘만 이용하면 잘 써먹을 수 있을 것만 같은 기계가 엄청나게 혹독한 성품을 지닌 프랑켄슈타인으로 돌변하는 것이다.

자동화와 정보화를 추진하는 핵심 조직이 기업이란 것에서도 알 수 있듯이 기업은 이윤 추구에 도움이 되지 않는 행위는 무가치하다고 판단한다. 그러므로 자동화는 그 계획 단계에서부터 기업의 의도가 스며들어가 탄생된다. 또한 그 의도대로 자동화나 정보화가 진행되면, 다른 한편으로 의도하지 않은 결과를 초래한다. 자동화와 같은 과학 기술이 풍요를 생산하는 수단이라고 생각하는 것은 하나의 고정관념에 불과하다.

채플린이 제작한 영화 〈모던 타임즈〉에 나타난 것처럼 초기 산업화 시대에는 기계에 종속된 인간의 모습이 가시적으로 드러날 수밖에 없었다. 그래서 이러한 종속에 저항하고자 하는 인간의 노력도 적극적인 모습을 보였다. 그러나 현대의 자동화기기는 그 첨병이 정보 통신기기로 바뀌면서 문제는 질적으로 달라진다. 무인 생산까지 진전된 자동화나 정보 통신화는 인간에게 단순 노동을 반복시키는 그런 모습을 보이지 않는다. 그래서인지는 몰라도 정보 통신은 별 무리 없이 어느 나라에서나 급격하게 개발·보급되고 보편화되어 있다. 그런데 문제는 이 자동화기기가 생산에만 이용되는 것이 아니라, 노동자를 감시하거나 관리하는 데도 이용될 수 있다는 것이다. 오히려 정보 통신의 발달로 이전보다 사람들은 더 많은 감시와 통제를 받게 되었다.

① 기업의 이윤 추구가 사회 복지 증진과 직결될 수 있음을 간과하고 있어.
② 기계화·정보화가 인간의 삶의 질 개선에 기여하고 있음을 경시하고 있어.
③ 기계화를 비판하는 주장만 되풀이할 뿐, 구체적인 근거를 제시하지 않고 있어.
④ 화제의 부분적 측면에 관계된 이론을 소개하여 편향적 시각을 갖게 하고 있어.
⑤ 현대의 기술 문명이 가져다줄 수 있는 긍정적인 측면을 과장하여 강조하고 있어.

## 26

다음은 도서코드(ISBN)에 대한 자료이다. 주문한 도서의 도서코드가 아래와 같을 때, 이에 대한 설명으로 옳은 것은?

### ⟨[예시] 도서코드(ISBN)⟩

| 국제표준도서번호 | | | | | 부가기호 | | |
|---|---|---|---|---|---|---|---|
| 접두부 | 국가번호 | 발행자번호 | 서명식별번호 | 체크기호 | 독자대상 | 발행형태 | 내용분류 |
| 123 | 12 | 1234567 | | 1 | 1 | 1 | 123 |

\*국제표준도서번호는 5개의 군으로 나누어지고 각 군마다 '-'로 구분한다.

### ⟨도서코드(ISBN) 세부사항⟩

| 접두부 | 국가번호 | 발행자번호 | 서명식별번호 | 체크기호 |
|---|---|---|---|---|
| 978 또는 979 | 한국 89<br>미국 05<br>중국 72<br>일본 40<br>프랑스 22 | 발행자번호 – 서명식별번호<br>7자리 숫자<br>예 8491 – 208 : 발행자번호가 8491번인 출판사에서 208번째 발행한 책 | | 0 ~ 9 |

| 독자대상 | 발행형태 | 내용분류 |
|---|---|---|
| 0 교양<br>1 실용<br>2 여성<br>3 (예비)<br>4 청소년<br>5 중고등 학습참고서<br>6 초등 학습참고서<br>7 아동<br>8 (예비)<br>9 전문 | 0 문고본<br>1 사전<br>2 신서판<br>3 단행본<br>4 전집<br>5 (예비)<br>6 도감<br>7 그림책, 만화<br>8 혼합자료, 점자자료, 전자책, 마이크로자료<br>9 (예비) | 030 백과사전<br>100 철학<br>170 심리학<br>200 종교<br>360 법학<br>470 생명과학<br>680 연극<br>710 한국어<br>770 스페인어<br>740 영미문학<br>720 유럽사 |

### ⟨주문도서⟩

978 – 05 – 441 – 1011 – 3  14710

① 한국에서 출판한 도서이다.

② 441번째 발행된 도서이다.

③ 발행자번호는 총 7자리이다.

④ 한 권으로만 출판되지는 않았다.

⑤ 한국어로 되어 있다.

**27** 갑은 다음과 같은 규칙에 따라 알파벳 단어를 숫자로 변환하고자 한다. 〈보기〉에 주어진 규칙 적용 사례 ㉠~㉣의 각 알파벳 단어에서 알파벳 Z에 해당하는 자연수들을 모두 더한 값으로 옳은 것은?

> **〈규칙〉**
>
> ① 알파벳 'A'부터 'Z'까지 순서대로 자연수를 부여한다.
>
>   예 A=2라고 하면 B=3, C=4, D=5이다.
>
> ② 단어의 음절에 같은 알파벳이 연속되는 경우 ①에서 부여한 숫자를 알파벳이 연속되는 횟수만큼 거듭제곱한다.
>
>   예 A=2이고 단어가 'AABB'이면 AA는 '$2^2$'이고, BB는 '$3^2$'이므로 '49'로 적는다.

> **보기**
>
> ㉠ AAABBCC는 100000010020110404로 변환된다.
> ㉡ CDFE는 3465로 변환된다.
> ㉢ PJJYZZ는 1712126729로 변환된다.
> ㉣ QQTSR은 625282726으로 변환된다.

① 154

② 176

③ 199

④ 212

⑤ 234

**28** L공사의 신입사원인 K는 a~h의 8가지 교육 과제를 차례대로 수행하려 한다. 다음 〈조건〉을 참고하여 K가 e과제를 네 번째로 수행한다고 할 때, 다섯 번째로 수행할 교육 과제는 무엇인가?

> **조건**
>
> • 8가지 교육 과제 중 K의 업무와 관련없는 a과제와 d과제는 수행하지 않는다.
> • b과제를 c과제보다 먼저 수행한다.
> • c과제를 f과제보다 먼저 수행한다.
> • g과제와 h과제는 b과제보다 나중에 수행한다.
> • h과제는 f과제와 g과제보다 나중에 수행한다.
> • f과제는 e과제보다 먼저 수행한다.

① b과제

② c과제

③ f과제

④ g과제

⑤ h과제

※ 다음은 보조배터리를 생산하는 L사의 시리얼 넘버에 대한 자료이다. 이어지는 질문에 답하시오.
 [29~30]

<시리얼 넘버 부여 방식>

시리얼 넘버는 [제품 분류]–[배터리 형태][배터리 용량][최대 출력]–[고속충전 규격]–[생산 날짜] 순서로 부여한다.

<시리얼 넘버 세부사항>

| 제품 분류 | 배터리 형태 | 배터리 용량 | 최대 출력 |
|---|---|---|---|
| NBP : 일반형 보조배터리<br>CBP : 케이스 보조배터리<br>PBP : 설치형 보조배터리 | LC : 유선 분리형<br>LO : 유선 일체형<br>DK : 도킹형<br>WL : 무선형<br>LW : 유선+무선 | 4 : 40,000mAH 이상<br>3 : 30,000mAH 이상<br>2 : 20,000mAH 이상<br>1 : 10,000mAH 이상 | A : 100W 이상<br>B : 60W 이상<br>C : 30W 이상<br>D : 20W 이상<br>E : 10W 이상 |

| 고속충전 규격 | 생산 날짜 | | |
|---|---|---|---|
| P31 : USB-PD3.1<br>P30 : USB-PD3.0<br>P20 : USB-PD2.0 | B3 : 2023년<br>B2 : 2022년<br>…<br>A1 : 2011년 | 1 : 1월<br>2 : 2월<br>…<br>0 : 10월<br>A : 11월<br>B : 12월 | 01 : 1일<br>02 : 2일<br>…<br>30 : 30일<br>31 : 31일 |

29 다음 <보기> 중 시리얼 넘버가 잘못 부여된 제품은 모두 몇 개인가?

보기
• NBP–LC4A–P20–B2102
• CBP–WK4A–P31–B0803
• NBP–LC3B–P31–B3230
• CNP–LW4E–P20–A7A29
• PBP–WL3D–P31–B0515
• CBP–LO3E–P30–A9002
• PBP–DK1E–P21–A8B12
• PBP–DK2D–P30–B0331
• NBP–LO3B–P31–B2203
• CBP–LC4A–P31–B3104

① 2개　　　　　　　　　② 3개
③ 4개　　　　　　　　　④ 5개
⑤ 6개

**30** L사 고객지원부서에 재직중인 S주임은 보조배터리를 구매한 고객으로부터 다음과 같이 전화를 받았다. 해당 제품을 회사 데이터베이스에서 검색하기 위해 시리얼 넘버를 입력할 때, 고객 제품의 시리얼 넘버로 옳은 것은?

> S주임 : 안녕하세요. L사 고객지원팀 S입니다. 무엇을 도와드릴까요?
> 고객 : 안녕하세요. 지난번에 구매한 보조배터리가 작동을 하지 않아서요.
> S주임 : 네, 고객님. 해당 제품 확인을 위해 시리얼 넘버를 알려 주시기 바랍니다.
> 고객 : 제품을 들고 다니면서 시리얼 넘버가 적혀 있는 부분이 지워졌네요. 어떻게 하면 되죠?
> S주임 : 고객님 혹시 구매하셨을 때 동봉된 제품설명서 가지고 계신가요?
> 고객 : 네, 가지고 있어요.
> S주임 : 제품설명서 맨 뒤에 제품정보가 적혀 있는데요. 순서대로 불러 주시기 바랍니다.
> 고객 : 설치형 보조배터리에 70W, 24,000mAH의 도킹형 배터리이고, 규격은 USB-PD3.0이고, 생산 날짜는 2022년 10월 12일이네요.
> S주임 : 확인 감사합니다. 고객님 잠시만 기다려 주세요.

① PBP-DK2B-P30-B1012  ② PBP-DK2B-P30-B2012
③ PBP-DK3B-P30-B1012  ④ PBP-DK3B-P30-B2012
⑤ PBP-DK3B-P30-B3012

**31** L카페를 운영 중인 갑은 직원들의 출근 확인 코드를 아래 규칙에 따라 정하였다. 다음 중 출근 확인 코드가 바르게 연결되지 않은 직원은?

> 〈규칙〉
> 아래의 규칙 (1) ~ (4)는 이름과 생년월일을 기준으로 한다.
> (1) 첫 번째 글자의 초성은 두 번째 글자의 초성 자리로, 두 번째 글자의 초성은 세 번째 글자의 초성 자리로, …, 마지막 글자의 초성은 첫 번째 글자의 초성 자리로 치환한다. → 강하늘=낭가흘
> (2) 각 글자의 종성은 (1)의 규칙을 반대 방향으로 적용하여 옮긴다(종성이 없는 경우 종성의 빈자리가 이동한다). → 강하늘=가할능
> (3) 생년월일에서 연도의 끝 두 자리를 곱하여 이름 앞에 쓴다. → 1993년생 강하늘=27강하늘
> (4) 생년월일에서 월일에 해당하는 네 자리 숫자는 각각 1=a, 2=b, 3=c, 4=d, 5=e, 6=f, 7=g, 8=h, 9=i, 0=j로 치환하여 이름 뒤에 쓴다. → 08월 01일생 강하늘=강하늘jhja

① 2011년 03월 05일생, 최민건 → 1귄친머jcje
② 1998년 05월 11일생, 김사랑 → 72리강삼jeaa
③ 1985년 07월 26일생, 심이담 → 40디심암jgbf
④ 1992년 11월 01일생, 송하윤 → 18오산흉aaaj
⑤ 1996년 12월 20일생 오하율 → 54오알휴abbj

※ 다음은 L공사의 본부장 승진 대상자의 평가항목별 점수에 대한 자료이다. 이어지는 질문에 답하시오.
[32~33]

〈본부장 승진 대상자 평가결과〉

(단위 : 점)

| 대상자 | 외국어능력 | 필기 | 면접 | 해외 및 격오지 근무경력 |
| --- | --- | --- | --- | --- |
| A | 8 | 9 | 10 | 2년 |
| B | 9 | 8 | 8 | 1년 |
| C | 9 | 9 | 7 | 4년 |
| D | 10 | 8.5 | 8.5 | 5년 |
| E | 7 | 9 | 8.5 | 5년 |
| F | 8 | 7 | 10 | 4년 |
| G | 9 | 7 | 9 | 7년 |
| H | 9 | 10 | 8 | 3년 |
| I | 10 | 7.5 | 10 | 6년 |

**32** 다음 〈조건〉에 따라 승진 대상자 2명을 선발한다고 할 때, 선발된 직원을 모두 고르면?

조건
• 외국어능력, 필기, 면접 점수를 합산해 총점이 가장 높은 대상자 2명을 선발한다.
• 총점이 동일한 경우 해외 및 격오지 근무경력이 많은 자를 우선 선발한다.
• 해외 및 격오지 근무경력이 동일한 경우 면접 점수가 높은 자를 우선 선발한다.

① A, H
② A, I
③ D, I
④ D, H
⑤ H, I

**33** 해외 및 격오지 근무자들을 우대하기 위해 승진 대상자의 〈조건〉을 다음과 같이 변경하였을 때, 선발된 직원을 모두 고르면?

조건
• 해외 및 격오지 근무경력이 4년 이상인 지원자만 선발한다.
• 해외 및 격오지 근무경력 1년당 1점으로 환산한다.
• 4개 항목의 총점이 높은 순서대로 선발하되, 총점이 동일한 경우 해외 및 격오지 근무경력이 높은 자를 선발한다.
• 해외 및 격오지 근무경력 또한 같은 경우 면접 점수가 높은 자를 우선 선발한다.

① C, F
② D, G
③ D, I
④ E, I
⑤ G, I

**34** A~D 네 사람이 등산을 갔다가 길을 잃어서, 지도와 나침반을 가지고 있는 두 사람을 찾고 있다. 각 사람이 말한 2개의 문장 중 적어도 하나는 진실이라고 할 때, 다음 중 지도와 나침반을 갖고 있는 사람을 바르게 짝지은 것은?(단, 지도와 나침반은 동시에 갖고 있을 수 없다)

> A : D가 지도를 갖고 있어. B는 나침반을 갖고 있고 말이야.
> B : A는 지도를 갖고 있지 않아. C가 나침반을 갖고 있어.
> C : B가 지도를 갖고 있어. 나는 나침반을 갖고 있지 않아.
> D : 나는 나침반도 지도도 갖고 있지 않아. C가 지도를 갖고 있어.

|   | 지도 | 나침반 |
|---|------|--------|
| ① | A | B |
| ② | B | C |
| ③ | C | B |
| ④ | D | A |
| ⑤ | E | D |

**35** 다음은 제품 생산에 따른 공정 관리를 나타낸 자료이다. 〈보기〉 중 이에 대한 설명으로 옳은 것을 모두 고르면?(단, 각 공정은 동시 진행이 가능하다)

| 공정 활동 | 선행 공정 | 시간(분) |
|-----------|-----------|----------|
| A. 부품 선정 | 없음 | 2 |
| B. 절삭 가공 | A | 2 |
| C. 연삭 가공 | A | 5 |
| D. 부품 조립 | B, C | 4 |
| E. 전해 연마 | D | 3 |
| F. 제품 검사 | E | 1 |

※ 공정 간 부품의 이동 시간은 무시하며, A공정부터 시작되어 공정별로 1명의 작업 담당자가 수행한다.

> **보기**
> ㄱ. 전체 공정을 완료하기 위해서는 15분이 소요된다.
> ㄴ. 첫 제품 생산 후부터 1시간마다 3개의 제품이 생산된다.
> ㄷ. B공정이 1분 더 지연되어도 전체 공정 시간은 변화가 없다.

① ㄱ      ② ㄴ

③ ㄱ, ㄷ      ④ ㄴ, ㄷ

⑤ ㄱ, ㄴ, ㄷ

**36** L병원은 현재 영양제 할인 행사를 진행하고 있다. L병원에서 근무하는 A씨가 할인 행사에 대한 고객들의 문의 내용에 다음과 같이 답변했을 때, 답변 내용으로 적절한 것은?

**〈L병원 영양제 할인 행사 안내〉**

▶ 대상 : L병원 모든 외래·입원환자
▶ 기간 : 12월 1～31일까지 한 달간

| 구분 | 웰빙코스 | 케어코스 | 헬스코스 | 종합코스 | 폼스티엔에이페리주 치료 |
|---|---|---|---|---|---|
| 대상 | • 만성피로 직장인<br>• 간 질환자 | • 노인성 질환자<br>• 수험생<br>• 비만인 | • 집중력·기억력 감퇴자<br>• 급성·만성 간염 환자<br>• 운동선수 | • 당뇨병 환자<br>• 심혈관 환자<br>• 만성피로 증후군<br>• 노인, 직장인<br>• 비만인, 수험생<br>• 운동선수 | • 경구 또는 위장관 영양공급이 불가능·불충분하거나 제한되어 경정맥에 영양공급을 해야하는 환자 |
| 효능 | • 간 해독효과<br>• 피로회복<br>• 식욕부진<br>• 피부질환 | • 손발 저림<br>• 어깨통증<br>• 피로회복<br>• 집중력 증대<br>• 다이어트 | • 간세포 괴사 억제<br>• 전신 권태감 개선<br>• 인식력 저하 개선<br>• 학습능력 향상 | • 피로회복<br>• 간 기능 개선<br>• 집중력 증대<br>• 손발 저림<br>• 어깨통증<br>• 다이어트<br>• 피부질환 | • 칼로리, 아미노산 공급<br>• 필수지방, 오메가 -3 지방산 공급 |
| 가격 | 85,000원<br>→ 59,500원 | 70,000원<br>→ 49,000원 | 75,000원<br>→ 52,500원 | 100,000원<br>→ 70,000원 | 120,000원<br>→ 84,000원 |

① 문의 : L병원에서 영양제 할인행사를 한다고 들었는데 얼마나 할인되는 건가요?
　　답변 : 폼스티엔에이페리주 치료를 제외한 전체 코스에서 모두 30% 할인됩니다.
② 문의 : 제가 요새 식욕부진으로 고생 중인데 어떤 영양제 코스를 받는 게 좋을까요?
　　답변 : 할인을 통해 52,500원인 헬스코스를 추천해드립니다.
③ 문의 : 손발 저림에 효과있는 영양제 코스가 있을까요?
　　답변 : 케어코스가 있습니다. 혹시 피부질환도 치료를 원하실 경우 종합코스를 추천해드립니다.
④ 문의 : 제가 좀 비만이라 다이어트에 도움되는 코스도 있을까요?
　　답변 : 다이어트에 도움을 주는 케어코스 어떠실까요? 2월까지 할인행사 진행 중입니다.
⑤ 문의 : 폼스티엔에이페리주 치료를 받아볼까 하는데 어떤 효능이 있죠?
　　답변 : 비타민 A와 D, 칼슘과 나트륨을 충분히 공급받으실 수 있습니다.

**37** L공사 신입사원인 A ~ E 5명은 각각 영업팀, 기획팀, 홍보팀 중 한 곳에 속해 있다. 각 팀은 모두 같은 날, 같은 시간에 회의가 있고, L공사는 3층과 5층에 회의실이 두 개씩 있다. 따라서 세 팀이 모두 한 층에서 회의를 할 수는 없다. A ~ E사원의 진술 중 2명은 참을 말하고 3명은 거짓을 말할 때, 〈보기〉 중 항상 참인 것은?

> A사원 : 기획팀은 3층에서 회의를 한다.
> B사원 : 영업팀은 5층에서 회의를 한다.
> C사원 : 홍보팀은 5층에서 회의를 한다.
> D사원 : 나는 3층에서 회의를 한다.
> E사원 : 나는 3층에서 회의를 하지 않는다.

**보기**

ㄱ. 영업팀과 홍보팀이 같은 층에서 회의를 한다면 E사원은 기획팀이다.
ㄴ. 기획팀이 3층에서 회의를 한다면, D사원과 E사원은 같은 팀일 수 있다.
ㄷ. 두 팀이 5층에서 회의를 하는 경우가 3층에서 회의를 하는 경우보다 많다.

① ㄱ
② ㄱ, ㄴ
③ ㄱ, ㄷ
④ ㄴ, ㄷ
⑤ ㄱ, ㄴ, ㄷ

**38** 다음 글의 내용이 참일 때, 가해자인 것이 확실한 사람과 가해자가 아닌 것이 확실한 사람을 바르게 짝지은 것은?

> 폭력 사건의 용의자로 A, B, C가 지목되었다. 조사 과정에서 A, B, C가 각각 〈보기〉와 같이 진술하였는데, 이들 가운데 가해자는 거짓만을 진술하고 가해자가 아닌 사람은 참만을 진술한 것으로 드러났다.

**보기**

A : 우리 셋 중 정확히 한 명이 거짓말을 하고 있다.
B : 우리 셋 중 정확히 두 명이 거짓말을 하고 있다.
C : A, B 중 정확히 한 명이 거짓말을 하고 있다.

| | 가해자인 것이 확실 | 가해자가 아닌 것이 확실 |
|---|---|---|
| ① | A | C |
| ② | B | 없음 |
| ③ | B | A, C |
| ④ | A, C | B |
| ⑤ | A, B, C | 없음 |

**39** 제시된 명제가 모두 참일 때, 다음 중 반드시 참인 것은?

> • 세경이는 전자공학을 전공한다.
> • 원영이는 사회학을 전공한다.
> • 세경이는 복수전공으로 패션디자인을 전공한다.

① 원영이는 전자공학을 전공한다.
② 세경이는 전자공학과 패션디자인 모두를 전공한다.
③ 원영이의 부전공은 패션디자인이다.
④ 세경이의 부전공은 패션디자인이다.
⑤ 원영이의 복수전공은 전자공학이다.

**40** 현수, 정훈, 승규, 태경, 형욱 다섯 명이 마라톤 경기에서 뛰고 있다. 한 시간이 지난 후 현재 다섯 명 사이의 거리가 〈조건〉과 같다면 다음 중 반드시 참인 것은?

> **조건**
> • 태경이는 승규보다 3km 앞에서 뛰고 있다.
> • 형욱이는 태경이보다 5km 뒤에서 뛰고 있다.
> • 현수는 승규보다 5km 앞에서 뛰고 있다.
> • 정훈이는 태경이보다 뒤에서 뛰고 있다.
> • 1등과 5등의 거리는 10km 이하이다.

① 정훈이와 승규의 거리는 최소 0km, 최대 4km이다.
② 정훈이는 형욱이보다 최대 2km 뒤까지 위치할 수 있다.
③ 현수와 태경이의 거리와 승규와 형욱이의 거리는 같다.
④ 현재 마라톤 경기의 1등은 태경이다.
⑤ 현수 – 태경 – 승규 – 형욱 – 정훈 순서대로 달리고 있다.

**41** L공사에서는 약 2개월 동안 근무할 인턴사원을 선발하고자 다음과 같은 공고를 게시하였다. 〈보기〉에 제시된 지원자 A ~ E 중에서 L공사의 인턴사원으로 가장 적합한 지원자는?

〈인턴 모집 공고〉

- 근무기간 : 약 2개월(6 ~ 8월)
- 자격 요건
  - 1개월 이상 경력자
  - 포토샵 가능자
  - 근무 시간(9 ~ 18시) 이후에도 근무가 가능한 자
- 기타 사항
  - 경우에 따라서 인턴 기간이 연장될 수 있음

보기

| | |
|---|---|
| A지원자 | • 경력 사항 : 출판사 3개월 근무<br>• 컴퓨터 활용 능력 中(포토샵, 워드 프로세서)<br>• 대학 휴학 중(9월 복학 예정) |
| B지원자 | • 경력 사항 : 없음<br>• 포토샵 능력 우수<br>• 전문대학 졸업 |
| C지원자 | • 경력 사항 : 마케팅 회사 1개월 근무<br>• 컴퓨터 활용 능력 上(포토샵, 워드 프로세서, 파워포인트)<br>• 4년제 대학 졸업 |
| D지원자 | • 경력 사항 : 제약 회사 3개월 근무<br>• 포토샵 가능<br>• 저녁 근무 불가 |
| E지원자 | • 경력 사항 : 마케팅 회사 1개월 근무<br>• 컴퓨터 활용 능력 中(워드 프로세서, 파워포인트)<br>• 대학 졸업 |

① A지원자
② B지원자
③ C지원자
④ D지원자
⑤ E지원자

※ A사원은 신혼부부 전세임대주택 입주자 모집공고에 자주 묻는 질문을 정리하여 함께 올리고자 한다. 다음 글을 읽고 이어지는 질문에 답하시오. [42~43]

Q1. 전세임대 신청 시 현재 거주하고 있는 지역에서만 신청 가능한가요?
- 입주신청은 입주자모집 공고일 현재 신청자의 주민등록이 등재되어 있는 주소지를 기준으로 신청 가능합니다. 다만, 입주자 선정 후 전세주택 물색은 해당 특별시, 광역시 또는 도(道) 및 이와 연접한 시·군에서 가능합니다.

Q2. 전세임대 신청 시 청약통장은 반드시 있어야 하나요?
- 전세임대 신청 시 청약통장이 반드시 필요한 것은 아니나, 동일순위 입주희망자 간 경합이 있는 경우 청약저축 등 납입횟수에 따라 가점을 부여하고 있어 통장 보유 시 유리할 수 있습니다. 단, 청약통장은 신청자 명의의 통장만 인정합니다.

Q3. 신혼부부 전세임대로 입주하게 되면 20년간 거주가 보장되는 건가요?
- 신혼부부 전세임대는 최초 임대기간이 2년으로 재계약은 9회까지 가능합니다. 따라서 전세기간 2년을 전부 채운 경우 최장 20년까지 거주가 가능하지만 반드시 거주기간 20년을 보장하는 것은 아닙니다.

Q4. 입주대상자의 자격 검색은 어떻게 하나요?
- 전세임대 입주대상자 선정 시 생계·의료급여 수급자 여부 및 해당 세대의 소득 등은 한국토지주택공사가 보건복지부의 '사회보장정보시스템'을 이용하여 파악하므로, 입주대상자가 직접 서류를 준비할 필요가 없어 임대주택 신청이 간편합니다.

Q5. 모집공고일 현재 혼인신고하지 않은 예비신혼부부는 어떻게 신청하나요?
- 입주일 전까지 혼인신고 예정인 예비신혼부부에 한하여 입주신청이 가능하며, 신청지역은 예비신혼부부 일방(성별 무관)의 주민등록등본 주소지를 기준으로 신청해주시면 됩니다.

Q6. 친척 소유의 주택을 전세임대주택으로 지원받을 수 있나요?
- 본인과 배우자의 직계 존·비속 소유의 주택은 전세임대주택으로 지원받을 수 없으며, 가족관계증명서로 주택소유자를 확인합니다.

Q7. 소득 산정 시 어떤 소득이 포함되나요?
- 소득 산정 대상은 기존의 2종(상시근로소득, 기타사업소득)에서 12종으로 확대되었으며, 해당 세대의 소득은 소득항목별 소득 자료 제공기관에 별도 문의하여 확인할 수 있습니다.

**42** 다음 중 자주 묻는 질문을 통해 알 수 있는 사실로 옳지 않은 것은?

① 선정된 입주자는 주민등록상 주소지와 연접한 시·군에서도 전세주택 계약을 할 수 있다.
② 전세임대 신청 시 청약통장이 반드시 있어야 하는 것은 아니나 경합 시 불리할 수 있다.
③ 입주자의 자격서류는 입주대상자가 보건복지부의 '사회보장정보시스템'을 활용해 제출해야 한다.
④ 예비신혼부부 중 한 사람의 주민등록등본 주소지를 기준으로 전세임대를 신청할 수 있다.
⑤ 전세임대주택 계약 시 주택소유자는 가족관계증명서로 확인하며, 이때 본인과 배우자의 직계 존·비속의 주택은 지원받을 수 없다.

**43** A사원은 빠른 이해를 위해 질문을 카테고리별로 분류하고자 한다. 다음 중 분류가 옳은 것은?

① 입주신청 : Q1, Q3, Q5
② 입주신청 : Q2, Q6
③ 자격조회 : Q4, Q6, Q7
④ 계약 및 입주 : Q1, Q3, Q6
⑤ 계약 및 입주 : Q3, Q6

**44** 다음 자료와 〈조건〉을 바탕으로 철수, 영희, 민수, 철호가 상품을 구입한 쇼핑몰을 바르게 연결한 것은?

〈이용약관의 주요내용〉

| 쇼핑몰 | 주문 취소 | 환불 | 배송비 | 포인트 적립 |
|---|---|---|---|---|
| A | 주문 후 7일 이내 취소 가능 | 10% 환불수수료, 송금수수료 차감 | 무료 | 구입 금액의 3% |
| B | 주문 후 10일 이내 취소 가능 | 10% 환불수수료, 송금수수료 차감 | 20만 원 이상 무료 | 구입 금액의 5% |
| C | 주문 후 7일 이내 취소 가능 | 10% 환불수수료, 송금수수료 차감 | 1회 이용 시 1만 원 | 없음 |
| D | 주문 후 당일에만 취소 가능 | 10% 환불수수료, 송금수수료 차감 | 5만 원 이상 무료 | 없음 |
| E | 취소 불가능 | 고객 귀책 사유에 의한 환불 시에만 10% 환불수수료 | 1만 원 이상 무료 | 구입 금액의 10% |
| F | 취소 불가능 | 원칙적으로 환불 불가능 (사업자 귀책 사유일 때만 환불 가능) | 100g당 2,500원 | 없음 |

> **조건**
> • 철수는 부모님의 선물로 등산 용품을 구입하였는데, 판매자의 업무 착오로 배송이 지연되어 판매자에게 전화로 환불을 요구하였다. 판매자는 판매금액 그대로를 통장에 입금해 주었고 구입 시 발생한 포인트도 유지하여 주었다.
> • 영희는 옷을 구매할 때 배송료를 고려하여 한 가지씩 여러 번에 나누어 구매하기보다는 가능한 한 한꺼번에 주문하곤 하였다.
> • 인터넷 사이트에서 영화티켓을 20,000원에 주문한 민수는 다음날 같은 티켓을 18,000원에 파는 가게를 발견하고 전날 주문한 물건을 취소하려 했지만 취소가 되지 않아 곤란을 겪은 적이 있다.
> • 가방을 10만 원에 구매한 철호는 도착한 물건의 디자인이 마음에 들지 않아 환불 및 송금수수료와 배송료를 감수하는 손해를 보면서도 환불할 수밖에 없었다.

| | 철수 | 영희 | 민수 | 철호 |
|---|---|---|---|---|
| ① | E | B | C | D |
| ② | F | E | D | B |
| ③ | E | D | F | C |
| ④ | F | C | E | B |
| ⑤ | E | C | B | D |

**45** 다음 명제들이 모두 참이라면 금요일에 도서관에 가는 사람은?

- 정우는 금요일에 도서관에 간다.
- 연우는 화요일과 목요일에 도서관에 간다.
- 승우가 도서관에 가지 않으면 민우가 도서관에 간다.
- 민우가 도서관에 가면 견우도 도서관에 간다.
- 연우가 도서관에 가지 않으면 정우는 도서관에 간다.
- 정우가 도서관에 가면 승우는 도서관에 가지 않는다.

① 정우, 민우, 견우
② 정우, 승우, 연우
③ 정우, 승우, 견우
④ 정우, 민우, 연우
⑤ 정우, 연우, 견우

**46** 재무팀 A과장, 개발팀 B부장, 영업팀 C대리, 홍보팀 D차장, 디자인팀 E사원은 봄, 여름, 가을, 겨울에 중국, 일본, 러시아로 출장을 간다. 다음 〈조건〉을 바탕으로 항상 옳은 것은?(단, A ~ E는 중국, 일본, 러시아 중 반드시 한 국가에 출장을 가며, 아무도 가지 않은 국가와 계절은 없다)

조건
- 중국은 2명이 출장을 가고, 각각 여름 혹은 겨울에 출장을 간다.
- 러시아에 출장 가는 사람은 봄 혹은 여름에 출장을 간다.
- 재무팀 A과장은 반드시 개발팀 B부장과 함께 출장 간다.
- 홍보팀 D차장은 혼자서 봄에 출장을 간다.
- 개발팀 B부장은 가을에 일본에 출장을 간다.

① 홍보팀 D차장은 혼자서 중국으로 출장을 간다.
② 영업팀 C대리와 디자인팀 E사원은 함께 일본으로 출장을 간다.
③ 재무팀 A과장과 개발팀 B부장은 함께 중국으로 출장을 간다.
④ 영업팀 C대리가 여름에 중국 출장을 가면, 디자인팀 E사원은 겨울에 중국 출장을 간다.
⑤ 홍보팀 D차장이 어디로 출장을 가는지는 주어진 조건만으로 알 수 없다.

**47** 정희, 철수, 순이, 영희는 다음 〈조건〉에 따라 영어, 불어, 독어, 일어를 배운다. 이때 반드시 참인 것은?

조건

- 네 사람은 각각 최소한 한 가지 언어에서 최대 세 가지 언어를 배운다.
- 한 사람만 영어를 배운다.
- 두 사람만 불어를 배운다.
- 독어를 배우는 사람은 최소 두 명이다.
- 일어를 배우는 사람은 모두 세 명이다.
- 정희나 철수가 배우는 어떤 언어도 순이는 배우지 않는다.
- 순이가 배우는 어떤 언어도 영희는 배우지 않는다.
- 정희가 배우는 언어는 모두 영희도 배운다.
- 영희가 배우는 언어 중에 정희가 배우지만 철수는 배우지 않는 언어가 있다.

① 순이는 일어를 배운다.
② 순이는 영어, 불어를 배운다.
③ 영희는 불어, 독어, 일어를 배운다.
④ 정희는 영어, 불어, 독어를 배운다.
⑤ 철수는 불어를 배운다.

**48** L공사에 근무하는 A~C 세 명은 협력업체를 방문하기 위해 택시를 타고 가고 있다. 제시된 〈조건〉을 참고할 때, 다음 중 항상 옳은 것은?

조건

- 세 명의 직급은 각각 과장, 대리, 사원이다.
- 세 명은 각각 검은색, 회색, 갈색 코트를 입었다.
- 세 명은 기획팀, 연구팀, 디자인팀이다.
- 택시 조수석에는 회색 코트를 입은 과장이 앉아있다.
- 갈색 코트를 입은 연구팀 직원은 택시 뒷좌석에 앉아있다.
- 셋 중 가장 낮은 직급의 C는 기획팀이다.

① A – 대리, 갈색 코트, 연구팀
② A – 과장, 회색 코트, 디자인팀
③ B – 대리, 갈색 코트, 연구팀
④ B – 과장, 회색 코트, 디자인팀
⑤ C – 사원, 검은색 코트, 기획팀

**49** 이번 학기에 4개의 강좌 A ~ D가 새로 개설된다. 김과장은 강의 지원자 甲 ~ 戊 5명 중 4명에게 각 한 강좌씩 맡기려 한다. 배정 결과를 궁금해 하는 5명은 다음과 같이 예측했다. 배정 결과를 보니 이 중 한 명의 진술만 거짓이고, 나머지는 참인 것이 드러났다. 다음 중 바르게 추론한 것은?

> 甲 : 乙이 A강좌를 담당하고 丙은 강좌를 맡지 않을 것이다.
> 乙 : 丙이 B강좌를 담당할 것이다.
> 丙 : 丁은 D가 아닌 다른 강좌를 담당할 것이다.
> 丁 : 戊가 D강좌를 담당할 것이다.
> 戊 : 乙의 말은 거짓일 것이다.

① 甲은 A강좌를 담당한다.　　　② 乙은 C강좌를 담당한다.
③ 丙은 강좌를 맡지 않는다.　　④ 丁은 D강좌를 담당한다.
⑤ 戊는 B강좌를 담당한다.

**50** 철수, 영희, 상수는 재충전 횟수에 따른 업체들의 견적을 비교하여 리튬이온배터리를 구매하려고 한다. 다음 〈조건〉에 따라 옳지 않은 것은?

| 재충전 \ 방수액 | 유 | 무 |
|---|---|---|
| 0회 이상 100회 미만 | 5,000원 | 5,000원 |
| 100회 이상 300회 미만 | 10,000원 | 5,000원 |
| 300회 이상 500회 미만 | 20,000원 | 10,000원 |
| 500회 이상 1000회 미만 | 30,000원 | 15,000원 |
| 12,000회 이상 | 50,000원 | 20,000원 |

> **조건**
> • 철수 : 재충전이 12,000회 이상은 되어야 해.
> • 영희 : 나는 그렇게 많이는 필요하지 않고, 200회면 충분해.
> • 상수 : 나는 무조건 방수액을 발라야 해.

① 철수, 영희, 상수 세 사람이 리튬이온배터리를 가장 저렴하게 구매하는 가격의 총합은 30,000원이다.
② 철수, 영희, 상수 세 사람이 리튬이온배터리를 가장 비싸게 구매하는 가격의 총합은 110,000원이다.
③ 영희가 리튬이온배터리를 가장 저렴하게 구매하는 가격은 10,000원이다.
④ 영희가 가장 비싸게 구매하는 가격과 상수가 가장 비싸게 구매하는 가격의 차이는 30,000원 이상이다.
⑤ 상수가 구매하는 리튬이온배터리의 가장 저렴한 가격과 가장 비싼 가격의 차이는 45,000원이다.

늘 명심하라, 성공하겠다는 너 자신의 결심이 다른 어떤 것보다 중요하다는 것을.

– 에이브러햄 링컨 –

# 제3회
# 최종점검 모의고사

※ LH 한국토지주택공사 업무직 최종점검 모의고사는 시험 후기 및 채용공고를 기준으로 구성한
  것으로, 실제 시험과 다를 수 있습니다.

## ■ 취약영역 분석

| 번호 | O/× | 영역 | 번호 | O/× | 영역 | 번호 | O/× | 영역 |
|---|---|---|---|---|---|---|---|---|
| 01 | | | 21 | | | 41 | | |
| 02 | | | 22 | | | 42 | | |
| 03 | | | 23 | 의사소통능력 | 43 | | |
| 04 | | | 24 | | | 44 | | |
| 05 | | | 25 | | | 45 | | 문제해결능력 |
| 06 | | | 26 | | | 46 | | |
| 07 | | | 27 | | | 47 | | |
| 08 | | | 28 | | | 48 | | |
| 09 | | | 29 | | | 49 | | |
| 10 | | 의사소통능력 | 30 | | | 50 | | |
| 11 | | | 31 | | | | | |
| 12 | | | 32 | | | | | |
| 13 | | | 33 | | 문제해결능력 | | | |
| 14 | | | 34 | | | | | |
| 15 | | | 35 | | | | | |
| 16 | | | 36 | | | | | |
| 17 | | | 37 | | | | | |
| 18 | | | 38 | | | | | |
| 19 | | | 39 | | | | | |
| 20 | | | 40 | | | | | |

| 평가문항 | 50문항 | 평가시간 | 60분 |
|---|---|---|---|
| 시작시간 | : | 종료시간 | : |
| 취약영역 | | | |

🕐 응시시간 : 60분　📋 문항 수 : 50문항　　　　　　　　　　　　　　　정답 및 해설 p.048

---

※ 다음 글을 읽고 이어지는 질문에 답하시오. **[1~2]**

인간은 지구상의 생명이 대량 멸종하는 사태를 맞이하고 있지만, 다른 한편으로는 실험실에서 인공적으로 새로운 생명체를 창조하고 있다. 이런 상황에서, 자연적으로 존재하는 종을 멸종으로부터 보존하여야 한다는 생물 다양성의 보존 문제를 어떤 시각으로 바라보아야 할까? A는 생물 다양성을 보존해야 한다고 주장한다. 이를 위해 A는 다음과 같은 도구적 정당화를 제시한다. 우리는 의학적·농업적·경제적·과학적 측면에서 이익을 얻기를 원한다. '생물 다양성 보존'은 이를 위한 하나의 수단으로 간주될 수 있다. 바로 그 수단이 우리가 원하는 이익을 얻는 최선의 수단이라는 것이 A의 첫 번째 전제이다. 그리고 ___(가)___ 는 것이 A의 두 번째 전제이다. 이 전제들로부터 우리에게는 생물 다양성을 보존할 의무와 필요성이 있다는 결론이 나온다.

이에 대해 B는 생물 다양성 보존이 우리가 원하는 이익을 얻는 최선의 수단이 아님을 지적한다. 특히 합성 생물학은 자연에 존재하는 DNA, 유전자, 세포 등을 인공적으로 합성하고 재구성해 새로운 생명체를 창조하는 것을 목표로 한다. B는 우리가 원하는 이익을 얻고자 한다면, 자연적으로 존재하는 생명체들을 대상으로 보존에 애쓰는 것보다는 합성 생물학을 통해 원하는 목표를 더 합리적이고 체계적으로 성취할 수 있을 것이라고 주장한다. 인공적인 생명체의 창조가 우리가 원하는 이익을 얻는 더 좋은 수단이므로, 생물 다양성 보존을 지지하는 도구적 정당화는 설득력을 잃는다는 것이다. 그래서 B는 A가 제시하는 도구적 정당화에 근거하여 생물 다양성을 보존하자고 주장하는 것은 옹호될 수 없다고 말한다.

한편 C는 모든 종은 보존되어야 한다고 주장하면서 생물 다양성 보존을 옹호한다. C는 대상의 가치를 평가할 때 그 대상이 갖는 도구적 가치와 내재적 가치를 구별한다. 대상의 도구적 가치란 그것이 특정 목적을 달성하는 데 얼마나 쓸모가 있느냐에 따라 인정되는 가치이며, 대상의 내재적 가치란 그 대상이 그 자체로 본래부터 갖고 있다고 인정되는 고유한 가치를 말한다. C에 따르면 생명체는 단지 도구적 가치만을 갖는 것이 아니다. 생명체를 오로지 도구적 가치로만 평가하는 것은 생명체를 그저 인간의 목적을 위해 이용되는 수단으로 보는 인간 중심적 태도이지만, C는 그런 태도는 받아들일 수 없다고 본다. 생명체의 내재적 가치 또한 인정해야 한다는 것이다. 그 생명체들이 속한 종 또한 그 쓸모에 따라서만 가치가 있는 것이 아니다. 그리고 내재적 가치를 지니는 것은 모두 보존되어야 한다. 이로부터 모든 종은 보존되어야 한다는 결론에 다다른다. 왜냐하면 ___(나)___ 때문이다.

**01** 다음 중 윗글의 (가), (나)에 들어갈 내용을 순서대로 바르게 나열한 것은?

① (가) : 어떤 것이 우리가 원하는 이익을 얻는 최선의 수단이라면 우리에게는 그것을 실행할 의무와 필요성이 있다

　(나) : 생명체의 내재적 가치는 종의 다양성으로부터 비롯되기

② (가) : 어떤 것이 우리가 원하는 이익을 얻는 최선의 수단이 아니라면 우리에게는 그것을 실행할 의무와 필요성이 없다

　(나) : 생명체의 내재적 가치는 종의 다양성으로부터 비롯되기

③ (가) : 어떤 것이 우리가 원하는 이익을 얻는 최선의 수단이라면 우리에게는 그것을 실행할 의무와 필요성이 있다

　(나) : 모든 종은 그 자체가 본래부터 고유의 가치를 지니기

④ (가) : 어떤 것이 우리가 원하는 이익을 얻는 최선의 수단이 아니라면 우리에게는 그것을 실행할 의무와 필요성이 없다

　(나) : 모든 종은 그 자체가 본래부터 고유의 가치를 지니기

⑤ (가) : 우리에게 이익을 제공하는 수단 가운데 생물 다양성의 보존보다 더 나은 수단은 없다

　(나) : 모든 종은 그 자체가 본래부터 고유의 가치를 지니기

**02** 다음 중 윗글에 대한 추론으로 적절한 것을 〈보기〉에서 모두 고르면?

> **보기**
> ㄱ. A는 생물 다양성을 보존해야 한다고 주장하지만, B는 보존하지 않아도 된다고 주장한다.
> ㄴ. B는 A의 두 전제가 참이더라도 A의 결론이 반드시 참이 되지는 않는다고 비판한다.
> ㄷ. 자연적으로 존재하는 생명체가 도구적 가치를 가지느냐에 대한 A와 C의 평가는 양립할 수 있다.

① ㄱ
② ㄷ
③ ㄱ, ㄴ
④ ㄴ, ㄷ
⑤ ㄱ, ㄴ, ㄷ

**03** 다음 글에서 맞춤법상 옳지 않은 단어는 모두 몇 개인가?

---

• 관심 지구 알리미

'관심 지구 알리미'란 LH 마이홈 콜센터로 분양 및 임대를 받고자 하는 관심 지구를 등록한 고객에게 해당 지구 모집 공고 시 안내 사항을 장문 메시지(LMS; Long Message Service)로 발송해 드리는 서비스입니다.

1. 등록 기간
   월 ~ 금요일, 오전 9시 ~ 오후 6시(주말과 공휴일은 관심 지구 등록이 제공되지 안습니다)

2. 등록 방법
   • 국번 없이 1600-1004번
     일반 통화 요금이 부가되며, 별도의 정보 이용료는 없습니다.
   • 관심 지구 알리미 서비스는 1인에 한하여 3개 지역(시, 군, 구 단위)까지 신청 가능하며, 신청한 지역별 1개의 공급 유형을 선택하실 수 있습니다.
   • 등록일 기준 1년간 서비스되며, 기간 만료 시 항후 연장이 가능합니다.

---

① 없음                        ② 1개
③ 2개                        ④ 3개
⑤ 4개

**04** 다음 글의 문맥을 고려할 때, 이어질 문단을 논리적 순서대로 바르게 나열한 것은?

전쟁 소설 중에는 실제로 일어났던 전쟁을 배경으로 한 작품들이 있다. 이런 작품들은 허구를 매개로 실재했던 전쟁을 새롭게 조명하고 있다.

(가) 가령, 작자 미상의 조선 후기 소설 『박씨전』의 후반부는 조선이 패전했던 병자호란에 등장하는 실존 인물 '용골대'와 그의 군대를 허구의 여성인 '박씨'가 물리치는 허구의 내용인데, 이는 패전의 치욕을 극복하고 싶은 수많은 조선인의 바람을 반영한 것이다.

(나) 한편, 1964년 박경리가 발표한 『시장과 전장』은 극심한 이념 갈등 사이에서 생존을 위해 몸부림치는 인물을 통해 6 · 25 전쟁이 남긴 상흔을 직시하고 이에 좌절하지 않으려는 작가의 의지를 드러낸다.

(다) 또한 『시장과 전장』에서는 전쟁터를 재현하여 전쟁의 폭력과 맞닥뜨린 개인의 연약함을 강조하고, 무고한 희생을 목격한 인물의 내면을 드러냄으로써 개인의 존엄을 탐색한다.

(라) 박씨와 용골대 사이의 대립 구도 아래 전개되는 허구의 이야기는 조선인들의 슬픔을 위로하고 희생자를 추모함으로써 공동체로서의 연대감을 강화하였다.

우리는 이러한 작품들을 통해 전쟁의 성격을 탐색할 수 있다. 전쟁이 폭력적인 것은 공동체 사이의 갈등 과정에서 사람들이 죽기 때문만은 아니다. 전쟁의 명분은 폭력을 정당화하기 때문에 적군의 죽음은 불가피한 것으로, 아군의 죽음은 불의한 적군에 의한 희생으로 간주한다. 전쟁은 냉혹하게도 피아(彼我)를 막론하고 민간인의 죽음조차 외면하거나 자신의 명분에 따라 이를 이용하게 한다는 점에서 폭력성을 띠는 것이다.

두 작품에서 사람들이 죽는 장소가 군사들이 대치하는 전선만이 아니라는 점도 주목할 수 있다. 전쟁터란 전장과 후방, 가해자와 피해자가 구분하기 힘든 혼돈의 현장이다. 이 혼돈 속에서 사람들은 고통을 받으면서도 생의 의지를 추구해야 한다는 점에서 전쟁의 비극성은 극대화된다. 이처럼 전쟁의 허구화를 통해 우리는 전쟁에 대한 인식을 새롭게 할 수 있다.

① (가) – (다) – (나) – (라)
② (가) – (라) – (나) – (다)
③ (가) – (라) – (다) – (나)
④ (나) – (가) – (다) – (라)
⑤ (나) – (가) – (라) – (다)

※ 다음 글을 읽고 이어지는 질문에 답하시오. [5~6]

갑 : 사람이 운전하지 않고 자동차 스스로 운전을 하는 세상이 조만간 현실이 될 거야. 운전 실수로 수많은 사람이 목숨을 잃는 비극은 이제 종말을 맞게 될까?

을 : 기술이 가능하다는 것과 그 기술이 상용화되는 것은 별개의 문제지. 현재까지 자동차 운전이란 인간이 하는 자발적인 행위라고 할 수 있고, 바로 그 때문에 교통사고에서 실수로 사고를 낸 사람에게 그 사고에 대한 책임을 물을 수 있는 것 아니겠어? 자율주행 자동차가 사고를 낸다고 할 때 그 책임을 누구에게 물을 수 있지?

갑 : 모든 기계가 그렇듯 오작동이 있을 수 있지. 만약 오작동으로 인해서 사고가 났는데 그 사고가 제조사의 잘못된 설계 때문이라면 제조사가 그 사고에 대한 책임을 지는 것이 당연하잖아. 자율주행 자동차에 대해서도 똑같이 생각하면 되지 않을까?

을 : 그런데 문제는 자율주행 자동차를 설계하는 과정에서 어떤 것을 잘못이라고 볼 것인지 하는 거야. ⊙ 이런 상황을 생각해 봐. 달리고 있는 자율주행 자동차 앞에 갑자기 아이 두 명이 뛰어들었는데 거리가 너무 가까워서 자동차가 아이들 앞에 멈출 수는 없어. 자동차가 직진을 하면 교통 법규는 준수하겠지만 아이들은 목숨을 잃게 되지. 아이들 목숨을 구하기 위해서 교통 법규를 무시하고 왼쪽으로 가면 자동차는 마주 오는 오토바이와 충돌하여 오토바이에 탄 사람 한 명을 죽게 만들어. 오른쪽으로 가면 교통 법규는 준수하겠지만 정차 중인 트럭과 충돌하여 자율주행 자동차 안에 타고 있는 탑승자 모두 죽게 된다고 해. 자동차가 취할 수 있는 다른 선택은 없고 각 경우에서 언급된 인명 피해 말고 다른 인명 피해는 없다고 할 때, 어떤 결정을 하도록 설계하는 것이 옳다고 할 수 있을까?

갑 : 그건 어느 쪽이 옳다고 단정할 수 없는 문제이기 때문에 오히려 쉬운 문제라고 할 수 있지. 그런 상황에서 최선의 선택은 없으므로 어느 쪽으로 설계하더라도 괜찮다는 거야. 예를 들어, ⓒ 다음 규칙을 어떤 우선순위로 적용할 것인지를 합의하기만 하면 되는 거지. 규칙 1, 자율주행 자동차에 탄 탑승자를 보호하라. 규칙 2, 인명 피해를 최소화하라. 규칙 3, 교통 법규를 준수하라. '규칙 1-2-3'의 우선순위를 따르게 한다면, 규칙 1을 가장 먼저 지키고, 그 다음 규칙 2, 그 다음 규칙 3을 지키는 것이지. 어떤 순위가 더 윤리적으로 옳은지에 대해 사회적으로 합의만 된다면 그에 맞춰 설계한 자율주행 자동차를 받아들일 수 있을 거야.

병 : 지금 당장 도로를 다니는 자동차가 모두 자율주행을 한다면 사고가 훨씬 줄어들겠지. 자동차끼리 서로 정보를 주고받을 테니 자동차 사고가 일어나더라도 인명 피해를 크게 줄일 수 있을 거야. 하지만 문제는 교통 환경이 그런 완전 자율주행 상태로 가기 전에 사람들이 직접 운전하는 자동차와 자율주행 자동차가 도로에 뒤섞여 있는 상태를 먼저 맞게 된다는 거야. 이런 상황에서 발생할 수 있는 문제를 해결하도록 자율주행 자동차를 설계하는 일은 자율주행 자동차만 도로를 누비는 환경에 적합한 자율주행 자동차를 설계하는 일보다 훨씬 어렵지. 쉬운 문제를 만나기 전에 어려운 문제를 만나게 되는, 이른바 '문지방' 문제가 있는 거야. 그런데 ⓒ 자율주행 자동차를 대하는 사람들의 이율배반적 태도는 이 문지방 문제를 해결하는 데 더 많은 시간이 걸리게 만들어. 이 때문에 완전 자율주행 상태를 실현하기는 매우 어렵다고 봐야지.

**05** ㉠에서 ㉡을 고려하여 만들어진 자율주행 자동차가 오른쪽으로 방향을 바꿔 트럭과 충돌하는 사건이 일어났다면, 이 사건이 일어날 수 있는 경우에 해당하는 것은?

① 자율주행 자동차에는 1명이 탑승하고 있었고, 우선순위는 규칙 3-1-2이다.
② 자율주행 자동차에는 2명이 탑승하고 있었고, 우선순위는 규칙 3-2-1이다.
③ 자율주행 자동차에는 1명이 탑승하고 있었고, 우선순위는 규칙 2-3-1이다.
④ 자율주행 자동차에는 2명이 탑승하고 있었고, 우선순위는 규칙 2-3-1이다.
⑤ 자율주행 자동차에는 2명 이상이 탑승하고 있었고, 우선순위는 규칙 3-1-2이다.

**06** 다음 사실이 ㉢을 강화할 때, 빈칸에 들어갈 내용으로 가장 적절한 것은?

> 광범위한 설문 조사 결과 대다수 사람들은 가급적 가까운 미래에 인명 피해를 최소화하도록 설계된 자율주행 자동차가 도로에 많아지는 것을 선호하는 것으로 나타났다. 하지만 '_____'라는 질문을 받으면, 대다수의 사람들은 '아니다'라고 대답했다.

① 자동차 대부분이 자율주행을 한다고 해도 여전히 직접 운전하길 선호하는가?
② 자율주행 자동차가 낸 교통사고에 대한 책임은 그 자동차에 탑승한 사람에게 있는가?
③ 자동차 탑승자의 인명을 희생하더라도 보다 많은 사람의 목숨을 구하도록 설계된 자동차를 살 의향이 있는가?
④ 인명 피해를 최소화하도록 설계된 자율주행 자동차보다 탑승자의 인명을 최우선으로 지키도록 설계된 자율주행 자동차를 선호하는가?
⑤ 탑승자의 인명을 최우선으로 지키도록 설계된 자율주행 자동차보다 교통 법규를 최우선으로 준수하도록 설계된 자율주행 자동차를 선호하는가?

**07** 다음 문단을 논리적 순서대로 바르게 나열한 것은?

(가) 이러한 특징은 구엘 공원에 잘 나타나 있는데, 산의 원래 모양을 최대한 유지하기 위해 지면을 받치는 돌기둥을 만드는가 하면, 건축물에 식물을 심어 그 뿌리로 하여금 무너지지 않게 했다.

(나) 스페인을 대표하는 천재 건축가 가우디가 만든 건축물의 대표적인 특징을 꼽자면, 먼저 곡선을 들 수 있다. 그의 여러 건축물 중 곡선미가 가장 잘 나타나는 것은 바로 1984년 유네스코 세계 문화유산으로 지정된 까사 밀라이다.

(다) 또 다른 특징으로는 자연과의 조화로, 그는 건축 역시 사람들이 살아가는 공간이자 자연의 일부라고 생각하여 가능한 자연을 훼손하지 않고 건축하는 것을 원칙으로 삼았다.

(라) 이 건축물의 겉 표면에는 일렁이는 파도를 연상시키는 곡선이 보이는데, 이는 당시 기존 건축 양식과는 거리가 매우 멀어 처음엔 조롱거리가 되었다. 하지만 훗날 비평가들은 그의 창의성을 인정하게 됐고 현대 건축의 출발점으로 지금까지 평가되고 있다.

① (가) – (나) – (라) – (다)
② (가) – (다) – (나) – (라)
③ (나) – (라) – (가) – (다)
④ (나) – (라) – (다) – (가)
⑤ (다) – (나) – (가) – (라)

**08** 다음 중 ㉠, ㉡에 들어갈 내용이 바르게 연결된 것은?

일반적으로 공황발작이란 극심한 불안을 말한다. 사람은 누구나 생명의 위협을 느끼거나 매우 놀라는 위기 상황에서 극심한 불안을 느끼며, 이는 정상적인 생리 반응이다. _____㉠_____ 공황장애에서의 공황발작은 아무런 이유 없이 아무 때나 예기치 못하게 반복적으로 발생한다. 공황발작이 발생하게 되면 심장이 두근거리기도 하고 가슴이 답답하고 아플 수도 있으며, 숨쉬기 어렵거나 숨이 막힐 것 같은 기분이 들 수 있다. 또, 구역질이 나거나 복통이 있을 수도 있고, 두통이나 어지러움이 느껴져 기절할 것 같은 느낌이 들고 땀이 나면서 온몸에 힘이 빠지거나 손발이 저릿할 수도 있다. 이러한 여러 가지 증상들이 모두 다 나타날 수도 있고, 이 중에 몇 가지만 나타날 수도 있는데, 특징적으로 이러다 미쳐버릴 것 같거나, 이러다 죽을지도 모른다는 공포감을 느끼게 된다. 특별한 위기 상황이나 스트레스 상황이 아닌데도 길을 걷다가, 앉아서 수업을 듣다가, 자려고 누웠다가 공황발작이 발생할 수 있다. _____㉡_____ 예기치 못하게 공황발작이 나타나게 되면 다음에 또다시 발작이 생길까 걱정하며 본인 나름의 발작 이유나 결과에 대해 생각하며 행동의 변화가 생기게 된다. 특히 언제 다시 발작이 생길지 몰라 불안해하며, 발작이 생기면 도움을 청할 수 있는 사람과 함께 있으려 한다든지, 혼자 외출을 못 하고 집에만 있으려고 해 일상생활이 어려워지는 경우도 많다.

|   | ㉠ | ㉡ |
|---|---|---|
| ① | 그리고 | 그러므로 |
| ② | 그리고 | 하지만 |
| ③ | 그러나 | 하지만 |
| ④ | 그러므로 | 이와 같이 |
| ⑤ | 그러나 | 이와 같이 |

**09** 다음 주장에 대한 반박으로 가장 적절한 것은?

> 우리 마을 사람들의 대부분은 산에 있는 밭이나 과수원에서 일한다. 그런데 마을 사람들이 밭이나 과수원에 갈 때 주로 이용하는 도로의 통행을 가로막는 울타리가 설치되었다. 그 도로는 산의 밭이나 과수원까지 차량이 통행할 수 있는 유일한 길이었다. 이러한 도로가 사유지 보호라는 명목으로 막혀서 땅 주인과 마을 사람들 간의 갈등이 심해지고 있다.
>
> 마을 사람들의 항의에 대해서 땅 주인은 자신의 사유 재산이 더 이상 훼손되는 것을 간과할 수 없어 통행을 막았다고 주장한다. 그 도로가 사유 재산이므로 독점적이고 배타적인 사용 권리가 있어서 도로 통행을 막은 것이 정당하다는 것이다.
>
> 마을 사람들은 그 도로가 10년 가까이 공공으로 사용되어 왔는데 사유 재산이라는 이유로 갑자기 통행을 금지하는 것은 부당하다고 주장하고 있다. 도로가 막히면 밭이나 과수원에서 농사를 짓는 데 불편함이 크고 수확물을 차에 싣고 내려올 수도 없는 등의 피해를 입게 되는데, 개인의 권리 행사 때문에 이러한 피해를 입는 것은 부당하다는 것이다.
>
> 사유 재산에 대한 개인의 권리가 보장받는 것도 중요하지만, 그로 인해 다수가 피해를 입게 된다면 사익보다 공익을 우선시하여 개인의 권리가 제한되어야 한다고 생각한다. 만일 개인의 권리가 공익을 위해 제한되지 않으면 이번 일처럼 개인과 다수 간의 갈등이 발생할 수밖에 없다.
>
> 땅 주인은 사유 재산의 독점적이고 배타적인 사용을 주장하기에 앞서 마을 사람들이 생업의 곤란으로 겪는 어려움을 염두에 두어야 한다. 공익을 우선시하는 태도로 조속히 문제 해결을 위해 노력해야 할 것이다.

① 땅 주인은 개인의 권리 추구에 앞서 마을 사람들과 함께 더불어 살아가는 법을 배워야 한다.

② 마을 사람들과 땅 주인의 갈등은 민주주의의 다수결의 원칙에 따라 해결해야 한다.

③ 공익으로 인해 침해된 땅 주인의 사익은 적절한 보상을 통해 해결될 수 있다.

④ 땅 주인의 권리 행사로 발생하는 피해가 법적으로 증명되어야만 땅 주인의 권리를 제한할 수 있다.

⑤ 해당 도로는 10년 가까이 공공으로 사용되었기 때문에 사유 재산으로 인정받을 수 없다.

**10** 다음 글의 빈칸에 들어갈 단어를 〈보기〉에서 바르게 짝지은 것은?

> 광고주들은 광고를 통해 상품의 인지도를 높이고 상품에 대한 호의적 태도를 확산시키려 한다. 간접 광고에서는 이러한 광고 ⑦ 을/를 거두기 위해 주류적 배치와 주변적 배치를 ⓙ 한다. 주류적 배치는 출연자가 상품을 ⓙ 하거나 대사를 통해 상품을 언급하는 것이고, 주변적 배치는 화면 속의 배경을 통해 상품을 노출하는 것인데, 시청자들은 주변적 배치보다 주류적 배치에 더 주목하기 때문에 주류적 배치가 광고 ⓡ 이/가 높다.

**보기**

| | |
|---|---|
| ㉠ 활용 | ㉡ 효용 |
| ㉢ 효과 | ㉣ 조율 |
| ㉤ 효율 | ㉥ 사용 |
| ㉦ 과시 | ㉧ 효능 |

|   | ⑦ | ⓙ | ⓙ | ⓡ |
|---|---|---|---|---|
| ① | ㉡ | ㉠ | ㉥ | ㉤ |
| ② | ㉡ | ㉣ | ㉦ | ㉧ |
| ③ | ㉢ | ㉠ | ㉥ | ㉤ |
| ④ | ㉢ | ㉠ | ㉥ | ㉧ |
| ⑤ | ㉤ | ㉣ | ㉦ | ㉧ |

**11** 다음 문단을 논리적 순서대로 바르게 나열한 것은?

> (가) 공공재원 효율적 활용을 지향하기 위해 사회 생산성 기여를 위한 공간정책이 마련되어야 함과 동시에 주민복지의 거점으로서 기능을 해야 한다. 또한 도시체계에서 다양한 목적의 흐름을 발생, 집중시키는 노드로서 다기능·복합화를 실현하여 범위의 경제를 창출하여 이용자 편의성을 증대시키고, 공공재원의 효율적 활용에도 기여해야 한다.
>
> (나) 우리나라도 인구 감소 시대에 본격적으로 진입할 가능성이 높아지고 있다. 이미 비수도권의 대다수 시·군에서는 인구가 급속하게 줄어왔으며, 수도권 내 상당수의 시·군에서도 인구정체가 나타나고 있다. 인구 감소 시대에 접어들게 되면, 줄어드는 인구로 인해 고령화 및 과소화가 급속하게 진전된 상태가 될 것이고, 그 결과 취약계층, 교통약자 등 주민의 복지수요가 늘어날 것이다.
>
> (다) 앞으로 공공재원의 효율적 활용, 주민복지의 최소 보장, 자원배분의 정의, 공유재의 사회적 가치 및 생산에 대해 관심을 기울여야 할 것이다. 또한 인구 감소 시대에 대비하여 창조적 축소, 거점 간 또는 거점과 주변 간 네트워크화 등에 관한 논의, 그와 관련되는 국가와 지자체의 역할 분담, 그리고 이해관계 주체의 연대, 참여, 결속에 관한 논의가 계속적으로 다루어져야 할 것이다.
>
> (라) 이러한 상황에서는 공공재원을 확보, 확충하기가 어렵게 되므로 재원의 효율적 활용 요구가 높아질 것이다. 실제로 현재 인구 감소에 따른 과소화, 고령화가 빠르게 전개되어온 지역에서 공공서비스 공급에 제약을 받고 있으며, 비용 효율성을 높여야 한다는 과제에 직면해 있다.

① (가) – (다) – (나) – (라)

② (가) – (라) – (나) – (다)

③ (나) – (가) – (라) – (다)

④ (나) – (라) – (가) – (다)

⑤ (나) – (라) – (다) – (가)

**12** 다음 글의 주된 서술 방식으로 가장 적절한 것은?

고객은 제품의 품질에 대해 나름의 욕구를 가지고 있다. 카노는 품질에 대한 고객의 욕구와 만족도를 설명하는 모형을 개발하였다. 카노는 일반적으로 고객이 세 가지 욕구를 가지고 있다고 하였다. 그는 그것을 각각 기본적 욕구, 정상적 욕구, 감동적 욕구라고 지칭했다.

기본적 욕구는 고객이 가지고 있는 가장 낮은 단계의 욕구로서, 그들이 구매하는 제품이나 서비스에 당연히 포함되어 있을 것으로 기대되는 특성들이다. 만약 이런 특성들이 제품이나 서비스에 결여되어 있다면 고객은 예외 없이 크게 불만족스러워 한다. 그러나 기본적 욕구가 충족되었다고 해서 고객이 만족감을 느끼는 것은 아니다. 정상적 욕구는 고객이 직접 요구하는 욕구로서, 이 욕구가 충족되지 못하면 고객은 불만족스러워 한다. 그러나 이 욕구가 충족되면 될수록 고객은 만족을 더 많이 느끼게 된다.

감동적 욕구는 고객이 지니고 있는 가장 높은 단계의 욕구로서, 고객이 기대하지는 않는 욕구이다. 감동적 욕구가 충족되면 고객은 큰 감동을 느끼지만, 충족되지 않아도 상관없다고 생각한다. 카노는 이러한 고객의 욕구를 확인하기 위해 설문지 조사법을 제안하였다.

세 가지 욕구와 관련하여 고객이 식당에 가는 상황을 생각해 보자. 의자와 식탁이 당연히 깨끗해야 한다고 생각하는 고객은 의자와 식탁이 깨끗하다고 해서 만족감을 느끼지는 않는다. 그러나 그렇지 않으면 그 고객은 크게 불만족스러워 한다. 한편 식탁의 크기가 적당해야 만족감을 느끼는 고객은 식탁이 좁으면 불만족스러워 한다. 그러나 자신의 요구로 식탁의 크기가 적당해지면 고객의 만족도는 높아진다. 여기에 더해 꼭 필요하지는 않지만, 식탁 위에 장미가 놓여 있으면 좋겠다고 생각하는 고객이 실제로 식탁 위에 장미가 놓여 있는 것을 보면 단순한 만족 이상의 감동을 느낀다. 그러나 이런 것이 없다고 해서 그 고객이 불만족스러워 하지는 않는다.

제품이나 서비스에 대한 고객의 기대가 항상 고정적이지는 않다. 고객의 기대는 시간이 지남에 따라 바뀐다. 즉, 감동적 욕구를 충족시킨 제품이나 서비스의 특성은 시간이 지나면 정상적 욕구를 충족시키는 특성으로, 시간이 더 지나면 기본적 욕구만을 충족시키는 특성으로 바뀐다. 또한 고객의 욕구는 일정한 단계를 지닌다. 고객의 기본적 욕구를 충족시키지 못하는 제품은 고객의 정상적 욕구를 절대로 충족시킬 수 없다. 마찬가지로 고객의 정상적 욕구를 충족시키지 못하는 제품은 고객의 감동적 욕구를 충족시킬 수 없다.

① 구체적인 사례를 들어 독자의 이해를 돕고 있다.
② 대상의 변화 과정과 그것의 문제점을 언급하고 있다.
③ 화제와 관련한 질문을 통해 독자의 관심을 환기하고 있다.
④ 개념 사이의 장단점을 비교하여 차이점을 부각하고 있다.
⑤ 이론이 등장하게 된 사회적 배경을 구체적으로 소개하고 있다.

**13** 다음 글에 나타난 글쓴이의 주장으로 가장 적절한 것은?

> 동물들의 행동을 잘 살펴보면 동물들도 우리가 사용하는 말 못지않은 의사소통 수단을 가지고 있는 듯이 보인다. 즉, 동물들도 여러 가지 소리를 내거나 몸짓을 함으로써 자신들의 감정과 기분을 나타낼 뿐 아니라 경우에 따라서는 인간과 다를 바 없이 의사를 교환하고 있는 듯하다. 그러나 그것은 단지 겉모습의 유사성에 지나지 않을 뿐이고 사람의 말과 동물의 소리에는 아주 근본적인 차이가 존재한다는 점을 잊어서는 안 된다. 동물들이 사용하는 소리는 단지 배고픔이나 고통 같은 생물학적인 조건에 대한 반응이거나, 두려움이나 분노 같은 본능적인 감정들을 표현하기 위한 것에 지나지 않는다.

① 모든 동물이 다 말을 하는 것은 아니지만, 원숭이와 같이 지능이 높은 동물은 말을 할 수 있다.
② 동물들은 인간이 알아듣지 못하는 방식으로 대화할 뿐, 서로 대화를 나누고 정보를 교환하며 인간과 같이 의사소통을 한다.
③ 사육사의 지속적인 훈련을 받는다면 동물들은 인간의 소리를 똑같은 목소리로 정확하게 따라할 수 있다.
④ 자라면서 언어를 익히는 인간과 달리 동물들은 태어날 때부터 소리를 내고, 이를 통해 자신들의 의사를 표현한다.
⑤ 동물들이 내는 소리가 때때로 의사소통의 수단으로 이용된다고 해서 그것을 대화나 토론이나 회의와 같은 언어활동이라고 할 수는 없다.

**14** 다음 중 갑과 을의 주장을 도출할 수 있는 질문으로 가장 적절한 것은?

> 갑 : 공기업은 정부 지원 아래 시장에서 독점적인 지위를 가지므로 효율성과 서비스의 질이 떨어진다. 실제로 현재 공기업들의 부채 총액은 400조 원 이상에 육박하여 이자만으로도 국민의 세금이 막대하게 낭비되어 국민들에게 부담을 주고 있다. 공공부문을 민영화한다면 불필요한 세금의 낭비를 막고, 기업의 효율성과 서비스의 질 향상 또한 기대할 수 있을 것이다.
> 을 : 공공부문은 국민의 삶에 필수적이고 직접적인 영향을 미친다. 전기세나 가스비가 갑자기 오른다면 많은 가정에 부담이 된다. 공공부문의 운영을 국가가 맡는 것은 이러한 이유 때문으로, 비율적 효율성보다도 국민들에게 필수적인 소비재를 낮은 가격에 공급하는 것이 중요하다는 의도인 것이다. 만약 공기업이 민영화되어서 기업의 이익을 높이기 위해 공공재를 높은 가격에 판매한다면, 기존의 세금 낭비로 인한 가계부담보다 더 큰 가계부담이 생길 것이다.

① 민영화의 특징은 무엇인가?
② 공공기업의 민영화는 이루어져야 하는가?
③ 공공기업과 민간기업의 차이는 무엇인가?
④ 공공기업의 문제점은 무엇인가?
⑤ 공공재의 공공성은 중요한가?

**15** C사원은 사보 담당자인 G주임에게 다음 달 기고할 사설 원고를 전달하였고, G주임은 문단마다 소제목을 붙였으면 좋겠다는 의견을 보냈다. C사원이 G주임의 의견을 반영하여 소제목을 붙였을 때, 적절하지 않은 것은?

(가) 떨어질 줄 모르는 음주율은 정신건강 지표와도 연결된다. 아무래도 생활에서 스트레스를 많이 느끼는 사람들이 음주를 통해 긴장을 풀고자 하는 욕구가 많기 때문이다. 특히 퇴근 후 혼자 한적하고 조용한 술집을 찾아 맥주 1 ~ 2캔을 즐기는 혼술 문화는 젊은 연령층에서 급속히 퍼지고 있는 트렌드이기도 하다. 이렇게 혼술 문화가 대중적으로 널리 퍼지게 된 원인은 1인 가구의 증가와 사회적 관계망이 헐거워진 데 있다는 것이 지배적인 분석이다.

(나) 혼술은 간단하게 한 잔, 긴장을 푸는 데 더없이 좋은 효과를 주기도 하지만 그 이면에는 '음주 습관의 생활화'라는 문제도 있다. 혼술이 습관화되면 알코올중독으로 병원 신세를 질 가능성이 9배 늘어난다는 최근 연구 결과도 있다. 실제로 가톨릭대 알코올 의존치료센터에 따르면 5년 동안 알코올 의존 상담환자 중 응답자 75.4%가 평소 혼술을 즐겼다고 답했다.

(다) 2016년 보건복지부와 국립암센터에서는 국민 암 예방 수칙의 하나인 '술은 하루 2잔 이내로 마시기' 수칙을 '하루 한두 잔의 소량 음주도 피하기'로 개정한 바 있다. 뉴질랜드 오타고대 연구진의 최신 연구에 따르면 술이 7종 암과 직접적 관련이 있는 것으로 밝혀졌고 이런 영향력은 적당한 음주에도 예외가 아닌 것으로 나타났다. 연구를 이끈 제니 코너 박사는 "음주 습관은 소량에서 적당량을 섭취했을 때도 몸에 상당한 부담으로 작용한다."고 밝혔다.

(라) 흡연과 함께 하는 음주는 1군 발암 요인이기도 하다. 몸속에서 알코올과 니코틴 등의 독성물질이 만나면 더 큰 부작용과 합병증을 일으키기 때문이다. 일본 도쿄대 나카무라 유스케 교수는 '체질과 생활습관에 따른 식도암 발병률'이라는 논문에서 하루에 캔 맥주 1개 이상을 마시고 흡연을 같이할 경우 유해물질이 인체에서 상승작용을 한다는 것을 밝혀냈다. 또한 술, 담배를 함께 하는 사람의 식도암 발병 위험이 다른 사람들에 비해 190배나 높은 것으로 나타났다. 우리나라는 세계적으로도 식도암 발병률이 높은 나라이기도 하다. 이것이 우리가 음주 습관 형성에 특히 주의를 기울여야 하는 이유다.

① (가) : 1인 가구, 혼술 문화의 유행
② (나) : 혼술 습관, 알코올중독으로 발전할 수 있어
③ (다) : 가벼운 음주, 대사 촉진에 도움이 돼
④ (라) : 흡연과 음주를 동시에 즐기면 식도암 위험률 190배
⑤ (라) : 하루 한두 잔, 가벼운 음주와 흡연, 암 위험에서 벗어나지 못해

**16** 다음 중 ㉠ ~ ㉤에 대한 반응으로 적절하지 않은 것은?

L공사는 2017년부터 지자체 및 전문가는 물론 일반 국민들도 가뭄에 대한 다양한 정보를 손쉽게 제공받을 수 있는 '가뭄 정보 포털' 서비스를 시작했다. 가뭄 정보 포털은 국가가 가뭄 피해 예방을 위해 구축한 종합 가뭄 의사 결정 지원 서비스로, 국민, 정부·지자체, 학계 전문가 각각의 성격에 걸맞도록 다양한 정보를 제공하는 국내 유일의 가뭄 종합시스템이다.

국민들은 가뭄 정보 포털 내 ㉠ 우리 동네 가뭄 정보 서비스를 통해 거주 지역의 가뭄 관련 정보를 제공받을 수 있으며, 가뭄 단계별 대응 행동요령과 가뭄 관련 상식, 생활 속 물 절약 방법 등에 대해 알 수 있다.

정부 기관 담당자에게는 전국의 가뭄 현황 및 전망 정보를 공유함으로써 정책 수립에 도움을 주고, 해당 지자체 담당자에게는 특화된 지역 중심의 맞춤형 가뭄 정보를 제공하여 가뭄에 대한 선제적 대응과 의사 결정을 지원하는 가뭄 종합상황판 서비스를 제공한다.

학계 전문가에게는 가뭄 분석을 위한 기초 자료(수원 정보, 시계열 관측 자료), 국내·외 연구 논문을 ㉡ 통합 데이터 뷰어 서비스를 통해 제공함으로써 활용 가능한 연구를 진행할 수 있도록 지원한다. L공사는 구축한 가뭄 관련 정보를 세계적으로 공유할 수 있도록 올해 ㉢ 영문 포털을 새롭게 오픈했으며, 이를 통해 ㉣ 빅데이터를 활용한 가뭄 분석 서비스, 위성영상 자료 등을 이용할 수 있다. 이 밖에도 여러 종류의 IT 기기에서 가뭄 정보 포털을 확인할 수 있도록 ㉤ 반응형 웹 서비스도 새로 시작했다.

L공사는 포털을 통해 신속하고 다양한 가뭄 정보를 제공함으로써, 국민들의 가뭄 대처 실행력을 증진시키고, 정부·지자체의 가뭄 대응 의사 결정을 지원해 가뭄에 선제적으로 대처하고 피해를 예방할 수 있을 것으로 기대한다.

① ㉠ : 평소 일기 예보에 잘 언급되지 않는 지역에서 농사를 짓고 있는 농민에게 유용할 수 있겠어.
② ㉡ : 강수량 변화와 관련된 연구를 진행 중인 교수님이 많은 도움을 얻었다고 했어.
③ ㉢ : 아직 한국어가 서툰 외국인도 관련 정보를 쉽게 얻을 수 있겠어.
④ ㉣ : 분석 자료를 통해 전년도 학기 연구 과제에서 좋은 점수를 받을 수 있었어.
⑤ ㉤ : 스마트폰이나 태블릿 PC에서도 포털 접속이 수월해졌어.

**17** 다음 중 옵트인 방식을 도입하자는 주장에 대한 근거로 사용하기에 적절하지 않은 것은?

> 스팸 메일 규제와 관련한 논의는 스팸 메일 발송자의 표현의 자유와 수신자의 인격권 중 어느 것을 우위에 둘 것인가를 중심으로 전개되어 왔다. 스팸 메일의 규제 방식은 옵트인(Opt-in) 방식과 옵트아웃(Opt-out) 방식으로 구분된다. 전자는 광고성 메일을 금지하지는 않되 수신자의 동의를 받아야만 발송할 수 있게 하는 방식으로, 영국 등 EU 국가들에서 시행하고 있다. 그러나 이 방식은 수신 동의 과정에서 발송자와 수신자 양자에게 모두 비용이 발생하며, 시행 이후에도 스팸 메일이 줄지 않았다는 조사 결과도 나오고 있어 규제 효과가 크지 않을 수 있다.
> 반면 옵트아웃 방식은 일단 스팸 메일을 발송할 수 있게 하되 수신자가 이를 거부하면 이후에는 메일을 재발송할 수 없도록 하는 방식으로, 미국에서 시행되고 있다. 그런데 이러한 방식은 스팸 메일과 일반적 광고 메일의 선별이 어렵고, 수신자가 수신 거부를 하는 데 따르는 불편과 비용을 초래하며 불법적으로 재발송되는 메일을 통제하기 힘들다. 또한 육체적·정신적으로 취약한 청소년들이 스팸 메일에 무차별적으로 노출되어 피해를 입을 수 있다.

① 옵트아웃 방식을 사용한다면 수신자가 수신 거부를 하는 것이 더 불편해질 것이다.
② 옵트인 방식은 수신에 동의하는 데 따르는 수신자의 경제적 손실을 막을 수 있다.
③ 옵트아웃 방식을 사용한다면 재발송 방지가 효과적으로 이루어지지 않을 것이다.
④ 옵트인 방식은 수신자 인격권 보호에 효과적이다.
⑤ 날로 수법이 교묘해져가는 스팸 메일을 규제하기 위해서는 수신자 사전 동의를 받아야 하는 옵트인 방식을 채택하는 것이 효과적이다.

**18** 다음 글의 서술 방식에 대한 설명으로 가장 적절한 것은?

> 이튿날 옥단춘은 혈룡에게 뜻밖의 말을 하였다. "오늘은 평양 감사가 봄놀이로 연광정에서 잔치를 한다는 명을 내렸습니다. 내 아직 기생의 몸으로서 감사의 명을 거역하고 안 나갈 수 없으니 서방님은 잠시 용서하시고 집에 계시면 속히 돌아오겠습니다." 말을 하고 난 후에 옥단춘은 연광정으로 나갔다. 그 뒤에 이혈룡도 집을 나와서 비밀 수배한 역졸을 단속하고 연광정의 광경을 보려고 내려갔다. 이때 평양 감사 김진희는 도내 각 읍의 수령을 모두 청하여 큰 잔치를 벌였는데, 그 기구가 호화찬란하고 진수성찬의 배반(杯盤)이 낭자하였다. 이때는 춘삼월 호시절이었다. 좌우산천을 둘러보니 꽃이 피어 온통 꽃산이 되었고 나뭇잎은 피어서 온통 청산으로 변해 있었다.
> 　　　　　　　　　　　　　　　　　　　　　　　　- 작자 미상, 『옥단춘전』

① 배경을 세밀하게 묘사하여 사건의 분위기를 조성하고 있다.
② 등장인물의 성격 변화를 통해 갈등과 긴장감을 극대화하고 있다.
③ 서술자가 직접 개입하여 인물의 행동과 심리를 드러내고 있다.
④ 과장과 희화화 수법을 활용하여 등장인물의 성격을 부각시키고 있다.
⑤ 과거와 현재를 오가며 이야기가 진행되고 있다.

**19** 다음 글을 읽은 독자의 반응으로 적절하지 않은 것은?

> 우주로 쏘아진 인공위성들은 지구 주위를 돌며 저마다의 임무를 충실히 수행한다. 이들의 수명은 얼마나 될까? 인공위성들은 태양 전지판으로 햇빛을 받아 전기를 발생시키는 태양전지와 재충전용 배터리를 장착하여 지구와의 통신은 물론 인공위성의 온도를 유지하고 자세와 궤도를 조정하는데, 이러한 태양전지와 재충전용 배터리의 수명은 평균 15년 정도이다.
>
> 방송 통신 위성은 원활한 통신을 위해 안테나가 늘 지구의 특정 위치를 향해 있어야 하는데, 안테나 자세 조정을 위해 추력기라는 작은 로켓에서 추진제를 소모한다. 자세 제어용 추진제가 모두 소진되면 인공위성은 자세를 유지할 수 없기 때문에 더 이상의 임무 수행이 불가능해지고 자연스럽게 수명을 다하게 된다.
>
> 첩보 위성의 경우는 임무의 특성상 아주 낮은 궤도를 비행한다. 하지만 낮은 궤도로 비행하게 될 경우 인공위성은 공기의 저항 때문에 마모가 훨씬 빨라지므로 수명이 몇 개월에서 몇 주일까지 짧아진다. 게다가 운석과의 충돌 등 예기치 못한 사고로 인하여 부품이 훼손되어 수명이 다하는 경우도 있다.

① 수명이 다 된 인공위성들은 어떻게 되는 걸까?

② 첩보 위성을 높은 궤도로 비행시키면 더욱 오래 임무를 수행할 수 있을 거야.

③ 안테나가 특정 위치를 향하지 않더라도 통신이 가능하도록 만든다면 방송 통신 위성의 수명을 늘릴 수 있을지도 모르겠군.

④ 별도의 충전 없이 오래가는 배터리를 사용한다면 인공위성의 수명을 더 늘릴 수 있지 않을까?

⑤ 아무런 사고 없이 임무를 수행한 인공위성이라도 15년 정도만 사용할 수 있겠구나.

**20** 다음 글에서 ㉠ ~ ㉤의 수정 방안으로 적절하지 않은 것은?

> 행동경제학은 기존의 경제학과 ㉠ 다른 시선으로 인간을 바라본다. 기존의 경제학은 인간을 철저하게 합리적이고 이기적인 존재로 상정(想定)하여, 인간은 시간과 공간에 관계없이 일관된 선호를 보이며 효용을 극대화하는 방향으로 선택을 한다고 본다. ㉡ 기존의 경제학자들은 인간의 행동이 예측 가능하다는 것을 전제(前提)로 경제 이론을 발전시켜 왔다. 반면 행동경제학에서는 인간이 제한적으로 합리적이며 감성적인 존재라고 보며, 처한 상황에 따라 선호가 바뀌기 때문에 그 행동을 예측하기 어렵다고 생각한다. 또한 인간은 효용을 ㉢ 극대화하기 보다는 어느 정도 만족하는 선에서 선택을 한다고 본다. 행동경제학은 기존의 경제학이 가정하는 인간관을 지나치게 이상적이고 비현실적이라고 비판한다. ㉣ 그러나 행동경제학은 인간이 때로는 이타적인 행동을 하고 비합리적인 행동을 하는 존재라는 점을 인정하며, 현실에 ㉤ 실제하는 인간을 연구 대상으로 한다.

① ㉠ : 문맥을 고려하여 '같은'으로 고친다.

② ㉡ : 문장을 자연스럽게 연결하기 위해 문장 앞에 '그러므로'를 추가한다.

③ ㉢ : 띄어쓰기가 올바르지 않으므로 '극대화하기보다는'으로 고친다.

④ ㉣ : 앞 문장과의 내용을 고려하여 '그래서'로 고친다.

⑤ ㉤ : 맞춤법에 어긋나므로 '실재하는'으로 고친다.

**21** 다음 중 (가) ~ (마)의 전개 방식으로 적절하지 않은 것은?

---

(가) 신문이나 잡지는 대부분 유료로 판매된다. 반면에 인터넷 뉴스 사이트는 신문이나 잡지의 기사와 같거나 비슷한 내용을 무료로 제공한다. 왜 이런 현상이 발생하는 것일까?

(나) 이 현상 속에는 경제학적 배경이 숨어 있다. 대체로 상품의 가격은 그 상품을 생산하는 데 드는 비용의 언저리에서 결정된다. 생산 비용이 많이 들면 들수록 상품의 가격이 상승하는 것이다. 그런데 인터넷에 게재되는 기사를 생산하는 데 드는 비용은 0에 가깝다. 기자가 컴퓨터로 작성한 기사를 신문사 편집실로 보내 종이 신문에 게재하고, 그 기사를 그대로 재활용하여 인터넷 뉴스 사이트에 올리기 때문이다. 또한 인터넷뉴스 사이트 방문자 수가 증가하면 사이트에 걸어 놓은 광고에 대한 수입도 증가하게 된다. 이러한 이유로 신문사들은 경쟁적으로 인터넷 뉴스 사이트를 개설하여 무료로 운영했다.

(다) 그런데 무료인터넷 뉴스 사이트를 이용하는 사람들이 폭발적으로 늘어나면서 돈을 내고 신문이나 잡지를 구독하는 사람들이 점점 줄어들기 시작했다. 그 결과 언론사들의 수익률이 감소하여 재정이 악화되었다. 문제는 여기서 그치지 않는다. 언론사들의 재정적 악화는 깊이 있고 정확한 뉴스를 생산하는 그들의 능력을 저하하거나 사라지게 할 수도 있다. 결국, 그로 인한 피해는 뉴스를 이용하는 소비자에게로 되돌아올 것이다.

(라) 그래서 언론사들, 특히 신문사들의 재정 악화 개선을 위해 인터넷 뉴스를 유료화해야 한다는 의견이 있다. 하지만 그러한 주장을 현실화하는 것은 그리 간단하지 않다. 소비자들은 어떤 상품을 구매할 때 그 상품의 가격이 얼마 정도면 구매할 것이고, 얼마 이상이면 구매하지 않겠다는 마음의 선을 긋는다. 이 선의 최대치가 바로 최대지불의사(Willingness To Pay)이다. 소비자들의 머릿속에 한번 각인된 최대지불의사는 좀처럼 변하지 않는 특성이 있다. 인터넷 뉴스의 경우 오랫동안 소비자에게 무료로 제공되었고, 그러는 사이 인터넷 뉴스에 대한 소비자들의 최대지불의사도 0으로 굳어진 것이다. 그런데 이제 와서 무료로 이용하던 정보를 유료화한다면 소비자들은 여러 이유를 들어 불만을 토로할 것이다.

(마) 해외 신문 중 일부 경제 전문지는 이러한 문제를 성공적으로 해결했다. 그들은 매우 전문화되고 깊이 있는 기사를 작성하여 소비자에게 제공하는 대신 인터넷 뉴스 사이트를 유료화했다. 그럼에도 불구하고 많은 소비자가 기꺼이 돈을 내고 이들 사이트의 기사를 이용하고 있다. 전문화되고 맞춤화된 뉴스일수록 유료화 잠재력이 높은 것이다. 이처럼 제대로 된 뉴스를 만드는 공급자와 제값을 내고 제대로 된 뉴스를 소비하는 수요자가 만나는 순간 문제 해결의 실마리를 찾을 수 있을 것이다.

---

① (가) : 현상을 제시하고 있다.

② (나) : 현상의 발생 원인을 분석하고 있다.

③ (다) : 현상의 문제점을 지적하고 있다.

④ (라) : 현상의 긍정적 측면을 강조하고 있다.

⑤ (마) : 문제의 해결 방안을 시사하고 있다.

**22** 다음 중 밑줄 친 부분의 의미가 다른 것은?

① 고혈압 환자는 우유나 곡류, 야채류 등으로 식단을 <u>짜는</u> 것이 좋다.

② 외삼촌은 학교에서 책상 <u>짜는</u> 법을 배웠다고 한다.

③ 친구들이 여행 계획을 <u>짜는</u> 동안 나는 장을 보러 갔다.

④ 그는 이번 사업에서 예산을 <u>짜는</u> 등 자금 관리를 맡고 있다.

⑤ 감독은 대표팀을 우승으로 이끌기 위해 새로운 전략을 <u>짰다</u>.

**23** 다음 중 밑줄 친 부분과 같은 의미로 쓰인 것은?

> 상대편의 작전을 <u>읽다</u>.

① 소설을 <u>읽다</u>.                ② 체온계의 눈금을 <u>읽다</u>.

③ 애인의 마음을 <u>읽다</u>.          ④ 메일을 <u>읽다</u>.

⑤ 반야심경을 <u>읽다</u>.

**24** 다음 글의 제목으로 가장 적절한 것은?

> 사회 방언은 지역 방언과 함께 2대 방언의 하나를 이룬다. 그러나 사회 방언은 지역 방언만큼 일찍부터 방언 학자의 주목을 받지는 못하였다. 어느 사회에나 사회 방언이 없지는 않았으나, 일반적으로 사회 방언 간의 차이는 지역 방언들 사이의 그것만큼 그렇게 뚜렷하지 않기 때문이었다. 가령 20대와 60대 사이에는 분명히 방언차가 있지만 그 차이가 전라도 방언과 경상도 방언 사이의 그것만큼 현저하지는 않은 것이 일반적이며, 남자와 여자 사이의 방언차 역시 마찬가지다. 사회 계층 간의 방언차는 사회에 따라서는 상당히 현격한 차이를 보여 일찍부터 논의의 대상이 되어 왔다. 인도에서의 카스트에 의해 분화된 방언, 미국에서의 흑인 영어의 특이성, 우리나라 일부 지역에서 발견되는 양반 계층과 일반 계층 사이의 방언차 등이 그 대표적인 예들이다. 이러한 사회 계층 간의 방언 분화는 최근 사회 언어학의 대두에 따라 점차 큰 관심의 대상이 되어 가고 있다.

① 2대 방언 – 지역 방언과 사회 방언

② 최근 두드러진 사회 방언에 대한 관심

③ 부각되는 계층 간의 방언 분화

④ 사회 언어학의 대두와 사회 방언

⑤ 사회 방언의 특징

**25** 다음 중 밑줄 친 부분의 띄어쓰기가 잘못된 것은?

① 지금보다 나은 미래를 위해서 책을 읽어야 해.

② 공부하려고 책을 펴자 잠이 쏟아졌다.

③ 쉽게 잃어버릴 수 있는 물건은 따로 챙겨야 해.

④ 대답을 하기는 커녕 땅만 쳐다봤다.

⑤ 그 문제는 너뿐만 아니라 나에게도 어려웠어.

**26** 다음 자료를 참고할 때, 〈보기〉의 주민등록번호의 빈칸에 해당하는 숫자로 옳은 것은?

우리나라에서 국민에게 발급하는 주민등록번호는 각각의 번호가 고유한 번호로, 13자리 숫자로 구성된다. 13자리 숫자는 생년, 월, 일, 성별, 출생신고지역, 접수번호, 검증번호로 구분된다.

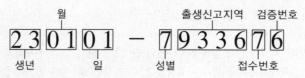

여기서 13번째 숫자의 검증번호는 주민등록번호의 정확성 여부를 검사하는 번호로, 앞의 12자리 숫자를 이용해서 구해지는데 계산법은 다음과 같다.

• 1단계 : 주민등록번호의 앞 12자리 숫자에 가중치 2, 3, 4, 5, 6, 7, 8, 9, 2, 3, 4, 5를 곱한다.
• 2단계 : 가중치를 곱한 값의 합을 계산한다.
• 3단계 : 가중치의 합을 11로 나눈 나머지를 구한다.
• 4단계 : 11에서 나머지를 뺀 수를 10으로 나눈 나머지가 검증번호가 된다.

> **보기**
>
> 240202-803701__

① 4                    ② 5

③ 6                    ④ 7

⑤ 8

**27** L공사에서 다음 면접방식으로 면접을 진행할 때, 심층면접을 할 수 있는 최대 인원수와 마지막 심층면접자의 기본면접 종료 시각을 바르게 짝지은 것은?

〈면접방식〉

- 면접은 기본면접과 심층면접으로 구분된다. 기본면접실과 심층면접실은 각 1개이고, 면접대상자는 1명씩 입실한다.
- 기본면접과 심층면접은 모두 개별면접의 방식을 취한다. 기본면접은 심층면접의 진행 상황에 관계없이 10분 단위로 계속되고, 심층면접은 기본면접의 진행 상황에 관계없이 15분 단위로 계속된다.
- 기본면접을 마친 면접대상자는 순서대로 심층면접에 들어간다.
- 첫 번째 기본면접은 오전 9시 정각에 실시되고, 첫 번째 심층면접은 첫 번째 기본면접이 종료된 시각에 시작된다.
- 기본면접과 심층면접 모두 낮 12시부터 오후 1시까지 점심 및 휴식 시간을 가진다.
- 각각의 면접 도중에 점심 및 휴식 시간을 가질 수 없고, 1인을 위한 기본면접 시간이나 심층면접 시간이 확보되지 않으면 새로운 면접을 시작하지 않는다.
- 기본면접과 심층면접 모두 오후 1시에 오후 면접 일정을 시작하고, 기본면접의 일정과 관련 없이 심층면접은 오후 5시 정각에는 종료되어야 한다.
- ※ 면접대상자의 이동 및 교체 시간 등 다른 조건은 고려하지 않는다.

|  | 인원수 | 종료 시각 |
|---|---|---|
| ① | 27명 | 오후 2시 30분 |
| ② | 27명 | 오후 2시 40분 |
| ③ | 28명 | 오후 2시 30분 |
| ④ | 28명 | 오후 2시 40분 |
| ⑤ | 28명 | 오후 2시 50분 |

※ 다음 자료를 보고 이어지는 질문에 답하시오. [28~29]

B시에서는 친환경 건축물 인증제도를 시행하고 있다. 이는 건축물의 설계, 시공 등의 건설 과정이 쾌적한 거주환경과 자연환경에 미치는 영향을 점수로 평가하여 인증하는 제도로, 건축물에 다음과 같이 인증등급을 부여한다.

〈평가점수별 인증등급〉

| 평가점수 | 인증등급 |
| --- | --- |
| 80점 이상 | 최우수 |
| 70 ~ 80점 미만 | 우수 |
| 60 ~ 70점 미만 | 우량 |
| 50 ~ 60점 미만 | 일반 |

또한 친환경 건축물 최우수, 우수 등급이면서 건축물 에너지효율 1등급 또는 2등급을 추가로 취득한 경우, 다음과 같은 취·등록세액 감면 혜택을 얻게 된다.

〈취·등록세액 감면 비율〉

| 구분 | 최우수 등급 | 우수 등급 |
| --- | --- | --- |
| 에너지효율 1등급 | 12% | 8% |
| 에너지효율 2등급 | 8% | 4% |

**28** 다음 중 제시된 상황을 근거로 할 때, 〈보기〉에서 옳은 것을 모두 고르면?

〈상황〉

• A건설회사가 신축하고 있는 건물의 예상되는 친환경 건축물 평가점수는 63점이고 에너지효율은 3등급이다.
• 친환경 건축물 평가점수를 1점 높이기 위해서는 1,000만 원, 에너지효율 등급을 한 등급 높이기 위해서는 2,000만 원의 추가 투자비용이 든다.
• 신축 건물의 감면 전 취·등록세 예상액은 총 20억 원이다.
• A건설회사는 경제적 이익을 극대화하고자 한다.
※ 경제적 이익 또는 손실 : (취·등록세 감면액) − (추가 투자액)
※ 기타 비용과 이익은 고려하지 않는다.

보기

ㄱ. 추가 투자함으로써 경제적 이익을 얻을 수 있는 최소 투자금액은 1억 1,000만 원이다.
ㄴ. 친환경 건축물 우수 등급, 에너지효율 1등급을 받기 위해 추가 투자할 경우 경제적 이익이 가장 크다.
ㄷ. 에너지효율 2등급을 받기 위해 추가 투자하는 것이 3등급을 받는 것보다 A건설회사에 경제적으로 더 이익이다.

① ㄱ
② ㄷ
③ ㄱ, ㄴ
④ ㄴ, ㄷ
⑤ ㄱ, ㄴ, ㄷ

**29** 다음은 A건설회사의 직원들이 **28**번에 제시된 신축 건물에 대해 나눈 이야기이다. 다음 중 옳지 않은 말을 하는 사람은?

① 갑 : 현재 우리회사 신축 건물의 등급은 '우량' 등급이야.

② 을 : 신축 건물 예상평가 결과 취·등록세액 감면 혜택을 받을 수 있어.

③ 병 : 추가 투자를 해서 에너지효율을 높일 필요가 있어.

④ 정 : 얼마만큼의 투자가 필요한지 계획하는 것은 예산 관리의 일환이야.

⑤ 무 : 추가 투자에 예산을 배정하기에 앞서 우선순위를 결정해야 해.

**30** L공사에서는 인건비를 줄이기 위해 다양한 방식을 고민하고 있다. 다음 정보를 참고할 때, 가장 적절한 방법은 무엇인가?(단, 한 달은 4주이다)

---

〈정보〉

- 정직원은 오전 8시부터 오후 7시까지 평일·주말 상관없이 주 6일 근무하며, 1인당 월 급여는 220만 원이다.
- 계약직원은 오전 8시부터 오후 7시까지 평일·주말 상관없이 주 5일 근무하며, 1인당 월 급여는 180만 원이다.
- 아르바이트생은 평일 3일, 주말 2일로 하루 9시간씩 근무하며, 평일은 시급 9,000원, 주말은 시급 12,000원이다.
- 현재 정직원 5명, 계약직원 3명, 아르바이트생 3명이 근무 중이며 전체 인원을 줄일 수는 없다.

---

① 계약직원을 정직원으로 전환한다.

② 계약직원을 아르바이트생으로 전환한다.

③ 아르바이트생을 정직원으로 전환한다.

④ 아르바이트생을 계약직원으로 전환한다.

⑤ 직원을 더 이상 채용하지 않고 아르바이트생만 채용한다.

※ L공사의 ICT 센터는 정보보안을 위해 직원의 컴퓨터 암호를 다음과 같은 규칙으로 지정해두었다. 이어지는 질문에 답하시오. [31~32]

<규칙>

1. 자음과 모음의 배열은 국어사전의 배열 순서에 따른다.
   • 자음
     – 국어사전 배열 순서에 따라 알파벳 소문자(a, b, c, …)로 치환하여 사용한다.
     – 받침으로 사용되는 자음의 경우 대문자로 구분한다.
     – 겹받침일 경우, 먼저 쓰인 순서대로 알파벳을 나열한다.
   • 모음
     – 국어사전 배열 순서에 따라 숫자(1, 2, 3, …)로 치환하여 사용한다.
2. 비밀번호는 임의의 세 글자로 구성하되 마지막 음절 뒤 한 자리 숫자는 다음의 규칙에 따라 지정한다.
   • 음절에 사용된 각 모음의 합으로 구성한다.
   • 모음의 합이 두 자리 이상일 경우엔 각 자릿수를 다시 합하여 한 자리 수가 나올 때까지 더한다.
   • '–'을 사용하여 단어와 구별한다.

**31** 김사원 컴퓨터의 비밀번호는 '자전거'이다. 다음 중 이를 암호로 바르게 치환한 것은?

① m1m3ca5–9
② m1m5Ca5–2
③ n1n5ca3–9
④ m1m3Ca3–7
⑤ n1n5ca4–2

**32** 이대리 컴퓨터의 비밀번호는 '마늘쫑'이다. 다음 중 이를 암호로 바르게 치환한 것은?

① g1C19FN9L–2
② g1C11fN3H–6
③ g1c16FN2N–1
④ g1c16Fn3h–1
⑤ g1c19Fn9L–2

※ 다음은 자동차에 번호판을 부여하는 규칙이다. 이어지는 질문에 답하시오. [33~34]

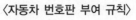

〈자동차 번호판 부여 규칙〉

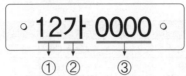

① ② ③

각 숫자는 다음의 사항을 나타낸다.
① 자동차의 종류
② 자동차의 용도
③ 자동차의 등록번호

• 자동차의 종류

| 구분 | 숫자 기호 |
| --- | --- |
| 승용차 | 01 ~ 69 |
| 승합차 | 70 ~ 79 |
| 화물차 | 80 ~ 97 |
| 특수차 | 98 ~ 99 |

• 자동차의 용도

| 구분 | | 문자 기호 |
| --- | --- | --- |
| 비사업용 | | 가, 나, 다, 라, 마, 거, 너, 더, 러, 머, 서, 어, 저, 고, 노, 도, 로, 모, 보, 소, 오, 조, 구, 누, 두, 루, 무, 부, 수, 우, 주 |
| 사업용 | 택시 | 아, 바, 사, 자 |
| | 택배 | 배 |
| | 렌터카 | 하, 허, 호 |

• 자동차의 등록번호
차량의 고유번호로 임의로 부여

**33** K씨는 이사를 하면서 회사와 거리가 멀어져 출퇴근을 위해 새 승용차를 구입하였다. 다음 중 K씨가 부여받을 수 있는 자동차 번호판으로 옳지 않은 것은?

① 23거 4839
② 67거 3277
③ 42서 9961
④ 31주 5443
⑤ 12모 4839

**34** 다음 중 나머지와 성격이 다른 자동차 번호판은?

① 80가 8425
② 84배 7895
③ 92보 1188
④ 81오 9845
⑤ 97주 4763

PART 2

※ 다음 자료를 보고 이어지는 질문에 답하시오. [35~36]

L공사는 2025년 초에 회사 내의 스캐너 15개를 교체하려고 계획하고 있다. 각 스캐너의 정보는 다음과 같다.

| 구분 | Q스캐너 | T스캐너 | G스캐너 |
|---|---|---|---|
| 제조사 | 미국 B회사 | 한국 C회사 | 독일 D회사 |
| 가격 | 180,000원 | 220,000원 | 280,000원 |
| 스캔 속도 | 40장/분 | 60장/분 | 80장/분 |
| 주요 특징 | • 양면 스캔 가능<br>• 50매 연속 스캔<br>• 소비전력 절약 모드 지원<br>• 카드 스캔 가능<br>• 백지 Skip 기능<br>• 기울기 자동 보정<br>• A/S 1년 보장 | • 양면 스캔 가능<br>• 타 제품보다 전력소모 60% 절감<br>• 다양한 소프트웨어 지원<br>• PDF 문서 활용 가능<br>• 기울기 자동 보정<br>• A/S 1년 보장 | • 양면 스캔 가능<br>• 빠른 스캔 속도<br>• 다양한 크기 스캔<br>• 100매 연속 스캔<br>• 이중급지 방지 장치<br>• 백지 Skip 기능<br>• 기울기 자동 보정<br>• A/S 3년 보장 |

**35** 스캐너 구매를 담당하고 있는 A사원은 사내 설문조사를 통해 부서별로 필요한 스캐너 기능을 확인하였다. 이를 참고하였을 때, 구매할 스캐너의 순위는?

• 양면 스캔 가능 여부
• 카드 크기부터 계약서 크기 스캔 지원
• 50매 이상 연속 스캔 가능 여부
• A/S 1년 이상 보장
• 예산 4,200,000원까지 가능
• 기울기 자동 보정 여부

① T스캐너 – Q스캐너 – G스캐너
② G스캐너 – Q스캐너 – T스캐너
③ G스캐너 – T스캐너 – Q스캐너
④ Q스캐너 – G스캐너 – T스캐너
⑤ Q스캐너 – T스캐너 – G스캐너

**36** 35번의 문제에서 순위가 가장 높은 스캐너를 구입했다. 80장, 240장, 480장을 스캔하는 데 몇 초가 걸리겠는가?

| | 80장 | 240장 | 480장 |
|---|---|---|---|
| ① | 120초 | 360초 | 720초 |
| ② | 80초 | 240초 | 480초 |
| ③ | 100초 | 220초 | 410초 |
| ④ | 60초 | 180초 | 360초 |
| ⑤ | 140초 | 200초 | 300초 |

**37** S사원은 자사 제품과 경쟁사 2곳의 제품에 대해서 선호도를 조사하였다. 조사에 응한 사람은 가장 좋아하는 상품부터 1 ~ 3순위를 부여하였다. 조사 결과가 다음과 같을 때, 자사 제품에 3순위를 부여한 사람은 총 몇 명인가?

- 조사에 응한 사람은 50명이다.
- 두 상품에 동일한 순위를 매길 수 없다.
- A경쟁사 제품을 B경쟁사 제품보다 선호한 사람은 28명이다.
- B경쟁사 제품을 자사 제품보다 선호한 사람은 26명이다.
- 자사 제품을 A경쟁사 제품보다 선호한 사람은 8명이다.
- 자사 제품에 1순위를 부여한 사람은 없다.

① 14명      ② 15명
③ 16명      ④ 17명
⑤ 18명

**38** 다음 대화의 ㉠과 ㉡에 들어갈 말이 바르게 짝지어진 것은?

갑 : A와 B 모두 회의에 참석한다면, C도 참석해.
을 : C는 회의 기간 중 해외 출장이라 참석하지 못해.
갑 : 그럼 A와 B 중 적어도 한 사람은 참석하지 못하겠네.
을 : 그래도 A와 D 중 적어도 한 사람은 참석해.
갑 : 그럼 A는 회의에 반드시 참석하겠군.
을 : 너는 _____㉠_____고 생각하고 있구나?
갑 : 맞아. 그리고 우리 생각이 모두 참이라면, E와 F 모두 참석해.
을 : 그래. 그 까닭은 _____㉡_____ 때문이지.

① ㉠ : B가 회의에 참석한다
   ㉡ : E와 F 모두 회의에 참석한다면 B는 불참하기
② ㉠ : B가 회의에 참석한다
   ㉡ : E와 F가 모두 회의에 참석하면 B도 참석하기
③ ㉠ : B가 회의에 참석한다
   ㉡ : B가 회의에 참석하면 E와 F도 모두 참석하기
④ ㉠ : D가 회의에 불참한다
   ㉡ : B가 회의에 불참한다면 E와 F 모두 참석하기
⑤ ㉠ : D가 회의에 불참한다
   ㉡ : E와 F 모두 회의에 참석하면 B도 참석하기

※ L공사는 모든 임직원에게 다음과 같은 규칙으로 사원번호를 부여한다. 이어지는 질문에 답하시오.
 [39~40]

<table>
<tr><th colspan="10">〈사원번호 부여 기준〉</th></tr>
<tr><th>성별</th><th colspan="2">부서</th><th colspan="2">입사연도</th><th colspan="2">입사월</th><th colspan="2">입사순서</th></tr>
<tr><td>M</td><td>0</td><td>1</td><td>2</td><td>4</td><td>0</td><td>1</td><td>0</td><td>1</td></tr>
</table>

- 사원번호 부여 순서 : [성별] – [부서] – [입사연도] – [입사월] – [입사순서]
- 성별 구분

| 남성 | 여성 |
|---|---|
| M | W |

- 부서 구분

| 운영지원부 | 인사부 | 기획부 | 안전관리부 | 홍보부 |
|---|---|---|---|---|
| 01 | 02 | 03 | 04 | 05 |

- 입사연도 : 연도별 끝자리를 2자리 숫자로 기재(예 2024년 – 24)
- 입사월 : 2자리 숫자로 기재(예 5월 – 05)
- 입사순서 : 해당 월의 누적 입사순서(예 해당 월의 3번째 입사자 – 03)
※ L공사에 같은 날 입사자는 없다.

**39** 다음 중 사원번호가 'W05240401'인 사원에 대한 설명으로 적절하지 않은 것은?

① 2024년 홍보부서 최초의 여직원이다.
② 2024년에 입사하였다.
③ 4월에 입사한 여성이다.
④ 'M03240511' 사원보다 입사일이 빠르다.
⑤ 홍보부서로 입사하였다.

**40** 다음 L공사의 2024년 하반기 신입사원 명단을 참고할 때, 기획부에 입사한 여성은 모두 몇 명인가?

| | | | | | |
|---|---|---|---|---|---|
| M01240903 | W03241005 | M05240912 | W05240913 | W01241001 | W04241009 |
| W02240901 | M04241101 | W01240905 | W03240909 | M02241002 | W03241007 |
| M03240907 | M01240904 | W02240902 | M04241008 | M05241107 | M01241103 |
| M03240908 | M05240910 | M02241003 | M01240906 | M05241106 | M02241004 |
| M04241101 | M05240911 | W03241006 | W05241105 | W03241104 | M05241108 |

① 2명　　　　　　　　　② 3명
③ 4명　　　　　　　　　④ 5명
⑤ 6명

**41** 마케팅 1·2·3팀과 영업 1·2·3팀, 총무팀, 개발팀 총 8팀의 사무실을 〈조건〉에 따라 배치하려고 한다. 다음 중 항상 옳지 않은 것은?

**조건**

- 1층과 2층에 각각 5개의 사무실이 일렬로 위치해 있으며, 사무실 크기는 모두 같다.
- 1개의 사무실에 1개의 팀이 들어간다.
- 영업 2팀은 총무팀의 바로 왼쪽에 있다.
- 개발팀은 1층이며, 한쪽 옆은 빈 사무실이다.
- 마케팅 3팀과 영업 1팀은 위·아래로 인접해 있다.
- 영업 3팀의 양옆에 사무실이 있으며, 모두 비어있지 않다.
- 영업팀은 모두 같은 층에 위치해 있다.
- 마케팅 2팀 양옆 중 한쪽은 벽이고, 다른 한쪽은 비어있다.
- 마케팅 1팀의 양옆 중 어느 쪽도 벽이 아니다.

① 총무팀과 영업 3팀은 서로 인접한다.
② 모든 영업팀은 2층이다.
③ 개발팀은 마케팅 1팀과 서로 인접한다.
④ 1층과 2층에 사무실이 각각 1개씩 비어있다.
⑤ 마케팅 3팀의 양옆 중 한쪽은 벽이다.

**42** 다음 내용에 따라 문항출제위원을 위촉하고자 한다. 다음 중 반드시 참인 것은?

위촉하고자 하는 문항출제위원은 총 6명이다. 후보자는 논리학자 4명, 수학자 6명, 과학자 5명으로 추려졌다. 논리학자 2명은 형식논리를 전공했고 다른 2명은 비형식논리를 전공했다. 수학자 2명은 통계학을 전공했고 3명은 기하학을 전공했으며 나머지 1명은 대수학을 전공했다. 과학자들은 각각 물리학, 생명과학, 화학, 천문학, 기계공학을 전공했다.

**〈문항출제위원의 선정조건〉**

- 형식논리 전공자가 선정되면 비형식논리 전공자도 같은 인원만큼 선정된다.
- 수학자 중에서 통계학자만 선정되는 경우는 없다.
- 과학자는 최소 2명은 선정되어야 한다.
- 논리학자, 수학자는 최소 1명씩은 선정되어야 한다.
- 기하학자는 천문학자와 함께 선정되고, 기계공학자는 통계학자와 함께 선정된다.

① 형식논리 전공자와 비형식논리 전공자가 1명씩 선정된다.
② 서로 다른 전공을 가진 수학자가 2명 선정된다.
③ 논리학자가 3명이 선정되는 경우는 없다.
④ 통계학 전공자를 포함하면 수학자는 3명이 선정될 수 없다.
⑤ 과학자는 최대 4명까지 선정될 수 있다.

**43** 9층 건물의 지하에서 출발한 엘리베이터에 타고 있던 A ~ I는 1층부터 9층까지 각각 다른 층에 내렸다. 〈조건〉을 근거로 할 때, 다음 중 짝수 층에 내리지 않은 사람은?

> **조건**
> - D는 F보다는 빨리 내렸고, A보다는 늦게 내렸다.
> - H는 홀수층에 내렸다.
> - C는 3층에 내렸다.
> - G는 C보다 늦게 내렸고, B보다 빨리 내렸다.
> - B는 C보다 3층 후에 내렸고, F보다는 1층 전에 내렸다.
> - I는 D보다 늦게 내렸고, G보다는 일찍 내렸다.

① B
② D
③ E
④ G
⑤ I

**44** 다음은 부서별로 핵심역량가치 중요도를 정리한 표와 신입사원들의 핵심역량평가 결과표이다. 결과표를 바탕으로 C사원과 E사원의 부서배치로 옳은 것은?(단, '-'는 중요도가 상관없다는 표시이다)

〈핵심역량가치 중요도〉

| 구분 | 창의성 | 혁신성 | 친화력 | 책임감 | 윤리성 |
| --- | --- | --- | --- | --- | --- |
| 영업팀 | - | 중 | 상 | 중 | - |
| 개발팀 | 상 | 상 | 하 | 중 | 상 |
| 지원팀 | - | 중 | - | 상 | 하 |

〈핵심역량평가 결과표〉

| 구분 | 창의성 | 혁신성 | 친화력 | 책임감 | 윤리성 |
| --- | --- | --- | --- | --- | --- |
| A사원 | 상 | 하 | 중 | 상 | 상 |
| B사원 | 중 | 중 | 하 | 중 | 상 |
| C사원 | 하 | 상 | 상 | 중 | 하 |
| D사원 | 하 | 하 | 상 | 하 | 중 |
| E사원 | 상 | 중 | 중 | 상 | 하 |

|   | C사원 | E사원 |   | C사원 | E사원 |
| --- | --- | --- | --- | --- | --- |
| ① | 개발팀 | 지원팀 | ② | 영업팀 | 지원팀 |
| ③ | 개발팀 | 영업팀 | ④ | 지원팀 | 개발팀 |
| ⑤ | 지원팀 | 영업팀 |   |   |   |

**45** 제시된 〈조건〉은 K리그 4팀(서울, 울산, 전북, 제주)의 경기에 대한 단서이다. 다음 중 옳지 않은 것은?

> **조건**
> - 경기는 하루에 한 경기만 열린다.
> - 화요일에는 전북이 제주와 원정 경기를 하고, 토요일에는 서울이 전북과 홈 경기를 한다.
> - 원정 경기를 치른 다음날은 반드시 쉰다.
> - 이틀 연속으로 홈 경기를 하면 다음날은 반드시 쉰다.
> - 각 팀은 모두 일주일에 세 번 각각 다른 팀과 경기를 한다.
> - 각 팀은 적어도 한 번은 홈 경기를 한다.

① 제주가 원정 경기를 할 수 있는 날은 모두 평일이다.
② 제주가 수요일에 경기를 한다면, 목요일에는 경기를 할 수 없다.
③ 서울이 주말에 모두 경기를 한다면, 월요일에는 경기를 할 수 없다.
④ 전북이 목요일에 경기를 한다면, 금요일의 경기는 서울과 제주의 경기이다.
⑤ 울산이 금요일에 홈 경기를 한다면, 제주와의 시합이다.

※ 문화예술 공연에 관심이 많은 B씨는 문화예술 수강생을 모집한다는 광고문을 보고 지원하고자 한다. 다음 자료를 보고 이어지는 질문에 답하시오. [46~47]

〈문화예술교실 수강생 모집〉

우리 문화예술회관에서는 일반 시민과 청소년들에게 고품격 문화체험의 기회 제공과 국악인구의 저변확대를 위하여 예술기량이 뛰어난 시립예술단원(수·차석)을 강사로 초빙, 연중 문화예술교실을 운영하고 있습니다. 특히, 동·하계 특수 분야 직무연수(교사) 위주로 운영하던 국악교실을 분기별로 상설 개설하여 아래와 같이 운영하오니 많은 관심과 적극적인 참여 부탁드립니다.

■ 운영개요
1. 운영기간 : 2024년 중
2. 운영장소 : 단체연습실
3. 운영대상 : 일반시민, 학생, 교사, 직장인 누구나(단, 유아발레의 경우 6세 이상부터 등록 가능)
4. 운영강좌 : 발레 8, 여성합창교실 1, 국악교실 2(판소리, 한국무용)

■ 모집개요
1. 수강생모집 : 1분기(1~3월), 2분기(4~6월), 3분기(7~9월), 4분기(10~12월)
2. 모집인원 : 강좌당 20명 내외(선착순 모집)
   ※ 단, 수강생 모집인원이 5명 미만인 과목은 폐강
3. 접수기간
   • 발레단 : 3월, 6월, 9월, 12월 마지막 주 화요일 선착순 접수
   • 합창단 : 3월, 6월, 9월, 12월 접수
   • 창극단 : 수시접수
4. 수강료 : 과목당 분기별 50,000~120,000원
5. 접수방법 : 방문 또는 우편신청
   ※ 홈페이지 공지사항에서 수강신청서를 다운받아 통합사무국으로 방문 또는 우편이나 팩스로 신청

■ 강좌일정표

| 수강과목 | 모집대상 | 강습시간 | 수강료 |
|---|---|---|---|
| 판소리 | 일반 | 매주 월·목 PM 7:00~9:00 | 분기별 5만 원 |
| 한국무용 | | | |
| 발레 | 유아 초급 A반 | 매주 월·수 PM 4:30~5:30 | 분기별 9만 원 |
| | 유아 초급 B반 | 매주 월·수 PM 4:30~5:30 | |
| | 유아 중급 B반 | 매주 화·목 PM 5:30~7:30 | |
| 발레 | 유아 고급반 | 매주 화·목 PM 7:00~9:30 | 분기별 12만 원 |
| | 성인 초급 A반 | 매주 화·목 PM 7:30~9:30 | |
| | 성인 초급 B반 | 매주 화·목 PM 7:30~9:30 | |
| | 성인 중급반 | 매주 월·수 PM 7:30~9:30 | |
| | 발레 핏 | 매주 금요일 PM 7:30~9:00 | 무료 |
| 여성합창단 | 일반 | 매주 월·수 PM 2:00~4:00 | 분기별 6만 원 |

※ 발레 핏 : 발레와 피트니스를 결합한 발레 수업

**46** 다음 중 B씨가 광고문을 읽고 이해한 내용으로 가장 적절한 것은?

① 반마다 정해진 연습실이 나누어져 있어서 공간 활용이 잘 될 것 같아.

② 홈페이지에서 수강신청서 다운부터 접수까지 간편하게 신청이 가능한걸.

③ 시립예술단원의 수·차석에게 직접 배울 수 있으니 정말 믿음이 가네.

④ 지금이 6월이니 어떤 강좌든 이번 달 안에만 신청하면 언제든지 수강할 수 있네.

⑤ 발레 수강료는 단계가 높아질수록 비싸지는 걸.

**47** 피아노를 전공한 B씨는 개인 레슨을 다음 시간표와 같이 지도하고 있다. B씨가 자신의 6살 딸과 함께 시간을 내어 문화예술교실을 수강하려고 할 때, 가능한 반은?

> **〈개인 레슨 시간표〉**
>
> • 매주 화·목요일 오전 10:00 ~ 12:00
> • 매주 수·목요일 오후 4:00 ~ 6:00
> • 매주 화·금요일 저녁 7:00 ~ 9:00
> ※ 딸의 하원시간인 4시 이전에 유치원으로 데리러 가야함
> ※ 해당 강습 날짜와 시간 모두 지켜서 수강함
> ※ 딸은 발레 유아 초급 A반에 등록하였고, 적어도 일주일에 한 번은 딸의 수업을 참관해야 함
> ※ 매주 수요일은 가족의 날로, 오후 6시부터 가족이 모여 저녁시간을 함께 보내는 날임

① 한국무용      ② 발레 성인 초급 A반

③ 발레 성인 중급반      ④ 발레 핏

⑤ 여성합창단

※ 다음 자료를 보고 이어지는 질문에 답하시오. [48~50]

| 발신인 | 기획부 E팀장 | 발신일 | 2024.12.27(금) 14:15:54 |
|---|---|---|---|
| 수신인 | 인사부 K과장 | | |
| 제목 | 프로젝트부서 인사에 대한 자료 요청 | | |

안녕하세요. K과장님. 기획부 팀장 E입니다.
이번에 새로 진행되는 프로젝트부서에 배치 가능한 사원들의 역량을 확인할 수 있는 자료를 요청합니다. 아무래도 외국
투자를 주목적으로 하는 부서인지라 외국어 능력 자료가 필수적이고, 다양한 자료를 활용하여 발표할 일이 많으므로 각종
서식을 잘 다루는지 확인할 수 있는 자료가 있으면 좋겠습니다.

| 발신인 | 인사부 K과장 | 발신일 | 2024.12.27(금) 16:55:12 |
|---|---|---|---|
| 수신인 | 기획부 E팀장 | | |
| 제목 | RE : 프로젝트부서 인사에 대한 자료 요청 | | |

E팀장님, 안녕하세요.
프로젝트부서에 배치 가능한 사원 5명의 역량을 다음과 같이 첨부하여 보냅니다. 사내에서 시행한 외국어능력 점수와
컴퓨터활용능력 점수, 근무태도, 자격증으로 구성되어 있으며, 이밖에 다른 필요한 자료가 있으시다면 언제든 연락해주십
시오. 감사합니다.

〈사원별 인사자료〉

| 구분 | 외국어능력 점수 | 컴퓨터활용능력 점수 | 근무태도 | 자격증 |
|---|---|---|---|---|
| 윤정아 | 75점 | 85점 | A등급 | – |
| 신민준 | 80점 | 80점 | B등급 | 정보처리기사 |
| 이연경 | 95점 | 70점 | C등급 | – |
| 정유미 | 80점 | 90점 | D등급 | ITQ 한글 |
| 김영진 | 90점 | 75점 | B등급 | 정보처리산업기사 |

〈근무태도 등급별 점수〉

| A등급 | B등급 | C등급 | D등급 | E등급 |
|---|---|---|---|---|
| 100점 | 90점 | 80점 | 70점 | 60점 |

**48** 외국어능력과 컴퓨터활용능력, 근무태도 점수의 평균이 높은 순으로 사원 2명을 선정한다고 할
때, 선정된 사원은 누구인가?

① 윤정아, 신민준
② 이연경, 정유미
③ 신민준, 이연경
④ 신민준, 김영진
⑤ 윤정아, 김영진

**49** E팀장은 기존 평가방법에 외국어능력 점수에는 가산점 10%를 주고, 자격증이 있는 경우 5점을 가산하여 합산한 값이 가장 높은 사원을 선정하려 한다. 선정된 사원은 누구인가?

① 윤정아　　　　　　　　　　② 신민준
③ 이연경　　　　　　　　　　④ 정유미
⑤ 김영진

**50** 인사 자료를 확인한 E팀장은 직원들에게 컴퓨터를 잘 다루기 위한 자격증 학습이 필요하다는 판단 아래 사내 교육 프로그램을 물색할 것을 귀하에게 지시하였고, 귀하는 다음과 같은 프로그램들을 찾아내었다. 작업 속도, 취득 시간, 문제해결능력, 전문성 순으로 우선순위를 정한다고 했을 때, 다음 중 우선순위가 높은 순으로 나열된 것은?

〈사내 자격증 프로그램〉

| 자격증 | 전문성 | 문제해결능력 | 취득 시간 | 작업 속도 |
|--------|--------|--------------|-----------|-----------|
| MOS | 하 | 하 | 상 | 중 |
| 컴퓨터활용능력 | 중 | 중 | 중 | 상 |
| 정보처리기사 | 중 | 상 | 중 | 상 |
| ITQ | 하 | 하 | 상 | 상 |
| PC정비사 | 상 | 상 | 중 | 하 |

① MOS – 컴퓨터활용능력 – 정보처리기사 – ITQ – PC정비사
② ITQ – 정보처리기사 – 컴퓨터활용능력 – MOS – PC정비사
③ ITQ – 정보처리기사 – 컴퓨터활용능력 – PC정비사 – MOS
④ 정보처리기사 – 컴퓨터활용능력 – PC정비사 – MOS – ITQ
⑤ 정보처리기사 – 컴퓨터활용능력 – ITQ – MOS – PC정비사

불가능한 것이라고 생각하는 순간, 그것은 당신을 멈추게 만들 것이다.

– 알버트 아인슈타인 –

# PART 3

# 채용 가이드

# CHAPTER 01 블라인드 채용 소개

## 1. 블라인드 채용이란?

채용 과정에서 편견이 개입되어 불합리한 차별을 야기할 수 있는 출신지, 가족관계, 학력, 외모 등의 편견요인은 제외하고, 직무능력만을 평가하여 인재를 채용하는 방식입니다.

## 2. 블라인드 채용의 필요성

- 채용의 공정성에 대한 사회적 요구
  - 누구에게나 직무능력만으로 경쟁할 수 있는 균등한 고용기회를 제공해야 하나, 아직도 채용의 공정성에 대한 불신이 존재
  - 채용상 차별금지에 대한 법적 요건이 권고적 성격에서 처벌을 동반한 의무적 성격으로 강화되는 추세
  - 시민의식과 지원자의 권리의식 성숙으로 차별에 대한 법적 대응 가능성 증가
- 우수인재 채용을 통한 기업의 경쟁력 강화 필요
  - 직무능력과 무관한 학벌, 외모 위주의 선발로 우수인재 선발기회 상실 및 기업경쟁력 약화
  - 채용 과정에서 차별 없이 직무능력중심으로 선발한 우수인재 확보 필요
- 공정한 채용을 통한 사회적 비용 감소 필요
  - 편견에 의한 차별적 채용은 우수인재 선발을 저해하고 외모·학벌 지상주의 등의 심화로 불필요한 사회적 비용 증가
  - 채용에서의 공정성을 높여 사회의 신뢰수준 제고

## 3. 블라인드 채용의 특징

편견요인을 요구하지 않는 대신 직무능력을 평가합니다.

※ 직무능력중심 채용이란?
  기업의 역량기반 채용, NCS기반 능력중심 채용과 같이 직무수행에 필요한 능력과 역량을 평가하여 선발하는 채용방식을 통칭합니다.

## 4. 블라인드 채용의 평가요소

직무수행에 필요한 지식, 기술, 태도 등을 과학적인 선발기법을 통해 평가합니다.

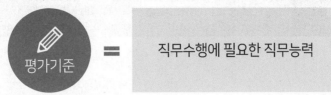

평가기준 = 직무수행에 필요한 직무능력

※ 과학적 선발기법이란?
직무분석을 통해 도출된 평가요소를 서류, 필기, 면접 등을 통해 체계적으로 평가하는 방법으로 입사지원서, 자기소개서, 직무수행능력평가, 구조화 면접 등이 해당됩니다.

## 5. 블라인드 채용 주요 도입 내용

- 입사지원서에 인적사항 요구 금지
  - 인적사항에는 출신지역, 가족관계, 결혼여부, 재산, 취미 및 특기, 종교, 생년월일(연령), 성별, 신장 및 체중, 사진, 전공, 학교명, 학점, 외국어 점수, 추천인 등이 해당
  - 채용 직무를 수행하는 데 있어 반드시 필요하다고 인정될 경우는 제외
    예 특수경비직 채용 시 : 시력, 건강한 신체 요구
    　　연구직 채용 시 : 논문, 학위 요구 등
- 블라인드 면접 실시
  - 면접관에게 응시자의 출신지역, 가족관계, 학교명 등 인적사항 정보 제공 금지
  - 면접관은 응시자의 인적사항에 대한 질문 금지

## 6. 블라인드 채용 도입의 효과성

- 구성원의 다양성과 창의성이 높아져 기업 경쟁력 강화
  - 편견을 없애고 직무능력 중심으로 선발하므로 다양한 직원 구성 가능
  - 다양한 생각과 의견을 통하여 기업의 창의성이 높아져 기업경쟁력 강화
- 직무에 적합한 인재선발을 통한 이직률 감소 및 만족도 제고
  - 사전에 지원자들에게 구체적이고 상세한 직무요건을 제시함으로써 허수 지원이 낮아지고, 직무에 적합한 지원자 모집 가능
  - 직무에 적합한 인재가 선발되어 직무이해도가 높아져 업무효율 증대 및 만족도 제고
- 채용의 공정성과 기업이미지 제고
  - 블라인드 채용은 사회적 편견을 줄인 선발 방법으로 기업에 대한 사회적 인식 제고
  - 채용과정에서 불합리한 차별을 받지 않고 실력에 의해 공정하게 평가를 받을 것이라는 믿음을 제공하고, 지원자들은 평등한 기회와 공정한 선발과정 경험

# CHAPTER 02

# 서류전형 가이드

## 01 채용공고문

### 1. 채용공고문의 변화

| 기존 채용공고문 | 변화된 채용공고문 |
|---|---|
| • 취업준비생에게 불충분하고 불친절한 측면 존재<br>• 모집분야에 대한 명확한 직무관련 정보 및 평가기준 부재<br>• 해당분야에 지원하기 위한 취업준비생의 무분별한 스펙 쌓기 현상 발생 | • NCS 직무분석에 기반한 채용공고를 토대로 채용전형 진행<br>• 지원자가 입사 후 수행하게 될 업무에 대한 자세한 정보 공지<br>• 직무수행내용, 직무수행 시 필요한 능력, 관련된 자격, 직업기초능력 제시<br>• 지원자가 해당 직무에 필요한 스펙만을 준비할 수 있도록 안내 |
| • 모집부문 및 응시자격<br>• 지원서 접수<br>• 전형절차<br>• 채용조건 및 처우<br>• 기타사항 | • 채용절차<br>• 채용유형별 선발분야 및 예정인원<br>• 전형방법<br>• 선발분야별 직무기술서<br>• 우대사항 |

### 2. 지원 유의사항 및 지원요건 확인

채용 직무에 따른 세부사항을 공고문에 명시하여 지원자에게 적격한 지원 기회를 부여함과 동시에 채용과정에서의 공정성과 신뢰성을 확보합니다.

| 구성 | 내용 | 확인사항 |
|---|---|---|
| 모집분야 및 규모 | 고용형태(인턴 계약직 등), 모집분야, 인원, 근무지역 등 | 채용직무가 여러 개일 경우 본인이 해당되는 직무의 채용규모 확인 |
| 응시자격 | 기본 자격사항, 지원조건 | 지원을 위한 최소자격요건을 확인하여 불필요한 지원을 예방 |
| 우대조건 | 법정·특별·자격증 가점 | 본인의 가점 여부를 검토하여 가점 획득을 위한 사항을 사실대로 기재 |
| 근무조건 및 보수 | 고용형태 및 고용기간, 보수, 근무지 | 본인이 생각하는 기대수준에 부합하는지 확인하여 불필요한 지원을 예방 |
| 시험방법 | 서류·필기·면접전형 등의 활용방안 | 전형방법 및 세부 평가기법 등을 확인하여 지원전략 준비 |
| 전형일정 | 접수기간, 각 전형 단계별 심사 및 합격자 발표일 등 | 본인의 지원 스케줄을 검토하여 차질이 없도록 준비 |
| 제출서류 | 입사지원서(경력·경험기술서 등), 각종 증명서 및 자격증 사본 등 | 지원요건 부합 여부 및 자격 증빙서류 사전에 준비 |
| 유의사항 | 임용취소 등의 규정 | 임용취소 관련 법적 또는 기관 내부 규정을 검토하여 해당여부 확인 |

## 02 　직무기술서

직무기술서란 직무수행의 내용과 필요한 능력, 관련 자격, 직업기초능력 등을 상세히 기재한 것으로 입사 후 수행하게 될 업무에 대한 정보가 수록되어 있는 자료입니다.

### 1. 채용분야

[설명]

NCS 직무분류 체계에 따라 직무에 대한 「대분류 – 중분류 – 소분류 – 세분류」 체계를 확인할 수 있습니다. 채용 직무에 대한 모든 직무기술서를 첨부하게 되며 실제 수행 업무를 기준으로 세부적인 분류정보를 제공합니다.

| 채용분야 | 분류체계 | | | |
|---|---|---|---|---|
| 사무행정 | 대분류 | 중분류 | 소분류 | 세분류 |
| 분류코드 | 02. 경영 · 회계 · 사무 | 03. 재무 · 회계 | 01. 재무 | 01. 예산 |
| | | | | 02. 자금 |
| | | | 02. 회계 | 01. 회계감사 |
| | | | | 02. 세무 |

### 2. 능력단위

[설명]

직무분류 체계의 세분류 하위능력단위 중 실질적으로 수행할 업무의 능력만 구체적으로 파악할 수 있습니다.

| 능력단위 | (예산) | 03. 연간종합예산수립 05. 확정예산 운영 | 04. 추정재무제표 작성 06. 예산실적 관리 |
|---|---|---|---|
| | (자금) | 04. 자금운용 | |
| | (회계감사) | 02. 자금관리 05. 회계정보시스템 운용 07. 회계감사 | 04. 결산관리 06. 재무분석 |
| | (세무) | 02. 결산관리 07. 법인세 신고 | 05. 부가가치세 신고 |

### 3. 직무수행내용

[설명]

세분류 영역의 기본정의를 통해 직무수행내용을 확인할 수 있습니다. 입사 후 수행할 직무내용을 구체적으로 확인할 수 있으며, 이를 통해 입사서류 작성부터 면접까지 직무에 대한 명확한 이해를 바탕으로 자신의 희망직무 인지 아닌지, 해당 직무가 자신이 알고 있던 직무가 맞는지 확인할 수 있습니다.

| | (예산) 일정기간 예상되는 수익과 비용을 편성, 집행하며 통제하는 일 |
|---|---|
| 직무수행내용 | (자금) 자금의 계획 수립, 조달, 운용을 하고 발생 가능한 위험 관리 및 성과평가 |
| | (회계감사) 기업 및 조직 내 · 외부에 있는 의사결정자들이 효율적인 의사결정을 할 수 있도록 유용한 정보를 제공, 제공된 회계정보의 적정성을 파악하는 일 |
| | (세무) 세무는 기업의 활동을 위하여 주어진 세법범위 내에서 조세부담을 최소화시키는 조세전략을 포함하고 정확한 과세소득과 과세표준 및 세액을 산출하여 과세당국에 신고 · 납부하는 일 |

## 4. 직무기술서 예시

| 태도 | (예산) 정확성, 분석적 태도, 논리적 태도, 타 부서와의 협조적 태도, 설득력 |
| | (자금) 분석적 사고력 |
| | (회계 감사) 합리적 태도, 전략적 사고, 정확성, 적극적 협업 태도, 법률준수 태도, 분석적 태도, 신속성, 책임감, 정확한 판단력 |
| | (세무) 규정 준수 의지, 수리적 정확성, 주의 깊은 태도 |
| 우대 자격증 | 공인회계사, 세무사, 컴퓨터활용능력, 변호사, 워드프로세서, 전산회계운용사, 사회조사분석사, 재경관리사, 회계관리 등 |
| 직업기초능력 | 의사소통능력, 문제해결능력, 자원관리능력, 대인관계능력, 정보능력, 조직이해능력 |

## 5. 직무기술서 내용별 확인사항

| 항목 | 확인사항 |
| --- | --- |
| 모집부문 | 해당 채용에서 선발하는 부문(분야)명 확인 예 사무행정, 전산, 전기 |
| 분류체계 | 지원하려는 분야의 세부직무군 확인 |
| 주요기능 및 역할 | 지원하려는 기업의 전사적인 기능과 역할, 산업군 확인 |
| 능력단위 | 지원분야의 직무수행에 관련되는 세부업무사항 확인 |
| 직무수행내용 | 지원분야의 직무군에 대한 상세사항 확인 |
| 전형방법 | 지원하려는 기업의 신입사원 선발전형 절차 확인 |
| 일반요건 | 교육사항을 제외한 지원 요건 확인(자격요건, 특수한 경우 연령) |
| 교육요건 | 교육사항에 대한 지원요건 확인(대졸 / 초대졸 / 고졸 / 전공 요건) |
| 필요지식 | 지원분야의 업무수행을 위해 요구되는 지식 관련 세부항목 확인 |
| 필요기술 | 지원분야의 업무수행을 위해 요구되는 기술 관련 세부항목 확인 |
| 직무수행태도 | 지원분야의 업무수행을 위해 요구되는 태도 관련 세부항목 확인 |
| 직업기초능력 | 지원분야 또는 지원기업의 조직원으로서 근무하기 위해 필요한 일반적인 능력사항 확인 |

## 03 입사지원서

### 1. 입사지원서의 변화

| 기존지원서 | | 능력중심 채용 입사지원서 |
|---|---|---|
| 직무와 관련 없는 학점, 개인신상, 어학점수, 자격, 수상경력 등을 나열하도록 구성 | VS | 해당 직무수행에 꼭 필요한 정보들을 제시할 수 있도록 구성 |

| 직무기술서 | | 인적사항 | 성명, 연락처, 지원분야 등 작성 (평가 미반영) |
|---|---|---|---|
| 직무수행내용 | | 교육사항 | 직무지식과 관련된 학교교육 및 직업교육 작성 |
| 요구지식 / 기술 | ➡ | 자격사항 | 직무관련 국가공인 또는 민간자격 작성 |
| 관련 자격증 | | 경력 및 경험사항 | 조직에 소속되어 일정한 임금을 받거나(경력) 임금 없이(경험) 직무와 관련된 활동 내용 작성 |
| 사전직무경험 | | | |

### 2. 교육사항

• 지원분야 직무와 관련된 학교 교육이나 직업교육 혹은 기타교육 등 직무에 대한 지원자의 학습 여부를 평가하기 위한 항목입니다.
• 지원하고자 하는 직무의 학교 전공교육 이외에 직업교육, 기타교육 등을 기입할 수 있기 때문에 전공 제한 없이 직업교육과 기타교육을 이수하여 지원이 가능하도록 기회를 제공합니다.
(기타교육 : 학교 이외의 기관에서 개인이 이수한 교육과정 중 지원직무와 관련이 있다고 생각되는 교육내용)

| 구분 | 교육과정(과목)명 | 교육내용 | 과업(능력단위) |
|---|---|---|---|
| | | | |
| | | | |

## 3. 자격사항

- 채용공고 및 직무기술서에 제시되어 있는 자격 현황을 토대로 지원자가 해당 직무를 수행하는 데 필요한 능력을 가지고 있는지를 평가하기 위한 항목입니다.
- 채용공고 및 직무기술서에 기재된 직무관련 필수 또는 우대자격 항목을 확인하여 본인이 보유하고 있는 자격사항을 기재합니다.

| 자격유형 | 자격증명 | 발급기관 | 취득일자 | 자격증번호 |
|---|---|---|---|---|
|  |  |  |  |  |

## 4. 경력 및 경험사항

- 직무와 관련된 경력이나 경험 여부를 표현하도록 하여 직무와 관련한 능력을 갖추었는지를 평가하기 위한 항목입니다.
- 해당 기업에서 직무를 수행함에 있어 필요한 사항만을 기록하게 되어 있기 때문에 직무와 무관한 스펙을 갖추지 않아도 됩니다.
- 경력 : 금전적 보수를 받고 일정기간 동안 일했던 경우
- 경험 : 금전적 보수를 받지 않고 수행한 활동
  ※ 기업에 따라 경력 / 경험 관련 증빙자료 요구 가능

| 구분 | 조직명 | 직위 / 역할 | 활동기간(년 / 월) | 주요과업 / 활동내용 |
|---|---|---|---|---|
|  |  |  |  |  |
|  |  |  |  |  |

> **Tip**
>
> 입사지원서 작성 방법
> ○ 경력 및 경험사항 작성
> - 직무기술서에 제시된 지식, 기술, 태도와 지원자의 교육사항, 경력(경험)사항, 자격사항과 연계하여 개인의 직무역량에 대해 스스로 판단 가능
> ○ 인적사항 최소화
> - 개인의 인적사항, 학교명, 가족관계 등을 노출하지 않도록 유의
>
> ---
>
> 부적절한 입사지원서 작성 사례
> - 학교 이메일을 기입하여 학교명 노출
> - 거주지 주소에 학교 기숙사 주소를 기입하여 학교명 노출
> - 자기소개서에 부모님이 재직 중인 기업명, 직위, 직업을 기입하여 가족관계 노출
> - 자기소개서에 석·박사 과정에 대한 이야기를 언급하여 학력 노출
> - 동아리 활동에 대한 내용을 학교명과 더불어 언급하여 학교명 노출

## 1. 자기소개서의 변화

- 기존의 자기소개서는 지원자의 일대기나 관심 분야, 성격의 장·단점 등 개괄적인 사항을 묻는 질문으로 구성되어 지원자가 자신의 직무능력을 제대로 표출하지 못합니다.
- 능력중심 채용의 자기소개서는 직무기술서에 제시된 직업기초능력(또는 직무수행능력)에 대한 지원자의 과거 경험을 기술하게 함으로써 평가 타당도의 확보가 가능합니다.

| |
|---|
| 1. 우리 회사와 해당 지원 직무분야에 지원한 동기에 대해 기술해 주세요. |
| |
| 2. 자신이 경험한 다양한 사회활동에 대해 기술해 주세요. |
| |
| 3. 지원 직무에 대한 전문성을 키우기 위해 받은 교육과 경험 및 경력사항에 대해 기술해 주세요. |
| |
| 4. 인사업무 또는 팀 과제 수행 중 발생한 갈등을 원만하게 해결해 본 경험이 있습니까? 당시 상황에 대한 설명과 갈등의 대상이 되었던 상대방을 설득한 과정 및 방법을 기술해 주세요. |
| |
| 5. 과거에 있었던 일 중 가장 어려웠던(힘들었었던) 상황을 고르고, 어떤 방법으로 그 상황을 해결했는지를 기술해 주세요. |
| |

PART 3

자기소개서 작성 방법

① 자기소개서 문항이 묻고 있는 평가 역량 추측하기

예시

- 팀 활동을 하면서 갈등 상황 시 상대방의 니즈나 의도를 명확히 파악하고 해결하여 목표 달성에 기여했던 경험에 대해서 작성해 주시기 바랍니다.
- 다른 사람이 생각해내지 못했던 문제점을 찾고 이를 해결한 경험에 대해 작성해 주시기 바랍니다.

② 해당 역량을 보여줄 수 있는 소재 찾기(시간×역량 매트릭스)

예시

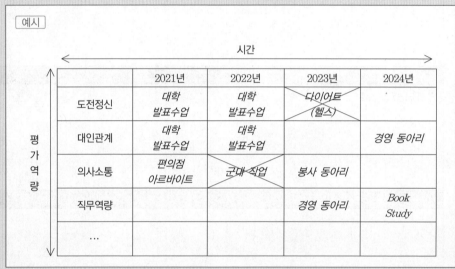

| | | 2021년 | 2022년 | 2023년 | 2024년 |
|---|---|---|---|---|---|
| 평가역량 | 도전정신 | 대학 발표수업 | 대학 발표수업 | ~~다이어트 (헬스)~~ | |
| | 대인관계 | 대학 발표수업 | 대학 발표수업 | | 경영 동아리 |
| | 의사소통 | 편의점 아르바이트 | ~~군대 작업~~ | 봉사 동아리 | |
| | 직무역량 | | | 경영 동아리 | Book Study |
| | … | | | | |

③ 자기소개서 작성 Skill 익히기
- 두괄식으로 작성하기
- 구체적 사례를 사용하기
- '나'를 중심으로 작성하기
- 직무역량 강조하기
- 경험 사례의 차별성 강조하기

## 01 인성검사 유형

인성검사는 지원자의 성격특성을 객관적으로 파악하고 그것이 각 기업에서 필요로 하는 인재상과 가치에 부합하는가를 평가하기 위한 검사입니다. 인성검사는 KPDI(한국인재개발진흥원), K-SAD(한국사회적성개발원), KIRBS(한국행동과학연구소), SHR(에스에이치알) 등의 전문기관을 통해 각 기업의 특성에 맞는 검사를 선택하여 실시합니다. 대표적인 인성검사의 유형에는 크게 다음과 같은 세 가지가 있으며, 채용 대행업체에 따라 달라집니다.

### 1. KPDI 검사

조직적응성과 직무적합성을 알아보기 위한 검사로 인성검사, 인성역량검사, 인적성검사, 직종별 인적성 검사 등의 다양한 검사 도구를 구현합니다. KPDI는 성격을 파악하고 정신건강 상태 등을 측정하고, 직무 검사는 해당 직무를 수행하기 위해 기본적으로 갖추어야 할 인지적 능력을 측정합니다. 역량검사는 특정 직무 역할을 효과적으로 수행하는 데 직접적으로 관련 있는 개인의 행동, 지식, 스킬, 가치관 등을 측정합니다.

### 2. KAD(Korea Aptitude Development) 검사

K-SAD(한국사회적성개발원)에서 실시하는 적성검사 프로그램입니다. 개인의 성향, 지적 능력, 기호, 관심, 흥미도를 종합적으로 분석하여 적성에 맞는 업무가 무엇인가 파악하고, 직무수행에 있어서 요구되는 기초능력과 실무능력을 분석합니다.

### 3. SHR 직무적성검사

직무수행에 필요한 종합적인 사고 능력을 다양한 적성검사(Paper and Pencil Test)로 평가합니다. SHR의 모든 직무능력검사는 표준화 검사입니다. 표준화 검사는 표본집단의 점수를 기초로 규준이 만들어진 검사이므로 개인의 점수를 규준에 맞추어 해석·비교하는 것이 가능합니다. S(Standardized Tests), H(Hundreds of Version), R(Reliable Norm Data)을 특징으로 하며, 직군·직급별 특성과 선발 수준에 맞추어 검사를 적용할 수 있습니다.

인성검사는 특히 면접질문과 관련성이 높습니다. 면접관은 지원자의 인성검사 결과를 토대로 질문을 하기 때문입니다. 일관적이고 이상적인 답변을 하는 것이 가장 좋지만, 실제 시험은 매우 복잡하여 전문가라 해도 일정 성격을 유지하면서 답변을 하는 것이 힘듭니다. 또한 인성검사에는 라이 스케일(Lie Scale) 설문이 전체 설문 속에 교묘하게 섞여 들어가 있으므로 겉치레적인 답을 하게 되면 회답태도의 허위성이 그대로 드러나게 됩니다. 예를 들어 '거짓말을 한 적이 한 번도 없다.'에 '예'로 답하고, '때로는 거짓말을 하기도 한다.'에 '예'라고 답하여 라이 스케일의 득점이 올라가게 되면 모든 회답의 신빙성이 사라지고 '자신을 돋보이게 하려는 사람'이라는 평가를 받을 수 있으므로 주의해야 합니다. 따라서 모의테스트를 통해 인성검사의 유형과 실제 시험 시 어떻게 문제를 풀어야 하는지 연습해 보고 체크한 부분 중 자신의 단점과 연결되는 부분은 면접에서 질문이 들어왔을 때 어떻게 대처해야 하는지 생각해 보는 것이 좋습니다.

**03    유의사항**

### 1. 기업의 인재상을 파악하라!

인성검사를 통해 개인의 성격 특성을 파악하고 그것이 기업의 인재상과 가치에 부합하는지를 평가하는 시험이기 때문에 해당 기업의 인재상을 먼저 파악하고 시험에 임하는 것이 좋습니다. 모의테스트에서 인재상에 맞는 가상의 인물을 설정하고 문제에 답해 보는 것도 많은 도움이 됩니다.

### 2. 일관성 있는 대답을 하라!

짧은 시간 안에 다양한 질문에 답을 해야 하는데, 그 안에는 중복되는 질문이 여러 번 나옵니다. 이때 앞서 자신이 체크했던 대답을 잘 기억해뒀다가 일관성 있는 답을 하는 것이 중요합니다.

### 3. 모든 문항에 대답하라!

많은 문제를 짧은 시간 안에 풀려다 보니 다 못 푸는 경우도 종종 생깁니다. 하지만 대답을 누락하거나 끝까지 다 못했을 경우 좋지 않은 결과를 가져올 수도 있으니 최대한 주어진 시간 안에 모든 문항에 답할 수 있도록 해야 합니다.

※ 모의테스트는 질문 및 답변 유형 연습을 위한 것으로 실제 시험과 다를 수 있습니다.
※ 인성검사는 정답이 따로 없는 유형의 검사이므로 결과지를 제공하지 않습니다.

| 번호 | 내용 | 예 | 아니요 |
|---|---|---|---|
| 001 | 나는 솔직한 편이다. | ☐ | ☐ |
| 002 | 나는 리드하는 것을 좋아한다. | ☐ | ☐ |
| 003 | 법을 어겨서 말썽이 된 적이 한 번도 없다. | ☐ | ☐ |
| 004 | 거짓말을 한 번도 한 적이 없다. | ☐ | ☐ |
| 005 | 나는 눈치가 빠르다. | ☐ | ☐ |
| 006 | 나는 일을 주도하기보다는 뒤에서 지원하는 것을 선호한다. | ☐ | ☐ |
| 007 | 앞일은 알 수 없기 때문에 계획은 필요하지 않다. | ☐ | ☐ |
| 008 | 거짓말도 때로는 방편이라고 생각한다. | ☐ | ☐ |
| 009 | 사람이 많은 술자리를 좋아한다. | ☐ | ☐ |
| 010 | 걱정이 지나치게 많다. | ☐ | ☐ |
| 011 | 일을 시작하기 전 재고하는 경향이 있다. | ☐ | ☐ |
| 012 | 불의를 참지 못한다. | ☐ | ☐ |
| 013 | 처음 만나는 사람과도 이야기를 잘 한다. | ☐ | ☐ |
| 014 | 때로는 변화가 두렵다. | ☐ | ☐ |
| 015 | 나는 모든 사람에게 친절하다. | ☐ | ☐ |
| 016 | 힘든 일이 있을 때 술은 위로가 되지 않는다. | ☐ | ☐ |
| 017 | 결정을 빨리 내리지 못해 손해를 본 경험이 있다. | ☐ | ☐ |
| 018 | 기회를 잡을 준비가 되어 있다. | ☐ | ☐ |
| 019 | 때로는 내가 정말 쓸모없는 사람이라고 느낀다. | ☐ | ☐ |
| 020 | 누군가 나를 챙겨주는 것이 좋다. | ☐ | ☐ |
| 021 | 자주 가슴이 답답하다. | ☐ | ☐ |
| 022 | 나는 내가 자랑스럽다. | ☐ | ☐ |
| 023 | 경험이 중요하다고 생각한다. | ☐ | ☐ |
| 024 | 전자기기를 분해하고 다시 조립하는 것을 좋아한다. | ☐ | ☐ |

| 025 | 감시받고 있다는 느낌이 든다. | ☐ | ☐ |
| --- | --- | --- | --- |
| 026 | 난처한 상황에 놓이면 그 순간을 피하고 싶다. | ☐ | ☐ |
| 027 | 세상엔 믿을 사람이 없다. | ☐ | ☐ |
| 028 | 잘못을 빨리 인정하는 편이다. | ☐ | ☐ |
| 029 | 지도를 보고 길을 잘 찾아간다. | ☐ | ☐ |
| 030 | 귓속말을 하는 사람을 보면 날 비난하고 있는 것 같다. | ☐ | ☐ |
| 031 | 막무가내라는 말을 들을 때가 있다. | ☐ | ☐ |
| 032 | 장래의 일을 생각하면 불안하다. | ☐ | ☐ |
| 033 | 결과보다 과정이 중요하다고 생각한다. | ☐ | ☐ |
| 034 | 운동은 그다지 할 필요가 없다고 생각한다. | ☐ | ☐ |
| 035 | 새로운 일을 시작할 때 좀처럼 한 발을 떼지 못한다. | ☐ | ☐ |
| 036 | 기분 상하는 일이 있더라도 참는 편이다. | ☐ | ☐ |
| 037 | 업무능력은 성과로 평가받아야 한다고 생각한다. | ☐ | ☐ |
| 038 | 머리가 맑지 못하고 무거운 느낌이 든다. | ☐ | ☐ |
| 039 | 가끔 이상한 소리가 들린다. | ☐ | ☐ |
| 040 | 타인이 내게 자주 고민상담을 하는 편이다. | ☐ | ☐ |

※ 모의테스트는 질문 및 답변 유형 연습을 위한 것으로 실제 시험과 다를 수 있습니다.
※ 인성검사는 정답이 따로 없는 유형의 검사이므로 결과지를 제공하지 않습니다.

※ 이 성격검사의 각 문항에는 서로 다른 행동을 나타내는 네 개의 문장이 제시되어 있습니다. 이 문장들을 비교하여, 자신의 평소 행동과 가장 가까운 문장을 'ㄱ' 열에 표기하고, 가장 먼 문장을 'ㅁ' 열에 표기하십시오.

**01**　나는 _____

| | ㄱ | ㅁ |
|---|---|---|
| A. 실용적인 해결책을 찾는다. | ☐ | ☐ |
| B. 다른 사람을 돕는 것을 좋아한다. | ☐ | ☐ |
| C. 세부 사항을 잘 챙긴다. | ☐ | ☐ |
| D. 상대의 주장에서 허점을 잘 찾는다. | ☐ | ☐ |

**02**　나는 _____

| | ㄱ | ㅁ |
|---|---|---|
| A. 매사에 적극적으로 임한다. | ☐ | ☐ |
| B. 즉흥적인 편이다. | ☐ | ☐ |
| C. 관찰력이 있다. | ☐ | ☐ |
| D. 임기응변에 강하다. | ☐ | ☐ |

**03**　나는 _____

| | ㄱ | ㅁ |
|---|---|---|
| A. 무서운 영화를 잘 본다. | ☐ | ☐ |
| B. 조용한 곳이 좋다. | ☐ | ☐ |
| C. 가끔 울고 싶다. | ☐ | ☐ |
| D. 집중력이 좋다. | ☐ | ☐ |

**04**　나는 _____

| | ㄱ | ㅁ |
|---|---|---|
| A. 기계를 조립하는 것을 좋아한다. | ☐ | ☐ |
| B. 집단에서 리드하는 역할을 맡는다. | ☐ | ☐ |
| C. 호기심이 많다. | ☐ | ☐ |
| D. 음악을 듣는 것을 좋아한다. | ☐ | ☐ |

PART 3

**05** 나는 _____

| | ㄱ | ㅁ |
|---|---|---|
| A. 타인을 늘 배려한다. | ☐ | ☐ |
| B. 감수성이 예민하다. | ☐ | ☐ |
| C. 즐겨하는 운동이 있다. | ☐ | ☐ |
| D. 일을 시작하기 전에 계획을 세운다. | ☐ | ☐ |

**06** 나는 _____

| | ㄱ | ㅁ |
|---|---|---|
| A. 타인에게 설명하는 것을 좋아한다. | ☐ | ☐ |
| B. 여행을 좋아한다. | ☐ | ☐ |
| C. 정적인 것이 좋다. | ☐ | ☐ |
| D. 남을 돕는 것에 보람을 느낀다. | ☐ | ☐ |

**07** 나는 _____

| | ㄱ | ㅁ |
|---|---|---|
| A. 기계를 능숙하게 다룬다. | ☐ | ☐ |
| B. 밤에 잠이 잘 오지 않는다. | ☐ | ☐ |
| C. 한 번 간 길을 잘 기억한다. | ☐ | ☐ |
| D. 불의를 보면 참을 수 없다. | ☐ | ☐ |

**08** 나는 _____

| | ㄱ | ㅁ |
|---|---|---|
| A. 종일 말을 하지 않을 때가 있다. | ☐ | ☐ |
| B. 사람이 많은 곳을 좋아한다. | ☐ | ☐ |
| C. 술을 좋아한다. | ☐ | ☐ |
| D. 휴양지에서 편하게 쉬고 싶다. | ☐ | ☐ |

**09** 나는 _____

| | ㄱ | ㅁ |
|---|---|---|
| A. 뉴스보다는 드라마를 좋아한다. | ☐ | ☐ |
| B. 길을 잘 찾는다. | ☐ | ☐ |
| C. 주말엔 집에서 쉬는 것이 좋다. | ☐ | ☐ |
| D. 아침에 일어나는 것이 힘들다. | ☐ | ☐ |

**10** 나는 _____

| | ㄱ | ㅁ |
|---|---|---|
| A. 이성적이다. | ☐ | ☐ |
| B. 할 일을 종종 미룬다. | ☐ | ☐ |
| C. 어른을 대하는 게 힘들다. | ☐ | ☐ |
| D. 불을 보면 매혹을 느낀다. | ☐ | ☐ |

**11** 나는 _____

| | ㄱ | ㅁ |
|---|---|---|
| A. 상상력이 풍부하다. | ☐ | ☐ |
| B. 예의 바르다는 소리를 자주 듣는다. | ☐ | ☐ |
| C. 사람들 앞에 서면 긴장한다. | ☐ | ☐ |
| D. 친구를 자주 만난다. | ☐ | ☐ |

**12** 나는 _____

| | ㄱ | ㅁ |
|---|---|---|
| A. 나만의 스트레스 해소 방법이 있다. | ☐ | ☐ |
| B. 친구가 많다. | ☐ | ☐ |
| C. 책을 자주 읽는다. | ☐ | ☐ |
| D. 활동적이다. | ☐ | ☐ |

## 01 면접유형 파악

### 1. 면접전형의 변화

기존 면접전형에서는 일상적이고 단편적인 대화나 지원자의 첫인상 및 면접관의 주관적인 판단 등에 의해서 입사 결정 여부를 판단하는 경우가 많았습니다. 이러한 면접전형은 면접 내용의 일관성이 결여되거나 직무 관련 타당성이 부족하였고, 면접에 대한 신뢰도에 영향을 주었습니다.

| 기존 면접(전통적 면접) | | 능력중심 채용 면접(구조화 면접) |
|---|---|---|
| • 일상적이고 단편적인 대화<br>• 인상, 외모 등 외부 요소의 영향<br>• 주관적인 판단에 의존한 총점 부여<br><br>⇩<br><br>• 면접 내용의 일관성 결여<br>• 직무관련 타당성 부족<br>• 주관적인 채점으로 신뢰도 저하 | VS | • 일관성<br>  – 직무관련 역량에 초점을 둔 구체적 질문 목록<br>  – 지원자별 동일 질문 적용<br>• 구조화<br>  – 면접 진행 및 평가 절차를 일정한 체계에 의해 구성<br>• 표준화<br>  – 평가 타당도 제고를 위한 평가 Matrix 구성<br>  – 척도에 따라 항목별 채점, 개인 간 비교<br>• 신뢰성<br>  – 면접진행 매뉴얼에 따라 면접위원 교육 및 실습 |

### 2. 능력중심 채용의 면접 유형

① 경험 면접
- 목적 : 선발하고자 하는 직무 능력이 필요한 과거 경험을 질문합니다.
- 평가요소 : 직업기초능력과 인성 및 태도적 요소를 평가합니다.

② 상황 면접
- 목적 : 특정 상황을 제시하고 지원자의 행동을 관찰함으로써 실제 상황의 행동을 예상합니다.
- 평가요소 : 직업기초능력과 인성 및 태도적 요소를 평가합니다.

③ 발표 면접
- 목적 : 특정 주제와 관련된 지원자의 발표와 질의응답을 통해 지원자 역량을 평가합니다.
- 평가요소 : 직무수행능력과 인지적 역량(문제해결능력)을 평가합니다.

④ 토론 면접
- 목적 : 토의과제에 대한 의견수렴 과정에서 지원자의 역량과 상호작용능력을 평가합니다.
- 평가요소 : 직무수행능력과 팀워크를 평가합니다.

## 1. 경험 면접

① 경험 면접의 특징
- 주로 직업기초능력에 관련된 지원자의 과거 경험을 심층 질문하여 검증하는 면접입니다.
- 직무능력과 관련된 과거 경험을 평가하기 위해 심층 질문을 하며, 이 질문은 지원자의 답변에 대하여 '꼬리에 꼬리를 무는 형식'으로 진행됩니다.

> - 능력요소, 정의, 심사 기준
>   - 평가하고자 하는 능력요소, 정의, 심사기준을 확인하여 면접위원이 해당 능력요소 관련 질문을 제시합니다.
> - Opening Question
>   - 능력요소에 관련된 과거 경험을 유도하기 위한 시작 질문을 합니다.
> - Follow-up Question
>   - 지원자의 경험 수준을 구체적으로 검증하기 위한 질문입니다.
>   - 경험 수준 검증을 위한 상황(Situation), 임무(Task), 역할 및 노력(Action), 결과(Result) 등으로 질문을 구분합니다.

**경험 면접의 형태**

[면접관 1]  [면접관 2]  [면접관 3]       [면접관 1]  [면접관 2]  [면접관 3]

[지원자]                                [지원자 1]  [지원자 2]  [지원자 3]

〈일대다 면접〉                          〈다대다 면접〉

② 경험 면접의 구조

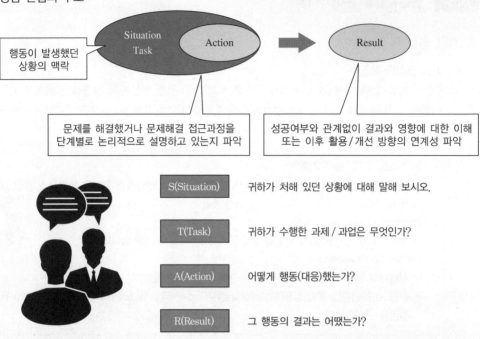

귀하가 처해 있던 상황에 대해 말해 보시오.

귀하가 수행한 과제 / 과업은 무엇인가?

어떻게 행동(대응)했는가?

그 행동의 결과는 어땠는가?

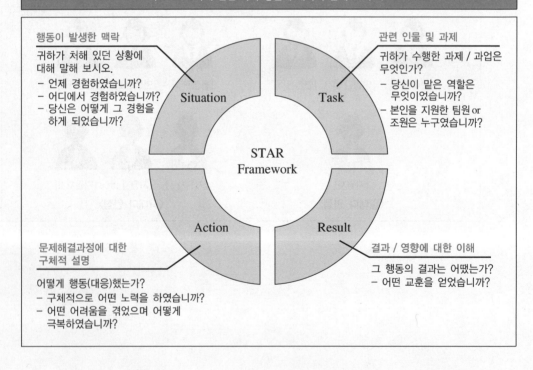

③ 경험 면접 질문 예시(직업윤리)

| 시작 질문 | |
|---|---|
| 1 | 남들이 신경 쓰지 않는 부분까지 고려하여 절차대로 업무(연구)를 수행하여 성과를 낸 경험을 구체적으로 말해 보시오. |
| 2 | 조직의 원칙과 절차를 철저히 준수하며 업무(연구)를 수행한 것 중 성과를 향상시킨 경험에 대해 구체적으로 말해 보시오. |
| 3 | 세부적인 절차와 규칙에 주의를 기울여 실수 없이 업무(연구)를 마무리한 경험을 구체적으로 말해 보시오. |
| 4 | 조직의 규칙이나 원칙을 고려하여 성실하게 일했던 경험을 구체적으로 말해 보시오. |
| 5 | 타인의 실수를 바로잡고 원칙과 절차대로 수행하여 성공적으로 업무를 마무리하였던 경험에 대해 말해 보시오. |

| 후속 질문 | | |
|---|---|---|
| 상황<br>(Situation) | 상황 | 구체적으로 언제, 어디에서 경험한 일인가? |
| | | 어떤 상황이었는가? |
| | 조직 | 어떤 조직에 속해 있었는가? |
| | | 그 조직의 특성은 무엇이었는가? |
| | | 몇 명으로 구성된 조직이었는가? |
| | 기간 | 해당 조직에서 얼마나 일했는가? |
| | | 해당 업무는 몇 개월 동안 지속되었는가? |
| | 조직규칙 | 조직의 원칙이나 규칙은 무엇이었는가? |
| 임무<br>(Task) | 과제 | 과제의 목표는 무엇이었는가? |
| | | 과제에 적용되는 조직의 원칙은 무엇이었는가? |
| | | 그 규칙을 지켜야 하는 이유는 무엇이었는가? |
| | 역할 | 당신이 조직에서 맡은 역할은 무엇이었는가? |
| | | 과제에서 맡은 역할은 무엇이었는가? |
| | 문제의식 | 규칙을 지키지 않을 경우 생기는 문제점 / 불편함은 무엇인가? |
| | | 해당 규칙이 왜 중요하다고 생각하였는가? |
| 역할 및 노력<br>(Action) | 행동 | 업무 과정의 어떤 장면에서 규칙을 철저히 준수하였는가? |
| | | 어떻게 규정을 적용시켜 업무를 수행하였는가? |
| | | 규정은 준수하는 데 어려움은 없었는가? |
| | 노력 | 그 규칙을 지키기 위해 스스로 어떤 노력을 기울였는가? |
| | | 본인의 생각이나 태도에 어떤 변화가 있었는가? |
| | | 다른 사람들은 어떤 노력을 기울였는가? |
| | 동료관계 | 동료들은 규칙을 철저히 준수하고 있었는가? |
| | | 팀원들은 해당 규칙에 대해 어떻게 반응하였는가? |
| | | 규칙에 대한 태도를 개선하기 위해 어떤 노력을 하였는가? |
| | | 팀원들의 태도는 당신에게 어떤 자극을 주었는가? |
| | 업무추진 | 주어진 업무를 추진하는 데 규칙이 방해되진 않았는가? |
| | | 업무수행 과정에서 규정을 어떻게 적용하였는가? |
| | | 업무 시 규정을 준수해야 한다고 생각한 이유는 무엇인가? |

| | | |
|---|---|---|
| 결과<br>(Result) | 평가 | 규칙을 어느 정도나 준수하였는가? |
| | | 그렇게 준수할 수 있었던 이유는 무엇이었는가? |
| | | 업무의 성과는 어느 정도였는가? |
| | | 성과에 만족하였는가? |
| | | 비슷한 상황이 온다면 어떻게 할 것인가? |
| | 피드백 | 주변 사람들로부터 어떤 평가를 받았는가? |
| | | 그러한 평가에 만족하는가? |
| | | 다른 사람에게 본인의 행동이 영향을 주었다고 생각하는가? |
| | 교훈 | 업무수행 과정에서 중요한 점은 무엇이라고 생각하는가? |
| | | 이 경험을 통해 느낀 바는 무엇인가? |

## 2. 상황 면접

① 상황 면접의 특징

직무 관련 상황을 가정하여 제시하고 이에 대한 대응능력을 직무관련성 측면에서 평가하는 면접입니다.

- 상황 면접 과제의 구성은 크게 2가지로 구분
  - 상황 제시(Description) / 문제 제시(Question or Problem)
- 현장의 실제 업무 상황을 반영하여 과제를 제시하므로 직무분석이나 직무전문가 워크숍 등을 거쳐 현장성을 높임
- 문제는 상황에 대한 기본적인 이해능력(이론적 지식)과 함께 실질적 대응이나 변수 고려능력(실천적 능력) 등을 고르게 질문해야 함

상황 면접의 형태

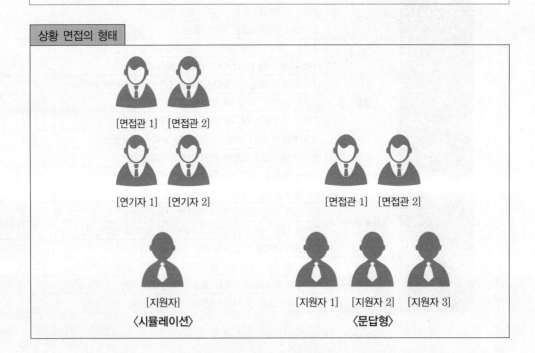

〈시뮬레이션〉 〈문답형〉

② 상황 면접 예시

| 상황 제시 | 인천공항 여객터미널 내에는 다양한 용도의 시설(사무실, 통신실, 식당, 전산실, 창고 면세점 등)이 설치되어 있습니다. | 실제 업무 상황에 기반함 |
|---|---|---|
| | 금년에 소방배관의 누수가 잦아 메인 배관을 교체하는 공사를 추진하고 있으며, 당신은 이번 공사의 담당자입니다. | 배경 정보 |
| | 주간에는 공항 운영이 이루어져 주로 야간에만 배관 교체 공사를 수행하던 중, 시공하는 기능공의 실수로 배관 연결 부위를 잘못 건드려 고압배관의 소화수가 누출되는 사고가 발생하였으며, 이로 인해 인근 시설물에 누수에 의한 피해가 발생하였습니다. | 구체적인 문제 상황 |
| 문제 제시 | 일반적인 소방배관의 배관연결(이음)방식과 배관의 이탈(누수)이 발생하는 원인에 대해 설명해 보시오. | 문제 상황 해결을 위한 기본 지식 문항 |
| | 담당자로서 본 사고를 현장에서 긴급히 처리하는 프로세스를 제시하고, 보수완료 후 사후적 조치가 필요한 부분 및 재발방지 방안에 대해 설명해 보시오. | 문제 상황 해결을 위한 추가 대응 문항 |

## 3. 발표 면접

① 발표 면접의 특징
- 직무관련 주제에 대한 지원자의 생각을 정리하여 의견을 제시하고, 발표 및 질의응답을 통해 지원자의 직무능력을 평가하는 면접입니다.
- 발표 주제는 직무와 관련된 자료로 제공되며, 일정 시간 후 지원자가 보유한 지식 및 방안에 대한 발표 및 후속 질문을 통해 직무적합성을 평가합니다.

- 주요 평가요소 : 설득적 말하기 / 발표능력 / 문제해결능력 / 직무관련 전문성
- 이미 언론을 통해 공론화된 시사 이슈보다는 해당 직무분야에 관련된 주제가 발표면접의 과제로 선정되는 경우가 최근 들어 늘어나고 있음
- 짧은 시간 동안 주어진 과제를 빠른 속도로 분석하여 발표문을 작성하고 제한된 시간 안에 면접관에게 효과적인 발표를 진행하는 것이 핵심

**발표 면접의 형태**

[면접관 1]　[면접관 2]　　　　　　[면접관 1]　[면접관 2]

[지원자]　　　　　　　　[지원자 1]　[지원자 2]　[지원자 3]
〈개별 과제 발표〉　　　　　　〈팀 과제 발표〉

※ 면접관에게 시각적 효과를 사용하여 메시지를 전달하는 쌍방향 커뮤니케이션 방식
※ 심층면접을 보완하기 위한 방안으로 최근 많은 기업에서 적극 도입하는 추세

② 발표 면접 예시

1. 지시문

> 당신은 현재 A사에서 직원들의 성과평가를 담당하고 있는 팀원이다. 인사팀은 지난주부터 사내 조직문화관련 인터뷰를 하던 도중 성과평가제도에 관련된 개선 니즈가 제일 많다는 것을 알게 되었다. 이에 팀장님은 인터뷰 결과를 종합하려 성과평가제도 개선 아이디어를 A4용지에 정리하여 신속 보고할 것을 지시하셨다. 당신에게 남은 시간은 1시간이다. 자료를 준비하는 대로 당신은 팀원들이 모인 회의실에서 5분 간 발표할 것이며, 이후 질의응답을 진행할 것이다.

2. 배경자료

> 〈성과평가제도 개선에 대한 인터뷰〉
>
> 최근 A사는 회사 사세의 급성장으로 인해 작년보다 매출이 두 배 성장하였고, 직원 수 또한 두 배로 증가하였다. 회사의 성장은 임금, 복지에 대한 상승 등 긍정적인 영향을 주었으나 업무의 불균형 및 성과보상의 불평등 문제가 발생하였다. 또한 수시로 입사하는 신입직원과 경력직원, 퇴사하는 직원들까지 인원들의 잦은 변동으로 인해 평가해야 할 대상이 변경되어 현재의 성과평가제도로는 공정한 평가가 어려운 상황이다.
>
> [생산부서 김상호]
> 우리 팀은 지난 1년 동안 생산량이 급증했기 때문에 수십 명의 신규인력이 급하게 채용되었습니다. 이 때문에 저희 팀장님은 신규 입사자들의 이름조차 기억 못할 때가 많이 있습니다. 성과평가를 제대로 하고 있는지 의문이 듭니다.
>
> [마케팅 부서 김흥민]
> 개인의 성과평가의 취지는 충분히 이해합니다. 그러나 현재 평가는 실적기반이나 정성적인 평가가 많이 포함되어 있어 객관성과 공정성에는 의문이 드는 것이 사실입니다. 이러한 상황에서 평가제도를 재수립하지 않고, 인센티브에 계속 반영한다면, 평가제도에 대한 반감이 커질 것이 분명합니다.
>
> [교육부서 홍경민]
> 현재 교육부서는 인사팀과 밀접하게 일하고 있습니다. 그럼에도 인사팀에서 실시하는 성과평가제도에 대한 이해가 부족한 것 같습니다.
>
> [기획부서 김경호 차장]
> 저는 저의 평가자 중 하나가 연구부서의 팀장님인데, 일 년에 몇 번 같이 일하지 않는데 어떻게 저를 평가할 수 있을까요? 특히 연구팀은 저희가 예산을 배정하는데, 저에게는 좋지만….

## 4. 토론 면접

① 토론 면접의 특징
- 다수의 지원자가 조를 편성해 과제에 대한 토론(토의)을 통해 결론을 도출해가는 면접입니다.
- 의사소통능력, 팀워크, 종합인성 등의 평가에 용이합니다.

> - 주요 평가요소
>   - 설득적 말하기, 경청능력, 팀워크, 종합인성
> - 의견 대립이 명확한 주제 또는 채용분야의 직무 관련 주요 현안을 주제로 과제 구성
> - 제한된 시간 내 토론을 진행해야 하므로 적극적으로 자신 있게 토론에 임하고 본인의 의견을 개진할 수 있어야 함

### 토론 면접의 형태

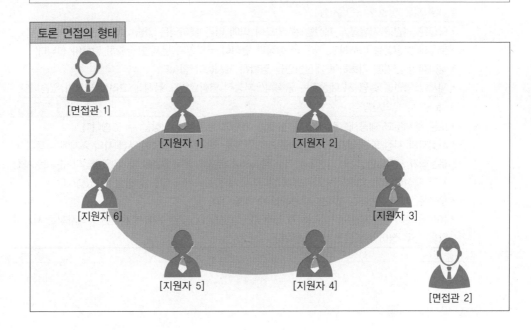

② 토론 면접 예시

| 고객 불만 고충처리 |
| --- |

**1. 들어가며**

최근 우리 상품에 대한 고객 불만의 증가로 고객고충처리 TF가 만들어졌고 당신은 여기에 지원해 배치받았다. 당신의 업무는 불만을 가진 고객을 만나서 애로사항을 듣고 처리해 주는 일이다. 주된 업무로는 고객의 니즈를 파악해 방향성을 제시해 주고 그 해결책을 마련하는 일이다. 하지만 경우에 따라서 고객의 주관적인 의견으로 인해 제대로 된 방향으로 의사결정을 하지 못할 때가 있다. 이럴 경우 설득이나 논쟁을 해서라도 의견을 관철시키는 것이 좋을지 아니면 고객의 의견대로 진행하는 것이 좋을지 결정해야 할 때가 있다. 만약 당신이라면 이러한 상황에서 어떤 결정을 내릴 것인지 여부를 자유롭게 토론해 보시오.

**2. 1분 자유 발언 시 준비사항**

• 당신은 의견을 자유롭게 개진할 수 있으며 이에 따른 불이익은 없습니다.
• 토론의 방향성을 이해하고, 내용의 장점과 단점이 무엇인지 문제를 명확히 말해야 합니다.
• 합리적인 근거에 기초하여 개선방안을 명확히 제시해야 합니다.
• 제시한 방안을 실행 시 예상되는 긍정적 · 부정적 영향요인도 동시에 고려할 필요가 있습니다.

**3. 토론 시 유의사항**

• 토론 주제문과 제공해드린 메모지, 볼펜만 가지고 토론장에 입장할 수 있습니다.
• 사회자의 지정 또는 발표자가 손을 들어 발언권을 획득할 수 있으며, 사회자의 통제에 따릅니다.
• 토론회가 시작되면, 팀의 의견과 논거를 정리하여 1분간의 자유발언을 할 수 있습니다. 순서는 사회자가 지정합니다. 이후에는 자유롭게 상대방에게 질문하거나 답변을 하실 수 있습니다.
• 핸드폰, 서적 등 외부 매체는 사용하실 수 없습니다.
• 논제에 벗어나는 발언이나 지나치게 공격적인 발언을 할 경우, 위에서 제시한 유의사항을 지키지 않을 경우 불이익을 받을 수 있습니다.

## 03 면접 Role Play

## 1. 면접 Role Play 편성

- 교육생끼리 조를 편성하여 면접관과 지원자 역할을 교대로 진행합니다.
- 지원자 입장과 면접관 입장을 모두 경험해 보면서 면접에 대한 적응력을 높일 수 있습니다.

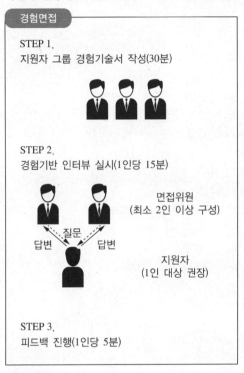

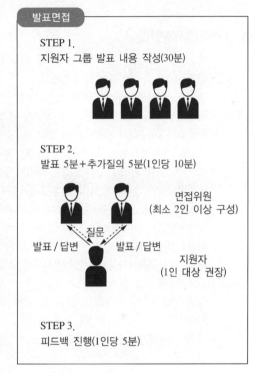

> **Tip**
>
> 면접 준비하기
> 1. 면접 유형 확인 필수
>    - 기업마다 면접 유형이 상이하기 때문에 해당 기업의 면접 유형을 확인하는 것이 좋음
>    - 일반적으로 실무진 면접, 임원면접 2차례에 거쳐 면접을 실시하는 기업이 많고 실무진 면접과 임원 면접에서 평가요소가 다르기 때문에 유형에 맞는 준비방법이 필요
> 2. 후속 질문에 대한 사전 점검
>    - 블라인드 채용 면접에서는 주요 질문과 함께 후속 질문을 통해 지원자의 직무능력을 판단
>      → STAR 기법을 통한 후속 질문에 미리 대비하는 것이 필요

## 1. 직무기초역량면접

- 임대주택에 대하여 아는 것이 있는가?
- 귀하가 거주하는 지역에 기억나는 도시재생을 말해 보시오.
- 한국토지주택공사의 부채에 대해 어떻게 생각하는가?
- 한국토지주택공사의 사업 중 개선해야 할 것은 무엇인가?
- LH에서 진행하고 있는 사업 중 관심 있는 사업과 그 이유는 무엇인가?
- LH의 사업 중 평소 관심이 있었던 사업은 무엇인가?
- 스마트시티와 관련하여 LH의 역할은 무엇인지 아는가?
- 사회취약계층을 위한 주거를 기획할 때 설계에서 어떻게 반영할 수 있겠는가?
- 호모사피엔스의 미래에 대해서 어떻게 생각하는가?
- 4차 산업혁명시대를 한 키워드로 표현해 보시오.
- 한국토지주택공사가 4차 산업혁명시대에 대비해서 하는 일이 무엇인가?
- 행복주택에 대해 말해 보시오.
- 청년 전세 정책을 이용해 본 적이 있는가?
- 단독주택과 아파트의 차이에 대해 말해 보시오.
- 한국토지주택공사의 사업 중 마음에 드는 것을 말해 보시오.

## 2. 인성검증면접

- 자신이 부족해서 다른 팀원들한테 도움을 요청한 경험이 있는가? [2024년]
- 다른 사람이 실수한 것을 대신 해결해준 경험이 있는가? 해결하면서 어려웠던 점은 무엇인가? [2024년]
- 최근에 가장 힘들었던 경험은 무엇이며, 어떤 방법으로 견뎌냈는지 말해 보시오. [2024년]
- 본인의 인생에서 가장 큰 실패는 무엇이며, 그 원인은 무엇이라고 생각하는지 말해 보시오. [2024년]
- 불같이 화내는 민원인을 만난다면 어떻게 응대하겠는가? [2024년]
- 한국토지주택공사에서 얻어가고 싶은 요소 한 가지를 뽑고, 그 이유를 말해 보시오.
- 성과를 만들어낸 경험을 말해 보시오.
- 주변에서 자기 자신에 대해 어떻게 평가하는지 말해 보시오.
- 전문성을 위해 기른 역량은 무엇이 있는가?
- 가장 힘들었던 경험을 어떻게 극복했고, 성과가 무엇이었는지 말해 보시오.
- 잘하는 일과 하고 싶은 일 중 어떠한 일을 하고 싶은가?
- 공동체에 적응하는 방법이 있는가?

- 무리한 요구를 하는 민원에 어떻게 대처하겠는가?
- 실수를 줄이기 위한 본인만의 방법을 말해 보시오.
- 가장 치열하게 경쟁했던 경험은 무엇인가?
- 자신만의 스트레스 해소법은 무엇인가?
- 일의 효율을 높였던 경험에 대해 말해 보시오.
- 회사 내부 분위기가 어떠할 것 같은가?
- LH에 대하여 얼마나 알고 있는가?
- 리더십을 활용하여 어려움을 극복한 경험이 있는가?
- 근무시설이 낙후한 곳에서 근무할 수 있는가?
- LH의 기업문화가 자신과 맞지 않을 경우 어떻게 하겠는가?
- LH의 업무 처리 방식이 자신의 방식과 다를 경우 어떻게 업무를 처리하겠는가?
- 좋아하는 운동과 좋아하는 운동의 포지션은 무엇인가?
- LH 업무직에 지원하게 된 동기가 무엇인가?
- 지원자만의 스트레스 관리 방법이 있는가?
- 한국토지주택공사가 진행하는 사업을 보고 느낀 점을 말해 보시오.
- 민원인을 상대할 때 어려운 점을 말해 보시오.
- 지원한 직무에 대한 본인의 강점은 무엇인가?
- 팀 프로젝트를 하면서 어려웠던 점은 무엇인가?
- 본인이 회사에 기여할 수 있는 강점을 말해 보시오.
- 인턴 기간 동안 얻고 싶은 것은 무엇인가?
- 같은 조별과제를 하는 팀원이 참여를 잘 하지 않는다면 어떻게 대처하겠는가?
- 자기계발을 하기 위해 주로 무엇을 하는가?
- 지원자만의 친구를 사귀는 기준은 무엇인가?
- 한국토지주택공사에서 일하게 된다면, 어느 부분에 기여할 수 있겠는가?
- 재미있게 들었던 학과 수업은 무엇인가?
- 이력서에 기재된 사항을 잘 확인해 봤는가?
- 현장근무가 가능한가?
- 현장에서 근무하다 민원 등의 난처한 상황이 발생한다면 어떻게 대처하겠는가?
- 주거급여 수급자가 본인에게 욕을 하거나 민원응대 거부를 하면 어떻게 대응할 것인가?
- 국가에 대해 어떻게 생각하는가?
- 지원자가 실제로 해본 봉사활동 경험 및 기간에 대해 구체적으로 말해 보시오.
- 공공기관의 사회적 역할에 대하여 아는 것이 있는가?
- 현재 LH의 단점을 말해 보시오.
- 평소 주변 지인들에게 본인은 어떤 사람이라는 이야기를 주로 듣는가?
- 공기업을 택한 이유가 무엇인가?
- 다른 회사와 협업해본 경험이 있는가?
- 소통을 잘 할 수 있는 방법이 무엇이라고 생각하는가?
- 살면서 실패했던 사례를 말해 보시오.
- 팀 내에서 아이디어를 내서 문제점을 개선했던 경험을 말해 보시오.
- 20 ~ 25년 뒤에 어떠한 리더가 되어있을 것 같은가?
- 입사해서 팀 분위기나 업무를 향상시킬만한 새로운 아이디어를 내고 싶다면 어떤 아이디어를 내겠는가?
- 본인이 경험하지 못했거나 본인의 지식 범위를 뛰어넘는 일을 맡게 되었을 때 어떻게 하겠는가?
- 본인의 솔직한 마음을 남들에게 표현할 때 어떤 방법을 쓰는가?

- 낯선 조직에서 본인이 적응하는 방법을 말해 보시오.
- 새로운 것에 도전한 사례를 말해 보시오.
- 본인 성격의 장단점을 말해 보시오.
- 한국토지주택공사에서 하고 싶은 사업과 하기 싫은 사업을 말해 보시오.
- 한국토지주택공사에 부족한 점이 있다면 무엇인지 말해 보시오.
- 조직 내에서 프로세스가 없는 업무를 처리한 적이 있는가? 그 결과는 어떠했는가?
- 대인관계에서 마찰이 있었을 때 어떤 식으로 해결하는가?
- 공기업이 편하다고 생각해서 이직하려고 하는 것인가?
- 창의력을 발휘했던 경험을 말해 보시오.
- 함께 일하는 동기가 본인보다 어린 경우도 있을 텐데 그 차이를 어떻게 극복할 것인가?
- 살아오면서 가장 잘한 일이라 생각하는 경험과 그 이유를 말해 보시오.
- 인적자원과 물적자원 중 더 중요하다고 생각하는 것은 무엇이며, 그중 본인이 더 잘 관리할 수 있는 것은 무엇인가?
- 어떤 리더상이 좋다고 생각하는가?
- 타임머신을 타고 가고 싶은 시대나 만나고 싶은 사람이 있다면?
- 배웠던 이론을 실제 현장이나 회사에서 활용했던 경험을 말해 보시오.
- 본인을 형용사로 표현해 보시오.
- 한국토지주택공사에 대해 아는 대로 말해 보시오.
- 자신이 한국토지주택공사의 CEO라고 생각하고 개선점에 대해 말해 보시오.
- 존경하는 인물과 그 이유를 말해 보시오.
- 전공이 법학이 아닌데, 직무수행 중 법학 지식이 필요하다면 어떻게 대처할 것인가?
- 집단 내 갈등을 해결한 경험이 있는가?
- 조직에서 어떤 역할을 할 수 있는가?
- 감정노동자는 을인데 어떻게 개선할 수 있다고 생각하는가?
- 직장생활과 학생과의 차이점에 대해 말해 보시오.
- 10년 후 무엇을 하고 있을 것이라고 생각하는가?
- 본인이 한국토지주택공사에 어떻게 기여할 수 있는가?
- 본인이 하고 싶었으나 돈 문제로 포기해야했던 일과 그 일의 예산을 말해 보시오.
- 치열한 취업경쟁을 헤쳐 나가기 위해 본인이 발전시켜야 한다고 생각하는 것은 무엇인가?
- 단체 생활을 하는 데 있어 중요한 것 두 가지를 말해 보시오.

# 현재 나의 실력을 객관적으로 파악해 보자!

# 모바일 OMR
## 답안채점 / 성적분석 서비스

도서에 수록된 모의고사에 대한 객관적인 결과(정답률, 순위)를 종합적으로 분석하여 제공합니다.

## OMR 입력

## 성적분석

## 채점결과

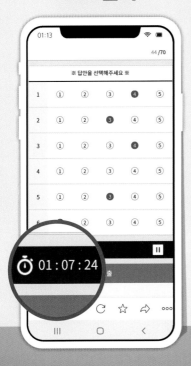

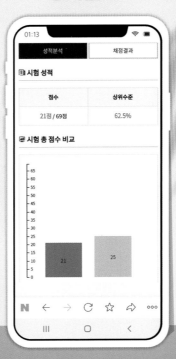

※OMR 답안채점 / 성적분석 서비스는 등록 후 30일간 사용 가능합니다.

도서 내 모의고사 우측 상단에 위치한 QR코드 찍기 → 로그인 하기 → '시작하기' 클릭 → '응시하기' 클릭 → 나의 답안을 모바일 OMR 카드에 입력 → '성적분석 & 채점결과' 클릭 → 현재 내 실력 확인하기

시대에듀

# 공기업 취업을 위한 NCS
# 직업기초능력평가 시리즈

## NCS부터 전공까지 완벽 학습 "통합서" 시리즈

공기업 취업의 기초부터 차근차근! 취업의 문을 여는 **Master Key!**

## NCS 영역 및 유형별 체계적 학습 "집중학습" 시리즈

영역별 이론부터 유형별 모의고사까지! 단계별 학습을 통한 **Only Way!**

2025
최신판

누적 판매량
**1위**
기업별 NCS
시리즈

# LH 한국토지
# 주택공사
## 업무직(무기계약직)

# 정답 및 해설

## NCS + 최종점검 모의고사 6회

편저 | SDC(Sidae Data Center)

SDC

SDC는 시대에듀 데이터 센터의 약자로
약 30만 개의 NCS · 적성 문제 데이터를
바탕으로 최신 출제경향을 반영하여
문제를 출제합니다.

기출복원문제부터
대표기출유형 및
모의고사까지

# 한 권으로
# 마무리!

시대에듀

# Add+
# 2024년 하반기
# 주요 공기업 NCS
# 기출복원문제

| 01 | 02 | 03 | 04 | 05 | 06 | 07 | 08 | 09 | 10 | 11 | 12 | 13 | 14 | 15 | 16 | 17 | 18 | 19 | 20 |
|----|----|----|----|----|----|----|----|----|----|----|----|----|----|----|----|----|----|----|----|
| ④ | ③ | ⑤ | ③ | ③ | ③ | ④ | ④ | ③ | ⑤ | ③ | ④ | ② | ① | ③ | ④ | ⑤ | ④ | ③ | ④ |
| 21 | 22 | 23 | 24 | 25 | 26 | 27 | 28 | 29 | 30 | 31 | 32 | 33 | 34 | 35 | 36 | 37 | 38 | 39 | 40 |
| ⑤ | ③ | ② | ⑤ | ⑤ | ③ | ③ | ③ | ① | ① | ③ | ① | ② | ① | ④ | ③ | ④ | ④ | ④ | ③ |
| 41 | 42 | 43 | 44 | 45 | 46 | 47 | 48 | 49 | 50 | | | | | | | | | | |
| ② | ③ | ⑤ | ③ | ① | ④ | ④ | ⑤ | ② | ② | | | | | | | | | | |

## 01
정답 ④

쉼이란 대화 도중에 잠시 침묵하는 것을 말한다. 쉼을 사용하는 대표적인 경우는 다음과 같다.
• 이야기의 전이 시(흐름을 바꾸거나 다른 주제로 넘어갈 때)
• 양해, 동조, 반문의 경우
• 생략, 암시, 반성의 경우
• 여운을 남길 때
위와 같은 목적으로 쉼을 활용함으로써 논리성, 감정 제고, 동질감 등을 확보할 수 있다.
반면, 연단공포증은 면접이나 발표 등 청중 앞에서 이야기할 때 가슴이 두근거리고, 입술이 타고, 식은땀이 나고, 얼굴이 달아오르는 생리적인 현상으로, 쉼과는 관련이 없다. 연단공포증은 90% 이상의 사람들이 호소하는 불안이므로 극복하기 위해서는 연단공포증에 대한 걱정을 떨쳐내고 이러한 심리현상을 잘 통제하여 의사 표현하는 것을 연습해야 한다.

## 02
정답 ③

미국의 심리학자인 도널드 키슬러는 대인관계 의사소통 방식을 체크리스트로 평가하여 8가지 유형으로 구분하였다. 이 중 친화형은 따뜻하고 배려심이 깊으며, 타인과의 관계를 중시하는 유형이다. 또한 협동적이고 조화로운 성격으로, 자기희생적인 경향이 강하다.

### 키슬러의 대인관계 의사소통 유형
• 지배형 : 자신감이 있고 지도력이 있으나 논쟁적이고 독단이 강하여 대인 갈등을 겪을 수 있으므로 타인의 의견을 경청하고 수용하는 자세가 필요하다.
• 실리형 : 이해관계에 예민하고 성취 지향적으로 경쟁적인 데다 자기중심적이어서 타인의 입장을 배려하고 관심을 갖는 자세가 필요하다.
• 냉담형 : 이성적인 의지력이 강하고 타인의 감정에 무관심하며 피상적인 대인관계를 유지하므로 타인의 감정 상태에 관심을 가지고 긍정적인 감정을 표현하는 것이 필요하다.
• 고립형 : 혼자 있는 것을 선호하고 사회적 상황을 회피하며 지나치게 자신의 감정을 억제하므로 대인관계의 중요성을 인식하고 타인에 대한 비현실적인 두려움의 근원을 성찰하는 것이 필요하다.
• 복종형 : 수동적이고 의존적이며 자신감이 없으므로 적극적인 자기표현과 주장이 필요하다.
• 순박형 : 단순하고 솔직하며 자기주관이 부족하므로 자기주장을 하는 노력이 필요하다.
• 친화형 : 따뜻하고 인정이 많고 자기희생적이나 타인의 요구를 거절하지 못하므로 타인과의 정서적인 거리를 유지하는 노력이 필요하다.
• 사교형 : 외향적이고 인정하는 욕구가 강하며, 타인에 대한 관심이 많아서 간섭하는 경향이 있고 흥분을 잘 하므로 심리적 안정과 지나친 인정욕구에 대한 성찰이 필요하다.

## 03

철도사고는 달리는 도중에도 발생할 수 있으므로 먼저 인터폰을 통해 승무원에게 사고를 알리고, 열차가 멈춘 후에 안내방송에 따라 비상핸들이나 비상콕(Cock)을 돌려 문을 열고 탈출해야 한다. 만일 화재가 발생했을 경우에는 승무원에게 사고를 알리고 곧바로 119에도 신고를 해야 한다.

오답분석
① 침착함을 잃고 패닉에 빠지게 되면, 적절한 행동요령에 따라 대피하기 어렵다. 따라서 사고현장에서 대피할 때는 승무원의 안내에 따라 질서 있게 대피해야 한다.
② 화재사고 발생 시 승객들은 여유가 있을 경우 전동차 양 끝에 비치된 소화기를 통해 초기 진화를 시도해야 한다.
③ 역이 아닌 곳에서 열차가 멈췄을 경우 감전의 위험이 있으므로 반드시 승무원의 안내에 따라 반대편 선로의 열차 진입에 유의하며 대피 유도등을 따라 침착하게 비상구로 대피해야 한다.
④ 전동차에서 대피할 때는 부상자, 노약자, 임산부 등 탈출이 어려운 사람부터 먼저 대피할 수 있도록 배려하고 도와주어야 한다.

## 04

하향식 읽기 모형은 독자의 배경지식을 바탕으로 글의 맥락을 먼저 파악하는 읽기 전략이다. ③의 경우 제품 설명서를 통해 세부 기능과 버튼별 용도를 파악하고 기계를 작동시켰으므로 상향식 읽기를 수행한 사례이다. 제품 설명서를 하향식으로 읽는다면 제품 설명서를 읽기 전 제품을 보고 배경지식을 바탕으로 어떤 기능이 있는지 예측하고, 해당 기능을 수행하는 세부 방법을 제품 설명서를 통해 찾아봐야 한다.

오답분석
① 회의의 주제에 대한 배경지식을 가지고 회의 안건을 예상한 후 회의 자료를 파악하였으므로 하향식 읽기 모형에 해당한다.
② 헤드라인을 먼저 읽어 배경지식을 바탕으로 전체적인 내용을 파악하고 상세 내용을 읽었으므로 하향식 읽기 모형에 해당한다.
④ 요리에 대한 경험과 지식을 바탕으로 요리 과정을 파악하였으므로 하향식 읽기 모형에 해당한다.
⑤ 해당 분야에 대한 기본적인 지식을 바탕으로 서문이나 목차를 통해 책의 전체적인 흐름을 파악하였으므로 하향식 읽기 모형에 해당한다.

## 05

농도가 15%인 소금물 200g의 소금의 양은 $200 \times \frac{15}{100} = 30$g이고, 농도가 20%인 소금물 300g의 소금의 양은 $300 \times \frac{20}{100} = 60$g이다. 따라서 두 소금물을 섞었을 때의 농도는 $\frac{30+60}{200+300} \times 100 = \frac{90}{500} \times 100 = 18$%이다.

## 06

여직원끼리 인접하지 않는 경우는 남직원과 여직원이 번갈아 앉는 경우뿐이다. 이때 여직원 D의 자리를 기준으로 남직원 B가 옆에 앉는 경우를 다음과 같이 나눌 수 있다.
• 첫 번째, 여섯 번째 자리에 여직원 D가 앉는 경우
  남직원 B가 여직원 D 옆에 앉는 경우는 1가지뿐으로, 남은 자리에 남직원, 여직원이 번갈아 앉아 경우의 수는 $2 \times 1 \times 2! \times 2! = 8$가지이다.
• 두 번째, 세 번째, 네 번째, 다섯 번째 자리에 여직원 D가 앉는 경우
  각 경우에 대하여 남직원 B가 여직원 D 옆에 앉는 경우는 2가지이다. 남은 자리에 남직원, 여직원이 번갈아 앉으므로 경우의 수는 $4 \times 2 \times 2! \times 2! = 32$가지이다.
따라서 구하고자 하는 경우의 수는 $8+32=40$가지이다.

## 07

제시된 수열은 홀수 항일 때 +12, +24, +48, …씩 증가하고, 짝수 항일 때 +20씩 증가하는 수열이다.
따라서 빈칸에 들어갈 수는 13+48=61이다.


## 08

2022년에 중학교에서 고등학교로 진학한 학생의 비율은 99.7%이고, 2023년 중학교에서 고등학교로 진학한 학생의 비율은 99.6%
이다. 따라서 진학한 비율이 감소하였으므로 중학교에서 고등학교로 진학하지 않은 학생의 비율은 증가하였음을 알 수 있다.

오답분석

① 중학교의 취학률이 가장 낮은 해는 97.1%인 2020년이다. 이는 97% 이상이므로 중학교의 취학률은 매년 97% 이상이다.
② 매년 초등학교의 취학률이 가장 높다.
③ 고등교육기관의 취학률은 2020년 이후로 계속해서 70% 이상을 기록하였다.
⑤ 고등교육기관의 취학률이 가장 낮은 해는 2016년이고, 고등학교의 상급학교 진학률이 가장 낮은 해 또한 2016년이다.


## 09

오답분석

① B기업의 매출액이 가장 많은 때는 2024년 3월이지만, 그래프에서는 2024년 4월의 매출액이 가장 많은 것으로 나타났다.
② 2024년 2월에는 A기업의 매출이 더 많지만, 그래프에서는 B기업이 더 많은 것으로 나타났다.
④ A기업의 매출액이 가장 적은 때는 2024년 4월이지만, 그래프에서는 2024년 3월의 매출액이 가장 적은 것으로 나타났다.
⑤ A기업과 B기업의 매출액의 차이가 가장 큰 때는 2024년 1월이지만, 그래프에서는 2024년 5월과 6월의 매출액 차이가 더
큰 것으로 나타났다.


## 10

스마트 팜 관련 정부 사업 참여 경험은 K사의 강점 요인이다. 또한 정부의 적극적인 지원은 스마트 팜 시장 성장에 따른 기회
요인이다. 따라서 스마트 팜 관련 정부 사업 참여 경험을 바탕으로 정부의 적극적인 지원을 확보하는 것은 내부의 강점을 통해
외부의 기회 요인을 극대화하는 SO전략에 해당한다.

오답분석

①·②·③·④ 외부의 기회를 이용하여 내부의 약점을 보완하는 WO전략에 해당한다.


## 11

A~F 모두 문맥을 무시하고 일부 문구에만 집착하여 뜻을 해석하고 있으므로 '과대해석의 오류'를 범하고 있다. 과대해석의 오류는
전체적인 상황이나 맥락을 고려하지 않고 특정 단어나 문장에만 집착하여 의미를 해석하는 오류로, 글의 의미를 지나치게 확대하거
나 축소하여 생각하고, 문자 그대로의 의미에만 너무 집착하여 다른 가능성이나 해석을 배제하게 되는 논리적 오류이다.

오답분석

① 무지의 오류 : '신은 존재하지 않는다가 증명되지 않았으므로 신은 존재한다.'처럼 증명되지 않았다고 해서 그 반대의 주장이
참이라고 생각하는 오류이다.
② 연역법의 오류 : '조류는 날 수 있다. 펭귄은 조류이다. 따라서 펭귄은 날 수 있다.'처럼 잘못된 삼단논법에 의해 발생하는 논리적
오류이다.
④ 허수아비 공격의 오류 : '저 사람은 과거에 거짓말을 한 적이 있으니 이번에 일어난 사기 사건의 범인이다.'처럼 개별적 인과관계
를 입증하지 않고 전혀 상관없는 별개의 논리를 만들어 공격하는 논리적 오류이다.
⑤ 권위나 인신공격에 의존한 논증 : '제정신을 가진 사람이면 그런 주장을 할 수가 없다.'처럼 상대방의 주장 대신 인격을 공격하거
나, '최고 권위자인 A교수도 이런 말을 했습니다.'처럼 자신의 논리적인 약점을 권위자를 통해 덮으려는 논리적 오류이다.

## 12

A ~ E열차의 운행시간 단위를 시간 단위로, 평균 속력의 단위를 시간당 운행거리로 통일하여 정리하면 다음과 같다.

| 구분 | 운행시간 | 평균 속력 | 운행거리 |
|---|---|---|---|
| A열차 | 900분=15시간 | 50m/s=(50×60×60)m/h=180km/h | 15×180=2,700km |
| B열차 | 10시간 30분=10.5시간 | 150km/h | 10.5×150=1,575km |
| C열차 | 8시간 | 55m/s=(55×60×60)m/h=198km/h | 8×198=1,584km |
| D열차 | 720분=12시간 | 2.5km/min=(2.5×60)km/h=150km/h | 12×150=1,800km |
| E열차 | 10시간 | 2.7km/min=(2.7×60)m/h=162km/h | 10×162=1,620km |

따라서 C열차의 운행거리는 네 번째로 길다.

## 13

K대학교 기숙사 운영위원회는 단순히 '기숙사에 문제가 있다.'라는 큰 문제에서 벗어나 식사, 시설, 통신환경이라는 세 가지 주요 문제를 파악하고 문제별로 다시 세분화하여 더욱 구체적으로 인과관계 및 구조를 파악하여 분석하고 있다. 따라서 제시문에서 나타난 문제해결 절차는 '문제 도출'이다.

> **문제해결 절차 5단계**
> 1. 문제 인식 : 해결해야 할 전체 문제를 파악하여 우선순위를 정하고 선정 문제에 대한 목표를 명확히 하는 단계
> 2. 문제 도출 : 선정된 문제를 분석하여 해결해야 할 것이 무엇인지를 명확히 하는 단계로, 현상에 대한 문제를 분해하여 인과관계 및 구조를 파악하는 단계
> 3. 원인 분석 : 파악된 핵심 문제에 대한 분석을 통해 근본 원인을 도출해 내는 단계
> 4. 해결안 개발 : 문제로부터 도출된 근본 원인을 효과적으로 해결할 수 있는 최적의 해결 방안을 수립하는 단계
> 5. 실행 및 평가 : 해결안 개발을 통해 만들어진 실행 계획을 실제 상황에 적용하는 단계로, 해결안을 통해 문제의 원인들을 제거해 나가는 단계

## 14

공공사업을 위해 투입된 세금을 본래의 목적에 사용하지 않고 무단으로 다른 곳에 쓴 상황이므로 '예정되어 있는 곳에 쓰지 아니하고 다른 데로 돌려서 씀'을 의미하는 '전용(轉用)'이 가장 적절한 단어이다.

[오답분석]
② 남용(濫用) : 일정한 기준이나 한도를 넘어서 함부로 씀
③ 적용(適用) : 알맞게 이용하거나 맞추어 씀
④ 활용(活用) : 도구나 물건 따위를 충분히 잘 이용함
⑤ 준용(遵用) : 그대로 좇아서 씀

## 15

시조새는 비대칭형 깃털을 가진 최초의 동물로, 현대의 날 수 있는 조류처럼 바람을 맞는 곳의 깃털은 짧고, 뒤쪽은 긴 형태로 이루어졌으며, 이와 같은 비대칭형 깃털이 양력을 제공하여 짧은 거리의 활강을 가능하게 하였다. 따라서 비행을 하기 위한 시조새의 신체 조건은 날개의 깃털이 비대칭 구조로 형성되어 있는 것이다.

[오답분석]
① 제시문에서 언급하지 않은 내용이다.
②·④ 세 개의 갈고리 발톱과 척추뼈가 꼬리까지 이어지는 구조는 공룡의 특징을 보여주는 신체 조건이다.
⑤ 시조새는 현대 조류처럼 가슴뼈가 비행에 최적화된 형태로 발달되지 않았다고 언급하고 있다.

## 16

제시문은 서양의학에 중요한 영향을 준 히포크라테스와 갈레노스를 소개하고 있다. 히포크라테스는 자연적 관찰을 통해 의사를 과학적인 기반 위의 직업으로 만들었으며, 히포크라테스 선서와 같이 전문직업으로서의 윤리적 기준을 마련한 서양의학의 상징이라고 소개하고 있으며, 갈레노스는 실제 해부와 임상 실험을 통해 의학 이론을 증명하고 방대한 저술을 남겨 후대 의학 발전에 큰 영향을 주었음을 설명하고 있다. 따라서 '히포크라테스와 갈레노스가 서양의학에 끼친 영향과 중요성'이 제시문의 주제이다.

[오답분석]
① 갈레노스의 의사로서의 이력은 언급하고 있지만, 생애에 대해 구체적으로 밝히는 글은 아니다.
② 갈레노스가 해부와 실험을 통해 의학 이론을 증명하였음을 설명할 뿐이며, 해부학의 발전 과정에 대해 설명하는 글은 아니다.
③ 히포크라테스 선서는 히포크라테스가 서양의학에 남긴 중요한 윤리적 기준이지만, 이를 중심으로 설명하는 글은 아니다.
⑤ 히포크라테스와 갈레노스 모두 4체액설과 같은 부분에서는 현대 의학과는 거리가 있었음을 밝히고 있다.

## 17

'비상구'는 '화재나 지진 따위의 갑작스러운 사고가 일어날 때에 급히 대피할 수 있도록 특별히 마련한 출입구'이다. 따라서 이와 가장 비슷한 단어는 '갇힌 곳에서 빠져나가거나 도망하여 나갈 수 있는 출구'를 의미하는 '탈출구'이다.

[오답분석]
① 진입로 : 들어가는 길
② 출입구 : 나갔다가 들어왔다가 하는 어귀나 문
③ 돌파구 : 가로막은 것을 쳐서 깨뜨려 통과할 수 있도록 뚫은 통로나 목
④ 여울목 : 여울물(강이나 바다 따위의 바닥이 얕거나 폭이 좁아 물살이 세게 흐르는 곳의 물)이 턱진 곳

## 18

A열차의 속력을 $V_a$, B열차의 속력을 $V_b$라 하고, 터널의 길이를 $l$, 열차의 전체 길이를 $x$라 하자.

A열차가 터널을 진입하고 빠져나오는 데 걸린 시간은 $\dfrac{l+x}{V_a}$ =14초이다. B열차가 A열차보다 5초 늦게 진입하고 5초 빠르게 빠져나

왔으므로 터널을 진입하고 빠져나오는 데 걸린 시간은 14-5-5=4초이다. 그러므로 $\dfrac{l+x}{V_b}$ =4초이다.

따라서 $V_a=14(l+x)$, $V_b=4(l+x)$이므로 $\dfrac{V_a}{V_b}=\dfrac{14(l+x)}{4(l+x)}$ =3.5배이다.

## 19

A팀은 5일마다, B팀은 4일마다 회의실을 사용하므로 두 팀이 회의실을 사용하고자 하는 날은 20일마다 겹친다. 첫 번째 겹친 날에 A팀이 먼저 사용했으므로 20일 동안 A팀이 회의실을 사용한 횟수는 4회이다. 두 번째 겹친 날에는 B팀이 사용하므로 40일 동안 A팀이 회의실을 사용한 횟수는 7회이고, 세 번째로 겹친 날에는 A팀이 회의실을 사용하므로 60일 동안 A팀은 회의실을 11회 사용하였다. 이를 표로 정리하면 다음과 같다.

| 겹친 횟수 | 첫 번째 | 두 번째 | 세 번째 | 네 번째 | 다섯 번째 | … | $(n-1)$번째 | $n$번째 |
|---|---|---|---|---|---|---|---|---|
| 회의실 사용 팀 | A팀 | B팀 | A팀 | B팀 | A팀 | … | A팀 | B팀 |
| A팀의 회의실 사용 횟수 | 4회 | 7회 | 11회 | 14회 | 18회 | … | | |

겹친 날을 기준으로 A팀은 9회, B팀은 8회를 사용하였으므로 다음으로는 B팀이 회의실을 사용할 순서이다. 이때, B팀이 $m$번째로 회의실을 사용할 순서라면 A팀이 이때까지 회의실을 사용한 횟수는 $7m$회이다. 따라서 B팀이 겹친 날을 기준으로 회의실을 8회까지 사용하였고, 9번째로 사용할 순서이므로 이때까지 A팀이 회의실을 사용한 횟수는 최대 7×9=63회이다.

## 20
정답 ④

마지막 조건에 따라 광물 B는 인회석이고, 광물 B로 광물 C를 긁었을 때 긁힘 자국이 생기므로 광물 C는 인회석보다 무른 광물이다. 한편, 광물 A로 광물 C를 긁었을 때 긁힘 자국이 생기므로 광물 A는 광물 C보다 단단하고, 광물 A로 광물 B를 긁었을 때 긁힘 자국이 생기지 않으므로 광물 A는 광물 B보다는 무른 광물이다. 따라서 가장 단단한 광물은 B이며, 그다음으로 A, C 순으로 단단하다.

오답분석
① 광물 C는 인회석보다 무른 광물이므로 석영이 아니다.
② 광물 A는 인회석보다 무른 광물이지만, 방해석인지는 확인할 수 없다.
③ 가장 무른 광물은 C이다.
⑤ 광물 B는 인회석이므로 모스 굳기 단계는 5단계이다.

## 21
정답 ⑤

J공사의 지점 근무 인원이 71명이므로 가용 인원수가 부족한 B오피스는 제외된다. 또한 시설 조건에서 스튜디오와 회의실이 필요하다고 했으므로 스튜디오가 없는 D오피스도 제외된다. 나머지 A, C, E오피스는 모두 교통 조건을 충족하므로 임대비용만 비교하면 된다. A, C, E오피스의 5년 임대비용은 다음과 같다.
• A오피스 : 600만×71×5=213,000만 원 → 21억 3,000만 원
• C오피스 : 3,600만×12×5=216,000만 원 → 21억 6,000만 원
• E오피스 : (3,800만×12×0.9)×5=205,200만 원 → 20억 5,200만 원
따라서 사무실 이전 조건을 바탕으로 가장 저렴한 공유 오피스인 E오피스로 이전한다.

## 22
정답 ③

에너지바우처를 신청하기 위해서는 소득기준과 세대원 특성기준을 모두 충족해야 한다. C는 생계급여 수급자이므로 소득기준을 충족하고, 65세 이상이므로 세대원 특성기준도 충족한다. 그러나 C의 경우 보장시설인 양로시설에 거주하는 보장시설 수급자이므로 지원 제외 대상이다. 따라서 C는 에너지바우처를 신청할 수 없다.

오답분석
① A의 경우 의료급여 수급자이므로 소득기준을 충족하고, 7세 이하의 영유아가 있으므로 세대원 특성기준도 충족한다. 따라서 에너지바우처를 신청할 수 있다.
② B의 경우 교육급여 수급자이므로 소득기준을 충족하고, 한부모가족이므로 세대원 특성기준도 충족한다. 또한 4인 이상 세대에 해당하므로 바우처 지원금액은 716,300원으로 70만 원 이상이다.
④ 동절기 에너지바우처 지원방법은 요금차감과 실물카드 2가지 방법이 있다. 이 중 D의 경우 연탄보일러를 이용하고 있으므로 실물카드를 받아 연탄을 직접 결제하는 방식으로 지원받아야 한다.
⑤ E의 경우 생계급여 수급자이므로 소득기준을 충족하고, 희귀질환을 앓고 있는 어머니가 세대원으로 있으므로 세대원 특성기준도 충족한다. 또한 2인 세대에 해당하므로 하절기 바우처 지원금액인 73,800원이 지원된다. 이때, 하절기는 전기요금 고지서에서 요금을 자동으로 차감해 주므로 전기비에서 73,800원이 차감될 것이다.

## 23
정답 ②

A가족과 B가족 모두 소득기준과 세대원 특성기준이 에너지바우처 신청기준을 충족한다. A가족의 경우 5명이므로 총 716,300원을 지원받을 수 있다. 그러나 이미 연탄쿠폰을 발급받았으므로 동절기 에너지바우처는 지원받을 수 없다. 따라서 하절기 지원금액인 117,000원을 지원받는다. B가족의 경우 2명이므로 총 422,500원을 지원받을 수 있으며, 지역난방을 이용 중이므로 하절기와 동절기 모두 요금차감의 방식으로 지원받는다. 따라서 두 가족의 에너지바우처 지원 금액은 117,000+422,500=539,500원이다.

## 24

정답 ⑤

제시된 프로그램은 'result'의 초깃값을 0으로 정의한 후 'result' 값이 2를 초과할 때까지 하위 명령을 실행하는 프로그램이다. 이때 'result' 값을 1 증가시킨 후 그 값을 출력하고, 다시 1을 빼므로 $0 \rightarrow 1 \rightarrow 1$ 출력 $\rightarrow 0 \rightarrow 1 \rightarrow 1$ 출력 $\rightarrow 0 \rightarrow 1 \rightarrow$ 1 출력 $\rightarrow \cdots$ 과정을 무한히 반복하게 된다. 따라서 1이 무한히 출력된다.

## 25

정답 ⑤

ROUND 함수는 인수를 지정한 자릿수로 반올림한 값을 구하는 함수로, 「=ROUND(인수,자릿수)」로 표현한다. 이때 자릿수는 다음과 같이 나타낸다.

| 만의 자리 | 천의 자리 | 백의 자리 | 십의 자리 | 일의 자리 | 소수점 첫째 자리 | 소수점 둘째 자리 | 소수점 셋째 자리 |
|---|---|---|---|---|---|---|---|
| $-4$ | $-3$ | $-2$ | $-1$ | $0$ | $1$ | $2$ | $3$ |

따라서 「=ROUND(D2,−1)」는 [D2] 셀에 입력된 117.3365의 값을 십의 자리로 반올림하여 나타내므로, 출력되는 값은 120이다.

## 26

정답 ③

제시문은 ADHD의 원인과 치료 방법에 대한 글이다. 첫 번째 문단에서는 ADHD가 유전적 원인에 의해 발생한다고 설명하고, 두 번째 문단에서는 환경적 원인에 의해 발생한다고 설명하고 있다. 이를 종합하면 ADHD가 다양한 원인이 복합적으로 작용하는 질환임을 알 수 있다. 또한 빈칸 뒤에서도 다양한 원인에 부합하는 맞춤형 치료와 환경 조성이 필요하다고 하였으므로 빈칸에 들어갈 내용으로 가장 적절한 것은 ③이다.

## 27

정답 ③

~율/률의 앞 글자가 'ㄱ' 받침을 가지고 있으므로 '출석률'이 옳은 표기이다.

**~율과 ~률의 구별**
- ~율 : 앞 글자의 받침이 없거나 받침이 'ㄴ'인 경우 → 비율, 환율, 백분율
- ~률 : 앞 글자의 받침이 있는 경우(단, 'ㄴ' 받침 제외) → 능률, 출석률, 이직률, 합격률

## 28

정답 ③

남성 합격자 수와 여성 합격자 수의 비율이 2 : 3이므로 여성 합격자는 48명이다.
남성 불합격자 수와 여성 불합격자 수가 모두 $a$명이라 하면 다음과 같이 정리할 수 있다.

(단위 : 명)

| 구분 | 합격자 | 불합격자 | 전체 지원자 |
|---|---|---|---|
| 남성 | $2b=32$ | $a$ | $a+2b$ |
| 여성 | $3b=48$ | $a$ | $a+3b$ |

남성 전체 지원자 수는 $(a+32)$명이고, 여성 전체 지원자 수는 $(a+48)$명이다.
$(a+32):(a+48)=6:7$
$\rightarrow 6\times(a+48)=7\times(a+32)$
$\rightarrow a=(48\times6)-(32\times7)$
$\therefore a=64$
따라서 전체 지원자 수는 $2a+5b=(64\times2)+(16\times5)=128+80=208$명이다.

## 29

A씨는 2023년에는 9개월 동안 K공사에 근무하였다. (건강보험료)=(보수월액)×(건강보험료율)이고, 2023년 1월 1일 이후 (장기요양

보험료)=(건강보험료)×$\dfrac{(장기요양보험료율)}{(건강보험료율)}$ 이므로 (장기요양보험료)=(보수월액)×(건강보험료율)×$\dfrac{(장기요양보험료율)}{(건강보험료율)}$이다.

그러므로 (보수월액)=$\dfrac{(장기요양보험료)}{(장기요양보험료율)}$ 이다.

따라서 A씨의 2023년 장기요양보험료는 35,120원이므로 보수월액은 $\dfrac{35,120}{0.9082\%}=\dfrac{35,120}{0.9082}\times100≒3,866,990$원이다.

## 30

'가명처리'란 개인정보의 일부를 삭제하거나 일부 또는 전부를 대체하는 등의 방법으로 추가 정보가 없이는 특정 개인을 알아볼 수 없도록 처리하는 것을 말한다(개인정보보호법 제2조 제1의2호).

오답분석
② 개인정보보호법 제2조 제3호
③ 개인정보보호법 제2조 제1호 가목
④ 개인정보보호법 제2조 제2호

## 31

「=COUNTIF(범위,조건)」 함수는 조건을 만족하는 범위 내 인수의 개수를 셈하는 함수이다. 이때, 열 전체에 적용하려면 해당 범위에서 숫자를 제외하면 된다. 따라서 B열에서 값이 100 이하인 셀의 개수를 구하는 함수는 「=COUNTIF(B:B,"<=100")」 이다.

## 32

• 초등학생의 한 달 용돈의 합계는 B열부터 E행까지 같은 열에 있는 금액의 합이다. 따라서 (A)에 들어갈 함수는 「=SUM(B2:E2)」이다.
• 한 달 용돈이 150,000원 이상인 학생 수는 [F2] 셀부터 [F7] 셀까지 금액이 150,000원 이상인 셀의 개수로 구할 수 있다. 따라서 (B)에 들어갈 함수는 「=COUNTIF(F2:F7,">=150,000)」이다.

## 33

빅데이터 분석을 기획하고자 할 때는 먼저 범위를 설정한 다음 프로젝트를 정의해야 한다. 그 후에 수행 계획을 수립하고 위험 계획을 수립해야 한다.

## 34

㉠ 짜깁기 : 기존의 글이나 영화 따위를 편집하여 하나의 완성품으로 만드는 일
㉡ 뒤처지다 : 어떤 수준이나 대열에 들지 못하고 뒤로 처지거나 남게 되다.

오답분석
• 짜집기 : 짜깁기의 비표준어형
• 뒤쳐지다 : 물건이 뒤집혀서 젖혀지다.

## 35

공문서에서 날짜를 작성할 때 날짜 다음에 괄호를 사용할 경우에는 마침표를 찍지 않아야 한다.

> **공문서 작성 시 유의사항**
> • 한 장에 담아내는 것이 원칙이다.
> • 마지막엔 반드시 '끝'자로 마무리한다.
> • 날짜 다음에 괄호를 사용할 경우에는 마침표를 찍지 않는다.
> • 복잡한 내용은 항목별로 구분한다('-다음-', 또는 '-아래-').
> • 대외문서이며 장기간 보관되는 문서이므로 정확하게 기술한다.

## 36

영서가 1시간 동안 빚을 수 있는 만두의 수를 $x$개, 어머니가 1시간 동안 만두를 빚을 수 있는 만두의 수를 $y$개라 할 때 다음 식이 성립한다.

$$\frac{2}{3}(x+y)=60 \cdots \bigcirc$$

$$y=x+10 \cdots \bigcirc$$

$\bigcirc \times \frac{3}{2}$에 $\bigcirc$을 대입하면

$$x+(x+10)=90$$

$$\rightarrow 2x=80$$

$$\therefore x=40$$

따라서 영서는 혼자서 1시간 동안 40개의 만두를 빚을 수 있다.

## 37

• 1,000 이상 10,000 미만
맨 앞과 맨 뒤의 수가 같은 경우는 1 ~ 9의 수가 올 수 있으므로 9가지이고, 각각의 경우에 따라 두 번째 수와 네 번째 수로 0 ~ 9의 수가 올 수 있으므로 경우의 수는 10가지이다. 그러므로 모든 네 자리 대칭수의 개수는 9×10=90개이다.
• 10,000 이상 50,000 미만
맨 앞과 맨 뒤의 수가 같은 경우는 1, 2, 3, 4의 수가 올 수 있으므로 4가지이고, 각각의 경우에 따라 두 번째 수와 네 번째 수로 0 ~ 9의 수가 올 수 있으므로 경우의 수는 10가지, 그 각각의 경우에 따라 세 번째에 올 수 있는 수 또한 0 ~ 9의 수가 올 수 있으므로 경우의 수는 10가지이다. 그러므로 10,000 ~ 50,000 사이의 대칭수의 개수는 4×10×10=400개이다.
따라서 1,000 이상 50,000 미만의 모든 대칭수의 개수는 90+400=490개이다.

## 38

어떤 자연수의 모든 자릿수의 합이 3의 배수일 때, 그 자연수는 3의 배수이다. 그러므로 2+5+□의 값이 3의 배수일 때, 25□는 3의 배수이다. 2+5=7이므로, 7+□의 값이 3의 배수가 되도록 하는 □의 값은 2, 5, 8이다. 따라서 가능한 모든 수의 합은 2+5+8=15이다.

## 39

정답 ④

바이올린(V), 호른(H), 오보에(O), 플루트(F) 중 첫 번째 조건에 따라 호른과 바이올린을 묶었을 때 가능한 경우는 3!=6가지로 다음과 같다.

- (HV)−O−F
- (HV)−F−O
- F−(HV)−O
- O−(HV)−F
- F−O−(HV)
- O−F−(HV)

이때 두 번째 조건에 따라 오보에는 플루트 왼쪽에 위치하지 않으므로 (HV)−O−F, O−F−(HV) 2가지는 제외된다.

따라서 왼쪽에서 두 번째 칸에는 바이올린, 호른, 오보에만 위치할 수 있으므로 플루트는 배치할 수 없다.

## 40

정답 ③

사회적 기업은 수익 창출을 통해 자립적인 운영을 추구하고, 사회적 문제 해결과 경제적 성장을 동시에 달성하려는 특징을 가진 기업 모델로, 영리 조직에 해당한다.

> **영리 조직과 비영리 조직**
> - 영리 조직 : 이윤 추구를 주된 목적으로 하는 집단으로, 일반적인 사기업이 해당된다.
> - 비영리 조직 : 사회적 가치 실현을 위해 공익을 추구하는 집단으로 자선단체, 의료기관, 교육기관, 비정부기구(NGO) 등이 해당된다.

## 41

정답 ②

(영업이익률)=$\frac{(영업이익)}{(매출액)}$×100이고, 영업이익을 구하기 위해서는 매출총이익을 먼저 계산해야 한다. 따라서 2022년 4분기의 매출총이익은 60−80=−20십억 원이고, 영업이익은 −20−7=−27십억 원이므로 영업이익률은 −$\frac{27}{60}$×100=−45%이다.

## 42

정답 ③

1시간은 3,600초이므로 36초는 36초×$\frac{1시간}{3,600초}$=0.01시간이다. 그러므로 무빙워크의 전체 길이는 5×0.01=0.05km이다.

따라서 무빙워크와 같은 방향으로 4km/h의 속력으로 걸을 때의 속력은 5+4=9km/h이므로 걸리는 시간은 $\frac{0.05}{9}=\frac{5}{900}=\frac{5}{900}$×$\frac{3,600초}{1시간}$=20초이다.

## 43

정답 ⑤

제시된 순서도는 result 값이 6을 초과할 때까지 2씩 증가하고, result 값이 6을 초과하면 그 값을 출력하는 순서도이다. 따라서 result 값이 5일 때 2를 더하여 5+2=7이 되어 6을 초과하므로 출력되는 값은 7이다.

## 44

방문 사유 → 파손 관련(NO) → 침수 관련(NO) → 데이터 복구 관련(YES) → ◎ 출력 → STOP
따라서 출력되는 도형은 ◎이다.

## 45

상품코드의 맨 앞 자릿수가 '9'이므로 2 ～ 7번째 자릿수의 이진코드 변환 규칙은 'ABBABA'를 따른다. 이를 변환하면 다음과 같다.

| 3 | 8 | 7 | 6 | 5 | 5 |
|---|---|---|---|---|---|
| A | B | B | A | B | A |
| 0111101 | 0001001 | 0010001 | 0101111 | 0111001 | 0110001 |

따라서 주어진 수를 이진코드로 바르게 변환한 것은 ①이다.

## 46

안전 스위치를 누르는 동안에만 스팀이 나온다고 하였으므로 안전 스위치를 누르는 등의 외부 입력이 없다면 스팀은 발생하지 않는다.

**오답분석**
① 기본형 청소구로 카펫를 청소하면 청소 효율이 떨어질 뿐이며, 카펫 청소는 가능하다고 언급되어 있다.
② 스팀 청소 완료 후 충분히 식지 않은 상태에서 통을 분리하면 뜨거운 물이 새어 나와 화상의 위험이 있다고 언급되어 있다.
③ 기본형 청소구의 돌출부를 누른 상태에서 잡아당기면 좁은 흡입구를 꺼낼 수 있다고 언급되어 있다.
⑤ 스팀 청소구의 물통에 물을 채우는 작업, 걸레판에 걸레를 부착하는 작업 모두 반드시 전원을 분리한 상태에서 진행해야 한다고 언급되어 있다.

## 47

바닥에 물이 남는다면 스팀 청소구를 좌우로 자주 기울이지 않도록 주의하거나 젖은 걸레를 교체해야 한다.

## 48

팀 목표를 달성하도록 팀원을 격려하는 환경을 조성하기 위해서는 동료의 피드백이 필요하다. 긍정이든 부정이든 피드백이 없다면 팀원들은 개선을 이루거나 탁월한 성과를 내고자 하는 노력을 게을리하게 된다.

> **동료의 피드백을 장려하는 4단계**
> 1. 간단하고 분명한 목표와 우선순위를 설정하라.
> 2. 행동과 수행을 관찰하라.
> 3. 즉각적인 피드백을 제공하라.
> 4. 뛰어난 수행성과에 대해 인정하라.

## 49

업무적으로 내적 동기를 유발하기 위해서는 업무 관련 교육을 꾸준히 하여야 한다.

**내적 동기를 유발하는 방법**
- 긍정적 강화법 활용하기
- 새로운 도전의 기회 부여하기
- 창의적인 문제해결법 찾기
- 자신의 역할과 행동에 책임감 갖기
- 팀원들을 지도 및 격려하기
- 변화를 두려워하지 않기
- 지속적인 교육 실시하기

## 50

정답 ②

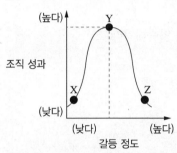

갈등 정도와 조직 성과에 대한 그래프에서 갈등이 X점 수준일 때에는 조직 내부의 의욕이 상실되고 환경의 변화에 대한 적응력도 떨어져 조직 성과가 낮아진다. 갈등이 Y점 수준일 때에는 갈등의 순기능이 작용하여 조직 내부에 생동감이 넘치고 변화 지향적이며 문제해결능력이 발휘되어 조직 성과가 높아진다. 반면, 갈등이 Z점 수준일 때에는 오히려 갈등의 역기능이 작용하여 조직 내부에 혼란과 분열이 발생하고 조직 구성원들이 비협조적이 되어 조직 성과는 낮아지게 된다.

인생이란 결코 공평하지 않다. 이 사실에 익숙해져라.

– 빌 게이츠 –

# PART 1

# 직업기초능력평가

| 대표기출유형 01 | 기출응용문제 |
| --- | --- |

## 01
정답 ②

'너머'는 '높이나 경계로 가로막은 사물의 저쪽. 또는 그 공간'을 뜻한다.

오답분석

① 산을 '넘는다'는 행위의 의미이므로 '넘어야'가 맞다.
③ '어깨너머'는 타인이 하는 것을 옆에서 보거나 듣는다는 의미이다.
④ '나뉘다(나누이다)'는 '나누다'의 피동형이므로 피동을 나타내는 접사 '-어지다'와 결합할 수 없다.
⑤ '새'는 '사이'의 준말이다.

## 02
정답 ①

'밖에'는 '그것 말고는, 그것 이외에는, 기꺼이 받아들이는, 피할 수 없는'의 뜻을 나타내는 보조사이므로 앞말과 붙여 쓴다.

오답분석

② '만큼'은 앞말과 비슷한 정도나 한도임을 나타내는 격조사로 사용되었으므로 '아빠만큼'과 같이 앞말에 붙여 쓴다.
③ '뿐'은 '그것만이고 더는 없음'을 의미하는 보조사로 사용되었으므로 '너뿐만'과 같이 앞말에 붙여 쓴다.
④ '대로'는 '어떤 상태나 행동이 나타나는 족족'을 뜻하는 의존 명사로 사용되었으므로 '달라는 대로'와 같이 앞말과 띄어 쓴다.
⑤ '만'은 '앞말이 가리키는 횟수를 끝으로'의 뜻을 나타내는 의존 명사로 사용되었으므로 '열 번 만에'와 같이 앞말과 띄어 쓴다.

## 03
정답 ④

오답분석

① '~문학을 즐길 예술적 본능을 지닌다.'의 주어가 생략되었다.
② '그는'이 중복되었다.
③ '~시작되었다.'의 주어가 생략되었다.
⑤ '전망'은 동작성 명사이므로, '~ㄹ 것으로 전망됩니다.'로 쓰여야 한다.

## 04
정답 ⑤

'체'는 의존명사로 '그럴듯하게 꾸미는 거짓 태도나 모양'을 뜻하는 말로 사용된다. '이미 있는 상태 그대로 있음'이라는 뜻을 가진 '채'를 사용하여 ⓓ을 '남겨둔 채'로 수정하는 것이 적절하다.

## 05
정답 ③

'대가로'가 올바른 표기이다. '대가'는 [대:까]로 발음되는 까닭에 사이시옷을 붙여 '댓가'로 잘못 표기하는 오류가 많다. 한자어의 경우 2음절로 된 6개의 단어(숫자, 횟수, 셋방, 곳간, 툇간, 찻간)만 예외적으로 사이시옷이 붙는다.

## 01

제시문의 내용은 크게 두 부분으로 나눌 수 있다. 글의 앞부분에서는 맥주의 주원료에 대해서 설명하고, 글의 뒷부분에서는 맥주의 제조 공정 중 발효에 대해 설명하며 이에 따른 맥주의 종류에 대해 제시하고 있다. 따라서 제시문의 제목으로 가장 적절한 것은 ⑤이다.

## 02

제시문은 '탈원전·탈석탄 공약에 맞는 제8차 전력공급 기본계획(안) 수립 – 분산형 에너지 생산시스템으로의 정책 방향 전환 – 분산형 에너지 생산시스템에 대한 대통령의 강한 의지 – 중앙집중형 에너지 생산시스템의 문제점 노출 – 중앙집중형 에너지 생산시스템의 비효율성'의 내용으로 전개되고 있다. 즉, 제시문은 일관되게 '에너지 분권의 필요성과 나아갈 방향을 모색해야 한다.'는 점을 말하고 있다.

[오답분석]
② 다양한 사회적 문제점들과 기후, 천재지변 등에 의한 문제점들을 언급하고 있으나, 이는 제시문의 주제를 뒷받침하기 위한 이슈이므로 제시문 전체의 주제로 보기는 어렵다.
③·④ 제시문에서 언급되지 않았다.
⑤ 전력수급 기본계획의 수정 방안을 제시하고 있지는 않다.

## 03

제시문에서는 '장애인 편의 시설에 대한 새로운 시각'이 필요하다고 밝히고, 장애인 편의 시설이 '우리 모두에게 유용함'을 강조하고 있다. 또한 마지막 문단에서 보편적 디자인의 시각으로 바라볼 때 '장애인 편의 시설은 우리 모두에게 편리하고 안전한 시설로 인식될 것'이라고 하였다. 따라서 제시문의 주제로 가장 적절한 것은 ④이다.

## 04

제시문은 부모 사망 시 장애인 자녀의 안정적인 생활을 위해 가입할 수 있는 보험과 그와 관련된 세금 혜택, 그리고 부모 및 그밖의 가족들의 재산 증여 시 받을 수 있는 세금 혜택에 대해 다루고 있으므로 ⑤가 제시문의 제목으로 가장 적절하다.

[오답분석]
① 제시문은 부모 사망 시 장애인 자녀가 직면한 상속의 어려움에 대해 언급하고 있지만, 구체적으로 유산 상속 과정을 다루고 있지는 않다.
② 제시문은 부모 사망 시 장애인 자녀가 받을 수 있는 세금 혜택을 다루고 있으나, 단순히 '혜택'이라고 명시하기에는 글의 제목이 포괄적이므로 적절하지 않다.
③ 제시문은 부모 사망 시 장애인 자녀가 직면한 상속의 어려움과 생활 안정 방안에 대해 다루고 있으므로 '사회적 문제'는 전체적인 글의 제목으로 보기에는 적절하지 않다.
④ 제시문은 부모 사망 시 장애인 자녀가 받는 보험 및 증여세 혜택보다는 수령하는 보험금에 있어서의 세금 혜택과 보험금을 어떻게 수령하여야 장애인 자녀의 생활 안정에 유리한지, 상속세 및 증여세법에 의해 받는 세금 혜택이 무엇인지에 대해 다루고 있다. 따라서 글의 내용 전체를 담고 있지 않아 적절하지 않다.

## 05

제시문은 텔레비전의 언어가 개인의 언어 습관에 미치는 악영향을 경계하면서, 올바른 언어 습관을 길들이기 위해 문학 작품 독서를 강조하고 있다.

## 01

보기의 내용은 『악학궤범』의 서문으로, 책을 통해 음악의 이론 및 제도, 법식과 같이 음악을 시행하는 법을 보존하려 했음을 알 수 있다. 따라서 이와 관련된 ⑤가 올바른 추론에 해당한다.

## 02

일본의 정책들은 함경도를 만주와 같은 경제권으로 묶음으로써 조선의 다른 지역과 경제적으로 분리시켰다고 하였으므로 적절하지 않은 내용이다.

오답분석
① 1935년 회령의 유선탄광에서 폭약이 터져 800여 명의 광부가 매몰돼 사망했던 사건이 있었다는 부분과 나운규의 고향이 회령이라고 언급된 부분을 통해 알 수 있는 내용이다.
② 조선의 최북단 지역인 오지의 작은 읍이었던 무산・회령・종성・온성의 개발이 촉진되어 근대적 도시로 발전하였다는 부분을 통해 알 수 있는 내용이다.
③ 청진・나진・웅기 등이 대륙 종단의 시발점이 되는 항구라고 하였고, 회령・종성・온성이 양을 목축하는 축산 거점으로 부상하였다고 언급되어 있다. 그리고 「아리랑」의 기본 줄거리가 착상된 배경이 나운규의 고향인 회령에서 청진까지 부설되었던 철도 공사라고 하였으므로 이를 통해 추론할 수 있는 내용이다.
④ 일본이 식민지 조선의 북부 지역에서 광물과 목재 등 군수산업 원료를 약탈하는 데 주력하게 되었고, 이를 위해 함경도에서 생산된 광물자원과 콩, 두만강변 원시림의 목재를 일본으로 수송하기 위해 함경선, 백무선 등의 철도를 부설하였다고 하였으므로 적절한 내용이다.

## 03

바우마이스터에 따르면 개인은 자신이 가지고 있는 제한된 에너지를 자기 조절 과정에 사용하는데, 이때 에너지를 많이 사용한다고 하더라도 긴박한 상황을 대비하여 에너지의 일부를 남겨 두기 때문에 에너지가 완전히 고갈되는 상황은 벌어지지 않는다. 즉, S씨는 식단 조절 과정에 에너지를 효율적으로 사용하지 못하였을 뿐, 에너지가 고갈되어 식단 조절에 실패한 것은 아니다.

오답분석
① 반두라에 따르면 인간은 자기 조절 능력을 선천적으로 가지고 있으며, 자기 조절은 세 가지의 하위 기능인 자기 검열, 자기 판단, 자기 반응의 과정을 통해 작동한다.
② 반두라에 따르면 자기 반응은 자신이 한 행동 이후에 자신에게 부여하는 정서적 현상을 의미하는데, 자신이 지향하는 목표와 관련된 개인적 표준에 부합하지 않은 행동은 죄책감이나 수치심이라는 자기 반응을 만들어 낸다.
③ 반두라에 따르면 선천적으로 자기 조절 능력을 가지고 있는 인간은 가치 있는 것을 획득하기 위해 행동하거나 두려워하는 것을 피하기 위해 행동한다.
④ 바우마이스터에 따르면 자기 조절은 개인적 표준, 모니터링, 동기, 에너지로 구성된다. S씨의 건강관리는 개인의 목표 성취와 관련된 개인적 표준에 해당하며, 이를 위해 S씨는 자신의 행동을 관찰하는 모니터링 과정을 거쳤다.

## 04

보기는 독립신문이 일반 민중들을 위해 순 한글을 사용해 배포됐고, 상하귀천 없이 누구나 새로운 소식을 전달해준다는 내용이다. 따라서 ③을 추론할 수 있다.

## 05

㉠·㉡ 각각 두 번째 문단과 마지막 문단에서 확인할 수 있다.

[오답분석]
㉢·㉣ 네 번째 문단에서 악보로 정리된 시나위를 연주하는 것은 시나위 본래 취지에 어긋난다는 내용과, 두 번째 문단에서 곡의 일정한 틀은 유지한다는 내용을 보면 즉흥성을 잘못 이해한 것을 알 수 있다.

## 대표기출유형 04    기출응용문제

## 01

제시문은 셰익스피어의 작품 『맥베스』에 나타난 비극의 요소를 설명하는 글이다. 주어진 단락의 마지막 문장을 통해 『맥베스』가 처음으로 언급되고 있으므로, 이어질 내용은 『맥베스』라는 작품에 대한 설명이 오는 것이 적절하다. 따라서 (다) 『맥베스』의 기본적인 줄거리 → (나) 『맥베스』의 전개 특징 → (라) 『맥베스』가 인간의 내면 변화를 집중적으로 다루는 이유 → (가) 『맥베스』에 대한 일반적인 평가의 순서대로 나열되어야 한다.

## 02

제시문의 서론에서 지방은 건강에 반드시 필요한 것이라고 서술하고 있으며, 결론에서는 현대인들의 지방이 풍부한 음식을 찾는 경향이 부작용으로 이어졌다고 한다. 따라서 본론은 (나) 비만과 다이어트의 문제는 찰스 다윈의 진화론과 관련이 있음 – (라) 자연선택에서 생존한 종들이 번식하여 자손을 남기게 됨 – (다) 인류의 역사에서 인간이 끼니 걱정을 하지 않고 살게 된 것은 수십 년의 일임 – (가) 생존에 필수적인 능력은 에너지를 몸에 축적하는 능력이었음의 순서로 나열하는 것이 가장 적절하다.

## 03

제시문은 '원님재판'이라 불리는 죄형전단주의의 정의와 한계, 그와 대립되는 죄형법정주의의 정의와 탄생, 그리고 파생 원칙에 대하여 설명하고 있다. 제시된 문단에서는 '원님재판'이라는 용어의 원류에 대해 설명하고 있으므로 이어지는 문단으로는 원님재판의 한계에 대해 설명하고 있는 (다)가 먼저 오는 것이 자연스럽다. 따라서 (다) 원님재판의 한계와 죄형법정주의 → (가) 죄형법정주의의 정의 → (라) 죄형법정주의의 탄생 → (나) 죄형법정주의의 정립에 따른 파생 원칙의 등장의 순서로 나열하는 것이 적절하다.

## 04

3D업종의 인식 변화를 소개하는 (나)가 가장 먼저 오는 것이 적절하고, 그 사례인 환경미화원 모집 공고에 대한 내용인 (가), 이에 대한 인터뷰 내용인 (라), 환경미화원 공채에 지원자가 몰리는 이유를 설명하는 (마)와 마지막으로 기피 직종에 대한 인식 변화의 또 다른 사례를 소개하는 (다) 순서로 이어지는 것이 적절하다.

## 05

첫 문단에서 '열린혁신'의 개념에 대한 이해가 필요하다고 했으므로 열린혁신의 개념을 설명하는 (라) 문단이 첫 문단 뒤에 오는 것이 적절하며, 그다음으로 열린혁신의 대표적인 사례를 설명하는 (나) 문단이 오는 것이 적절하다. 그 뒤를 이어 열린혁신을 성공적으로 추진하기 위한 첫 번째 선행조건을 언급하는 (가) 문단이 적절하며, 다음으로는 '둘째'와 '마지막으로'의 연결어를 통해 (다), (마) 문단이 순서대로 오는 것이 적절하다.

## 01

- (가) : 앞 문장에서 '도로'라고 구체적으로 한정하고 있기 때문에 빈칸에 들어갈 규범이 '약하다'라고 하려면, '도로'로 한정해야 한다. 따라서 ⓒ이 적절하다.
- (나) : 앞 문장에서 '도로의 교량'이라고 언급하고 있으므로 ⓐ이 적절하다.
- (다) : 빈칸보다는 강하다고 할 수 없다고 했으므로 앞 문장과 빈칸은 구체적으로 한정하고 있는 부분이 다르다. 따라서 ⓒ이 적절하다.

## 02

- (가) : 빈칸 다음 문장에서 사회의 기본 구조를 통해 이것을 공정하게 분배해야 된다고 했으므로 ⓒ이 가장 적절하다.
- (나) : '원초적 상황'에서 합의 당사자들은 인간의 심리, 본성 등에 대한 지식 등 사회에 대한 일반적인 지식은 알고 있지만, 이것에 대한 정보를 모르는 무지의 베일 상태에 놓인다고 했으므로 사회에 대한 일반적인 지식과 반대되는 개념, 즉 개인적 측면의 정보인 ⓐ이 가장 적절하다.
- (다) : 빈칸에 관하여 사회에 대한 일반적인 지식이라고 하였으므로 ⓒ이 가장 적절하다.

## 03

빈칸의 전 문단에서 '보손 입자는 페르미온과 달리 파울리의 배타 원리를 따르지 않는다. 따라서 같은 에너지 상태를 지닌 입자라도 서로 겹쳐서 존재할 수 있다. 만져지지 않는 에너지 덩어리인 셈이다.'라고 하였고, 빈칸 다음 문장에서 '빛은 실험을 해보면 입자의 특성을 보이지만, 질량이 없고 물질을 투과하며 만져지지 않는다.'라고 하였다. 또한 마지막 문장에서 '포논은 광자와 마찬가지로 스핀이 0인 보손 입자다.'라고 하였으므로 광자는 스핀이 0인 보손 입자라는 것을 알 수 있다. 따라서 빈칸에 들어갈 내용으로는 ④가 가장 적절하다.

(오답분석)

① 광자가 파울리의 배타 원리를 따른다면, 파울리의 배타 원리에 따라 페르미온 입자로 이뤄진 물질은 우리가 손으로 만질 수 있어야 한다. 그러나 광자는 질량이 없고 물질을 투과하며 만져지지 않는다고 하였으므로 적절하지 않은 내용이다.
② '포논은 광자와 마찬가지로 스핀이 0인 보손 입자다.'라는 문장에서 광자는 스핀 상태에 따라 분류할 수 있는 입자임을 알 수 있다.
③ ⋅ ⑤ 스핀이 1/2의 홀수배인 입자들은 페르미온이라고 하였고, 광자는 스핀이 0인 보손 입자이므로 적절하지 않은 내용이다.

## 04

빈칸 뒤의 문장은 최근 선진국에서는 스마트팩토리로 인해 해외로 나간 자국 기업들이 다시 본국으로 돌아오는 현상인 '리쇼어링'이 가속화되고 있다는 내용이다. 즉, 스마트팩토리의 발전이 공장의 위치를 해외에서 본국으로 변화시키고 있으므로 빈칸에는 ③이 가장 적절하다.

## 05

빈칸 앞 내용은 왼손보다 오른손을 선호하는 이유에 대한 가설을 제시하고, 이러한 가설이 근본적인 설명을 하지 못한다고 말한다. 그러면서 빈칸 뒷부분에서 글쓴이는 왼손이 아닌 '오른손만을 선호'하는 이유에 대한 자신의 생각을 드러내고 있다. 즉, 앞의 가설대로 단순한 기능 분담이라면 먹는 일에 왼손을 사용하는 사회도 존재해야 하는데, 그렇지 않기 때문에 반박하고 있음을 추론해 볼 수 있으므로 빈칸에는 사람들이 오른손만 선호하고 왼손을 선호하지 않는다는 주장이 나타나야 한다. 따라서 빈칸에 들어갈 문장으로는 ①이 가장 적절하다.

## 대표기출유형 01 기출응용문제

### 01
정답 ①

주어진 정보를 논리 기호화하면 다음과 같다.
ⓐ 혁신역량강화 → ~조직문화
ⓑ ~일과 가정 → 미래가치교육
ⓒ 혁신역량강화, 미래가치교육 중 1
ⓓ 조직문화, 전략적 결정, 공사융합전략 중 2
ⓔ 조직문화
① A대리가 조직문화에 참여하므로, ⓐ의 대우인 '조직문화 → ~혁신역량강화'에 따라 혁신역량강화에는 참여하지 않는다. 따라서 ⓒ에 따라 미래가치교육에는 참여한다.
　　일과 가정에 참여할지 여부는 알 수 없다. 또한 ⓓ에 따라 전략적 결정, 공사융합전략 중 한 가지 프로그램에 참여할 것임을 알 수 있다.
　　따라서 A대리는 최대 조직문화, 미래가치교육, 일과 가정, 그리고 전략적 결정 혹은 공사융합전략의 4개 프로그램에 참여 가능하다.

오답분석
② A대리의 전략적 결정 참여 여부와 일과 가정 참여 여부는 상호 무관하다.
③ A대리는 혁신역량강화에 참여하지 않으며, 일과 가정에의 참여 여부는 알 수 없다.
④ A대리는 조직문화에 참여하므로 ⓓ에 따라 전략적 결정과 공사융합전략 중 한 가지에만 참여 가능하다.
⑤ 위에서 알 수 있듯 A대리는 조직문화, 미래가치교육에 반드시 참여하며, 전략적 결정과 공사융합전략 중 한 가지 프로그램에 반드시 참여하므로 최소 3개의 프로그램에 참여한다.

### 02
정답 ⑤

가장 높은 등급을 1등급, 가장 낮은 등급을 5등급이라 하면 네 번째 조건에 의해 A는 3등급을 받는다. 또한 첫 번째 조건에 의해 E는 4등급 또는 5등급이다. 이때, 두 번째 조건에 의해 C가 5등급, E가 4등급을 받고, 세 번째 조건에 의해 B는 1등급, D는 2등급을 받는다. 측정 결과를 표로 정리하면 다음과 같다.

| 등급 | 1등급 | 2등급 | 3등급 | 4등급 | 5등급 |
|---|---|---|---|---|---|
| 환자 | B | D | A | E | C |

따라서 발송 대상자는 C와 E이다.

### 03
정답 ③

• A : 수요일에는 혜진, 수연, 태현이가 휴가 중이고, 목요일에는 수연, 지연, 태현이가 휴가 중이다. 따라서 수요일과 목요일에 휴가 중인 사람의 수는 같다.
• B : 태현이는 금요일까지 휴가이다.
따라서 A, B 모두 옳다.

## 04

한 번 배정받은 층은 다시 배정받을 수 없기 때문에 A는 3층, B는 2층에 배정받을 수 있다. C는 1층 또는 4층에 배정받을 수 있지만, D는 1층에만 배정받을 수 있기 때문에 C는 4층, D는 1층에 배정받는다. 이를 표로 정리하면 다음과 같다.

| A | B | C | D |
| --- | --- | --- | --- |
| 3층 | 2층 | 4층 | 1층 |

따라서 항상 참인 것은 ①이다.

[오답분석]

②·③·④ 주어진 조건만으로는 판단할 수 없다.

⑤ 매년 새롭게 층을 배정받기 때문에 B 또한 3년 이상 기숙사에 살았을 것이다.

## 05

각 팀은 3명, 4명으로 각각 구성된다. A, B는 D와 함께 소속되어야 하므로 양 팀의 구성이 가능한 경우는 다음과 같다.

• 경우 1 : A, B, D, F/C, E, G
• 경우 2 : A, B, D, G/C, E, F

따라서 이 2가지 구성에 해당하지 않는 것은 ⑤이다.

## 06

제시된 조건에 따르면, 1층에는 남성인 주임을 배정해야 하므로 C주임이 배정된다. 그러면 3층에 배정 가능한 직원은 남성인 B사원 또는 E대리이다. 먼저 3층에 B사원을 배정하는 경우 5층에는 A사원이 배정된다. 그리고 D주임은 2층에, E대리는 이보다 위층인 4층에 배정된다. 다음으로 3층에 E대리를 배정하는 경우 5층에 A사원이 배정되면 4층에 B사원이 배정되고, 5층에 B사원이 배정되면 4층에 A사원이 배정된다. 그리고 D주임은 항상 E대리보다 아래층인 2층에 배정된다. 이를 정리하면 다음과 같다.

| 층수 | 경우 1 | 경우 2 | 경우 3 |
| --- | --- | --- | --- |
| 5층 | A사원 | A사원 | B사원 |
| 4층 | E대리 | B사원 | A사원 |
| 3층 | B사원 | E대리 | E대리 |
| 2층 | D주임 | D주임 | D주임 |
| 1층 | C주임 | C주임 | C주임 |

따라서 5층에 A사원이 배정되더라도 4층에는 B사원이 아닌 E대리가 배정될 수도 있다.

---

## 대표기출유형 02 | 기출응용문제

## 01

ㄱ. 갑의 자본금액이 200억 원이므로 아무리 종업원 수가 적더라도 '자본금액 50억 원을 초과하는 법인으로서 종업원 수가 100명 이하인 법인'이 납부해야 하는 20만 원 이상은 납부해야 한다. 따라서 옳은 내용이다.

ㄹ. 갑의 자본금액이 100억 원을 초과한다면 50만 원을 납부해야 하며, 을의 종업원 수가 100명을 초과한다면 10만 원을, 병의 자본금액이 100억 원을 초과한다면 50만 원을 납부해야 하므로 이들 금액의 합계는 110만 원이다.

[오답분석]

ㄴ. 을의 자본금이 20억 원이고 종업원이 50명이라면 '그 밖의 법인'에 해당하여 5만 원을 납부해야 하므로 옳지 않다.

ㄷ. 병의 종업원 수가 200명이나 자본금이 10억 원 이하라면 '그 밖의 법인'에 해당하여 5만 원을 납부해야 하므로 옳지 않다.

## 02

회의 시설에서 C를 받은 도시는 후보 도시에서 제외한다고 하였으므로 대전과 제주를 제외한 서울과 인천, 부산만을 놓고 판단하면 다음과 같다.

| 구분 | 서울 | 인천 | 부산 |
| --- | --- | --- | --- |
| 회의 시설 | 10 | 10 | 7 |
| 숙박 시설 | 10 | 7 | 10 |
| 교통 | 7 | 10 | 7 |
| 개최 역량 | 10 | 3 | 10 |
| 가산점 | – | 10 | 5 |
| 합산 점수 | 37 | 40 | 39 |

따라서 합산 점수가 가장 높은 인천이 개최 도시로 선정된다.

## 03

세 도시를 방문하는 방법은 ABC=60, BCD=80, CDE=80, CEF=60, ACF=70, ABD=80, BDE=110, DEF=100, AEF=80, BCE=70, ABF=90, CDF=100, ACD=70, ACE=50, BCF=90 총 15가지 방법이다. 이 중 80km를 초과하지 않는 방법은 BDE, DEF, CDF, BCF, ABF를 제외한 10가지 방법이다.

## 04

글피는 모레의 다음날로, 15일이다. 15일에는 비가 내리지 않고 최저기온은 영하이다.

[오답분석]

① 12 ~ 15일의 일교차를 구하면 다음과 같다.
- 12일 : 11−0=11℃
- 13일 : 12−3=9℃
- 14일 : 3−(−5)=8℃
- 15일 : 8−(−4)=12℃

따라서 일교차가 가장 큰 날은 15일이다.
② 제시된 자료에서 미세먼지에 관한 내용은 확인할 수 없다.
③ 14일의 경우 비가 예보되어 있지만 낙뢰에 관한 예보는 확인할 수 없다.
④ 14일의 최저기온은 영하이지만, 최고기온은 영상이다.

## 05

행사장 방문객은 시계 반대 방향으로 돌면서 전시관을 관람한다. 400명의 방문객이 출입하여 제1전시관에서 100명이 관람한다면 나머지 300명은 관람하지 않고 지나치게 된다. 따라서 A지역에서 홍보판촉물을 나눠 줄 수 있는 대상자는 300명이 된다. 그리고 B지역은 A지역을 걸쳐서 오는 300명과 제1전시관을 관람하고 나온 100명의 인원이 합쳐지는 장소이므로 총 400명을 대상으로 홍보판촉물을 나눠 줄 수 있다. 이를 토대로 모든 지역을 고려해 보면 각 전시관과의 출입구가 합류되는 B, D, F지역에서 가장 많은 사람들에게 홍보판촉물을 나눠줄 수 있다.

## 01

정답 ③

(라) · (마) 아동수당 제도 첫 도입에 따라 초기에 아동수당 신청이 한꺼번에 몰릴 것으로 예상되어 연령별 신청기간을 운영한다.
따라서 만 5세 아동은 7월 1 ~ 5일 사이에 접수를 하거나 연령에 관계없는 7월 6일 이후에 신청하는 것으로 안내하는 것이
적절하다. 또한 아동수당 관련 신청서 작성요령이나 수급 가능성 등 자세한 내용은 아동수당 홈페이지에서 확인 가능한데,
어떤 홈페이지로 접속해야 하는지 안내를 하지 않았다. 따라서 적절하지 않다.

## 02

정답 ①

음료의 종류별로 부족한 팀 수를 구하면 다음과 같다.
• 이온음료 : 총무팀(1팀)
• 탄산음료 : 총무팀, 개발팀, 홍보팀, 고객지원팀(4팀)
• 에너지음료 : 개발팀, 홍보팀, 고객지원팀(3팀)
• 캔 커피 : 총무팀, 개발팀, 영업팀, 홍보팀, 고객지원팀(5팀)
음료 구매 시 각 음료의 최소 구비 수량의 1.5배를 구매해야 하므로 이온음료는 9캔, 탄산음료는 18캔, 에너지음료는 15캔, 캔
커피는 45캔씩 구매해야 한다. 그러므로 구매해야 하는 전체 음료의 수는 다음과 같다.
• 이온음료 : 9×1=9캔
• 탄산음료 : 18×4=72캔
• 에너지음료 : 15×3=45캔
• 캔 커피 : 45×5=225캔
음료는 정해진 묶음으로만 판매하므로 이온음료는 12캔, 탄산음료는 72캔, 에너지음료는 48캔, 캔 커피는 240캔을 구매해야 한다.

## 03

정답 ⑤

L교통카드 본사에서 10만 원 이상의 고액 환불 시 내방 당일 카드 잔액 차감 후 익일 18시 이후 계좌로 입금받을 수 있다.

① 부분환불은 환불 요청금액이 1만 원 이상 5만 원 이하일 때 가능하며, L교통카드 본사와 지하철 역사 내 L교통카드 서비스센터에
서 가능하다.
② 모바일 환불 시 1인 최대 50만 원까지 환불 가능하며, 수수료는 500원이므로 카드 잔액이 40만 원일 경우 399,500원이 계좌로
입금된다.
③ 카드 잔액이 30만 원인 경우 20만 원 이하까지만 환불이 가능한 A은행을 제외한 은행 ATM에서 수수료 500원을 제외하고
299,500원 환불 가능하다.
④ L교통카드 본사 방문 시에는 월 누적 50만 원까지 수수료 없이 환불이 가능하므로 13만 원 전액 환불 가능하다.

## 04

정답 ①

3만 원 초과 10만 원 이하 소액통원의료비를 청구할 경우 진단서 없이 보험금 청구서와 병원영수증, 질병분류기호(질병명)가 기재된
처방전만으로 접수가 가능하다.

## 05

B안의 가중치는 전문성인데 자원봉사제도는 (−)이므로 적절하지 않은 판단이다.

**오답분석**

① 전문성 면에서는 유급법률구조제도가 (+), 자원봉사제도가 (−)이므로 옳은 설명이다.
② A안에 가중치를 적용할 경우 접근용이성과 전문성에 가중치를 적용하므로 두 정책목표 모두에서 (+)를 보이는 유급법률구조제도가 적절하다.
④ B안에 가중치를 적용할 경우 전문성에 가중치를 적용하므로 (+)를 보이는 유급법률구조제도가 가장 적절하며, A안에 가중치를 적용할 경우 ②에 의해 유급법률구조제도가 가장 적절하다. 따라서 어떤 것을 적용하더라도 결과는 같다.
⑤ 비용저렴성을 달성하려면 (+)를 보이는 자원봉사제도가 가장 유리하다.

---

## 대표기출유형 04  기출응용문제

---

## 01

자사 보유 전세버스 현황에서 소형 버스(RT)는 RT−25−KOR−18−0803, RT−16−DEU−23−1501, RT−25−DEU−12 −0904, RT−23−KOR−07−0628, RT−16−USA−09−0712로 소형 버스는 총 5대이며, 이 가운데 독일에서 생산된 것은 2대이다. 따라서 이는 소형 버스 전체의 40%를 차지하므로 ③은 옳지 않다.

---

## 02

왼쪽으로의 이동을 (−), 오른쪽으로의 이동을 (+)로 표시하면 다음과 같이 설명할 수 있다.
ⅰ) 먼저 A를 살펴보면, 3회차까지의 결괏값이 +3인데 5회차까지의 결괏값도 역시 +3이므로 4회차와 5회차에 비기거나 졌음을 알 수 있다. 그런데 4회차를 보면 A는 바위를 낸 상태이고 B와 D가 가위를 냈으므로 질 수는 없는 상황이다. 따라서 4회차에서 A는 비겼음을 추론할 수 있으며 이를 통해 (나)에는 '보'가 들어가야 함을 알 수 있다. 그리고 이는 4회차에서는 4명의 참가자가 모두 무승부를 기록한 것까지 알 수 있게 한다.
ⅱ) 이제 D를 살펴보면, D는 4회차까지는 3패 후 1무를 기록한 상황이므로 결괏값이 0인데 5회차의 결괏값은 −3이므로 D는 5회차에서 '가위'로 승리했음을 알 수 있다. 결과적으로 5회차에서 A~C는 모두 패한 것이 된다.
ⅲ) 이제 B를 살펴보면, 2회차를 제외한 나머지의 결괏값이 −3인데, 2회차를 반영한 결괏값은 −2이다. 따라서 B는 2회차에서 '바위'로 승리했음을 알 수 있다.

---

## 03

A/S 접수 현황에서 잘못 기록된 일련번호는 총 7개이다.

| 분류 1 | • ABE1C6100121 → 일련번호가 09999 이상인 것은 없음<br>• MBE1DB001403 → 제조월 표기기호 중 'B'는 없음 |
|---|---|
| 분류 2 | • MBP2CO120202 → 일련번호가 09999 이상인 것은 없음<br>• ABE2D0001063 → 제조월 표기기호 중 '0'은 없음 |
| 분류 3 | • CBL3S8005402 → 제조연도 표기기호 중 'S'는 없음 |
| 분류 4 | • SBE4D5101483 → 일련번호가 09999 이상인 것은 없음<br>• CBP4D6100023 → 일련번호가 09999 이상인 것은 없음 |

CHAPTER 02 문제해결능력 • 25

## 04

제조연도는 시리얼 번호 중 앞에서 다섯 번째 알파벳으로 알 수 있다. 2019년은 'A', 2020년은 'B'로 표기되어 있으며, A/S 접수 현황에서 찾아보면 2019년 2개, 2020년 7개로 총 9개이다.

## 05

서울 지점의 C씨에게 배송할 제품과 경기남부 지점의 B씨에게 배송할 제품에 대한 기호를 모두 기록해야 한다.
- C씨 : MS11EISS
  - 재료 : 연강(MS)
  - 판매량 : 1box(11)
  - 지역 : 서울(E)
  - 윤활유 사용 : 윤활작용(I)
  - 용도 : 스프링(SS)
- B씨 : AHSS00SSST
  - 재료 : 초고강도강(AHSS)
  - 판매량 : 1set(00)
  - 지역 : 경기남부(S)
  - 윤활유 사용 : 밀폐작용(S)
  - 용도 : 타이어코드(ST)

## 06

ⓒ의 의류 종류 코드에서 'OP(원피스)'를 'OT(티셔츠)'로 수정해야 하므로 ①의 생산 코드를 'OTGR-240124-475ccc'로 수정해야 한다.

[오답분석]

⊙ 스커트는 'OH', 붉은색은 'RD', 제조일은 '231204', 창원은 '753', 수량은 'aaa'이므로 ③의 생산 코드는 'OHRD-231204-753aaa'로 옳다.

ⓒ 원피스는 'OP', 푸른색은 'BL', 제조일은 '230705', 창원은 '753', 수량은 'aba'이므로 ⑤의 생산 코드는 'OPBL-230705-753aba' 옳다.

② 납품일(2024년 7월 23일) 전날에 생산했으므로 생산날짜는 2024년 7월 22일이다. 따라서 ②의 생산 코드는 'OJWH-240722-935baa'로 옳다.

ⓜ 티셔츠의 생산 코드는 ④와 같이 'OTYL-240430-869aab'로 옳으며, 스커트의 생산 코드는 'OHYL-240430-869aab'이다.

## 07

하얀 블록 5개와 검은 블록 1개를 일렬로 붙인 막대와 하얀 블록 6개를 일렬로 붙인 막대를 각각 A막대, B막대라고 하자. A막대의 윗면과 아랫면에 쓰인 숫자의 순서쌍은 (1, 6), (2, 5), (3, 4), (4, 3), (5, 2), (6, 1)이다. 즉, A막대의 윗면과 아랫면에 쓰인 숫자의 합은 7이다. 검은 블록이 있는 막대 30개, 검은 블록이 없는 막대 6개를 붙여 만든 그림 2의 윗면과 아랫면에 쓰인 숫자의 합은 $(7 \times 30) + (6 \times 0) = 210$이다. 윗면에 쓰인 숫자의 합은 109이므로 아랫면에 쓰인 36개 숫자의 합은 $210 - 109 = 101$이다.

# PART 2
# 최종점검 모의고사

| 01 | 02 | 03 | 04 | 05 | 06 | 07 | 08 | 09 | 10 | 11 | 12 | 13 | 14 | 15 | 16 | 17 | 18 | 19 | 20 |
|----|----|----|----|----|----|----|----|----|----|----|----|----|----|----|----|----|----|----|----|
| ③ | ④ | ③ | ⑤ | ③ | ④ | ② | ② | ⑤ | ② | ② | ② | ④ | ③ | ① | ② | ⑤ | ⑤ | ② | ② |
| 21 | 22 | 23 | 24 | 25 | 26 | 27 | 28 | 29 | 30 | 31 | 32 | 33 | 34 | 35 | 36 | 37 | 38 | 39 | 40 |
| ① | ⑤ | ① | ① | ① | ④ | ④ | ② | ③ | ④ | ② | ③ | ④ | ① | ① | ④ | ④ | ④ | ② | ④ |
| 41 | 42 | 43 | 44 | 45 | 46 | 47 | 48 | 49 | 50 | | | | | | | | | | |
| ② | ② | ⑤ | ② | ⑤ | ⑤ | ② | ③ | ③ | ⑤ | | | | | | | | | | |

## 01  빈칸 삽입  정답 ③

배전 자동화 시스템에 관해 설명하고 있는 문단을 통해 ㉠이 배전 자동화 시스템의 '기능'임을 추측할 수 있다. 또한 '수요 증대', '요구'라는 단어를 통해 ㉡은 '필요성'임을 알 수 있고, '가능', '기대'라는 단어로 ㉢이 '기대효과'임을 알 수가 있다.

## 02  맞춤법  정답 ④

- 계발 → 개발 : 배전 자동화 시스템은 첨단 IT 기술을 접목해 계발된 배전 자동화용 단말 장치(FRTU)에서 ~
- 재공 → 제공 : ~ 통신 장치를 통해 주장치에 재공함으로써 배전 계통 운전 상황을 ~
- 공금 → 공급 : ~ 안정적인 전력을 공금하는 시스템이다.

## 03  문단 나열  정답 ③

(나) 현재 우리나라 자동차 소유주들은 교통문화 정착보다는 '어떤 자동차를 운행하는가?'를 더 중요시함 → (가) 우리 주변에서 불법 개조 자동차를 자주 볼 수 있음 → (다) 불법 개조 자동차에 따른 문제점을 해결하기 위해 불법 자동차 연중 상시 단속을 시행함 순으로 나열하는 것이 적절하다.

## 04  글의 주제  정답 ⑤

제시문은 빠른 사회 변화 속 다양해지는 수요에 맞춘 주거복지 정책의 예로 예술인을 위한 공동주택, 창업 및 취업자를 위한 주택, 의료안심주택을 들고 있다. 따라서 제시문의 주제로 가장 적절한 것은 '다양성을 수용하는 주거복지 정책'이다.

## 05  내용 추론  정답 ③

레일리 산란의 세기는 보랏빛이 가장 강하지만 우리 눈은 보랏빛보다 파란빛을 더 잘 감지하기 때문에 하늘이 파랗게 보이는 것이다.

[오답분석]
①·② 첫 번째 문단을 통해 추론할 수 있다.
④ 빛의 진동수는 파장과 반비례하고, 레일리 산란의 세기는 파장의 네제곱에 반비례한다. 즉, 빛의 진동수가 2배가 되면 파장은 1/2배가 되고, 레일리 산란의 세기는 $2^4=16$배가 된다.
⑤ 마지막 문단의 내용을 통해 추론할 수 있다.

**06** 문서 내용 이해 　정답 ④

세 번째 문단에서 영화는 촬영된 이미지로 그 생산 과정이 기술적으로 자동화되어 있어 영화 이미지 안에서 감독의 체취를 발견하는 것은 어렵다고 하였다.

**07** 문서 내용 이해 　정답 ②

네 번째 문단에서 '영화는 실제 대상과 이미지가 인과 관계로 맺어져 있어 본질적으로 사물에 대한 사실적인 기록이 된다.'라고 하였다. 그러므로 만화를 영화화하면 실제 대상과 영화 이미지 간의 인과 관계가 약해지는 것이 아니라 더욱 강해질 것이다.

**08** 글의 제목 　정답 ②

제시문은 재산권 제도의 발달에 따른 경제 성장을 예로 들어 제도의 발달과 경제 성장의 상관관계에 대해 설명하고 있다. 더불어 제도가 경제 성장에 영향을 줄 수는 있지만 동시에 경제 성장으로부터 영향을 받을 수도 있다는 점에서 그 인과관계를 판단하기 어렵다는 한계점을 제시하고 있다. 따라서 제목으로 적절한 것은 '경제 성장과 제도 발달'이다.

**09** 내용 추론 　정답 ⑤

맷 스폰하이머와 줄리아 리소프의 연구는 오스트랄로피테쿠스가 육식을 하였음을 증명하였으므로, 육식 여부로 오스트랄로피테쿠스와 사람을 구분하던 과거의 방법이 잘못되었음을 증명한 것이라 볼 수 있다.

[오답분석]
① 두 번째 문단의 마지막 문장에서 오스트랄로피테쿠스의 식단에서 풀을 먹는 동물이 큰 부분을 차지했다는 결론을 내렸다고 했을 뿐, 풀을 전혀 먹지 않았는지는 알 수 없다.
② 단일 식품을 섭취하는 것이 위험하다고 했을 뿐, 단일 식품을 섭취하는 동물은 없다고 보기는 어렵다.
③ 오스트랄로피테쿠스의 진화 과정과 육식의 관계를 알 수 있을 만한 부분은 없다.
④ 마지막 문단에서 동물 뼈에 이로 씹은 흔적 위에 도구로 자른 흔적이 겹쳐있고 무기를 가진 인간의 흔적이라고 한 것으로 보아 무기로 사냥을 했음을 알 수 있다.

**10** 글의 제목 　정답 ②

구비문학에서는 단일한 작품, 원본이라는 개념이 성립하기 어렵다. 따라서 선창자의 재간과 그때그때의 분위기에 따라 새롭게 변형되거나 창작되는 일이 흔하다. 다시 말해 정해진 틀이 있다기보다는 상황이나 분위기에 따라 바뀌는 것이 가능하다. 유동성이란 형편이나 때에 따라 변화될 수 있음을 뜻하는 말이다. 따라서 제시문의 제목으로 ②가 적절하다.

**11** 글의 제목 　정답 ②

제시문은 5060세대에 대해 설명하는 글로, 기존에는 5060세대들이 사회로부터 배척당하였다면 최근에는 사회적인 면이나 경제적인 면에서 그 위상이 높아졌고, 이로 인해 마케팅 전략 또한 변화될 것이라고 보고 있다. 따라서 제시문의 제목으로는 ②가 가장 적절하다.

**12** 전개 방식 　정답 ②

예술 작품에 대한 감상과 판단에 대해서 첫 번째 단락에서는 '어떤 사람의 감상이나 판단은 다른 사람들보다 더 좋거나 나쁠 수도 있지 않을까? 혹은 덜 발달되었을 수도, 더 세련되었을 수도 있지 않을까?'라는 의문을, 세 번째 단락에서는 '예술 비평가들의 판단이나 식별이 올바르다는 것은 어떻게 알 수 있는가?'라는 의문을, 마지막 단락에서는 '자격을 갖춘 비평가들, 심지어는 최고의 비평가들에게서조차 의견의 불일치가 생겨나는 것'에 대한 의문을 제기하면서 이에 대해 흄의 견해에 근거하여 순차적으로 답변하며 글을 전개하고 있다.

## 13 내용 추론      정답 ④

『돈키호테』에 나오는 일화에 등장하는 두 명의 전문가는 둘 다 포도주의 맛이 이상하다고 하였는데 한 사람은 쇠 맛이 살짝 난다고 했고, 또 다른 사람은 가죽 맛이 향을 망쳤다고 했다. 이렇게 포도주의 이상한 맛에 대한 원인을 다르게 판단한 것은 비평가들 사이에서 비평의 불일치가 생겨난 것에 해당한다고 볼 수 있다.

## 14 문서 내용 이해      정답 ③

정보 통신의 급속한 발달이 문화의 상업화를 가속시키고 있다는 것이 제시문의 내용이다. 문화 산업은 관광, 스포츠, 예술 등의 형태로 예전부터 있었던 것이다.

## 15 전개 방식      정답 ①

제시문은 접속과 문화 자본주의라는 용어를 사용하여 모든 문화가 상품화되는 현재의 사회 현상을 소개하고 있다(현상 소개). 이어서 그와 같은 현상의 의미와 이것이 인간의 삶에 미치는 영향을 밝히고 있다(현상 진단). 마지막 부분에서는 이러한 현상에 제대로 대응하기 위해서 우리가 해야 할 일을 제시하고 있다(대응 방안 제시).

## 16 내용 추론      정답 ②

㉠의 중심 내용은 문화가 상품화됨에 따라 문화적 다양성이 무시되어 획일화되었다는 것이다. ②에서 식혜를 공장에서 만들어서 파는 것은 문화의 상품화 및 획일화에 해당한다.

오답분석
① 고유문화의 세계화 및 상품화
③ 문화의 고유성 유지
④ 고유문화의 세계화
⑤ 문화의 고유성 전파

## 17 문서 내용 이해      정답 ⑤

세 번째 문단에서 저작권의 의의는 인류의 지적 자원에서 영감을 얻은 결과물을 다시 인류에게 되돌려주는 데 있다고 하였으므로 ⑤의 내용은 옳지 않다.

## 18 전개 방식      정답 ⑤

저작권이 지나치게 사적 재산권을 행사하는 도구로 인식되어 있는 현실의 문제점을 지적하며 저작권을 사적 재산권의 측면에서가 아니라 공익적 측면에서 바라볼 필요가 있음을 제시하고 있다.

## 19 내용 추론      정답 ②

제시문에서는 저작권 소유자 중심의 저작권 논리를 비판하며 저작권이 의의를 가지려면 저작물이 사회적으로 공유되어야 한다고 주장하고 있다. 이에 대한 비판으로는 ②가 적절하다.

## 20 글의 주제      정답 ②

제시문은 한국인 하루 평균 수면 시간과 수면의 질에 대한 글로, 짧은 수면 시간으로 현대인 대부분이 수면 부족에 시달리며, 낮은 수면의 질로 다양한 합병증이 발생할 수 있음을 설명하고 있다. 그러나 '수면 마취제의 부작용'에 대한 내용은 언급되어 있지 않으므로 ②는 글의 주제로 적절하지 않다.

## 21 문서 내용 이해

제시문은 단백질의 분해와 합성에 필요한 필수아미노산을 설명하고 있다. 마지막 문단에서 제한아미노산을 '단백질 합성에 필요한 각각의 필수아미노산의 양에 비해 공급된 어떤 식품에 포함된 해당 필수아미노산의 양의 비율이 가장 낮은 필수아미노산'이라고 정의하였다. 그러므로 필수아미노산을 제외한 다른 아미노산도 제한아미노산이 될 수 있는 것은 아니다.

## 22 내용 추론

첫 번째 문단에 따르면 아미노산들은 DNA 염기 서열에 담긴 정보에 따라 정해진 순서대로 결합된다.

오답분석

① 첫 번째 문단에 따르면 체내 단백질 분해를 통해 우리 몸에 부족한 에너지 및 포도당을 보충할 수 있다.
② 두 번째 문단에 따르면 단백질 분해로 생성된 아미노산의 75%는 다른 단백질 합성에 이용되며, 나머지 25%는 분해되어 아미노기가 분리되어 나온 후, 아미노기는 암모니아로 바뀌어 요소로 합성된 후 체외로 배출된다.
③ 세 번째 문단에 따르면 성장기 어린이는 체내에서 필수아미노산을 합성할 수 있으나, 그 양이 모자라기 때문에 음식 섭취로 보충해야 한다.
④ 네 번째 문단에 따르면 육류 등의 동물성 단백질은 필수아미노산을 균형 있게 함유하고 있어서 필수아미노산의 이용 효율이 높은 반면, 쌀 등의 식물성 단백질은 필수아미노산의 이용 효율이 상대적으로 낮다.

## 23 글의 제목

제시문은 CCTV가 인공지능(AI)과 융합되면 기대할 수 있는 효과들(범인 추적, 자연재해 예측)에 대해 말하고 있다. 따라서 'AI와 융합한 CCTV의 진화'가 글의 제목으로 가장 적절하다.

## 24 내용 추론

리플리 증후군 환자와 사기범죄자의 차이는 자신이 거짓말을 말하고 있는지 아닌지를 인지하고 있는가, 그리고 그 거짓말이 들키는 것을 두려워하는가이다. 따라서 거짓말 탐지기나 취조, 증거물 제시 등의 방법으로 둘의 차이를 구분할 수 있을 것이다.

오답분석

② 세 번째 문단을 통해 현재까지 리플리 증후군의 정확한 원인은 밝혀지지 않았으며, 여러 가설만이 존재한다는 사실을 확인할 수 있다. 따라서 원인이 복합적일 가능성을 배제할 수 없다.
③ 제시된 가설의 경우 스트레스와 좌절감, 학대와 뇌 질환 등 다양한 정신적·육체적 문제를 그 원인으로 지목하고 있다.
④ 첫 번째 문단을 통해 소설 속 리플리와 같은 증상이 나타나면서 20세기 후반부터 정신병리학자들의 본격적인 연구 대상이 되었다는 사실을 알 수 있다. 따라서 소설 이전에는 별다른 연구 대상이 되지 않았음을 추론할 수 있다.
⑤ 리플리 증후군이 작화증의 일종이라는 가설이 사실로 나타날 경우, 작화증의 발생 원인인 해마의 손상을 치료함에 따라 리플리 증후군 또한 치료될 가능성이 있다.

## 25 글의 제목

기사는 미세먼지 특별법 제정으로 새롭게 설치되는 기구나 시행되는 사업을 설명하고 있다. 따라서 ①이 기사의 제목으로 가장 적절하다.

## 26 상황 판단

인쇄소를 방문해야 하는 D와 신입사원 교육에 참석하는 E를 제외한 A, B, C, F가 회의에 참석할 수 있는 14:00 ~ 15:00에 신제품 관련 회의가 진행된다.

① · ② · ⑤ 4명 이상이 회의에 참석할 수 없으므로 회의를 진행할 수 없다.
③ 업무집중 시간이므로 회의를 진행할 수 없다.


## 27   상황 판단          정답 ④

먼저 소속팀과 직책을 정리하면, A의 경우 홍보팀 회의와 주간 업무 보고 회의에 참석하므로 홍보팀 팀장임을 알 수 있다. 또한 B와 C는 영업팀 회의에 참석하는 것으로 보아 영업팀임을 알 수 있는데, 이때 회의록의 작성자와 회의 참석자를 참고하면 B는 대리, C는 사원임을 알 수 있다. 회의 참석자 중 나머지 기획팀 대리는 회의에 참석한 F가 된다. 마지막으로 E의 경우 신입사원 교육 업무를 담당하는 것으로 보아 인사팀임을 유추할 수 있다. 따라서 담당 업무가 바르게 연결된 것은 ④이다.


## 28   자료 해석          정답 ②

S − 4532와 S − 8653의 운동량은 같지만 피로도는 가격이 더 높은 S − 4532가 더 낮으므로 운동량과 피로도를 동일하게 중요시하는 직원에게는 S − 8653 모델보다는 S − 4532 모델이 더 적합하다.

① 피로도는 가격이 높을수록 낮으므로 피로도를 가장 중요시한다면 연습용 자전거보다 외발자전거가 더 적합하다.
③ 피로도는 상관없다고 하였으므로 가격이 더 저렴한 S − dae66 모델이 더 경제적이다.
④ 연습용 자전거인 S − HWS와 S − WTJ는 보조바퀴가 달려있으므로 자전거를 처음 배우는 사람에게 적합하다.
⑤ '자전거 타기' 캠페인에 책정된 예산은 한계가 있을 것이므로 옳은 의견이다.


## 29   상황 판단          정답 ③

일반 자전거의 운동량을 1이라고 하면, 연습용 자전거는 0.8, 외발자전거는 1.5의 운동량을 갖는다.
주어진 자료를 토대로 후보 5명의 운동량을 계산하면 다음과 같다.
• 갑 : $1.4 \times 2 = 2.8$
• 을 : $1.2 \times 2 \times 0.8 = 1.92$
• 병 : $2 \times 1.5 = 3$
• 정 : $2 \times 0.8 + 1 \times 1.5 = 3.1$
• 무 : $0.8 \times 2 \times 0.8 + 1.2 = 2.48$
따라서 '정 − 병 − 갑 − 무 − 을'의 순서로 운동량이 많다.


## 30   명제 추론          정답 ④

조건에 부합하는 경우의 수를 표로 나타내면 다음과 같다.

| 구분 | 농구 | 축구 | 족구 |
|---|---|---|---|
| 경우 1 | A, C, E | D, H | B, F, G |
| 경우 2 | A, B, C, F | D, H | E, G |
| 경우 3 | A, C | D, E | B, F, G, H |
| 경우 4 | A, C, H | D, E | B, F, G |
| 경우 5 | B, F, H | D, E | A, C, G |
| 경우 6 | A, B, C, F | D, E | G, H |
| 경우 7 | A, C | B, D, F, H | E, G |

따라서 팀을 배치하는 방법은 7가지이다.

## 31 명제 추론    정답 ②

제시된 진료 현황을 각각의 명제로 보고 이들을 수식으로 설명하면 다음과 같다(단, 명제가 참일 경우 그 대우도 참이다).
- B병원이 진료를 하지 않을 때 A병원이 진료한다(~B → A / ~A → B).
- B병원이 진료를 하면 D병원은 진료를 하지 않는다(B → ~D / D → ~B).
- A병원이 진료를 하면 C병원은 진료를 하지 않는다(A → ~C / C → ~A).
- C병원이 진료를 하지 않을 때 E병원이 진료한다(~C → E / ~E → C).

이를 하나로 연결하면, D병원이 진료를 하면 B병원이 진료를 하지 않고, B병원이 진료를 하지 않으면 A병원은 진료를 한다. A병원이 진료를 하는 경우 C병원은 진료를 하지 않고, C병원이 진료를 하지 않으면 E병원은 진료를 한다(D → ~B → A → ~C → E). 명제가 참일 경우 그 대우도 참이므로 ~E → C → ~A → B → ~D 공휴일일 경우는 E병원이 진료를 하지 않을 때이므로 위의 명제를 참고하면 C와 B병원만이 진료를 하는 경우가 된다. 따라서 공휴일에 진료를 하는 병원은 2곳이다.

## 32 상황 판단    정답 ③

프로젝트에 소요되는 비용은 인건비와 작업장 사용료로 구성된다. 인건비의 경우 각 작업의 필요 인원은 증원 또는 감원될 수 없으므로 조절이 불가능하다. 다만, 작업장 사용료는 작업기간이 감소하면 비용이 줄어들 수 있다. 따라서 최단 기간으로 프로젝트를 완료하는 데 드는 비용을 산출하면 다음과 같다.

| 프로젝트 | 인건비 | 작업장 사용료 |
| --- | --- | --- |
| A작업 | (10만 원×5명)×10일=500만 원 | |
| B작업 | (10만 원×3명)×18일=540만 원 | |
| C작업 | (10만 원×5명)×50일=2,500만 원 | 50만 원×50일=2,500만 원 |
| D작업 | (10만 원×2명)×18일=360만 원 | |
| E작업 | (10만 원×4명)×16일=640만 원 | |
| 합계 | 4,540만 원 | 2,500만 원 |

프로젝트를 완료하는 데 소요되는 최소 비용은 7,040만 원이다. 따라서 최소 비용은 6,000만 원 이상이라고 판단하는 것이 옳다.

## 33 상황 판단    정답 ④

행낭 배송 운행속도는 시속 60km로 일정하므로 A지점에서 G지점까지의 최단 거리를 구한 뒤 소요시간을 구하면 된다. 우선 배송 요청에 따라 지점 간의 순서를 변경하거나 생략할 수 있으므로 거치는 지점을 최소화하여야 한다. 앞서 언급한 조건들을 고려하여 구한 최단 거리를 계산하면 A → B → D → G ⇒ 6+2+8=16km ⇒ 16분(∵ 60km/h=1km/min)이다.
따라서 대출신청 서류가 A지점에 다시 도착할 최소 시간은 16(A → G)+30(작성)+16(G → A)=62분=1시간 2분이다.

## 34 상황 판단    정답 ①

얼마를 환전하든 수수료율은 같으므로 계산의 편의를 위해 1,200원을 기준으로 수수료를 계산하며, 제시된 문항대로 수수료를 계산하면 다음과 같다.
① 국내 사설환전소에서 1,200원을 1유로로 환전할 때는 수수료가 없다. 이후 스페인 현지에서 1유로를 리라화로 환전할 경우 8리라를 받으며, 환전수수료 5%가 부과되므로 수수료는 8×0.05=0.4리라이다.
② 국내 사설환전소에서 1,200원을 1유로로 환전할 때는 수수료가 없다. 이후 터키 현지에서 1유로를 리라화로 환전할 경우 5리라를 받으며, 환전수수료 10%가 부과되므로 5×0.1=0.5리라이다.
③ 스페인 현지에서 1,200원을 1유로로 환전할 때는 환전수수료 5%가 적용되어 1×0.05=0.05유로의 수수료가 부과된다. 이를 스페인의 유로-리라화 환율을 통해 계산하면, 0.05÷0.125=0.4리라이다. 이후 유로화 환전 시 수수료를 제외하고 받은 0.95 유로를 스페인 현지에서 리라화로 환전할 경우, 0.95÷0.125=7.6리라이며, 여기에 환전수수료 5%가 적용되어 7.6×0.05=0.38리라의 수수료가 부과된다. 따라서 전체 환전수수료는 0.4+0.38=0.78리라이다.
④ 스페인 현지에서 1,200원을 1유로로 환전할 때는 ③의 첫 번째 환전과 동일하게 0.4리라가 수수료로 부과된다. 이후 유로화 환전 시 수수료를 제외하고 받은 0.95유로를 터키 현지에서 리라화로 환전할 경우 0.95÷0.2=4.75리라를 받게 되며, 환전수수료 10%가 적용되어 4.75×0.1=0.475리라의 수수료가 부과된다. 따라서 전체 환전 수수료는 0.4+0.475=0.875리라이다.

⑤ 환전수수료가 동일한 환전경로는 없다.
따라서 환전수수료가 가장 적게 드는 경로는 국내 사설환전소에서 원화를 유로화로 환전한 후, 스페인 현지에서 유로화를 리라화로 환전하는 경우이다.


## 35 　자료 해석　　　　　　　　　　　　　　　　　　　정답 ①

국내 사설환전소에서 1,200원을 리라화로 교환하면 $1,200 \div 250 = 4.8$리라이며, 환전수수료 9%가 적용되어 수수료는 $4.8 \times 0.09 = 0.432$리라이다.
ㄱ. 환전수수료를 최소화 했을 경우 34번의 정답과 같이 수수료는 1,200원 기준 0.4리라이므로 600만 원을 환전할 경우, 환전수수료는 600만 $\div 1,200 \times 0.4 = 2,000$리라이다.

오답분석
ㄴ. A대리는 국내 사설환전소에서 원화를 유로화로 환전한 후, 스페인 현지에서 유로화를 리라화로 환전할 것이다.
ㄷ. 얼마를 환전하든 환전수수료율은 변하지 않으므로 A대리의 환전경로는 바뀌지 않을 것이다.


## 36 　명제 추론　　　　　　　　　　　　　　　　　　　정답 ④

제시된 조건을 식으로 표현하면 다음과 같다.
• 첫 번째 조건의 대우 : A → C
• 네 번째 조건의 대우 : C → ~E
• 두 번째 조건 : ~E → B
• 세 번째 조건의 대우 : B → D
위의 조건식을 정리하면 A → C → ~E → B → D이므로 주말 여행에 참가하는 사람은 A, B, C, D 4명이다.


## 37 　규칙 적용　　　　　　　　　　　　　　　　　　　정답 ④

부가기능은 청정(011) 하나다.

오답분석
① 제조사는 W사(CN)이다.
② 중국(B)에서 만들어진 제품이다.
③ 2023년(13)에 출시된 제품이다.
⑤ 스탠드・벽걸이(111)로 구성되어 있는 상품이다.


## 38 　규칙 적용　　　　　　　　　　　　　　　　　　　정답 ④

고객의 요구사항을 에어컨 시리얼 번호를 구성 순으로 정리하면 다음과 같다.
• 제조사 : D사 → DW
• 제조국 : 한국 → A
• 출시연도 : 2020년 → 10
• 냉방면적 : 6평 또는 10평 → 0 또는 1
• 품목 : 이동식 → 110
• 부가기능 : 청정 필수 → 011, 101, 111
이에 적절하지 않은 에어컨은 벽걸이인 ④이다.

## 39 규칙 적용

㉠ CNC044111111 : W사 – 일본 – 2014년 – 24평 – 스탠드·벽걸이 – 제습·청정·무풍
㉤ DWD100101010 : D사 – 인도 – 2020년 – 6평 – 벽걸이 – 제습

**오답분석**

㉡ BLL080110110 : 세 번째 자리는 제조국 코드로 L 표기는 없다.
㉢ EQE211100001 : 네 번째와 다섯 번째 자리는 출시연도로 21 표기는 없다.
㉣ AAA065110110 : 첫 번째와 두 번째 자리는 제조사 코드로 AA 표기는 없다.


## 40 자료 해석

정답 ④

라벨지와 받침대, 블루투스 마우스 가격을 차례대로 계산하면 $(18,000×2)+24,000+(27,000×5)=195,000$원이다. 그리고 블루투스 마우스를 3개 이상 구매하면 AAA건전지 3SET를 무료로 증정하기 때문에 AAA건전지는 2SET만 더 구매하면 된다. 따라서 총액은 $195,000+(4,000×2)=203,000$원이다.


## 41 자료 해석

정답 ②

라벨지는 91mm로 변경 시 SET당 5%를 가산하기 때문에 가격은 $18,000×(1+0.05)×4=75,600$원, 3단 받침대의 가격은 1단 받침대에 2,000원을 추가하므로 $(24,000+2,000)×2=52,000$원이다. 그리고 블루투스 마우스의 가격은 $27,000×3=81,000$원이고 마우스 3개 이상 구매 시 AAA건전지 3SET가 사은품으로 오기 때문에 따로 주문하지 않는다. 마지막으로 탁상용 문서수동세단기 가격 36,000원을 더해 총액을 계산하면 $75,600+52,000+81,000+36,000=244,600$원이다.


## 42 규칙 적용

정답 ②

중국에서 생산된 것으로 표기된 재고가 2개, 러시아에서 생산된 것으로 표기된 재고가 1개이므로, 실제로 러시아에서 생산된 재고는 총 3개이다.


## 43 규칙 적용

정답 ⑤

약품이며, 냉장이 필요하고 미국에서 생산된 것이다. 또한 유통기한은 3개월 미만이다.


## 44 자료 해석

정답 ②

입찰가격 기준(12억 원 미만)을 충족하지 못하는 C업체는 후보에서 제외되며, 입찰점수를 계산하여 중간 선정 결과를 나타내면 다음과 같다.

| 구분 | 경영점수 | 안전점수 | 디자인점수 | 수상실적 가점 | 입찰점수 | 중간 선정 결과 |
| --- | --- | --- | --- | --- | --- | --- |
| A | 9점 | 7점 | 4점 | 0점 | 20점 | 선정 |
| B | 6점 | 8점 | 6점 | 4점 | 24점 | 선정 |
| C | 7점 | 7점 | 5점 | 0점 | 19점 | 제외 |
| D | 6점 | 6점 | 4점 | 2점 | 18점 | 탈락 |
| E | 7점 | 5점 | 2점 | 0점 | 14점 | 탈락 |
| F | 7점 | 6점 | 7점 | 2점 | 22점 | 선정 |

중간 선정된 A, B, F업체의 안전점수와 디자인점수의 합을 계산하면 다음과 같다.
• A : $7+4=11$점
• B : $8+6=14$점
• F : $6+7=13$점
따라서 안전점수와 디자인점수의 합이 가장 높은 B업체가 최종 선정된다.

제1회 최종점검 모의고사 • 35

## 45 자료 해석
정답 ⑤

44번의 입찰점수에 가격점수를 추가로 합산하여 최종 입찰점수를 계산하면 다음과 같다.

(단위 : 점)

| 구분 | 입찰점수 | 가격점수 | 최종 입찰점수 |
|---|---|---|---|
| A | 20 | 4 | 24 |
| B | 24 | 6 | 30 |
| C | 19 | 2 | 21 |
| D | 18 | 8 | 26 |
| E | 14 | 6 | 20 |
| F | 22 | 10 | 32 |

따라서 최종 입찰점수가 가장 높은 업체는 F이다.

## 46 상황 판단
정답 ⑤

제시된 문제에서 팀장의 요구조건은 1) 영유아 수가 많은 곳, 2) 향후 5년간 지속적인 수요 증가 두 가지이며, 두 조건을 모두 충족하는 지역을 선정해야 한다.

ⅰ) 주어진 자료에서 영유아 수를 구하면 다음과 같다.

※ (영유아 수)=(총인구수)×(영유아 비중)
- A지역 : 3,460,000×3%=103,800명
- B지역 : 2,470,000×5%=123,500명
- C지역 : 2,710,000×4%=108,400명
- D지역 : 1,090,000×11%=119,900명

따라서 B-D-C-A지역 순서로 영유아 수가 많은 것을 알 수 있다.

ⅱ) 향후 5년간 영유아 변동률을 보았을 때 A지역은 1년 차와 3년 차에 감소하였고, B지역은 3~5년 차 동안 감소하는 것을 확인할 수 있다. 그러므로 지속적으로 수요가 증가하는 지역은 C지역, D지역이다. 두 지역 중 D지역은 현재 영유아 수가 C지역보다 많고, 향후 5년간 전년 대비 영유아 수 증가율이 3년 차에는 같으나 다른 연도에는 D지역이 C지역보다 크므로, D지역을 우선적으로 선정할 수 있다.

따라서 위의 조건을 모두 고려하였을 때, D지역이 유아용품 판매직영점을 설치하는 데 가장 적절한 지역이 된다.

오답분석
① 총인구수로 판단하는 것은 주어진 조건과 무관하므로 적절하지 않다.
② 단순히 영유아 비율이 높다고 하여 영유아 수가 많은 것이 아니므로, 조건에 부합하지 않는다.
③ B지역에 영유아 수가 가장 많은 것은 맞으나, 향후 5년 동안 영유아 변동률이 감소하는 추세를 보이므로 적절하지 않다.
④ 향후 5년간 영유아 인구 증가율이 가장 높은 곳은 D지역이다.

## 47 자료 해석
정답 ②

제2조 제3항에 따르면 1개월 이상 L공사 직원으로 근무하였음에도 성과평가 결과를 부여받지 못한 경우에는 최하등급 기준으로 성과연봉을 지급한다.

**48** 자료 해석 　　　　　　　　　　　　　　　　　　　　　　　　　　　　　　　정답 ③

성과급 지급 규정의 평가기준 가중치에 따라 O대리의 평가점수를 변환해보면 다음과 같다.

(단위 : 점)

| 구분 | 전문성 | 유용성 | 수익성 | 총합 | 등급 |
|------|--------|--------|--------|------|------|
| 1분기 | 1.8 | 1.6 | 3.5 | 6.9 | C |
| 2분기 | 2.1 | 1.4 | 3.0 | 6.5 | C |
| 3분기 | 2.4 | 1.2 | 3.5 | 7.1 | B |
| 4분기 | 2.1 | 1.6 | 4.5 | 8.2 | A |

따라서 1 ~ 2분기에는 40만 원, 3분기에는 60만 원, 4분기에는 80만 원으로 1년 동안 총 220만 원을 받는다.

**49** 자료 해석 　　　　　　　　　　　　　　　　　　　　　　　　　　　　　　　정답 ③

바뀐 성과급 지급 규정에 따라 가중치를 바꿔 다시 O대리의 평가점수를 변환해보면 다음과 같다.

(단위 : 점)

| 구분 | 전문성 | 유용성 | 수익성 | 총합 | 등급 |
|------|--------|--------|--------|------|------|
| 1분기 | 1.8 | 1.6 | 4.2 | 7.6 | B |
| 2분기 | 2.1 | 1.4 | 3.6 | 7.1 | B |
| 3분기 | 2.4 | 1.2 | 4.2 | 7.8 | B |
| 4분기 | 2.1 | 1.6 | 5.4 | 9.1 | S |

1 ~ 3분기에는 60만 원, 4분기에는 100만 원으로, 1년 동안 총 280만 원을 받아 변경 전보다 60만 원을 더 받는다.

**50** 명제 추론 　　　　　　　　　　　　　　　　　　　　　　　　　　　　　　　정답 ⑤

월요일에 먹는 영양제는 비타민 B와 칼슘, 마그네슘 중에 하나일 수 있으나, 마그네슘의 경우 비타민 D보다 늦게 먹고, 비타민 B보다는 먼저 먹어야 하므로 월요일에 먹는 영양제로 마그네슘과 비타민 B 둘 다 불가능하다. 따라서 K씨가 월요일에 먹는 영양제는 칼슘이 된다. 또한 비타민 B는 화요일 또는 금요일에 먹을 수 있으나, 화요일에 먹게 될 경우 마그네슘을 비타민 B보다 먼저 먹을 수 없게 되므로 비타민 B는 금요일에 먹는다. 나머지 조건에 따라 K씨가 요일별로 먹는 영양제를 정리하면 다음과 같다.

| 요일 | 월 | 화 | 수 | 목 | 금 |
|------|------|--------|--------|--------|--------|
| 영양제 | 칼슘 | 비타민 C | 비타민 D | 마그네슘 | 비타민 B |

따라서 회사원 K씨가 월요일에는 칼슘, 금요일에는 비타민 B를 먹는 것을 알 수 있다.

| 01 | 02 | 03 | 04 | 05 | 06 | 07 | 08 | 09 | 10 | 11 | 12 | 13 | 14 | 15 | 16 | 17 | 18 | 19 | 20 |
|----|----|----|----|----|----|----|----|----|----|----|----|----|----|----|----|----|----|----|----|
| ④ | ③ | ⑤ | ④ | ② | ① | ④ | ① | ① | ① | ③ | ③ | ④ | ④ | ② | ③ | ⑤ | ① | ③ | ④ |
| 21 | 22 | 23 | 24 | 25 | 26 | 27 | 28 | 29 | 30 | 31 | 32 | 33 | 34 | 35 | 36 | 37 | 38 | 39 | 40 |
| ④ | ③ | ③ | ③ | ② | ④ | ④ | ④ | ③ | ② | ④ | ③ | ⑤ | ③ | ③ | ③ | ① | ② | ② | ③ |
| 41 | 42 | 43 | 44 | 45 | 46 | 47 | 48 | 49 | 50 | | | | | | | | | | |
| ③ | ③ | ⑤ | ③ | ① | ④ | ③ | ⑤ | ③ | ③ | | | | | | | | | | |

## 01 문서 내용 이해　　　　　　　　　　　　　　　정답 ④

세계 최초의 디지털 배전선로 구축 계획과 그에 관련된 구체적인 사항에 대해서 이야기했으나, 한계점에 대한 내용은 언급하지 않았다.

## 02 문서 내용 이해　　　　　　　　　　　　　　　정답 ③

L공사의 '2030 미래 배전기자재 종합 개발계획'에는 배전기기·시스템·센서를 연계하는 디지털 그리드화, 콤팩트 및 슬림화를 통한 선제적인 미래 기자재 개발, 전력설비 무보수·무고장화 등이 있다.

오답분석
① L공사의 저장·비저장 품목 계획에서 알루미늄 지중케이블이 1,492억 원으로 가장 큰 비용이 든다.
② L공사는 22.9kV 지중매설형 변압기, 스마트센서 내장형 변압기 등을 개발하고 있으며, 일부는 이미 시범사업을 진행하고 있다.
④ L공사는 전기와 정보를 동시에 전달하는 에너지인터넷망 구현에 필요한 기반을 구축할 계획이다.
⑤ 배전분야 전력기자재 산업발전포럼에서는 운영방안과 올해 배전기자재 구매계획, 배전망 분산형전원 연계기술 동향, 빛가람 에너지밸리 지원사업, 기자재 품질관리제도 운영방안, 기자재 고장 사례 분석 등을 공개했다.

## 03 내용 추론　　　　　　　　　　　　　　　　　정답 ⑤

ⓒ 시장적 의사 결정 과정은 항상 모든 당사자의 완전 합의에 의해서 거래가 이루어지므로 옳은 내용이다.
ⓒ 정치적 의사 결정 과정에서는 다수결에 따라 의사가 결정되며, 반대의 의견을 가진 소수도 결정이 이루어진 뒤에는 그 결정에 따라야 한다. 따라서 소수의 의견이 무시될 수 있다는 문제점이 있다.

오답분석
ⓐ 시장적 의사 결정에서는 경제력과 비례하여 차별적인 결정권을 가지지만, 정치적 의사 결정에서는 경제력과 관계없이 똑같은 정도의 결정권을 가지므로 옳지 않다.

## 04 문단 나열　　　　　　　　　　　　　　　　　정답 ④

제시된 문단에서는 PTSD를 간략하게 소개하고 있다. 따라서 이에 이어질 내용은 과거에는 정신질환으로 인정되지 않은 PTSD를 말하는 (나), 현대에 와서야 정신질환으로 보기 시작했고 PTSD 때문에 약을 먹는 이라크 파병병사들의 예를 든 (가), PTSD의 증상을 설명하는 (라), PTSD의 문제점을 언급하는 (다) 순으로 나열하는 것이 가장 적절하다.

## 05 문단 나열

정답 ②

제시문은 나무를 가꾸기 위해 고려해야 하는 사항에 대해 설명하는 글이다. 따라서 (가) 나무를 가꾸기 위해 고려해야 할 사항과 가장 중요한 생육조건 → (라) 나무를 양육할 때 주로 저지르는 실수인 나무 간격을 촘촘하게 심는 것 → (다) 그러한 실수를 저지르는 이유 → (나) 또 다른 식재계획 시 고려해야 하는 주의점 순으로 나열해야 한다.

## 06 글의 주제

정답 ①

제시문은 싱가포르가 어떻게 자동차를 규제하고 관리하는지를 설명하고 있다. 따라서 제시문의 주제로 가장 적절한 것은 '싱가포르의 자동차 관리 시스템'이다.

## 07 빈칸 삽입

정답 ④

탄소배출권거래제는 의무감축량을 초과 달성했을 경우 초과분을 거래할 수 있는 제도이다. 따라서 온실가스의 초과 달성분을 구입 혹은 매매할 수 있음을 추측할 수 있으며, 빈칸 이후 문단에서도 탄소배출권을 일종의 현금화가 가능한 자산으로 언급함으로써 이러한 추측을 돕고 있다. 따라서 ④가 빈칸에 들어갈 말로 가장 적절하다.

## 08 문단 나열

정답 ①

제시문은 2,500년 전 인간과 현대의 인간의 공통점을 언급하며 2,500년 전에 쓰인 『논어』가 현대에서 지니는 가치에 대하여 설명하고 있다. 따라서 (가) 『논어』가 쓰인 2,500년 전 과거와 현대의 차이점 → (마) 2,500년 전의 책인 『논어』가 폐기되지 않고 현대에서도 읽히는 이유에 대한 의문 → (나) 인간이라는 공통점을 지닌 2,500년 전 공자와 우리들 → (다) 2,500의 시간이 흐르는 동안 인간의 달라진 부분과 달라지지 않은 부분에 대한 설명 → (라) 시대가 흐름에 따라 폐기될 부분을 제외하더라도 여전히 오래된 미래로서의 가치를 지니는 『논어』 순으로 나열하는 것이 적절하다.

## 09 문서 내용 이해

정답 ①

마지막 문단에서는 UPS 사용 시 배터리를 일정 주기에 따라 교체해 주어야 한다고 이야기하고 있을 뿐, 배터리 교체 방법에 대해서는 알 수 없다.

오답분석

② 두 번째 문단에 따르면 UPS는 일종의 전원 저장소로, 갑작스러운 전원 환경의 변화로부터 기업의 서버를 보호한다.
③ 세 번째 문단에 따르면 UPS를 구매할 때는 용량을 고려하여 필요 용량의 1.5배 정도인 UPS를 구입하는 것이 적절하다.
④ 마지막 문단에 따르면 가정용 UPS에 사용되는 MF 배터리의 수명은 1년 정도이므로 이에 맞춰 주기적인 교체가 필요하다.
⑤ 첫 번째 문단에 따르면 일관된 전력 시스템의 필요성이 높아짐에 따라 큰 손실과 피해를 야기할 수 있는 급격한 전원 환경의 변화를 방지할 수 있는 UPS가 많은 산업 분야에서 필수적으로 요구되고 있다.

## 10 글의 주제

정답 ①

제시문은 근대문학 형성의 주역들이 시민이었다는 것을 여러 인물들을 예시로 하여 주장하고 있으므로 ①이 주제로 가장 적절하다.

## 11 문서 내용 이해

정답 ③

사람은 한쪽 눈으로 얻을 수 있는 단안 단서만으로도 이전의 경험으로부터 추론에 의하여 세계를 3차원으로 인식할 수 있다. 즉, 사고로 한쪽 눈의 시력을 잃어도 남은 한쪽 눈에 맺히는 2차원의 상들은 다양한 실마리를 통해 입체 지각이 가능하다.

**12** 문서 내용 이해     정답 ③

번아웃 증후군은 현재 처해 있는 상황에서 지루함·무기력함에 빠져 있는 것이기 때문에, 환경을 바꾸어 활력과 자극을 얻어야 이겨낼 수 있다.


**13** 문서 내용 이해     정답 ④

제시문에서는 2018년 대한민국의 치매 발생 현황(①)에 관해 이야기하며 치매의 발생 원인(⑤)에 따른 치매의 종류(③)를 설명하고, 치매를 예방할 수 있는 방법(②)을 제시하고 있다. 그러나 중증치매 기준에 대한 내용은 제시문을 통해 알 수 없다.


**14** 문서 내용 이해     정답 ④

세 번째 문단에서 녹내장을 예방할 수 있는 방법은 아직 알려져 있지 않고, 가장 좋은 예방법이 조기에 발견하는 것이라고 하였다. 따라서 녹내장 발병을 예방할 수 있는 방법은 아직 없다고 볼 수 있다.

[오답분석]
① 녹내장은 일반적으로 주변시야부터 좁아지기 시작해 중심시야로 진행되는 병이다.
② 상승된 안압이 시신경으로 공급되는 혈류량을 감소시켜 시신경 손상이 발생될 수 있다.
③ 녹내장은 안압이 상승하여 발생하는 병이므로 안압이 상승할 수 있는 상황은 되도록 피해야 한다.
⑤ 녹내장은 대부분 장기간에 걸쳐 천천히 진행하는 경우가 많다.


**15** 문서 내용 이해     정답 ②

수박을 고를 때 소리로 확인하는 것이 어렵다면 배꼽을 확인하였을 때 작은 것이 잘 익은 수박일 가능성이 높다.


**16** 문서 내용 이해     정답 ③

세계의 흐름에 따라 우리나라도 신에너지 개발에 적극적으로 동참하고 있으며, 이러한 과정에서 S공사가 1973년 소양강댐 수력발전을 시작으로 핵심 역할을 하고 있다. 따라서 S공사의 에너지 개발은 1973년 수력발전으로부터 시작되었음을 알 수 있다.

[오답분석]
① 연구 보고서에 따르면 아시아 대부분 지역의 강수량이 늘어 홍수 피해가 증가할 것으로 예측된다.
② 세계는 화석연료에 대한 의존도를 줄이면서 새로운 에너지를 확보하는 데 노력하고 있다.
④ 신재생에너지는 전 세계 전력 발전이 아닌 신규 발전의 70%를 차지하고 있다.
⑤ 에너지원은 50년 주기로 변화해 왔으며, 석유 이후에는 천연가스가 최고 에너지원이었으나 현재는 신재생에너지가 중요 에너지원으로 주목받고 있다.


**17** 문서 내용 이해     정답 ⑤

[오답분석]
① 세 번째 문단에 따르면 펀드에 가입하면 돈을 벌 수도 손해를 볼 수도 있다.
② 첫 번째 문단에서 확인할 수 있다.
③ 마지막 문단에서 확인할 수 있다.
④ 주식 투자 펀드와 채권 투자 펀드에 대한 내용에서 확인할 수 있다.

**18** 문서 내용 이해 　　　　　　　　　　　　　　　　　　　　　　　　　정답 ①

주식 투자 펀드의 수익률 차이가 심하게 나는 것은 주식이 경기 변동의 영향을 많이 받기 때문이다.

오답분석
② 채권 투자 펀드에 대한 설명이다.
③ 채권을 사서 번 이익에서 투자 기관의 수수료를 뺀 금액이 수익이 된다.
④ 주식 투자 펀드에 대한 설명이다.
⑤ 주식 투자 펀드와 채권 투자 펀드 모두 투자 기관의 수수료가 존재한다.

**19** 문단 나열 　　　　　　　　　　　　　　　　　　　　　　　　　　정답 ③

현대 사회의 문은 대부분 닫힌 구조로 사람을 박대하고 있다고 주장하며 그 대표적인 예로 회전문을 제시하는 (나) 문단이 가장 먼저 오는 것이 적절하다. 그리고 다음으로는 (나) 문단 마지막의 '회전문의 구조와 그 기능'과 연결되어 회전문의 축에 대한 문제점을 제시하는 (가) 문단이 오는 것이 적절하다. (가) 문단 뒤에는 '또한' 어린아이, 노인 등 약자를 배려하지 않는 회전문의 또 다른 문제점을 제시하는 (라) 문단이 오는 것이 적절하며, 이러한 회전문의 문제점들을 통해 회전문은 '가장 야만적이며 가장 미개한 형태의 문이다.'라는 결론을 내리는 (다) 문단이 마지막에 오는 것이 적절하다. 따라서 (나) – (가) – (라) – (다)의 순서가 가장 적절하다.

**20** 내용 추론 　　　　　　　　　　　　　　　　　　　　　　　　　　정답 ④

글쓴이는 인간의 표정을 통해 감정을 읽는 것은 비과학적이므로 감정인식 기술을 채용이나 법 집행 등의 민감한 상황에서 사용하는 것을 금지해야 한다고 주장한다. 따라서 AI가 제공하는 데이터를 통해 지원자의 감정을 자세하게 파악할 수 있다는 내용의 ④는 글쓴이의 주장과 반대되는 입장이므로 근거로 적절하지 않다.

**21** 빈칸 삽입 　　　　　　　　　　　　　　　　　　　　　　　　　　정답 ④

㉠의 앞에서는 많은 AI 기업들이 얼굴 인식 프로그램을 개발하고 있는 현황에 관해 이야기하고 있으나, ㉠의 뒤에서는 인간의 표정으로 감정을 읽는 것은 비과학적이라고 주장한다. 따라서 ㉠의 빈칸에는 역접의 의미인 '그러나'가 적절하다.
㉡의 앞에서는 인간의 표정으로 감정을 읽는 것이 비과학적인 이유를 이야기하며, ㉡의 뒤에서는 민감한 상황에서 감정인식 기술의 사용을 금지해야 한다고 주장한다. 즉, ㉡의 앞부분은 뒷부분의 근거가 되는 내용이므로 ㉡의 빈칸에는 앞에서 말한 일이 뒤에서 말할 일의 원인, 이유가 됨을 나타내는 '따라서'가 적절하다.

**22** 문서 내용 이해 　　　　　　　　　　　　　　　　　　　　　　　　정답 ③

찬성 측은 공공 자전거 서비스 제도의 효과에 대해 예상하나, 구체적인 근거를 제시하고 있지는 않다.

오답분석
① 반대 측은 자전거를 이용하지 않는 사람들도 공공 자전거 서비스 제도에 필요한 비용을 지불해야 하므로 형평성의 문제가 발생할 수 있다고 보았다.
② 찬성 측은 공공 자전거 서비스 제도로 교통 체증 문제를 완화할 수 있다고 보았으며, 반대 측은 도로에 자전거와 자동차가 섞이게 되어 교통 혼잡 문제가 발생할 수 있다고 봄으로써 서로 대립하는 논점을 가짐을 알 수 있다.
④ 반대 측은 공공 자전거 서비스 제도로 도로에 자전거와 자동차가 섞이게 되는 상황을 예상하면서 찬성 측의 주장에 대해 의문을 제기하고 있다.
⑤ 반대 측은 찬성 측의 공공 자전거 서비스는 사람들 모두가 이용할 수 있다는 주장에 대해 '물론 그렇게 볼 수도 있습니다만'과 같이 대답하며 찬성 측의 주장을 일부 인정하고 있다.

## 23 어휘

제시문과 ③의 '통하다'는 '무엇을 매개로 하거나 중개하다.'의 의미이다.

[오답분석]
① 말이나 문장 따위의 논리가 이상하지 아니하고 의미의 흐름이 적절하게 이어져 나가다.
② 막힘이 없이 흐르다.
④ · ⑤ 마음 또는 의사나 말 따위가 다른 사람과 소통되다.

## 24 어휘

정답 ③

'한결같다'는 '처음부터 끝까지 변함없이 같다. 여럿이 모두 꼭 같이 하나와 같다.'라는 뜻이다. 제시문과 ③은 '모두 하나와 같이'라는 의미로 쓰였고, ① · ② · ④ · ⑤는 '변함없이'와 같은 의미로 쓰였다.

## 25 내용 추론

정답 ②

기계화 · 정보화의 긍정적인 측면보다는 부정적인 측면을 부각시키고 있는 본문을 통해 기계화 · 정보화가 인간의 삶의 질 개선에 기여하고 있음을 경시한다고 지적할 수 있다.

## 26 규칙 적용

정답 ④

발행형태가 4로 전집이기 때문에 한 권으로만 출판된 것이 아님을 알 수 있다.

[오답분석]
① 국가번호가 05(미국)로 미국에서 출판되었다.
② 서명식별번호가 1011로 1011번째 발행되었다. 441은 발행자의 번호로 이 책을 발행한 출판사의 발행자번호가 441이라는 것을 의미한다.
③ 발행자번호는 441로 세 자리로 이루어져 있다.
⑤ 도서의 내용이 710(한국어)이지만 도서가 한국어로 되어 있는지는 알 수 없다.

## 27 규칙 적용

정답 ④

㉠ A=100, B=101, C=102이다. 따라서 Z=125이다.
㉡ C=3, D=4, E=5, F=6이다. 따라서 Z=26이다.
㉢ P가 17임을 볼 때, J=11, Y=26, Z=27이다.
㉣ Q=25, R=26, S=27, T=28이다. 따라서 Z=34이다.
따라서 해당하는 Z값을 모두 더하면 125+26+27+34=212이다.

## 28 명제 추론

정답 ④

b과제는 c, f, g, h과제보다 먼저 수행하므로 K가 가장 첫 번째로 수행하는 과제는 b과제임을 알 수 있다. 또한 e과제보다 먼저 수행하는 f과제를 c과제보다 나중에 수행하므로 c과제와 f과제가 각각 두 번째, 세 번째 수행 과제임을 알 수 있다. 마지막으로 남은 g과제와 h과제 중 g과제는 h과제보다 먼저 수행하므로 신입사원 K가 수행할 교육 과제의 순서를 정리하면 다음과 같다.

| 첫 번째 | 두 번째 | 세 번째 | 네 번째 | 다섯 번째 | 여섯 번째 |
| --- | --- | --- | --- | --- | --- |
| b과제 | c과제 | f과제 | e과제 | g과제 | h과제 |

따라서 K가 다섯 번째로 수행할 교육 과제는 g과제이다.

## 29 규칙 적용 정답 ③

CBP-<u>WK</u>4A-P31-B0803 : 배터리 형태 중 WK는 없는 형태이다.
PBP-DK1E-<u>P21</u>-A8B12 : 고속충전 규격 중 P21은 없는 규격이다.
NBP-LC3B-P31-B32<u>30</u> : 생산 날짜의 2월은 30일이 없다.
<u>CNP</u>-LW4E-P20-A7A29 : 제품 분류 중 CNP는 없는 분류이다.
따라서 보기에서 시리얼 넘버가 잘못 부여된 제품은 모두 4개이다.

## 30 규칙 적용 정답 ②

고객이 설명한 제품정보를 정리하면 다음과 같다.
· 설치형 : PBP
· 도킹형 : DK
· 20,000mAH 이상 : 2
· 60W 이상 : B
· USB-PD3.0 : P30
· 2022년 10월 12일 : B2012
따라서 S주임이 데이터베이스에 검색할 시리얼 넘버는 'PBP-DK2B-P30-B2012'이다.

## 31 규칙 적용 정답 ④

'1992년 11월 01일생, 송하윤'에 규칙 (1) ~ (4)를 적용하여 정리하면 다음과 같다.
(1) 송하윤 → 옹사훈
(2) 옹사훈 → 오산흉
(3) 9218 → 18오산흉
(4) 11월 01일 → 1101aaja
따라서 올바른 출근 확인 코드는 '18오산흉aaja'이다.

## 32 상황 판단 정답 ③

주어진 조건에 따라 점수를 표로 정리하면 다음과 같다.

| 대상자 | 총점(점) | 해외 및 격오지 근무경력 | 선발 여부 |
|---|---|---|---|
| A | 27 | 2년 | - |
| B | 25 | - | - |
| C | 25 | - | - |
| D | 27 | 5년 | 선발 |
| E | 24.5 | - | - |
| F | 25 | - | - |
| G | 25 | - | - |
| H | 27 | 3년 | - |
| I | 27.5 | - | 선발 |

총점이 27.5로 가장 높은 I는 우선 선발된다. A, D, H는 총점이 27점으로 같으므로, 해외 및 격오지 근무경력이 가장 많은 D가 선발된다.

상황 판단 　　　　　　　　　　　　　　　　　　　　　　　　　　　　　　　　　　　정답 ⑤

주어진 조건에 따라 점수를 표로 정리하면 다음과 같다.

(단위 : 점)

| 대상자 | 해외 경력 점수 | 외국어능력 | 필기 | 면접 | 총점 | 선발 여부 |
|---|---|---|---|---|---|---|
| C | 4 | 9 | 9 | 7 | 29 | – |
| D | 5 | 10 | 8.5 | 8.5 | 32 | – |
| E | 5 | 7 | 9 | 8.5 | 29.5 | – |
| F | 4 | 8 | 7 | 10 | 29 | – |
| G | 7 | 9 | 7 | 9 | 32 | 선발 |
| I | 6 | 10 | 7.5 | 10 | 33.5 | 선발 |

총점이 33.5로 가장 높은 I는 우선 선발된다. D와 G는 총점이 32점으로 같으므로, 해외 및 격오지 근무경력이 가장 많은 G가 선발된다.

**34** 명제 추론 　　　　　　　　　　　　　　　　　　　　　　　　　　　　　　　　　　　정답 ③

B가 말한 두 번째 문장 "C가 나침반을 갖고 있어."와 C가 말한 두 번째 문장 "나는 나침반을 갖고 있지 않아."가 상반된 내용이므로, 둘 중 하나는 진실, 다른 하나는 거짓이다.

ⅰ) B가 말한 두 번째 문장이 진실, C가 말한 두 번째 문장이 거짓인 경우 : C가 나침반을 갖고 있으며, 각 사람이 말한 2개의 문장 중 적어도 한 개는 진실이므로, C가 말한 첫 번째 문장인 "B가 지도를 갖고 있어."는 진실이다. 그런데 A가 말한 문장을 살펴보면, 첫 번째 문장도 거짓, 두 번째 문장도 거짓이 되므로 각 사람이 말한 2개의 문장 중 적어도 한 개는 진실이라는 조건에 부합하지 않는다. 따라서 B가 말한 두 번째 문장이 거짓, C가 말한 두 번째 문장이 진실이다.

ⅱ) B가 말한 두 번째 문장이 거짓, C가 말한 두 번째 문장이 진실인 경우 : C는 나침반을 갖고 있지 않고, B가 말한 첫 번째 문장은 참이므로 A는 지도를 갖고 있지 않다.
- A가 나침반을 갖고 있는 경우 : A가 말한 두 번째 문장은 거짓이므로 첫 번째 문장이 참이 되어 D가 지도를 갖고 있는 것이 된다. 그러면 D가 말한 두 문장이 모두 거짓이 되므로 조건에 맞지 않는다.
- D가 나침반을 갖고 있는 경우 : D가 말한 첫 번째 문장은 거짓, 두 번째 문장은 참이 되므로 C가 지도를 갖고 있는 것이 된다. 그러면 A가 말한 두 문장이 모두 거짓이 되므로 조건에 맞지 않는다.
- B가 나침반을 갖고 있는 경우 : C나 D 중에 한 명이 지도를 갖고 있는데, 만약 D가 지도를 갖고 있다면 D가 말한 두 문장은 모두 거짓이 되므로 조건에 맞지 않는다. 따라서 지도를 갖고 있는 사람은 C이다. 이때 진실·거짓 여부를 정리하면 다음과 같으므로, 모든 조건이 성립한다.

| 구분 | 첫 번째 문장 | 두 번째 문장 |
|---|---|---|
| A | × | ○ |
| B | ○ | × |
| C | × | ○ |
| D | ○ | ○ |

**35** 자료 해석 　　　　　　　　　　　　　　　　　　　　　　　　　　　　　　　　　　　정답 ③

ㄱ. 공정 순서는 A → B·C → D → E → F로 전체 공정이 완료되기 위해서는 15분이 소요된다.
ㄷ. B공정이 1분 더 지연되어도 C공정에서 5분이 걸리기 때문에 전체 공정 시간에는 변화가 없다.

오답분석

ㄴ. 첫 제품 생산 후부터는 5분마다 1개의 제품이 생산되기 때문에 첫 제품 생산 후부터 1시간마다 12개의 제품이 생산된다.

**36** 자료 해석 　　　　　　　　　　　　　　　　　　　　　　　　　　　　　　　　　　　정답 ③

손발 저림에 효능이 있는 코스는 케어코스와 종합코스가 있으며, 종합코스는 피부질환에도 효능이 있다.

① 폼스티엔에이페리주 치료도 30% 할인이 적용된다.
② 식욕부진의 경우 웰빙코스가 적절하다.
④ 할인 행사는 12월 한 달간 진행된다.
⑤ 폼스티엔에이페리주 치료는 칼로리, 아미노산, 필수지방, 오메가-3 지방산을 공급한다.

## 37 명제 추론     정답 ①

B사원과 C사원의 진술이 모두 참이거나 거짓인 경우에 영업팀과 홍보팀이 같은 층에서 회의를 할 수 있다. 그러나 B사원과 C사원의 진술은 동시에 참이 될 수 없으므로, A·B·C사원의 진술 모두 거짓이 되어야 한다. 따라서 기획팀은 5층, 영업팀과 홍보팀은 3층에서 회의를 진행하고, E사원은 5층에서 회의를 하는 기획팀에 속하게 되므로 ㄱ은 항상 참이 된다.

ㄴ. 기획팀이 3층에서 회의를 한다면 A사원의 진술은 항상 참이 되어야 한다. 이때 B사원과 C사원의 진술은 동시에 거짓이 될 수 없으므로, 둘 중 하나는 반드시 참이어야 한다. 또한 2명만 진실을 말하므로 D사원과 E사원의 진술은 거짓이 된다. 따라서 D사원과 E사원은 같은 팀이 될 수 없으므로 ㄴ은 참이 될 수 없다.
ㄷ. 1) 두 팀이 5층에서 회의를 하는 경우
    (A·B 거짓, C 참), (A·C 거짓, B 참)
  2) 두 팀이 3층에서 회의를 하는 경우
    (A·B 참, C 거짓), (A·C 참, B 거짓), (A·B·C 거짓)
  두 팀이 5층보다 3층에서 회의를 하는 경우가 더 많으므로 ㄷ은 참이 될 수 없다.

## 38 명제 추론     정답 ②

A, B, C 셋 중 가해자가 1명, 2명, 3명인 경우를 각각 나누어 정리하면 다음과 같다.
ⅰ) 가해자가 1명인 경우
  • A 또는 C가 가해자인 경우 : 셋 중 두 명이 거짓말을 하고 있다는 B의 진술이 참이 되므로 성립하지 않는다.
  • B가 가해자인 경우 : B 혼자 거짓말을 하고 있으므로 한 명이 거짓말을 한다는 A, C의 진술이 성립한다.
ⅱ) 가해자가 2명인 경우
  • A와 B가 가해자인 경우 : A, B 중 한 명이 거짓말을 한다는 C의 진술과 모순된다.
  • A와 C가 가해자인 경우 : 가해자인 C는 거짓만을 진술해야 하나, A, B 중 한 명이 거짓말을 한다는 C의 진술이 참이 되므로 성립하지 않는다.
  • B와 C가 가해자인 경우 : 셋 중 한 명이 거짓말을 한다는 A의 진술과 모순된다.
ⅲ) 가해자가 3명인 경우
  A, B, C 모두 거짓말을 하고 있으므로 A, B, C 모두 가해자이다.
따라서 B가 가해자이거나 A, B, C 모두가 가해자이므로 확실히 가해자인 사람은 B이며, 확실히 가해자가 아닌 사람은 아무도 없다.

## 39 명제 추론     정답 ②

주어진 명제를 통해 '세경이는 전자공학과 패션디자인을 모두 전공하며, 원영이는 사회학을 전공한다.'를 유추할 수 있다. 따라서 바르게 유추한 것은 ②이다.

## 40 명제 추론     정답 ③

태경이와 승규 사이의 거리는 3km이고, 형욱이와 승규 사이의 거리는 2km이다. 현수와 태경이 사이의 거리가 2km이므로, 정훈이는 형욱이보다 3km 뒤까지 위치할 수 있다. 정훈이는 태경이보다 뒤에 있다고 했으므로, 정훈이와 승규의 거리는 최소 0km, 최대 5km이다. 또한 마라톤 경기의 1등은 현수이다.

**41** 자료 해석      정답 ③

**오답분석**

① A지원자 : 9월에 복학 예정이기 때문에 인턴 기간이 연장될 경우 근무할 수 없으므로 부적합하다.
② B지원자 : 경력 사항이 없으므로 부적합하다.
④ D지원자 : 근무 시간(9 ～ 18시) 이후에 업무가 불가능하므로 부적합하다.
⑤ E지원자 : 포토샵을 활용할 수 없으므로 부적합하다.


**42** 자료 해석      정답 ③

Q4를 보면 입주대상자의 자격 검색은 한국토지주택공사가 보건복지부의 '사회보장정보시스템'을 이용하여 파악하므로, 입주대상자는 직접 서류를 준비하지 않아도 된다.

**오답분석**

① Q1을 통해 알 수 있다.
② Q2를 통해 알 수 있다.
④ Q5를 통해 알 수 있다.
⑤ Q6을 통해 알 수 있다.


**43** 자료 해석      정답 ⑤

• 입주신청 : Q1, Q2, Q5      • 자격조회 : Q4, Q7
• 계약 및 입주 : Q3, Q6


**44** 자료 해석      정답 ③

제시된 문제는 각각의 조건에서 해당되지 않는 쇼핑몰을 체크하여 선지에서 하나씩 제거하는 방법으로 푸는 것이 좋다.
• 철수 : C, D, F는 포인트 적립이 안 되므로 해당 사항이 없다(②, ④ 제외).
• 영희 : A에는 해당 사항이 없다.
• 민수 : A, B, C에는 해당 사항이 없다(①, ⑤ 제외).
• 철호 : 환불 및 송금수수료, 배송료가 포함되었으므로 A, D, E, F에는 해당 사항이 없다.


**45** 명제 추론      정답 ①

'승우가 도서관에 간다.'를 A, '민우가 도서관에 간다.'를 B, '견우가 도서관에 간다.'를 C, '연우가 도서관에 간다.'를 D, '정우가 도서관에 간다.'를 E라고 하면 '~D → E → ~A → B → C'이므로 정우가 금요일에 도서관에 가면 민우와 견우도 도서관에 간다.


**46** 명제 추론      정답 ④

주어진 조건을 표로 정리하면 다음과 같다.

| 구분 | 중국 | 러시아 | 일본 |
|---|---|---|---|
| 봄 | – | 홍보팀 D차장 | – |
| 여름 | 영업팀 C대리, (디자인팀 E사원) | – | – |
| 가을 | – | – | 재무팀 A과장, 개발팀 B부장 |
| 겨울 | 디자인팀 E사원, (영업팀 C대리) | – | – |

제시된 조건에 따르면 중국에는 총 2명이 출장을 갈 수 있고, 각각 여름 혹은 겨울에 간다. 그러므로 중국에 갈 수 있는 C대리와 E사원 두 사람은 한 사람이 여름에 가면 다른 한 사람이 겨울에 가게 된다. 따라서 주어진 조건에 따라 항상 옳은 결과는 '영업팀 C대리가 여름에 중국 출장을 가면, 디자인팀 E사원은 겨울에 중국 출장을 간다.'이다.

① · ⑤ 홍보팀 D차장은 혼자서 러시아로 출장을 간다.
② · ③ 함께 일본으로 출장을 가는 두 사람은 재무팀 A과장과 개발팀 B부장이다.

## 47 　명제 추론

주어진 조건을 통해 다음과 같은 표를 만들 수 있다.

| 구분 | 영어 | 불어 | 독어 | 일어 |
|---|---|---|---|---|
| 정희 | × | ○ / × | ○ / × | ○ |
| 철수 | × | ○ / × | ○ / × | ○ |
| 순이 | ○ | × | × | × |
| 영희 | × | ○ | ○ | ○ |
| 인원(8명 이상) | 1명 | 2명 | 2명 이상 | 3명 |

6번째, 7번째 조건에 따라 순이가 배우는 언어는 정희, 철수, 영희와 겹치지 않으므로 순이는 영어를 배운다. 다음으로 일어는 3명이 배워야 하므로 정희, 철수, 영희가 배운다. 마지막으로 정희가 배우면 영희도 무조건 배워야 하는데, 불어는 2명, 독어는 2명 이상이 배워야 하므로 영희와 정희가 모두 배우거나, 영희는 배우고 정희는 배우지 않는다. 따라서 영희는 반드시 불어, 독어, 일어를 배운다.

## 48 　명제 추론

제시된 조건에 따르면 과장은 회색 코트를 입고, 연구팀 직원은 갈색 코트를 입었으므로 가장 낮은 직급인 기획팀의 C사원은 검은색 코트를 입었음을 알 수 있다. 이때, 과장이 속한 팀은 디자인팀이며, 연구팀 직원의 직급은 대리임을 알 수 있지만, 각각 디자인팀의 과장과 연구팀의 대리가 A, B 중 누구인지는 알 수 없다. 따라서 항상 옳은 것은 ⑤이다.

## 49 　명제 추론

乙과 戊의 진술이 모순되므로 둘 중 한 명은 참, 다른 한 명은 거짓이다. 여기서 乙의 진술이 참일 경우 甲의 진술도 거짓이 되어 두 명이 거짓을 진술한 것이 되므로 문제의 조건에 위배된다. 따라서 乙의 진술이 거짓, 戊의 진술이 참이다.
그러므로 A강좌는 乙이, B, C강좌는 甲과 丁이, D강좌는 戊가 담당하고 丙은 강좌를 담당하지 않는다.

## 50 　상황 판단

영희는 방수액의 유무와 상관없이 재충전 횟수가 200회 이상이면 충분하다고 하였으므로 100회 이상 300회 미만 충전이 가능한 리튬이온배터리를 구매한다. 또한 방수액을 바르지 않은 것이 더 저렴하므로 영희가 가장 저렴하게 구매하는 가격은 5,000원이다.

① • 철수가 가장 저렴하게 구매하는 가격 : 20,000원
　• 영희가 가장 저렴하게 구매하는 가격 : 5,000원
　• 상수가 가장 저렴하게 구매하는 가격 : 5,000원
　따라서 철수, 영희, 상수가 리튬이온배터리를 가장 저렴하게 구매하는 가격의 총합은 20,000+5,000+5,000=30,000원이다.
② • 철수가 가장 비싸게 구매하는 가격 : 50,000원
　• 영희가 가장 비싸게 구매하는 가격 : 10,000원
　• 상수가 가장 비싸게 구매하는 가격 : 50,000원
　따라서 철수, 영희, 상수가 리튬이온배터리를 가장 비싸게 구매하는 가격의 총합은 50,000+10,000+50,000=110,000원이다.
④ 영희가 가장 비싸게 구매하는 가격은 10,000원, 상수가 가장 비싸게 구매하는 가격은 50,000원이다. 두 가격의 차이는 40,000원으로 30,000원 이상이다.
⑤ 상수가 가장 비싸게 구매하는 가격은 50,000원, 가장 저렴하게 구매하는 가격은 5,000원이므로 두 가격의 차이는 45,000원이다.

| 01 | 02 | 03 | 04 | 05 | 06 | 07 | 08 | 09 | 10 | 11 | 12 | 13 | 14 | 15 | 16 | 17 | 18 | 19 | 20 |
|----|----|----|----|----|----|----|----|----|----|----|----|----|----|----|----|----|----|----|----|
| ③ | ② | ⑤ | ② | ③ | ③ | ④ | ⑤ | ④ | ③ | ④ | ① | ⑤ | ② | ③ | ④ | ② | ③ | ② | ① |
| 21 | 22 | 23 | 24 | 25 | 26 | 27 | 28 | 29 | 30 | 31 | 32 | 33 | 34 | 35 | 36 | 37 | 38 | 39 | 40 |
| ④ | ② | ③ | ② | ④ | ④ | ① | ③ | ② | ④ | ② | ⑤ | ① | ② | ② | ④ | ⑤ | ④ | ① | ④ |
| 41 | 42 | 43 | 44 | 45 | 46 | 47 | 48 | 49 | 50 | | | | | | | | | | |
| ① | ⑤ | ④ | ② | ① | ③ | ① | ⑤ | ⑤ | ② | | | | | | | | | | |

## 01 　빈칸 삽입　　　　　　　　　　　　　　　　　　　　　　　　정답 ③

(가) • 첫 번째 전제 : 어떤 수단이 우리가 원하는 이익을 얻는 최선의 수단이다.
　　 • 두 번째 전제 : <u>어떤 수단이 우리가 원하는 이익을 얻는 최선의 수단이라면 우리에게는 그것을 실행할 의무와 필요성이 있다.</u>
　　 • 결론 : 우리에게 어떤 수단(생물 다양성 보존)을 보존할 의무와 필요성이 있다.
(나) • 첫 번째 전제 : 내재적 가치를 지니는 것은 모두 보존되어야 한다.
　　 • 두 번째 전제 : <u>모든 종은 내재적 가치를 지닌다.</u>
　　 • 결론 : 모든 종은 보존되어야 한다.

## 02 　내용 추론　　　　　　　　　　　　　　　　　　　　　　　　정답 ②

A는 생명체가 도구적 가치를 가진다고 하였고, C는 생명체가 도구적 가치에 더해 내재적 가치도 가진다고 하였다. 따라서 A, C 모두 생명체가 도구적 가치를 가진다는 점에서는 일치된 견해를 가지고 있다.

[오답분석]
ㄱ. A는 우리에게 생물 다양성을 보존해야 할 의무와 필요성이 있다고 하였다. 그리고 B는 생물 다양성 보존이 최선의 수단은 아니라고는 하였을 뿐 보존의 필요성 자체를 부정한 것은 아니다.
ㄴ. B는 A의 두 전제 중 첫 번째 전제가 참이 아니기 때문에 생물 다양성을 보존하는 것이 필연적이 아니라고 하였다.

## 03 　맞춤법　　　　　　　　　　　　　　　　　　　　　　　　정답 ⑤

• 등록이 제공되지 <u>안습니다</u> : 안습니다 → 않습니다
• 일반 통화 요금이 <u>부가되며</u>~ : 부가되며 → 부과되며
• 신청한 <u>지역벌</u> 1개의~ : 지역벌 → 지역별
• 기간 만료 시 <u>항후</u> 연장이~ : 항후 → 향후

## 04 ㅣ 문단 나열

제시문은 실제 일어났던 전쟁을 배경으로 한 작품들이 전쟁을 어떤 방식으로 다루고 있는지 비교하는 글로, 『박씨전』과 『시장과 전장』을 통해 전쟁 소설이 실재했던 전쟁을 새롭게 인식하려 함을 설명한다. 따라서 (가) 실존 인물을 허구의 인물로 물리침으로써 패전의 치욕을 극복하고자 한 『박씨전』 → (라) 패전의 슬픔을 위로하고 희생자를 추모하여 연대감을 강화하고자 한 『박씨전』 → (나) 전쟁이 남긴 상흔을 직시하고 좌절하지 않으려는 작가의 의지가 드러나는 『시장과 전장』 → (다) 『시장과 전장』에서 나타나는 개인의 연약함과 존엄의 탐색의 순서대로 나열하는 것이 적절하다.

## 05 ㅣ 문서 내용 이해

탑승자가 1명이라면 우선순위인 인명 피해 최소화의 규칙 2에 따라 아이 2명의 목숨을 구하기 위해 자율주행 자동차는 오른쪽 또는 왼쪽으로 방향을 바꿀 것이다. 이때 다음 순위인 교통 법규 준수의 규칙 3에 따라 교통 법규를 준수하게 되는 오른쪽으로 방향을 바꿀 것이다.

오답분석
① · ⑤ 탑승자 보호의 규칙 1이 인명 피해 최소화의 규칙 2보다 높은 순위라면 자율주행 자동차는 탑승자를 보호하기 위해 직진을 하였을 것이다.
② 탑승자 2명과 아이 2명으로 피해 인원수가 동일하기 때문에 마지막 순위인 탑승자 보호의 규칙 1에 따라 탑승자를 보호하기 위해 자율주행 자동차는 직진하였을 것이다.
④ 탑승자가 2명이라면 인명 피해를 최소화하기 위해 오른쪽이 아닌 왼쪽으로 방향을 바꿔 오토바이와 충돌하였을 것이다.

## 06 ㅣ 빈칸 삽입

ⓒ의 '이율배반적 태도'를 통해 인명 피해를 최소화하도록 설계된 자율주행 자동차가 도로에 많아지는 것을 선호하는 대다수의 사람들이 실제로는 이와 다른 태도를 보여준다는 것을 예측할 수 있다. 따라서 빈칸에는 사람들이 '아니다'라는 대답을 통해 실제로 자율주행 자동차에 대한 부정적인 태도를 보여줄 수 있는 질문이 들어가기에 적절하다. 자동차 탑승자 자신을 희생하더라도 보다 많은 사람의 목숨을 구하도록 설계된 자율주행 자동차의 실제 구매 의향을 묻는 ③에 대한 '아니다'라는 대답은 결국 탑승자 본인의 희생을 원하지 않는 이율배반적 태도를 보여준다.

오답분석
① 사람들이 직접 운전하는 것을 선호하지 않는다면 도로에 자율주행 자동차가 많아지게 될 것이므로 적절하지 않다.
② 자율주행 자동차가 낸 교통사고에 대한 탑승자의 책임과 자율주행 자동차에 대한 이율배반적 태도는 관련이 없다.
④ · ⑤ '아니다'라고 대답할 경우 인명 피해를 최소화하도록 설계된 자율주행 자동차를 선호한다는 의미가 되므로 이율배반적 태도를 보여주지 않는다.

## 07 ㅣ 문단 나열

제시문은 스페인의 건축가 가우디의 건축물에 관해 설명하는 글이다. 따라서 (나) 가우디 건축물의 특징인 곡선과 대표 건축물인 까사 밀라 → (라) 까사 밀라에 관한 설명 → (다) 가우디 건축의 또 다른 특징인 자연과의 조화 → (가) 이를 뒷받침하는 건축물인 구엘 공원의 순서로 나열하는 것이 적절하다.

## 08 ㅣ 빈칸 삽입

㉠의 앞에서는 일반적인 사람들이 위기 상황에서 공황발작을 느끼는 것은 정상적인 생리 반응이라고 하였으나, ㉠의 뒤에서는 공황장애에서의 공황발작은 아무런 이유 없이 아무 때나 예기치 못하게 발생한다고 하였으므로 ㉠에는 역접의 의미가 있는 '그러나'가 적절하다.
㉡의 앞에서는 특별한 위기 상황이 아니어도 공황발작이 발생할 수 있고, ㉡ 뒤에서는 이렇게 공황발작이 나타나면 행동의 변화가 생기게 된다고 하였으므로 ㉡에는 앞 내용의 양상을 받아 뒤의 문장을 이끄는 말인 '이와 같이'가 적절하다.

## 09 내용 추론 정답 ④

제시문에서는 사유 재산에 대한 개인의 권리 추구로 다수가 피해를 입게 된다면 사익보다 공익을 우선시하여 개인의 권리가 제한되어야 한다고 주장한다. 따라서 이러한 주장에 대한 반박으로는 개인인 땅 주인이 권리를 행사함에 따라 다수인 마을 사람들에게 발생하는 피해가 법적으로 증명되어야만 권리를 제한할 수 있다는 ④가 가장 적절하다.

## 10 빈칸 삽입 정답 ③

㉮ 효과(效果) : 보람이 있는 좋은 결과
㉯ 활용(活用) : 살려서 잘 응용함
㉰ 사용(使用) : 물건을 쓰거나 사람을 부림
㉱ 효율(效率) : 들인 노력과 얻은 결과의 비율

[오답분석]
㉧ 효용(效用) : 보람 있게 쓰거나 쓰임, 또는 그런 보람이나 쓸모
㉣ 조율(調律) : 문제를 어떤 대상에 알맞거나 마땅하도록 조절함을 비유적으로 이르는 말
㉦ 과시(誇示) : 자랑해 보임
㉨ 효능(效能) : 효험을 나타내는 능력

## 11 문단 나열 정답 ④

인구 감소 시대에 돌입하였다는 문제를 제기하고 있는 (나)가 제일 먼저 와야 하며, 공공재원 확보와 확충의 어려움이라는 문제를 분석한 (라)가 다음에 오는 것이 자연스럽다. 그다음으로 공공재원의 효율적 활용 방안이라는 문제해결 방법을 제시하고 있는 (가)가 이어져야 하고, 공공재원의 효율적 활용 등에 관한 논의가 필요하다는 향후 과제를 던지는 (다)가 마지막에 오는 것이 매끄럽다.

## 12 전개 방식 정답 ①

품질에 대한 고객의 세 가지 욕구를 고객이 식당에 가는 상황이라는 구체적 사례를 들어 독자의 이해를 돕고 있다.

## 13 글의 주제 정답 ⑤

글쓴이는 동물들이 사용하는 소리는 단지 생물학적인 조건에 대한 반응 또는 본능적인 감정 표현의 수단일 뿐, 사람의 말과 동물의 소리에 근본적인 차이가 존재한다고 말한다. 즉, 동물들이 나름대로 가지고 있는 본능적인 의사소통능력은 인간의 것과 다르다는 것이다. 따라서 글쓴이의 주장으로 소리를 내는 동물의 행위는 대화나 토론·회의 같이 서로 의미를 주고받는 언어활동으로 볼 수 없다는 ⑤가 가장 적절하다.

## 14 내용 추론 정답 ②

갑은 효율성과 세금 낭비 방지 등을 이유로 하여 공기업 민영화에 대해서 찬성, 을은 공공재의 공공성을 이유로 들어 공기업 민영화에 대해 반대하고 있으므로 적절한 질문은 ②이다.

## 15 글의 제목 정답 ③

(다)에서 보건복지부와 국립암센터에서 국민 암 예방 수칙의 하나를 '하루 한두 잔의 소량 음주도 피하기'로 개정하였으며, 뉴질랜드 연구진의 연구에 따르면 '소량에서 적당량의 알코올 섭취도 몸에 상당한 부담으로 작용한다.'라고 하였으므로 가벼운 음주라도 몸에 위험하다는 결과를 끌어낼 수 있다. 따라서 가벼운 음주가 대사 촉진에 도움이 된다는 말은 적절하지 않다.

**16** 문서 내용 이해 　　　　　　　　　　　　　　　　　　　　　　정답 ④

ㄹ은 올해 새롭게 오픈한 영문 포털을 통해 이용 가능한 서비스이므로 전년도 학기 연구 과제에서 사용하였다는 설명은 옳지 않다.


**17** 내용 추론 　　　　　　　　　　　　　　　　　　　　　　　　정답 ②

제시문에서 옵트인 방식은 수신 동의 과정에서 발송자와 수신자 양자에게 모두 비용이 발생한다고 했으므로 수신자의 경제적 손실을 막을 수 있다는 ②의 내용은 옳지 않다.


**18** 전개 방식 　　　　　　　　　　　　　　　　　　　　　　　　정답 ③

전지적 작가 시점으로 등장인물의 행동이나 심리 등을 서술자가 직접 자유롭게 서술하고 있다.

오답분석

① 배경에 대한 묘사로 사건의 분위기를 조성하지는 않는다.
② 등장인물 중 성격의 변화가 나타난 인물은 존재하지 않는다.
④ 과장과 희화화 수법은 나타나지 않는다.
⑤ 과거와 현재가 교차되는 부분은 찾을 수 없다.


**19** 내용 추론 　　　　　　　　　　　　　　　　　　　　　　　　정답 ②

첩보 위성은 임무를 위해 낮은 궤도를 비행해야 하므로, 높은 궤도로 비행시키면 수명은 길어질 수 있으나 임무의 수행 자체가 어려워질 수 있다.


**20** 문서 수정 　　　　　　　　　　　　　　　　　　　　　　　　정답 ①

제시문에 따르면 기존의 경제학에서는 인간을 철저하게 합리적이고 이기적인 존재로 보았지만, 행동경제학에서는 인간을 제한적으로 합리적이고 감성적인 존재로 보았다. 따라서 글의 흐름상 ㉠에는 '다른'이 적절하다.


**21** 전개 방식 　　　　　　　　　　　　　　　　　　　　　　　　정답 ④

(라)는 기존의 문제 해결 방안이 지니는 문제점을 지적하고 있다.


**22** 어휘 　　　　　　　　　　　　　　　　　　　　　　　　　　정답 ②

②의 '짜다'는 '사개를 맞추어 가구나 상자 따위를 만들다.'의 의미로 쓰였고, ①·③·④·⑤의 '짜다'는 '계획이나 일정 따위를 세우다.'의 의미로 쓰였다.


**23** 어휘 　　　　　　　　　　　　　　　　　　　　　　　　　　정답 ③

제시문과 ③의 '읽다'는 '사람의 표정이나 행위 따위를 보고 뜻이나 마음을 알아차리다.'의 의미이다.


**24** 글의 제목 　　　　　　　　　　　　　　　　　　　　　　　　정답 ②

제시문의 중심 내용을 정리해 보면 '사회 방언은 지역 방언만큼의 주목을 받지는 못하였다.', '사회 계층 간의 방언차는 사회에 따라서는 상당히 현격한 차이를 보여 일찍부터 논의의 대상이 되었다.', '사회 계층 간의 방언 분화는 최근 사회 언어학의 대두에 따라 점차 큰 관심의 대상이 되어 가고 있다.'로 요약할 수 있다. 이 내용을 토대로 제목을 찾는다면 ②가 전체 내용의 핵심이라는 것을 알 수 있다.

## 25 맞춤법

정답 ④

'는커녕'은 앞말을 지정하여 어떤 사실을 부정하는 뜻을 강조하는 보조사로 한 단어이다. 따라서 '대답을 하기는커녕'과 같이 붙여 써야 한다.


## 26 규칙 적용

정답 ④

• 1단계 : 주민등록번호 앞 12자리 숫자에 가중치를 곱하면 다음과 같다.

| 숫자 | 2 | 4 | 0 | 2 | 0 | 2 | 8 | 0 | 3 | 7 | 0 | 1 |
|------|---|---|---|---|---|---|---|---|---|---|---|---|
| 가중치 | 2 | 3 | 4 | 5 | 6 | 7 | 8 | 9 | 2 | 3 | 4 | 5 |
| 결과 | 4 | 12 | 0 | 10 | 0 | 14 | 64 | 0 | 6 | 21 | 0 | 5 |

• 2단계 : 1단계에서 구한 값의 합을 계산한다. → 4+12+0+10+0+14+64+0+6+21+0+5=136
• 3단계 : 2단계에서 구한 값을 11로 나누어 나머지를 구한다. → 136÷11=12⋯4
• 4단계 : 11에서 3단계의 나머지를 뺀 수를 10으로 나누어 나머지를 구한다. → (11−4)÷10=0⋯7
따라서 빈칸에 들어갈 수는 7이다.


## 27 상황 판단

정답 ①

오전 심층면접은 9시 10분에 시작하므로 12시까지 170분의 시간이 있다. 한 명당 15분씩 면접을 볼 때, 가능한 면접 인원은 170÷15≒11명이다. 오후 심층면접은 1시부터 바로 진행할 수 있으므로 종료시간까지 240분의 시간이 있다. 한 명당 15분씩 면접을 볼 때 가능한 인원은 240÷15=16명이다. 즉, 심층면접을 할 수 있는 최대 인원수는 11+16=27명이다. 27번째 면접자의 기본면접이 끝나기까지 걸리는 시간은 10×27+60(점심ㆍ휴식 시간)=330분이다. 따라서 마지막 심층면접자의 기본면접 종료 시각은 오전 9시+330분=오후 2시 30분이다.


## 28 상황 판단

정답 ③

제시된 자료와 주어진 상황을 바탕으로 투자액에 따른 득실을 정리하면 다음과 같다.

| 구분 | 투자액 | 감면액 | 득실 |
|------|--------|--------|------|
| 1등급 −최우수 | 2억 1,000만 원 | 2억 4,000만 원 | +3,000만 원 |
| 1등급 −우수 | 1억 1,000만 원 | 1억 6,000만 원 | +5,000만 원 |
| 2등급 −최우수 | 1억 9,000만 원 | 1억 6,000만 원 | −3,000만 원 |
| 2등급 −우수 | 9,000만 원 | 8,000만 원 | −1,000만 원 |

따라서 옳은 것은 ㄱ, ㄴ이다.

오답분석

ㄷ. 2등급을 받기 위해 투자했을 경우는 최소 1,000만 원, 최대 3,000만 원의 손해가 난다.


## 29 상황 판단

정답 ②

신축 건물에 예상되는 평가점수는 63점이고, 에너지효율이 3등급이기 때문에 취ㆍ등록세액 감면 혜택을 얻을 수 없다. 추가 투자를 통해서 평가점수와 에너지효율을 높여야 취ㆍ등록세액 감면 혜택을 얻게 된다.

오답분석

① 현재 신축건물의 예상되는 친환경 건축물 평가점수는 63점으로 '우량' 등급이다.
③ 친환경 건축물 우수 등급, 에너지효율 1등급을 받는 것이 경제적 이익을 극대화시킨다.
④ㆍ⑤ 예산 관리는 활동이나 사업에 소요되는 비용을 산정하고, 예산을 편성하는 것뿐만 아니라 예산을 통제하는 것 모두를 포함한다고 할 수 있다.

## 30  상황 판단
정답 ④

현재 아르바이트생의 1인당 월 급여는 (평일)+(주말)=$(3 \times 9 \times 4 \times 9,000)+(2 \times 9 \times 4 \times 12,000)=1,836,000$원이므로, 월 급여는 정직원>아르바이트생>계약직원 순서이다. 따라서 전체 인원을 줄일 수 없으므로 현 상황에서 인건비를 가장 많이 줄일 수 있는 방법은 아르바이트생을 계약직원으로 전환하는 것이다.


## 31  규칙 적용
정답 ②

- 자 : m1
- 전 : m5C
- 거 : a5
- $1+5+5=11 \rightarrow 1+1=2$


## 32  규칙 적용
정답 ⑤

- 마 : g1
- 늘 : c19F
- 쫑 : n9L
- $1+19+9=29 \rightarrow 2+9=11 \rightarrow 1+1=2$


## 33  규칙 적용
정답 ①

자동차의 용도별 구분을 보면 비사업용 자동차에 사용할 수 있는 문자 기호의 모음은 'ㅏ, ㅓ, ㅗ, ㅜ'뿐이다. 따라서 '겨'라고 한 ①은 옳지 않다.


## 34  규칙 적용
정답 ②

'84배 7895'는 사업용인 택배차량이다.

오답분석

①·③·④·⑤ 비사업용 화물차량이다.


## 35  자료 해석
정답 ②

- 양면 스캔 가능 여부 – Q·T·G스캐너
- 카드 크기부터 계약서 크기 스캔 지원 – G스캐너
- 50매 이상 연속 스캔 가능 여부 – Q·G스캐너
- A/S 1년 이상 보장 – Q·T·G스캐너
- 예산 4,200,000원까지 가능 – Q·T·G스캐너
- 기울기 자동 보정 여부 – Q·T·G스캐너

따라서 G스캐너 – Q스캐너 – T스캐너 순으로 구매한다.


## 36  자료 해석
정답 ④

35번의 문제에서 순위가 가장 높은 스캐너는 G스캐너이다.

G스캐너의 스캔 속도는 80장/분이기 때문에 80장을 스캔할 때는 $\dfrac{80\text{장}}{80\text{장/분}}=1$분$=60$초이고, 240장은 $\dfrac{240\text{장}}{80\text{장/분}}=3$분$=180$초, 480장은 $\dfrac{480\text{장}}{80\text{장/분}}=6$분$=360$초 걸린다.

## 37 자료 해석  정답 ⑤

우선 총 50명이 3가지 제품에 대해서 우선순위를 매겼으며, 두 상품에 동일한 순위를 매길 수 없으므로 각 제품마다 1~3순위를 매겼다. 마지막 조건에서 자사 제품에 1순위를 부여한 사람이 없다고 하였으므로 순위대로 나열하면 다음과 같은 경우의 수가 도출된다(편의상 자사의 제품을 C라고 한다).

• 경우 1 : A>B>C
• 경우 2 : B>A>C
• 경우 3 : A>C>B
• 경우 4 : B>C>A

이때 다섯 번째 조건인 'C>A=8'은 경우 4뿐이기 때문에 이 순서로 순위를 매긴 사람은 총 8명이 된다. 그렇다면 네 번째 조건인 'B>C=26'는 경우 1, 2, 4뿐인데, 경우 4는 8명으로 확정되었으므로 경우 1, 2로 순서로 순위를 매긴 사람은 총 18명이 된다. 여기서 경우 1, 2는 자사 제품(C)를 3순위로 매긴 경우에 해당된다. 따라서 자사 제품(C)를 3순위로 매긴 사람의 수는 총 18명이다.

## 38 명제 추론 정답 ④

• ㉠ : A와 B 중 한 사람만 참석하고, A와 D 중 적어도 한 사람은 참석한다. '갑'은 이 상황을 인지한 후에 'A는 회의에 반드시 참석'하겠다는 결론을 내린다. 이때, 'D가 회의에 불참한다'면 A와 D 중 A만 참석하게 되고 A와 B 중에서도 A만 참석한다는 결론을 내릴 수 있다. 따라서 ㉠에는 'D가 회의에 불참한다'는 조건이 들어가야 한다.
• ㉡ : 갑이 '우리 생각이 모두 참이라면, E와 F 모두 참석'한다고 하였다. B와 D가 회의에 참석하지 않는다는 생각이 참이라는 가정하에 갑의 결론이 나오려면 ㉡에 'B가 회의에 불참한다면 E와 F 모두 참석하기' 때문이란 조건이 들어가야 한다.

## 39 규칙 적용 정답 ①

입사순서는 해당 월의 누적 입사순서이므로 'W05240401'은 4월의 첫 번째 입사자임을 나타낼 뿐, 해당 사원이 2024년 홍보부서 최초의 여직원인지는 알 수 없다.

## 40 규칙 적용  정답 ④

사원번호의 부서 구분 기준에 따라 여성 입사자 중 기획부에 입사한 사원을 정리하면 다음과 같다.

| M01240903 | W03241005 | M05240912 | W05240913 | W01241001 | W04241009 |
| M02240901 | M04241101 | W01240905 | W03240909 | M02241002 | W03241007 |
| M03240907 | M01240904 | W02240902 | M04241008 | M05241107 | M01241103 |
| M03240908 | M05240910 | M02241003 | M01240906 | M05241106 | M02241004 |
| M04241101 | M05240911 | W03241006 | W05241105 | W03241104 | M05241108 |

따라서 여성(W) 입사자 중 기획부(03)에 입사한 사원은 모두 5명이다.

## 41 명제 추론  정답 ①

영업 1팀과 마케팅 3팀이 위·아래로 인접해 있다고 하였으므로, 이 두 팀의 위치를 기준으로 파악해야 한다. 만약 영업 1팀이 1층, 마케팅 3팀이 2층이라면 3번째, 4번째, 7번째 조건에 따라 1층에는 영업 1·2·3팀과 총무팀, 개발팀이 모두 위치해야 하는데, 개발팀의 한쪽 옆이 비어있어야 하므로 조건에 맞지 않는다. 따라서 마케팅 3팀이 1층, 영업 1팀이 2층인 경우의 수만 따져가며 모든 조건을 조합하면 다음과 같이 2가지 경우의 수가 있음을 알 수 있다.

| 2층 | 영업 1팀 | 영업 3팀 | 영업 2팀 | 총무팀 | – |
| 1층 | 마케팅 3팀 | 마케팅 1팀 | 개발팀 | – | 마케팅 2팀 |
| 2층 | – | 영업 2팀 | 총무팀 | 영업 3팀 | 영업 1팀 |
| 1층 | 마케팅 2팀 | – | 개발팀 | 마케팅 1팀 | 마케팅 3팀 |

두 가지 경우에서 총무팀과 영업 3팀은 인접할 수도, 그렇지 않을 수도 있으므로 ①은 항상 옳지 않다.

## 42 명제 추론

조건에 따르면 최소한 수학자 1명, 논리학자 1명, 과학자 2명이 선정되어야 하고, 그 외 나머지 2명을 선정해야 한다. 예를 들어 물리학, 생명과학, 화학, 천문학을 전공한 과학자 총 4명을 선정하면 천문학 전공자는 기하학 전공자와 함께 선정되고, 논리학자는 비형식논리 전공자를 선정하면 가능하다.

**오답분석**
① 형식논리 전공자가 1명 선정되면 비형식논리 전공자도 1명 선정된다. 따라서 논리학자는 2명 선정된다. 그러나 형식논리 전공자가 먼저 선정된 것이 아니라면 그렇지 않다.
② 같은 전공을 가진 수학자가 2명 선정될 수 있다. 예를 들어, 다음과 같이 선정될 수 있다.
  • 논리학자 1명 – 비형식논리 전공자
  • 수학자 2명 – 기하학 전공자, 기하학 전공자
  • 과학자 3명 – 물리학 전공자, 생명과학 전공자, 천문학 전공자
③ 논리학자는 3명이 선정될 수 있다. 예를 들어, 다음과 같이 선정될 수 있다.
  • 논리학자 3명 – 형식논리 전공자 1명, 비형식논리 전공자 2명
  • 수학자 1명 – 기하학 전공자
  • 과학자 2명 – 천문학 전공자, 물리학 전공자
④ 통계학 전공자를 포함하면 수학자는 3명이 선정될 수 있다. 예를 들어, 다음과 같이 선정될 수 있다.
  • 논리학자 1명 – 비형식논리 전공자
  • 수학자 3명 – 통계학 전공자, 대수학 전공자, 기하학 전공자
  • 과학자 2명 – 천문학 전공자, 기계공학 전공자


## 43 명제 추론

C는 3층에 내렸으므로 5번째 조건에 의해 B는 6층, F는 7층에 내린 것을 알 수 있다. 네 번째 조건에서 G는 C보다 늦게, B보다 빨리 내렸다고 하였으므로 G는 4층 또는 5층에 내렸다. 그리고 I는 D보다 늦게, G보다는 일찍 내렸으며, D는 A보다 늦게 내렸으므로 A는 1층, D는 2층, I는 4층이 된다. 따라서 G는 5층에서 내렸다. 두 번째 조건에 의해 H는 홀수층에서 내렸으므로 H는 9층, E는 8층에서 내렸다. 따라서 짝수 층에서 내리지 않은 사람은 G이다.


## 44 상황 판단

C사원은 혁신성, 친화력, 책임감이 '상 – 상 – 중'으로 영업팀의 중요도에 적합하며 창의성과 윤리성은 '하'이지만 영업팀에서 중요하게 생각하지 않는 역량이므로 영업팀으로의 부서배치가 적절하다.
E사원은 혁신성, 책임감, 윤리성이 '중 – 상 – 하'로 지원팀의 핵심역량가치에 부합하기에 지원팀으로의 부서배치가 적절하다.


## 45 명제 추론

제주는 수·목·금요일과 일요일에 원정 경기를 할 수 있다.

**오답분석**
② 제주가 수요일에 홈 경기가 있든 원정 경기가 있든 화요일이 홈 경기이기 때문에 목요일은 반드시 쉬어야 한다.
③ ②와 마찬가지로 토요일에 서울이 홈 경기를 하기 때문에 일요일에 경기를 한다면 반드시 쉬어야 한다.
④ 전북이 목요일에 경기를 한다면 울산과 홈 경기를 하고, 울산은 원정 경기이므로 금요일에 쉬게 된다. 따라서 금요일에 경기가 있다면 서울과 제주의 경기가 된다.
⑤ 울산이 금요일에 홈 경기를 하면, 상대팀은 원정 경기를 하게 된다. 따라서 토요일에 경기가 있는 전북과 서울은 경기를 할 수 없으므로 제주와의 경기가 된다.

## 46 ▸ 자료 해석

정답 ③

예술기량이 뛰어난 시립예술단원(수·차석)을 강사로 초빙하여 연중 문화예술교실을 운영하고 있다고 하였으므로 적절하다.

오답분석

① 운영장소는 단체연습실 한 곳뿐이므로 각 반마다 연습실이 나누어져 있다는 말은 적절하지 않다.

② 홈페이지에서 수강신청서를 다운받아 통합사무국으로 방문 또는 우편, 팩스로 제출해야 한다.

④ 6월에 접수를 하는 것은 맞지만 강좌당 20명 내외 선착순 마감이므로 늦게 신청할 경우 수강하지 못할 수도 있다.

⑤ 단계별로 높아진다면 유아 초급, 중급, 고급반별로 수강료가 높아져야 하지만 그렇지 않고, 성인반도 초급과 중급반이 같은 가격이므로 적절하지 않다.

## 47 ▸ 자료 해석

정답 ①

오답분석

② 발레 성인 초급 A반은 매주 화·목 저녁 7:30~9:30까지 진행되는 수업이지만 B씨의 화요일 저녁 7:00~9:00 레슨과 시간이 겹치므로 수강할 수 없다.

③ 발레 성인 중급반은 매주 월·수 저녁 7:30~9:30까지 하는 수업이지만 B씨는 수요일 6시부터 가족과 함께 시간을 보내야하므로 수강할 수 없다.

④ 발레 핏은 매주 금요일 저녁 7:30~9:30까지 진행되는 수업이지만 B씨의 금요일 저녁 7:00~9:00 레슨과 시간이 겹치므로 수강할 수 없다.

⑤ 여성합창단은 매주 월·수 오후 2:00~4:00까지 진행되는 수업이지만 B씨는 4시 이전에 딸을 데리러 유치원에 가야 하므로 수강할 수 없다.

## 48 ▸ 자료 해석

정답 ⑤

사원별 평균 점수를 구하면 다음과 같다.
- 윤정아 : $(75+85+100) \div 3 ≒ 86.7$점
- 이연경 : $(95+70+80) \div 3 ≒ 81.7$점
- 김영진 : $(90+75+90) \div 3 = 85$점
- 신민준 : $(80+80+90) \div 3 ≒ 83.3$점
- 정유미 : $(80+90+70) \div 3 = 80$점

따라서 윤정아와 김영진이 선정된다.

## 49 ▸ 자료 해석

정답 ⑤

가산점을 적용하여 합산한 결과는 다음과 같다.
- 윤정아 : $(75+7.5)+85+100=267.5$점
- 이연경 : $(95+9.5)+70+80=254.5$점
- 김영진 : $(90+9)+75+90+5=269$점
- 신민준 : $(80+8)+80+90+5=263$점
- 정유미 : $(80+8)+90+70+5=253$점

따라서 김영진이 선택된다.

## 50 ▸ 자료 해석

정답 ②

- 작업 속도에서 '상'을 받은 자격증은 '컴퓨터활용능력', '정보처리기사', 'ITQ' 세 개이며, 이 중 취득 시간이 가장 높은(짧은) 것은 'ITQ'이므로 우선순위가 가장 높다.
- '정보처리기사'는 취득 시간이 중으로 '컴퓨터활용능력'과 동일하지만 문제해결능력이 '상'으로 높아 두 번째로 우선순위가 높고, 자연스럽게 '컴퓨터활용능력'이 세 번째가 된다.
- 'MOS'와 'PC정비사'는 작업 속도에서 각각 '중'과 '하'를 받았으므로 'MOS'가 네 번째, 'PC정비사'가 다섯 번째가 된다.

따라서 우선순위가 높은 순으로 나열된 것은 ITQ – 정보처리기사 – 컴퓨터활용능력 – MOS – PC정비사이다.

# LH 한국토지주택공사 업무직(무기계약직) 답안카드

| 성 명 | |
| --- | --- |
| 지원 분야 | |

| 문제지 형별기재란 | |
| --- | --- |
| ( )형 | Ⓐ Ⓑ |

| 수험번호 | |
| --- | --- |
| ⓪ ⓪ ⓪ ⓪ ⓪ ⓪ ⓪ | |
| ① ① ① ① ① ① ① | |
| ② ② ② ② ② ② ② | |
| ③ ③ ③ ③ ③ ③ ③ | |
| ④ ④ ④ ④ ④ ④ ④ | |
| ⑤ ⑤ ⑤ ⑤ ⑤ ⑤ ⑤ | |
| ⑥ ⑥ ⑥ ⑥ ⑥ ⑥ ⑥ | |
| ⑦ ⑦ ⑦ ⑦ ⑦ ⑦ ⑦ | |
| ⑧ ⑧ ⑧ ⑧ ⑧ ⑧ ⑧ | |
| ⑨ ⑨ ⑨ ⑨ ⑨ ⑨ ⑨ | |

| 감독위원 확인 |
| --- |
| ㊞ |

| 1 | ① ② ③ ④ ⑤ | 21 | ① ② ③ ④ ⑤ | 41 | ① ② ③ ④ ⑤ |
| --- | --- | --- | --- | --- | --- |
| 2 | ① ② ③ ④ ⑤ | 22 | ① ② ③ ④ ⑤ | 42 | ① ② ③ ④ ⑤ |
| 3 | ① ② ③ ④ ⑤ | 23 | ① ② ③ ④ ⑤ | 43 | ① ② ③ ④ ⑤ |
| 4 | ① ② ③ ④ ⑤ | 24 | ① ② ③ ④ ⑤ | 44 | ① ② ③ ④ ⑤ |
| 5 | ① ② ③ ④ ⑤ | 25 | ① ② ③ ④ ⑤ | 45 | ① ② ③ ④ ⑤ |
| 6 | ① ② ③ ④ ⑤ | 26 | ① ② ③ ④ ⑤ | 46 | ① ② ③ ④ ⑤ |
| 7 | ① ② ③ ④ ⑤ | 27 | ① ② ③ ④ ⑤ | 47 | ① ② ③ ④ ⑤ |
| 8 | ① ② ③ ④ ⑤ | 28 | ① ② ③ ④ ⑤ | 48 | ① ② ③ ④ ⑤ |
| 9 | ① ② ③ ④ ⑤ | 29 | ① ② ③ ④ ⑤ | 49 | ① ② ③ ④ ⑤ |
| 10 | ① ② ③ ④ ⑤ | 30 | ① ② ③ ④ ⑤ | 50 | ① ② ③ ④ ⑤ |
| 11 | ① ② ③ ④ ⑤ | 31 | ① ② ③ ④ ⑤ | | |
| 12 | ① ② ③ ④ ⑤ | 32 | ① ② ③ ④ ⑤ | | |
| 13 | ① ② ③ ④ ⑤ | 33 | ① ② ③ ④ ⑤ | | |
| 14 | ① ② ③ ④ ⑤ | 34 | ① ② ③ ④ ⑤ | | |
| 15 | ① ② ③ ④ ⑤ | 35 | ① ② ③ ④ ⑤ | | |
| 16 | ① ② ③ ④ ⑤ | 36 | ① ② ③ ④ ⑤ | | |
| 17 | ① ② ③ ④ ⑤ | 37 | ① ② ③ ④ ⑤ | | |
| 18 | ① ② ③ ④ ⑤ | 38 | ① ② ③ ④ ⑤ | | |
| 19 | ① ② ③ ④ ⑤ | 39 | ① ② ③ ④ ⑤ | | |
| 20 | ① ② ③ ④ ⑤ | 40 | ① ② ③ ④ ⑤ | | |

# LH 한국토지주택공사 업무직(무기계약직) 답안카드

| 번호 | ① | ② | ③ | ④ | ⑤ | 번호 | ① | ② | ③ | ④ | ⑤ | 번호 | ① | ② | ③ | ④ | ⑤ |
|---|---|---|---|---|---|---|---|---|---|---|---|---|---|---|---|---|---|
| 1 | ① | ② | ③ | ④ | ⑤ | 21 | ① | ② | ③ | ④ | ⑤ | 41 | ① | ② | ③ | ④ | ⑤ |
| 2 | ① | ② | ③ | ④ | ⑤ | 22 | ① | ② | ③ | ④ | ⑤ | 42 | ① | ② | ③ | ④ | ⑤ |
| 3 | ① | ② | ③ | ④ | ⑤ | 23 | ① | ② | ③ | ④ | ⑤ | 43 | ① | ② | ③ | ④ | ⑤ |
| 4 | ① | ② | ③ | ④ | ⑤ | 24 | ① | ② | ③ | ④ | ⑤ | 44 | ① | ② | ③ | ④ | ⑤ |
| 5 | ① | ② | ③ | ④ | ⑤ | 25 | ① | ② | ③ | ④ | ⑤ | 45 | ① | ② | ③ | ④ | ⑤ |
| 6 | ① | ② | ③ | ④ | ⑤ | 26 | ① | ② | ③ | ④ | ⑤ | 46 | ① | ② | ③ | ④ | ⑤ |
| 7 | ① | ② | ③ | ④ | ⑤ | 27 | ① | ② | ③ | ④ | ⑤ | 47 | ① | ② | ③ | ④ | ⑤ |
| 8 | ① | ② | ③ | ④ | ⑤ | 28 | ① | ② | ③ | ④ | ⑤ | 48 | ① | ② | ③ | ④ | ⑤ |
| 9 | ① | ② | ③ | ④ | ⑤ | 29 | ① | ② | ③ | ④ | ⑤ | 49 | ① | ② | ③ | ④ | ⑤ |
| 10 | ① | ② | ③ | ④ | ⑤ | 30 | ① | ② | ③ | ④ | ⑤ | 50 | ① | ② | ③ | ④ | ⑤ |
| 11 | ① | ② | ③ | ④ | ⑤ | 31 | ① | ② | ③ | ④ | ⑤ | | | | | | |
| 12 | ① | ② | ③ | ④ | ⑤ | 32 | ① | ② | ③ | ④ | ⑤ | | | | | | |
| 13 | ① | ② | ③ | ④ | ⑤ | 33 | ① | ② | ③ | ④ | ⑤ | | | | | | |
| 14 | ① | ② | ③ | ④ | ⑤ | 34 | ① | ② | ③ | ④ | ⑤ | | | | | | |
| 15 | ① | ② | ③ | ④ | ⑤ | 35 | ① | ② | ③ | ④ | ⑤ | | | | | | |
| 16 | ① | ② | ③ | ④ | ⑤ | 36 | ① | ② | ③ | ④ | ⑤ | | | | | | |
| 17 | ① | ② | ③ | ④ | ⑤ | 37 | ① | ② | ③ | ④ | ⑤ | | | | | | |
| 18 | ① | ② | ③ | ④ | ⑤ | 38 | ① | ② | ③ | ④ | ⑤ | | | | | | |
| 19 | ① | ② | ③ | ④ | ⑤ | 39 | ① | ② | ③ | ④ | ⑤ | | | | | | |
| 20 | ① | ② | ③ | ④ | ⑤ | 40 | ① | ② | ③ | ④ | ⑤ | | | | | | |

성 명

지원 분야

문제지 형별기재란
Ⓐ
Ⓑ
( 　 )형

수 험 번 호

| ⓪ | ① | ② | ③ | ④ | ⑤ | ⑥ | ⑦ | ⑧ | ⑨ |
| ⓪ | ① | ② | ③ | ④ | ⑤ | ⑥ | ⑦ | ⑧ | ⑨ |
| ⓪ | ① | ② | ③ | ④ | ⑤ | ⑥ | ⑦ | ⑧ | ⑨ |
| ⓪ | ① | ② | ③ | ④ | ⑤ | ⑥ | ⑦ | ⑧ | ⑨ |
| ⓪ | ① | ② | ③ | ④ | ⑤ | ⑥ | ⑦ | ⑧ | ⑨ |
| ⓪ | ① | ② | ③ | ④ | ⑤ | ⑥ | ⑦ | ⑧ | ⑨ |
| ⓪ | ① | ② | ③ | ④ | ⑤ | ⑥ | ⑦ | ⑧ | ⑨ |

감독위원 확인

(인)

# LH 한국토지주택공사 업무직(무기계약직) 답안카드

| 1 | ① ② ③ ④ ⑤ | 21 | ① ② ③ ④ ⑤ | 41 | ① ② ③ ④ ⑤ |
|---|---|---|---|---|---|
| 2 | ① ② ③ ④ ⑤ | 22 | ① ② ③ ④ ⑤ | 42 | ① ② ③ ④ ⑤ |
| 3 | ① ② ③ ④ ⑤ | 23 | ① ② ③ ④ ⑤ | 43 | ① ② ③ ④ ⑤ |
| 4 | ① ② ③ ④ ⑤ | 24 | ① ② ③ ④ ⑤ | 44 | ① ② ③ ④ ⑤ |
| 5 | ① ② ③ ④ ⑤ | 25 | ① ② ③ ④ ⑤ | 45 | ① ② ③ ④ ⑤ |
| 6 | ① ② ③ ④ ⑤ | 26 | ① ② ③ ④ ⑤ | 46 | ① ② ③ ④ ⑤ |
| 7 | ① ② ③ ④ ⑤ | 27 | ① ② ③ ④ ⑤ | 47 | ① ② ③ ④ ⑤ |
| 8 | ① ② ③ ④ ⑤ | 28 | ① ② ③ ④ ⑤ | 48 | ① ② ③ ④ ⑤ |
| 9 | ① ② ③ ④ ⑤ | 29 | ① ② ③ ④ ⑤ | 49 | ① ② ③ ④ ⑤ |
| 10 | ① ② ③ ④ ⑤ | 30 | ① ② ③ ④ ⑤ | 50 | ① ② ③ ④ ⑤ |
| 11 | ① ② ③ ④ ⑤ | 31 | ① ② ③ ④ ⑤ | | |
| 12 | ① ② ③ ④ ⑤ | 32 | ① ② ③ ④ ⑤ | | |
| 13 | ① ② ③ ④ ⑤ | 33 | ① ② ③ ④ ⑤ | | |
| 14 | ① ② ③ ④ ⑤ | 34 | ① ② ③ ④ ⑤ | | |
| 15 | ① ② ③ ④ ⑤ | 35 | ① ② ③ ④ ⑤ | | |
| 16 | ① ② ③ ④ ⑤ | 36 | ① ② ③ ④ ⑤ | | |
| 17 | ① ② ③ ④ ⑤ | 37 | ① ② ③ ④ ⑤ | | |
| 18 | ① ② ③ ④ ⑤ | 38 | ① ② ③ ④ ⑤ | | |
| 19 | ① ② ③ ④ ⑤ | 39 | ① ② ③ ④ ⑤ | | |
| 20 | ① ② ③ ④ ⑤ | 40 | ① ② ③ ④ ⑤ | | |

# LH 한국토지주택공사 업무직(무기계약직) 답안카드

| | | | | | | | | | | | | | | | | | | | | |
|---|---|---|---|---|---|---|---|---|---|---|---|---|---|---|---|---|---|---|---|---|
| 1 | ① ② ③ ④ ⑤ | | | 21 | ① ② ③ ④ ⑤ | | | 41 | ① ② ③ ④ ⑤ | | |
| 2 | ① ② ③ ④ ⑤ | | | 22 | ① ② ③ ④ ⑤ | | | 42 | ① ② ③ ④ ⑤ | | |
| 3 | ① ② ③ ④ ⑤ | | | 23 | ① ② ③ ④ ⑤ | | | 43 | ① ② ③ ④ ⑤ | | |
| 4 | ① ② ③ ④ ⑤ | | | 24 | ① ② ③ ④ ⑤ | | | 44 | ① ② ③ ④ ⑤ | | |
| 5 | ① ② ③ ④ ⑤ | | | 25 | ① ② ③ ④ ⑤ | | | 45 | ① ② ③ ④ ⑤ | | |
| 6 | ① ② ③ ④ ⑤ | | | 26 | ① ② ③ ④ ⑤ | | | 46 | ① ② ③ ④ ⑤ | | |
| 7 | ① ② ③ ④ ⑤ | | | 27 | ① ② ③ ④ ⑤ | | | 47 | ① ② ③ ④ ⑤ | | |
| 8 | ① ② ③ ④ ⑤ | | | 28 | ① ② ③ ④ ⑤ | | | 48 | ① ② ③ ④ ⑤ | | |
| 9 | ① ② ③ ④ ⑤ | | | 29 | ① ② ③ ④ ⑤ | | | 49 | ① ② ③ ④ ⑤ | | |
| 10 | ① ② ③ ④ ⑤ | | | 30 | ① ② ③ ④ ⑤ | | | 50 | ① ② ③ ④ ⑤ | | |
| 11 | ① ② ③ ④ ⑤ | | | 31 | ① ② ③ ④ ⑤ | | | | | | |
| 12 | ① ② ③ ④ ⑤ | | | 32 | ① ② ③ ④ ⑤ | | | | | | |
| 13 | ① ② ③ ④ ⑤ | | | 33 | ① ② ③ ④ ⑤ | | | | | | |
| 14 | ① ② ③ ④ ⑤ | | | 34 | ① ② ③ ④ ⑤ | | | | | | |
| 15 | ① ② ③ ④ ⑤ | | | 35 | ① ② ③ ④ ⑤ | | | | | | |
| 16 | ① ② ③ ④ ⑤ | | | 36 | ① ② ③ ④ ⑤ | | | | | | |
| 17 | ① ② ③ ④ ⑤ | | | 37 | ① ② ③ ④ ⑤ | | | | | | |
| 18 | ① ② ③ ④ ⑤ | | | 38 | ① ② ③ ④ ⑤ | | | | | | |
| 19 | ① ② ③ ④ ⑤ | | | 39 | ① ② ③ ④ ⑤ | | | | | | |
| 20 | ① ② ③ ④ ⑤ | | | 40 | ① ② ③ ④ ⑤ | | | | | | |

※ 본 답안지는 마킹연습용 모의 답안지입니다.

성 명

지원 분야

문제지 형별기재란

( )형 Ⓐ Ⓑ

수 험 번 호

⓪ ① ② ③ ④ ⑤ ⑥ ⑦ ⑧ ⑨
⓪ ① ② ③ ④ ⑤ ⑥ ⑦ ⑧ ⑨
⓪ ① ② ③ ④ ⑤ ⑥ ⑦ ⑧ ⑨
⓪ ① ② ③ ④ ⑤ ⑥ ⑦ ⑧ ⑨
⓪ ① ② ③ ④ ⑤ ⑥ ⑦ ⑧ ⑨
⓪ ① ② ③ ④ ⑤ ⑥ ⑦ ⑧ ⑨
⓪ ① ② ③ ④ ⑤ ⑥ ⑦ ⑧ ⑨

감독위원 확인

인

# LH 한국토지주택공사 업무직(무기계약직) 답안카드

| 번호 | ① | ② | ③ | ④ | ⑤ | 번호 | ① | ② | ③ | ④ | ⑤ | 번호 | ① | ② | ③ | ④ | ⑤ |
|---|---|---|---|---|---|---|---|---|---|---|---|---|---|---|---|---|---|
| 1 | ① | ② | ③ | ④ | ⑤ | 21 | ① | ② | ③ | ④ | ⑤ | 41 | ① | ② | ③ | ④ | ⑤ |
| 2 | ① | ② | ③ | ④ | ⑤ | 22 | ① | ② | ③ | ④ | ⑤ | 42 | ① | ② | ③ | ④ | ⑤ |
| 3 | ① | ② | ③ | ④ | ⑤ | 23 | ① | ② | ③ | ④ | ⑤ | 43 | ① | ② | ③ | ④ | ⑤ |
| 4 | ① | ② | ③ | ④ | ⑤ | 24 | ① | ② | ③ | ④ | ⑤ | 44 | ① | ② | ③ | ④ | ⑤ |
| 5 | ① | ② | ③ | ④ | ⑤ | 25 | ① | ② | ③ | ④ | ⑤ | 45 | ① | ② | ③ | ④ | ⑤ |
| 6 | ① | ② | ③ | ④ | ⑤ | 26 | ① | ② | ③ | ④ | ⑤ | 46 | ① | ② | ③ | ④ | ⑤ |
| 7 | ① | ② | ③ | ④ | ⑤ | 27 | ① | ② | ③ | ④ | ⑤ | 47 | ① | ② | ③ | ④ | ⑤ |
| 8 | ① | ② | ③ | ④ | ⑤ | 28 | ① | ② | ③ | ④ | ⑤ | 48 | ① | ② | ③ | ④ | ⑤ |
| 9 | ① | ② | ③ | ④ | ⑤ | 29 | ① | ② | ③ | ④ | ⑤ | 49 | ① | ② | ③ | ④ | ⑤ |
| 10 | ① | ② | ③ | ④ | ⑤ | 30 | ① | ② | ③ | ④ | ⑤ | 50 | ① | ② | ③ | ④ | ⑤ |
| 11 | ① | ② | ③ | ④ | ⑤ | 31 | ① | ② | ③ | ④ | ⑤ | | | | | | |
| 12 | ① | ② | ③ | ④ | ⑤ | 32 | ① | ② | ③ | ④ | ⑤ | | | | | | |
| 13 | ① | ② | ③ | ④ | ⑤ | 33 | ① | ② | ③ | ④ | ⑤ | | | | | | |
| 14 | ① | ② | ③ | ④ | ⑤ | 34 | ① | ② | ③ | ④ | ⑤ | | | | | | |
| 15 | ① | ② | ③ | ④ | ⑤ | 35 | ① | ② | ③ | ④ | ⑤ | | | | | | |
| 16 | ① | ② | ③ | ④ | ⑤ | 36 | ① | ② | ③ | ④ | ⑤ | | | | | | |
| 17 | ① | ② | ③ | ④ | ⑤ | 37 | ① | ② | ③ | ④ | ⑤ | | | | | | |
| 18 | ① | ② | ③ | ④ | ⑤ | 38 | ① | ② | ③ | ④ | ⑤ | | | | | | |
| 19 | ① | ② | ③ | ④ | ⑤ | 39 | ① | ② | ③ | ④ | ⑤ | | | | | | |
| 20 | ① | ② | ③ | ④ | ⑤ | 40 | ① | ② | ③ | ④ | ⑤ | | | | | | |

# LH 한국토지주택공사 업무직(무기계약직) 답안카드

| 번호 | 답란 | 번호 | 답란 | 번호 | 답란 | 번호 | 답란 |
|---|---|---|---|---|---|---|---|
| 1 | ① ② ③ ④ ⑤ | 21 | ① ② ③ ④ ⑤ | 41 | ① ② ③ ④ ⑤ | | |
| 2 | ① ② ③ ④ ⑤ | 22 | ① ② ③ ④ ⑤ | 42 | ① ② ③ ④ ⑤ | | |
| 3 | ① ② ③ ④ ⑤ | 23 | ① ② ③ ④ ⑤ | 43 | ① ② ③ ④ ⑤ | | |
| 4 | ① ② ③ ④ ⑤ | 24 | ① ② ③ ④ ⑤ | 44 | ① ② ③ ④ ⑤ | | |
| 5 | ① ② ③ ④ ⑤ | 25 | ① ② ③ ④ ⑤ | 45 | ① ② ③ ④ ⑤ | | |
| 6 | ① ② ③ ④ ⑤ | 26 | ① ② ③ ④ ⑤ | 46 | ① ② ③ ④ ⑤ | | |
| 7 | ① ② ③ ④ ⑤ | 27 | ① ② ③ ④ ⑤ | 47 | ① ② ③ ④ ⑤ | | |
| 8 | ① ② ③ ④ ⑤ | 28 | ① ② ③ ④ ⑤ | 48 | ① ② ③ ④ ⑤ | | |
| 9 | ① ② ③ ④ ⑤ | 29 | ① ② ③ ④ ⑤ | 49 | ① ② ③ ④ ⑤ | | |
| 10 | ① ② ③ ④ ⑤ | 30 | ① ② ③ ④ ⑤ | 50 | ① ② ③ ④ ⑤ | | |
| 11 | ① ② ③ ④ ⑤ | 31 | ① ② ③ ④ ⑤ | | | | |
| 12 | ① ② ③ ④ ⑤ | 32 | ① ② ③ ④ ⑤ | | | | |
| 13 | ① ② ③ ④ ⑤ | 33 | ① ② ③ ④ ⑤ | | | | |
| 14 | ① ② ③ ④ ⑤ | 34 | ① ② ③ ④ ⑤ | | | | |
| 15 | ① ② ③ ④ ⑤ | 35 | ① ② ③ ④ ⑤ | | | | |
| 16 | ① ② ③ ④ ⑤ | 36 | ① ② ③ ④ ⑤ | | | | |
| 17 | ① ② ③ ④ ⑤ | 37 | ① ② ③ ④ ⑤ | | | | |
| 18 | ① ② ③ ④ ⑤ | 38 | ① ② ③ ④ ⑤ | | | | |
| 19 | ① ② ③ ④ ⑤ | 39 | ① ② ③ ④ ⑤ | | | | |
| 20 | ① ② ③ ④ ⑤ | 40 | ① ② ③ ④ ⑤ | | | | |

성 명

지원분야

문제지 형별기재란  ⒶⒷ  ( )형

수 험 번 호

⓪ ① ② ③ ④ ⑤ ⑥ ⑦ ⑧ ⑨
⓪ ① ② ③ ④ ⑤ ⑥ ⑦ ⑧ ⑨
⓪ ① ② ③ ④ ⑤ ⑥ ⑦ ⑧ ⑨
⓪ ① ② ③ ④ ⑤ ⑥ ⑦ ⑧ ⑨
⓪ ① ② ③ ④ ⑤ ⑥ ⑦ ⑧ ⑨
⓪ ① ② ③ ④ ⑤ ⑥ ⑦ ⑧ ⑨
⓪ ① ② ③ ④ ⑤ ⑥ ⑦ ⑧ ⑨

감독위원 확인

인

**2025 최신판 시대에듀 LH 한국토지주택공사 업무직(무기계약직) NCS + 최종점검 모의고사 6회 + 무료NCS특강**

| | |
|---|---|
| **개정8판1쇄 발행** | 2025년 02월 20일 (인쇄 2024년 12월 27일) |
| **초 판 발 행** | 2018년 04월 25일 (인쇄 2018년 04월 10일) |
| **발 행 인** | 박영일 |
| **책 임 편 집** | 이해욱 |
| **편 저** | SDC(Sidae Data Center) |
| **편 집 진 행** | 김재희 · 오세혁 |
| **표지디자인** | 박수영 |
| **편집디자인** | 양혜련 · 장성복 |
| **발 행 처** | (주)시대고시기획 |
| **출 판 등 록** | 제10-1521호 |
| **주 소** | 서울시 마포구 큰우물로 75 [도화동 538 성지 B/D] 9F |
| **전 화** | 1600-3600 |
| **팩 스** | 02-701-8823 |
| **홈 페 이 지** | www.sdedu.co.kr |

| | |
|---|---|
| **I S B N** | 979-11-383-8458-2 (13320) |
| **정 가** | 23,000원 |

# LH 한국토지주택공사

## 주택공사

### 업무직(무기계약직)

---

### NCS+최종점검 모의고사 6회

---

## 최신 출제경향 전면 반영

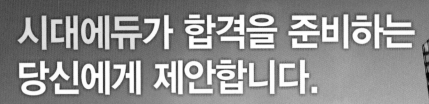

시대에듀가 합격을 준비하는
당신에게 제안합니다.

결심하셨다면 지금 당장 실행하십시오.
시대에듀와 함께라면 문제없습니다.

성공의 기회!
시대에듀를 잡으십시오.

NEXT STEP!

기회란 포착되어 활용되기 전에는 기회인지조차 알 수 없는 것이다. - 마크 트웨인 -